Die Mitgift im Statut von Kotor

Janko Paunović

Die Mitgift im Statut von Kotor

Ein Beitrag zur Rezeption des römischen Rechts im mittelalterlichen Südosteuropa

Springer

Janko Paunović
Institut für Höhere Studien (Institute for
Advanced Studies)
Universität Montenegro
Podgorica, Montenegro, Österreich

ISBN 978-3-658-51654-3 ISBN 978-3-658-51655-0 (eBook)
https://doi.org/10.1007/978-3-658-51655-0

Die Deutsche Nationalbibliothek verzeichnet diese Publikation in der Deutschen Nationalbibliografie; detaillierte bibliografische Daten sind im Internet über https://portal.dnb.de abrufbar.

Planung/Lektorat: Karina Kowatsch
Springer ist ein Imprint der eingetragenen Gesellschaft Springer Fachmedien Wiesbaden GmbH und ist ein Teil von Springer Nature.
Die Anschrift der Gesellschaft ist: Abraham-Lincoln-Str. 46, 65189 Wiesbaden, Germany

Diese Dissertation ist das Ergebnis eines langwierigen und intensiven wissenschaftlichen Prozesses, der nicht ohne die Unterstützung zahlreicher Menschen möglich gewesen wäre. Der Verfasser möchte jenen danken, die ihm – auf ganz unterschiedliche Weise – ermöglicht haben, sich über Jahre hinweg diesem Forschungsvorhaben zu widmen.

An erster Stelle steht seine im Jahr 2022 verstorbene Mutter, der er diese Arbeit in liebevoller Erinnerung widmet. Ebenso gilt sein tiefer Dank seinem Vater, der ihn seit seiner Jugend auf dem Bildungsweg ermutigte – wenngleich dies ursprünglich eher in Richtung Medizin als in jene der Rechts- oder Geschichtswissenschaft

gedacht war. Doch wie das Leben zeigt: jeder Mensch geht seinen eigenen Weg. Der Verfasser spricht auch seiner Schwester seinen besonderen Dank aus, die ihm über viele Jahre hinweg nicht nur familiäre Nähe, sondern wahre Freundschaft erwiesen hat.
In gleichem Maße widmet er diese Dissertation seiner Verlobten, seiner zukünftigen Ehefrau – in der Hoffnung, dass sie nicht nur einzelne Abschnitte, sondern insbesondere jene Passagen über wohlhabende Frauen aus Kotor mit Interesse lesen wird, die ihren Ehemännern reiche Mitgiften zubrachten. In augenzwinkernder Anlehnung an diese edlen Damen hegt der Verfasser die nicht ganz uneigennützige Hoffnung, dass auch er dereinst eine großherzige Mitgift empfangen möge. Die damit verbundenen Fragen von Eigentum, Verfügungsmacht und Restitution, so merkt er schmunzelnd an, werden in der künftigen Ehe im gegenseitigen Einvernehmen geregelt werden – anders als es nicht selten in der mittelalterlichen Gesellschaft von Kotor der Fall war.
Abschließend sei ein persönlicher Kuriosum erwähnt: als Kind spielte der Verfasser oft in seinem Elternhaus auf einer alten Truhe, ohne deren Herkunft oder Bedeutung zu kennen. Erst viele Jahre später erkannte er, dass es sich

dabei um ein Stück familiärer Überlieferung handelte – eine Mitgifttruhe, wie sie einst Frauen aus Kotor, Perast und anderen Orten der Bucht von Kotor mit in die Ehe brachten. Vergleichbare Exemplare konnte er später im Museum in Perast besichtigen – sie ähneln in Form und Verzierung frappierend dem Stück aus der eigenen Familiengeschichte.Diese späte Erkenntnis bestätigt eine alte Wahrheit: nicht der Autor bestimmt das Werk – das Werk bestimmt seinen Autor.

Danksagung

Ein besonders herzlicher Dank gilt Kyriaco NIKIAS – für seine schon langjährige Freundschaft, intellektuelle Begleitung und akademische Integrität. Seine tiefe Verbundenheit mit dem Geist disziplinierter Wissenschaft war dem Verfasser über Jahre hinweg eine wichtige Orientierung und Inspiration.

Dem Erstbetreuer, José-Domingo RODRÍGUEZ MARTÍN, spricht der Verfasser seinen aufrichtigen Dank aus – für dessen Bereitschaft zur Betreuung seit dem ersten Treffen im September 2021, für das schnelle und konstruktive Feedback auf das Dissertationskonzept sowie für seine unermüdliche Unterstützung bei der thematischen Fokussierung des Projekts. In lebendiger Erinnerung sind ihm gemeinsame Gespräche zu Beginn des Jahres 2022, in denen er erstmals seine Absicht artikulierte, sich der Rezeption des römischen Rechts in Südosteuropa zu widmen – und in den Augen seines Betreuers jenen impulsgebenden Ausdruck entdeckte, mit dem dieser einem jungen Wissenschaftler erste Richtungen aufzeigte. Darüber hinaus dankt der Verfasser seinem Betreuer für dessen kollegiale Großzügigkeit, die Themenfelder Bogišić und die Deutsche Rechtshistorische Schule für spätere Projekte „freizugeben" – ein Vertrauensbeweis, dem er sich verpflichtet fühlt. Ebenso weiß er dessen wissenschaftliche Strenge, methodische Präzision und pädagogische Geduld zu schätzen – verbunden mit einer seltenen Kombination mediterraner Offenheit und germanischer Systematik.

Dem Zweitbetreuer, Stephan SANDER-FAES, ist der Verfasser ebenfalls zu tiefem Dank verpflichtet. Vom ersten Kontakt per E-Mail bis zu zahlreichen kritischen, inspirierenden Gesprächen begleitete er diesen Dissertationsprozess mit intellektueller Neugier, Ernsthaftigkeit und einem besonderen Gespür für das Entwicklungspotenzial junger Forscher. Nicht zuletzt verdankt der Verfasser ihm entscheidende Anregungen – nicht nur in Bezug auf Gegenstand und Methode, sondern auch hinsichtlich einer umfassenderen akademischen Lebensführung, wie sie in der europäischen Gelehrtenkultur über Jahrhunderte gepflegt wurde.

Für die Begutachtung der Dissertation spricht der Verfasser Professor Thomas SIMON seinen aufrichtigen Dank aus. Dessen Einfluss reicht bis zu den ersten Impulsen für ein Doktoratsstudium zurück – über Seminare, den methodischen Zugang zu Rechtsquellen und die Haltung gegenüber jungen Forscher*innen, insbesondere aus Südosteuropa. Seine akademische Eleganz, seine analytische Tiefe und seine uneitle Souveränität haben viele Studierende beeindruckt – den Verfasser nicht zuletzt durch die Haltung, mit der er selbst in seinen sechziger Jahren ganztägige Seminare mit höchster Konzentration leitete.

Professor Philipp SCHEIBELREITER dankt der Verfasser nicht nur für dessen spontane Zusage als Gutachter – rascher als der Rückzug des First Vienna FC 1894 aus dem Profifußball –, sondern auch für eine prägende Erfahrung im April 2015, als er im dritten Antritt gemeinsam mit Professor MEMMER die berüchtigte FÜM I-Prüfung ablegte. Eine der ersten prägenden Erfahrungen am Juridicum, an die er sich noch heute mit gemischten Gefühlen und einem Lächeln erinnert.

Professor BENKE ist der Verfasser dieser Dissertation zu besonderem Dank verpflichtet – für die selbstlose Unterstützung zu Beginn des Dissertationsprojekts, für die brillanten Analysen sowie für die Hilfe bei der Auswahl des Themas, der Struktur und der Methodologie.

Ein weiterer Dank gilt den Archiven in Cavtat, Herceg Novi und Kotor, mit deren Unterstützung diese Arbeit wesentlich bereichert werden konnte – namentlich Momir MIĆUNOVIĆ (Herceg Novi) und Joško KATELAN (Kotor). Auch Professor Miljan GOGIĆ vom Historischen Institut Montenegros sei hier für die Übermittlung des venezianischen Manuskripts des Kotor-Statuts aus der *Biblioteca Marciana* in Venedig herzlich gedankt.

Nicht zuletzt dankt der Verfasser allen weiteren Personen, die auf direkte oder indirekte Weise zum Gelingen dieser Arbeit beigetragen haben. In der Überzeugung, dass Eitelkeit im akademischen Feld schon allzu oft überrepräsentiert ist, verzichtet er bewusst auf eine lückenlose Aufzählung – in der Hoffnung, niemanden dadurch zu verletzen, sondern vielmehr aufrichtig zu würdigen.

Wien
im Juni 2025

Zusammenfassung

Diese Dissertation widmet sich der Untersuchung der Mitgift (*dos,perchivium/ parchivium/prćija*) im Statut von Kotor (*Cattaro*) aus dem 14. Jahrhundert als einem rechtshistorisch und rechtssystematisch bedeutsamen Beispiel für die Rezeption des römischen Rechts im mittelalterlichen Südosteuropa. Der Untersuchungsgegenstand ist eingebettet in den weiteren Kontext dalmatinischer Stadtrechte und wird im Rahmen der Rezeption römischer Rechtsinstitute analysiert.

Das zentrale Erkenntnisinteresse liegt in der Frage, wie römischrechtliche Konzepte wie *dos*, *aestimatio dotis*, *donatio propter nuptias* sowie die Regelungen zur Rückerstattung der Mitgift im Fall von Tod oder Ehescheidung in das Statut von Kotor übernommen, modifiziert und lokal funktionalisiert wurden.

Im Zentrum der Arbeit steht die Verknüpfung dogmengeschichtlicher Analyse mit einer kontextbezogenen rechtshistorischen Auswertung. Methodologisch wird ein komparativer Zugang gewählt, der nicht nur das Stadtrecht von Kotor, sondern auch andere adriatische Statuten wie jene von Dubrovnik und in gewißem Maße Venedig berücksichtigt. Dabei wird insbesondere auf die Notariatspraxis eingegangen, die im spätmittelalterlichen Kotor eine zentrale Rolle bei der konkreten Ausgestaltung und Durchsetzung der Mitgiftregelungen spielte. Ebenso wird der Einfluss venezianischer Rechtsvorstellungen auf das lokale Recht erörtert, insbesondere hinsichtlich der Verschmelzung von geschriebenem Recht, kommunaler Rechtsgewohnheiten und notarieller Formeltradition.

Die Mitgiftregelungen im Statut von Kotor zeigen eine bemerkenswerte Nähe zu römischrechtlichen Vorstellungen, vor allem in Bezug auf die vertragliche Struktur der *dos*, ihre Bewertung (*aestimatio*) sowie die Komplexität der

Rückgabemodalitäten. Doch gleichzeitig lassen sich spezifische lokale Eigenheiten feststellen, etwa in der Kombination von römischrechtlichen Formen mit byzantinisch-slawischen Elementen oder in der Integration von Eherecht und Familienrecht in das lokale Statutenrecht. Diese hybride Rechtsstruktur wird im Rahmen der Dissertation ausführlich analysiert und in den größeren Zusammenhang transkultureller Rechtsrezeptionen gestellt.

Ein besonderes Augenmerk gilt der Rolle des Notariats, das nicht nur als Vermittler römischrechtlicher Formeln, sondern auch als Träger sozialer und ökonomischer Wirklichkeit fungierte. Durch die Analyse von erhaltenen notariellen Urkunden aus Kotor im 14. und 15. Jahrhundert werden die gesetzlichen Normen des Statuts mit der praktischen Rechtswirklichkeit konfrontiert, wodurch ein differenziertes Bild der Mitgift als juristische, soziale und wirtschaftliche Institution entsteht. Das erlaubt zugleich Rückschlüsse auf die Stellung der Frau, die Konzeption von Ehegütern und die sozialen Funktionen der Familie im städtischen Milieu.

Die Dissertation leistet damit einen Beitrag zur Erforschung der Rezeption des römischen Rechts in einer Region, die bislang im europäischen Forschungsdiskurs nur randständig berücksichtigt wurde. Gleichzeitig trägt sie zur Neubewertung der Stadtrechte im spätmittelalterlichen Südosteuropa bei und zeigt, wie Rechtsnormen aus dem lateinischen Westen – vermittelt über Venedig, das Notariat und die Statutentradition – Eingang in städtische Rechtskulturen fanden, die von kultureller Vielfalt und rechtlicher Hybridität geprägt waren.

Abstract

This dissertation is dedicated to the examination of the dowry (*dos*, *perchivium/ parchivium/prćija*) in the 14th-century statute of Kotor (*Cattaro*), as a legally and historically significant example of the reception of Roman law in medieval Southeastern Europe. The subject of investigation is embedded in the broader context of Dalmatian municipal statutes and is analyzed within the framework of the reception of Roman legal institutions.

The central research question concerns how Roman legal concepts such as *dos*, *aestimatio dotis*, *donatio propter nuptias*, as well as the rules regarding the restitution of the dowry in cases of death or divorce, were adopted, modified, and functionally adapted in the statute of Kotor.

At the core of this work is the connection between the analysis of legal doctrine and a contextual legal-historical evaluation. Methodologically, a comparative approach is employed that takes into account not only the municipal law of Kotor but also other Adriatic statutes, such as those of Dubrovnik and, to a certain extent, Venice. Particular attention is paid to notarial practice, which played a central role in the concrete formulation and implementation of dowry regulations in late medieval Kotor. The influence of Venetian legal ideas on local law is also discussed, especially with regard to the merging of written law, communal legal customs, and the tradition of notarial formulas.

The dowry regulations in the statute of Kotor display a striking closeness to Roman legal models, particularly in regard to the contractual structure of the *dos*, its valuation (*aestimatio*), and the complexity of its restitution modalities. At the same time, distinct local characteristics can be identified—such as the combination of Roman legal forms with Byzantine-Slavic elements or the integration of matrimonial and family law into the local statute law. This hybrid legal structure is thoroughly analyzed within the dissertation and situated in the broader context of transcultural legal reception.

Special attention is given to the role of the notaries, which acted not only as a transmitter of Roman legal formulas but also as a bearer of social and economic reality. Through the analysis of surviving notarial records from Kotor in the 14th and 15th centuries, the legal norms of the statute are confronted with the practical legal reality, resulting in a differentiated picture of the dowry as a legal, social, and economic institution. This also allows conclusions to be drawn about the legal status of women, the conception of marital property, and the social functions of the family within the urban milieu.

This dissertation thus contributes to the study of the reception of Roman law in a region that has hitherto been only marginally considered in European legal scholarship. At the same time, it offers a reassessment of municipal law in the late medieval Southeastern Europe, illustrating how legal norms from the Latin West—transmitted through Venice, notarial practice, and statutory tradition—entered urban legal cultures characterized by cultural diversity and legal hybridity.

Inhaltsverzeichnis

1 Einführung – Geschichtlicher Kontext

1.1 Vorwort

Eine Frage gleich zu Beginn der Dissertation im einleitenden Teil, der sich mit dem historischen Kontext befasst, zu stellen, mag vielleicht keine der üblichsten Formen des Arbeitsbeginns sein.

Warum hat der Autor sich dennoch entschieden, in seiner Dissertation einen vergleichsweise kurzen historischen Überblick zu geben? Liegt es an seiner ausgeprägten Affinität zum Historismus? Oder an der Notwendigkeit, dem Leser die Materie im Rahmen einer langen historischen Entwicklung näherzubringen? Oder dient es der Untermauerung seiner Hypothese über die Rezeption des römischen Rechts in einem weiteren Kontext und über einen längeren Zeithorizont hinweg?

Die Antwort des Autors auf all diese Fragen ist bejahend. Ohne den historischen Kontext und eine Einführung wäre die Arbeit methodologisch sowie inhaltlich nicht hinreichend korrekt und gerechtfertigt.

Einer der bedeutendsten historischen Momente, der für die Zwecke dieser Dissertation von immanenter Wichtigkeit ist, ist zweifellos Justinians Wiedereroberung Dalmatiens und Süditaliens. Durch Paragraph 11 der *Pragmatischen Sanktion*[1] wurde in die neu eroberten Provinzen auch die Rechtsordnung eingeführt, die als Regulator der breiteren gesellschaftlichen Verhältnisse diente. Somit ist der Ausgangspunkt der vorliegenden Dissertation und der Rechtsanalyse die Einführung des gesamten *Corpus Iuris Civilis* durch den Kaiser Justinian in den neu gewonnenen dalmatinischen Gebieten, zu denen auch Kotor gehörte, durch Paragraph 11 der *Pragmatischen Sanktion.*[2]

---

[1] *Nov.* App. II, const. 7, a. 554.

[2] Mitteis, 1943, 155; Koschaker, 1966, 56; Kostrenčić, 1923, 255.

J. Paunović, *Die Mitgift im Statut von Kotor*,
https://doi.org/10.1007/978-3-658-51655-0_1

Der Autor kann sich daher eines Umstands rühmen, der die Methodologie und den Vergleich der Bestimmungen des *Corpus Iuris Civilis* mit dem Statutarrecht in Kotor erheblich erleichtert. Hier kann das *Corpus Iuris Civilis* als Ausgangspunkt dienen – und das nahezu im ursprünglichen zeitlichen Kontext seiner Verkündung (im Jahr 554, also gerade einmal zwei Jahrzehnte nach seiner offiziellen Proklamation in Konstantinopel).

Trotz dieses für die Zwecke dieser Arbeit positiven Faktums hat sich der Autor dennoch für eine umfassendere historische Betrachtung entschieden. Dies soll nicht nur im Verlauf der Arbeit, sondern insbesondere im Schlussteil dazu dienen, die Hypothese zu untermauern, dass das römische Recht als ein durchaus vertrautes Phänomen anzusehen ist.

1.2 Historische Einführung zu Kotor: Kontext und Entwicklung

Die Geschichte der Stadt Kotor reicht zumindest bis ins Jahr 168 v. Chr. zurück, als die Stadt unter dem Namen *Ascrivium* zum ersten Mal erwähnt wurde. Nach den Illyrern wurde die Stadt von 168 v. Chr. bis 476 n. Chr vom Römischen Reich regiert.

Es gibt eine durchaus umfangreiche wissenschaftliche Literatur zur Entstehung der dalmatinischen Städte. Der Autor wird auf dieser Stelle nur auf die vorhandene Literatur hinweisen, ohne auf die Bewertungen verschiedener wissenschaftlicher Ansichten über die Entstehung dalmatinischer Städte einzugehen.[3]

Der Titel des 11. Paragraphen der *Pragmatischen Sanktion* lautet: „*Ut leges imperatorum per provincias dilatentur“: „Iura insuper vel leges codicibus nostris insertas, quas iam sub edictali programmate in Italiam dudum misimus, obtinere sancimus. Sed et eas, quas postea promulgavimus constitutiones, iubemus sub edictali propositione vulgari, et ex eo tempore, quo sub edictali programmate vulgatae fuerint, etiam per partes Italiae obtinere, ut una deo volente facta republica legum etiam nostrarum ubique prolatetur auctoritas.*

[3] Es existiert eine durchaus umfangreiche wissenschaftliche Literatur zur Entstehung und Entwicklung der dalmatinischen Städte, insbesondere im Zusammenhang mit der spätantiken und mittelalterlichen Transformation. Angesichts der unüberblickbaren Anzahl an Publikationen verweist der Autor an dieser Stelle nur auf einige der wichtigsten, wenn nicht sogar grundlegendsten Beiträge zum Thema: Bogišić, 1872; Jireček, 1902; Mayer, 1903; Bogišić, Jireček, 1904; Strohal, 1911; Novaković, 1912; Strohal, 1913; Kostrenčić, 1923; Sindik, 1950; Marinović, 1957; Soloviev, 1959; Mijušković, 1965; Ferluga, 1976; Fejić, 1980; Marinović, 1985; Sander-Faes, 2013; Sander-Faes, 2014; Sander-Faes, 2015; Steindorff, 2015;

In wissenschaftlichen Kreisen hat sich aber im Laufe der Zeit die Meinung von Professor KOSTRENČIĆ als dominierend durchgesetzt, die als Grundlage für die Entstehung und Entwicklung der dalmatinischen Städte drei Komponenten beinhaltet:

1. eine römische Munizipalorganisation
2. eine christliche Gemeinde und
3. eine Anfangsentwicklung einer mittelalterlichen Gemeinde.

Von einer kurzfristigen Herrschaft der Goten und den immer präsenten kurzen Regierungswechsel benachbarter lokaler Adliger abgesehen, blieb die Stadt bis ins 12. Jahrhundert unter byzantinischer Verwaltung.[4]

Eine der ersten Monografien, die sich mit der gesamten byzantinischen Verwaltung in Dalmatien befasst, ist die Doktorarbeit des slowenischen Byzantinisten FERLUGAS, die 1957 vom byzantinischen Institut der Serbischen Akademie der Wissenschaften und Künste veröffentlicht wurde. Diese Doktorarbeit wurde unter der Betreuung des renommierten russisch-jugoslawisch-deutschen Byzantinisten Georg OSTROGORSKY verteidigt.[5]

Nach der Ansicht FERLUGAS, ist die byzantinische Verwaltung in Dalmatien chronologish in fünf Entwicklungsphasen aufgeteilt.[6]

Steindorff, 2018; Janeković Römer, 2019; Steindorff, 2020; Steindorff, 2021; Steindorff, 2023a; Steindorff, 2023b; Paunović, 2023; Steindorff, 2024.

[4] Die Forschung zur byzantinischen Verwaltung in Dalmatien sowie zur Entwicklung der dalmatinischen Städte zwischen dem Untergang des Weströmischen Reiches und dem 11./ 12. Jahrhundert ist umfangreich. Frühzeitig befasste sich insbesondere BURY mit diesem Thema; seine Arbeiten aus den Jahren 1911, 1912 und 1923 legten wichtige Grundlagen. Pionierhafte Studien von FERLUGA – insbesondere aus den Jahren 1957, 1988, 1990 und 1992 sowie gemeinsam mit HELLMANN und LUDAT 1984 – vertieften das Verständnis für die byzantinische Präsenz und Verwaltung. Neuere Studien der letzten zwei Jahrzehnte, insbesondere von DŽINO, VEDRIŠ und MERI, haben diese Forschung auf international sichtbare Weise erweitert. Ihre Beiträge, publiziert in führenden Fachzeitschriften, widmen sich der Transformation dalmatinischer Städte, der Frage des urbanen Kontinuitätsprinzips sowie der Beziehungen dieser Städte zu den slawischen Bevölkerungen und Herrschern im Hinterland. Siehe Bury, 1911; Bury, 1912; Bury, 1923; Beneševič, 1926; Barada, 1949; Ferluga, 1957; Ferluga, Hellmann, Ludat, 1984; Ferluga, 1988; Ferluga, 1990; Ferluga, 1992; DŽino, 2008; Meri, 2016; Ančić, Shepard, Vedriš, 2018; DŽino, Milošević, Vedriš, 2018; Budak, 2018; Vedriš, 2021; DŽino, 2021; DŽino, 2023.

[5] Ferluga, 1957.

[6] Ferluga, 1957, 150–153.

Diese Perioden der byzantinischen Herrschaft spiegeln die byzantinische Verwaltungsmacht in allen Provinzen wider, sind aber auch durch ein selbständiges Element, das Dalmatien inhärent ist, gekennzeichent.[7]

Obwohl diese Perioden chronologisch voneinander getrennt sind, sind sie wichtig für das Verständnis der byzantinischen Verwaltungsherrschaft in Dalmatien, weil sie sich gegenseitig unter den gegebenen geopolitischen Umständen geformt haben.[8]

1. Der erste Zeitraum der byzantinischen Herrschaft[9] hat vom Ende des 4. Jahrhunderts bis zu den ersten Jahrzehnten des 7. Jahrhunderts (bis zur Herrschaft von Kaiser Heraklius) gedauert.[10] Dieser erste Zeitraum der frühbyzantinischen Herrschaft ist durch den allmählichen Übergang von der Munizipalverfassung der dalmatinischen Städte zu einem provinziellen Verwaltungssystem gekennzeichnet.[11] Der grundlegende Punkt der frübyzantinischen Verwaltungsperiode in Dalmatien war die Aufteilung zwischen ziviler und militärischer Verwaltung, die zur Zeit Kaiser Diokletians begann und während der Herrschaft von Konstantin gefestigt wurde – nämlich die Aufteiilung des Reiches in vier große Präfekturen, Diözesen und schließlich Provinzen.[12]

Notitia Dignitatum, eine der wichtigsten Quellen für diese Zeit, spricht von der Aufteilung des Reiches zwischen den Jahren 395 und 396. Die ehemalige Provinz *Illyricum* wurde in die Präfektur *Illyricum* aufgeteilt, die die Diözesen Makedonien und Dacia umfasste, während der westliche Rest der ehemaligen illyrischen Provinz Teil der Präfektur Italien bildete. Durch diese Aufteilung gehörte Kotor zur Präfektur Italien.

Nach dem Untergang des Weströmischen Reiches fiel Kotor im Jahr 476 an das Byzantinische Reich.[13]

Von 493 bis 537 bzw. spätestens 552 wurde Dalmatien einschließlich Kotor, von dem ostgotischen Staat regiert. Die gotische Herrschaft veränderte den bestehenden Verwaltungsapparat nicht grundlegend. Die strenge Trennung zwischen ziviler und militärischer Verwaltung blieb erhalten, mit einer gewissen Ergänzung;

[7] Ferluga, 1957, 150–151.

[8] Ferluga, 1957, 150–152.

[9] Über die Bezeichnung des Ausdrucks siehe mehr bei: Ostrogorsky, 1941, 229–232.

[10] Ferluga, 1957, 7–37.

[11] Ferluga, 1957, 10–37.

[12] Ferluga, 1957, 8.

[13] Ferluga, 1957, 8–10.

die zivile Macht lag in den Händen Römer, während der militärische Befehlshaber aus den Reihen der Goten stammte.[14]

Mit der Machtübernahme von Justinian wurden bestimmte Veränderungen im Verwaltungssystem eingeführt, die für die weitere Entwicklung des Verwaltungsapparats in Dalmatien wichtig waren. Justinian hielt am allgemeinen System der Trennung militärischer und ziviler Macht fest, aber durch die Zusammenführung kleinerer Provinzen und die Abschaffung bestimmter Diözesen, deren Vikare die Verbindung zwischen den Provinzstatthaltern und dem Präfekten der Prätorianer darstellten, legte diese Reform den Grundstein für die zukünftige thematische Entwicklung im Byzantinischen Reich.[15]

Das wichtigste Ereignis während der frühbyzantinischen Herrschaft in Dalmatien war die Wiedereroberung Dalmatiens durch Justinian und die Einführung der *Pragmatischen Sanktion* im Jahr 554 (*constitutio pro petitione Vigilii*).[16] Gemäß Paragraph 11[17] der *Pragmatischen Sanktion* wurde das gesamte *Corpus Iuris Civilis* mit all seinen späteren Konstitutionen in das wiedererworbene Gebiet Italiens, bzw. Dalmatiens, eingeführt.[18]

Die erste früybyzantinische Verwaltungsperiode Dalmatiens endet zu Beginn des 7. Jahrhunderts. Die Quellen hierzu sind äußerst knapp. Als einzige Quelle aus dieser Zeit werden die Briefe von Papst Gregor I. zur politischen und kirchlichen Situation in Dalmatien erwähnt, in denen ein gewisser Marcelin als *proconsul* von Dalmatien genannt wird.[19]

2. Die zweite Entwicklungsphase der byzantinischen Verwaltung in Dalmatien dauerte von den ersten Jahrzehnten des 7. Jahrhunderts bis in die siebziger Jahre des 9. Jahrhunderts – in dieser Zeit hatte Dalmatien den Status einer *Archontie*.[20]

---

[14] Kostrenčić, 1923, 252–255.

[15] Ferluga, 1957, 25.

[16] Mitteis, 1943, 155; Koschaker, 1966, 56.

[17] Der Titel des Paragraphen 11 der Pragmatischen Sanktion lautet: *Ut leges imperatorum per provincias dilatentur: „Iura insuper vel leges codicibus nostris insertas, quas iam sub edictali programmate in Italiam dudum misimus, obtinere sancimus. Sed et eas, quas postea promulgavimus constitutiones, iubemus sub edictali propositione vulgari, et ex eo tempore, quo sub edictali programmate vulgatae fuerint, etiam per partes Italiae obtinere, ut una deo volente facta republica legum etiam nostrarum ubique prolatetur auctoritas*“.

[18] Kostrenčić, 1923, 255.

[19] Ferluga, 1957, 25; Greg. ep., IX, 5 (a.598), *mense octobri. Gregorius, Marcellino, proconsuli Dalmatie.* CIL, III, 9527:0 „*Marcellino suo proconsule*“.

[20] Ferluga, 1957, 38–68, 151.

Die Verwaltung Dalmatiens folgte damals einem spezifischen Entwicklungspfad; an der Spitze der Archontie stand der höchste kommunale Vertreter von Zadar (*comes, princeps, archon*), der Hauptstadt der Region Dalmatiens, der offiziell als Arhon von Dalmatien bezeichnet wurde.

Die maßgeblichen Elemente, die für die Entwicklung dieser Phase der byzantinischen Verwaltung entscheidend waren, sind zweifach: auf der einen Seite gab es relative Stabilität und Integrität dieses Gebiets. Dalmatien war eine kaiserliche Archontie, die jedoch den lokalen Eliten zur Verwaltung anvertraut wurde, insbesondere dem Stadtoberhaupt (*comes, princeps*) von Zadar.

In diesem Zeitraum spiegelte sich auch der gegenseitige Einfluss der lokalen Städte wider. Auf der anderen Seite war diese Periode durch wachsende separatistische Tendenzen und Stärkung des lokalen städtischen Elements gekennzeichnet, was in der folgenden Periode der thematischen Organisation ihren Höhepunkt erreichen hat, in der die Städte und byzantinischen Besitztümer in Dalmatien nur durch das Meer verbunden waren.[21]

3. Dalmatien war in der dritten Phase der byzantinischen Verwaltung als Thema organisiert, wenn auch mit deutlichen Unterschieden zur thematischen Organisation anderer Provinzen. Dieses dalmatinische Thema hatte keine eigene thematische Armee, die ein entscheidender Faktor für die Entwicklung der thematischen Organisation war.

Wie bereits festgestellt, lassen sich die Anfänge und Grundlagen der thematischen Organisation bereits am Ende der ersten Phase der byzantinischen Verwaltung erkennen. Bestimmte Reformen, die Justinian im 6. Jahrhundert durchgeführt hat, haben im Laufe der Zeit dazu geführt, dass militärische und zivile Funktionen verschmolzen wurden, was für die Entwicklung der thematischen Organisation wesentlich war.

[21] Diese zweite Phase der byznatinischen Verwaltung leitete somit die Voraussetzungen für die spätere Entwicklung der städtischen Autonomie ein – einerseits durch die geographisch bedingte Isolation vom Hinterland, andererseits durch die zunehmende maritime Vernetzung der Städte untereinander. Vgl. hierzu insbesondere die Analysen zur thematischen Organisation und deren Auswirkungen auf die Herausbildung separatistischer Tendenzen sowie zur Rolle des Meeres als verbindendem, aber auch abgrenzendem Medium (Ferluga, 1957, 38–68).

Das dalmatinische Themen- System dauerte vom Ende des 9. Jahrhunderts (während der Herrschaft von Kaiser Basilius), bis zum Ende des 10. bzw. Anfang des 11. Jahrhunderts an.[22]

Genau diese (dritte) Phase der byzantinischen Herrschaft ebnete den Weg für die Entwicklung mittelalterlicher Gemeinden an der östlichen Adria. Die dalmatinischen Städte genossen innerhalb der Themenverfassung einen hohen Grad an Autonomie, der das Ergebnis geopolitischer Umwälzungen auf der Balkanhalbinsel war. Die Eroberung von Gebieten durch lokale Fürsten führte zu einem territorialen Rückgang der byzantinischen Besitzungen in Dalmatien. An der Spitze des dalmatinischen Themas stand ein *strategos* mit Sitz in Zadar, der bis zum Jahr 1018 eine Schlüsselrolle in der byzantinischen Verwaltung Dalmatiens spielte.[23]

4. Der vierte Zeitraum der byzantinischen Verwaltung Dalmatiens ist durch ein weiteres Wachstum des lokalen Separatismus gekennzeichnet. Von nun an wurden die Angelegenheiten Dalmatiens von den *priori* der Stadt Zadar (bzw. den lokalen Vertretern der Regierung von Stadt Zadar) geleitet, die den Titel kaiserlicher Statthalter trugen, die jedoch keine tatsächliche Macht in den dalmatinischen Städten hatten. Der allmähliche Niedergang des Byzantinischen Reiches spiegelte sich auch in der Situation in Dalmatien wider.

Ein bedeutendes Ereignis für ganz Dalmatien, entscheidend auch für die Stadt Kotor und ihrer weiteren strategischen Ausrichtung, war das Jahr 1018 und die Teilung des dalmatinischen Thema in Nord- und Süddalmatien, wobei der Fluss Neretva die Grenze bildete. Die Städte nördlich der Neretva befanden sich in einem immer lockereren Verhältnis zu Konstantinopel, während die Region um Dubrovnik und Kotor ein eigenes Thema bildete, mit einem *strategos* in Dubrovnik an der Macht, der im Gegensatz zum *strategos* in Norddalmatien kein

---

[22] FERLUGA betrachtet insbesondere die dritte Phase der byzantinischen Herrschaft als entscheidend für die Etablierung und Grundlegung eines lokalen Separatismus und Autonomiebewusstseins. Diese Entwicklung, vermittelt durch Venedig und den Handelsverkehr, beeinflusste maßgeblich die spätere Gestalt der dalmatinischen mittelalterlichen Städte (Ferluga, 1957, 68–87).

[23] Die Position des *strategos* in Zadar stellte jedoch zunehmend eine eher formale Machtsphäre dar, während sich das tatsächliche Zentrum byzantinischer Einflussnahme allmählich in den südlichen Teil der Adria, insbesondere nach Dubrovnik und Kotor, verlagerte. Vgl. dazu: Ferluga, 1957, 75–87, 151.

Vertreter der lokalen Regierung war, sondern ein kaiserlicher Beamter mit einer bestimmten Anzahl an kaiserlichen Truppen.[24]

5. Die letzte, fünfte Phase der byzantinischen Herrschaft in Dalmatien wird durch den dalmatinischen *Dukaten* (Herzogtums) gebildet, der von 1069 bis zum Ende des 12. Jahrhunderts (1180, dem Tod von Kaiser Manuel Komnenos) oder spätestens bis 1204 dauerte. Dalmatien blieb formal weiterhin unter der Oberherrschaft von Konstantinopel, obwohl das tatsächliche Verhältnis vor Ort für das Byzantinische Reich erheblich ungünstiger war. Während der fünften Phase wurde die faktische Macht von lokalen Adligen-Feudalherren ausgeübt, die im Wesentlichen die einzige Stütze der byzantinischen Herrschaft in Dalmatien waren.[25]

Die ersten Nachrichten über die byzantinische Verwaltung in Kotor stammen aus dem Jahr 1124, wo in einer erhaltenten Urkunde, ein gewisser Buzinas Katapanus, Mitglied des Rates von Kotor, erwähnt wurde. Nach dem Jahr 1166 und dem erfolgreichen byzantinischen Krieg gegen die Ungarn, gab Byzanz einen Teil Dalmatiens zurück (einschließlich Kotor).

Zu dieser Zeit führte Kaiser Manuel eine Reform durch, bei der er aus dem Thema von Durrës und Dalmatien drei Herzogtümer machte:

a) den griechisch-albanischen um Durrës
b) den römisch-serbischen/dukljanischen um Kotor und
c) den dalmatisch-kroatischen um Split – *Dux Dalmacie atque Dioclie.*

Aus demselben Jahr stammt auch ein erhaltenes Dokument über den Dux Kyr Isanacius, der an der Weihe der Kirche St. Tryphon in Kotor teilnahm. Nach dem Tod von Kaiser Manuel wird in einer weiteren Urkunde erwähnt, dass Tryphon der Herrscher von Kotor war. SINDIK erwähnte in seinem Werk, dass es durchaus

[24] Dieses historische Ereignis markiert einen entscheidenden Wendepunkt für Dalmatien insgesamt und insbesondere für die Stadt Kotor und ihre strategische Ausrichtung. Die Teilung des dalmatinischen Themas in Nord- und Süddalmatien führte zu einer zunehmenden Divergenz in den statutarischen Bestimmungen sowie im Format und Inhalt der dalmatinischen Stadtgesetze. Dabei lässt sich zwar keine chirurgisch präzise Trennung ziehen, wohl aber eine bemerkenswerte Differenzierung zwischen den nördlich und südlich der Neretva gelegenen Statuten feststellen, wobei insbesondere die Untergruppen der istrischen, kvarnerschen Statuten sowie der Statuten von Dubrovnik und Kotor hervorzuheben sind (Ferluga, 1957, 87–120, 151–152).

[25] Ferluga, 1957, 120–150, 152–153.

möglich ist, dass er als Herrscher bezeichnet wurde, da Kotor in der Zeit von Manuels Tod bis zum Aufstieg der Nemanjić-Dynastie unabhängig war.[26]

Nach der Zeit der byzantinischen Verwaltung kam der mittelalterliche serbische Staat an die Macht. Der Zeitraum der mittelalterlichen serbischen Herrschaft in Kotor dauerte von 1186, wie bereits erwähnt, dokumentiert durch erhaltene Urkunden, bis 1369/1370.

Diese Zeitperiode stellt eine Phase dar, in der Kotor sich in vieler Hinsicht als mittelalterliche Gemeinde entwickelte, gute diplomatische und Handelsbeziehungen zum serbischen König und ab der Mitte des 14. Jahrhunderts zum serbischen Kaiser pflegte. Die Handels- und Finanzgeschäfte, die die BewohnerInnen von Kotor im mittelalterlichen Serbien tätigten, beeinflussten die wirtschaftliche, aber auch die sozialpolitische Entwicklung von Kotor. Eine wichtige Entwicklung in dieser Zeit war die Vertiefung der bereits engen Beziehungen zwischen Kotor und Dubrovnik, insbesondere durch Handelsverträge und Friedensverträge zwischen den beiden Städten (Verträge von 1181, 1257, 1279).[27]

Kotor war aufgrund seiner strategischen Lage eine Brücke zwischen der Adria und Westeuropa sowie zwischen Westeuropa und dem mittelalterlichen serbischen Staat. Aufgrund dieser Position und der Beziehung des serbischen Staates zu Kotor entwickelte sich Kotor zu einer bedeutenden Gemeinde dieser Zeit, mit zahlreichen Privilegien für Mitglieder des lokalen Adels und Funktionen, die sie im mittelalterlichen serbischen Staat ausübten, die auch Einfluss auf das serbische mittelalterliche Recht hatten, da mit dem Seehandel und dem kontinentalen Karawanenhandel, die Notwendigkeit einer rechtlichen Regelung wuchs.[28]

---

[26] Sindik, 1950, 33–34.

[27] Sindik, 1950, 34–35.

[28] An dieser Stelle vertritt der Autor jedoch eine andere Auffasung als Prof. ŠARKIĆ in seinem ausgezeichneten Werk *A History of Serbian Medieval Law*, das sich mit den Statuten der adriatischen Städte befasst, die zum serbischen Staat gehörten – insbesondere den Statuten von Kotor und Budva. Der entscheidende Unterschied liegt bei der Frage der Rezeption rechtlicher Regelungen und Terminologie. Während Prof. ŠARKIĆ einen Rezeptionsweg von Norden nach Süden bevorzugt, plädiert der Autor für die umgekehrte Richtung, also von Süden nach Norden. Zwar war das Gesetzbuch von Kaiser Dušan von großer, wenn nicht größter Bedeutung für die Entwicklung des serbischen, südslawischen und slawischen Rechts im Mittelalter, doch stammen die ältesten überlieferten Kapitel des Statuts von Kotor aus dem Jahr 1301. Zudem lässt sich nachweisen, dass es noch ältere Kapitel gab, die aus der Korrespondenz der Kotoraner mit den zuständigen Berufungsinstanzen hervorgehen. Siehe dazu: Šarkić, 2023, 30, 101–110, 123, 151, 166, 174, 186.

Die strategische Lage von Gemeinde Kotor, die seit Jahrhunderten bestanden hat, sowie die Handelsposition Kotors als lokales und regionales Handelszentrum, das seinen Einfluss auf die Umgebung ausstrahlte, ebnete den Weg für das Eindringen rechtlicher Institutionen auf dem Balkanhalbinselinneren.[29]

Im Jahr 1369 nannte König Uroš Kotor seine Stadt (*sua civitas*), aber seit 1371 untersteht die Stadt der Herrschaft des ungarischen Königs.[30]

Die Zeit von 1370/71 bis 1420 war eine geopolitisch turbulente Zeit für die Kommune von Kotor. Nach dem Verlust eines starken und der Kommune wohlgesinnten Beschützers (dem mittelalterlichen serbischen Staat) bemühte sich die Kommune von Kotor, einen günstigen Patron zu finden, der ihre Interessen, die durch die Interessen des lokalen Adels verkörpert wurden, schützen würde. In dieser Zeit war die Kommune von Kotor ständige Beute verschiedener benachbarter Mächte, hauptsächlich der lokalen Dynastie der Balšić, aber auch der benachbarten Großmächte aus dem mittelalterlichen Bosnien. Die Wahl fiel in erster Linie auf den ungarischen König, der die Kommune von Kotor bis 1384 regierte, mit einer Unterbrechung im Jahr 1378, als die Stadt von Venedig erobert wurde, die jedoch durch den Frieden von Turin die Stadt wieder dem ungarischen König zurückgab. Dies war auch eine Zeit innerer Konflikte innerhalb der Bevölkerung von Kotor, insbesondere klassenmotivierter Aufstände gegen den lokalen Adel, die den Konflikt vorwegnahmen, der bis zum 18. Jahrhundert in der Kommune von Kotor zwischen dem erstarkenden wachsenden Bürgertum andauern würde, das durch schnelles wirtschaftliches Wachstum die Positionen des lokalen Adels bedrohte.

Nach der ungarischen Herrschaft folgte die Zeit der Oberhoheit von Tvrtko I Kotromanić, der Kotor nur sechs oder sieben Jahre lang regierte, bis 1390/1391.[31]

---

[29] Dieses Thema wurde auch von JIREČEK behandelt, der in seinen Werken die Geschichte der südslawischen Völker behandelte und Beispiele für rechtliche Rezeption in seinem Buch „*Die Romanen in den Städten Dalmatiens während des Mittelalters*“ anführte, dem später auch SINDIK beitrat und Beispiele für die Verwendung maritimer Rechtsterminologie für Karawanenwege anführte (Bsp: „(h)avareja“), Sindik, 1950, 34–35. Siehe mehr zur lateinisch-slawischen Symbiose bei: Krekić, 1980; Novak, 1957, 1–22.

[30] Novaković, 1910, 1–45.

[31] Butorac, 1999; Ćorić, 1915.

Der Zeitraum von 30 Jahren, von 1390/1 bis 1420, war eine Zeit der Unabhängigkeit der Kommune von Kotor. Dennoch waren spätestens seit 1378, bis zur formellen Übernahme von Kotor durch Venedig (1420), die Interessen des lokalen Adels deutlich sichtbar, insbesondere in den Verhandlungen und Angeboten an Venedig, um ihre gefährdeten Interessen zu verteidigen.[32] Dies führte nach mehreren erfolglosen Verhandlungen zur formellen Eroberung von Kotor durch Venedig im Jahr 1420, eine Zeit, die die Kommune von Kotor maßgeblich prägte, da die Zeit der venezianischen Herrschaft bis 1797 andauerte.[33]

[32] Siehe mehr: Butorac, 1999; Ćorić, 1915.

[33] Sindik, 1950, 35.

Forschungsstand (*status quaestionis*) 2

2.1 Vorwort

Da die Literatur zu den dalmatinischen Statuten und zur Rechtsgeschichte Südosteuropas inzwischen sowohl von der heimischen (südosteuropäischen) wissenschaftlichen Gemeinschaft als auch von ausländischen ForscherInnen umfangreich bearbeitet wurde, hat der Autor in diesem Abschnitt eine Auswahl der wichtigsten AutorInnen und ihrer Werke getroffen, deren Lektüre für das Studium der Rechtsgeschichte der mittelalterlichen dalmatinischen Städte und der Rezeption des römischen Rechts unerlässlich ist. Dieser Auswahlakt des Autors garantiert weder eine umfassende Vollständigkeit noch erhebt er den Anspruch auf eine vollkommen gesicherte qualitative Bewertung, sondern stellt vielmehr eine zusammenfassende Auswahl relevanter Literatur – sowohl nationaler als auch internationaler Herkunft – zu dem bereits genannten Thema dar.[1]

Aufgrund der beträchtlichen Menge der vorhandenen Literatur wird der Autor in diesem Abschnitt keinen vollständigen bibliografischen Überblick zu den dalmatinischen Statuten und zur Rechtsgeschichte Südosteuropas in den Fußnoten anführen. Stattdessen wird er den Artikel von KOSANOVIĆ aus dem Jahr 2010 zitieren, in dem dieser einen Überblick über die Bibliografie zu den dalmatinischen Statuten vorgibt. Obwohl diese Übersicht nicht als vollständig zu betrachten ist, deckt sie doch einen beachtlichen Teil der Arbeiten einheimischer ForscherInnen ab. Da der überwiegende Teil der genannten Bibliografie in serbokroatischer

[1] Vgl. hierzu die einschlägige deutschsprachige Literatur bei: Sundhaussen, Clewing, 2015; Calic, 2016; Mitthof, Schreiner, Schmitt, 2019; Schmitt, 2021; Brunnbauer, Buchenau, 2023; Clewing, Grandits, 2024.

J. Paunović, *Die Mitgift im Statut von Kotor*,
https://doi.org/10.1007/978-3-658-51655-0_2

Sprache verfasst ist, erachtet der Autor es gerade aus diesem Grund für besonders wichtig, auf den Artikel von KOSANOVIĆ hinzuweisen.[2]

Um die Forschungsentwicklung systematisch darzustellen, wird dieses Kapitel (Forschungsstand – *statuts quaestionis*) in fünf Teile gegliedert.

Der erste Teil befasst sich mit dem Forschungsstand zur mittelalterlichen Rechtsgeschichte Südosteuropas und zeigt auf, wie sich das historische Interesse an der Region im Laufe der Zeit entwickelt hat. Dabei wird insbesondere die Zeit ab der Mitte des 19. Jahrhunderts betrachtet, in der die ersten systematischen Auseinandersetzungen mit den dalmatinischen Statuten und der Rezeption des römischen Rechts im mittelalterlichen Recht der dalmatinischen Statuten stattfanden. In diese Kategorie werden auch Arbeiten von HistorikerInnen einbezogen, da sie eine unverzichtbare Lektüre für das Verständnis der dalmatinischen Statuten und ihrer römisch- bzw. byzantinisch-rechtlichen Grundlagen darstellen.

Der zweite Teil umfasst einen Überblick über die Literaturentwicklung von der zweiten Hälfte des 20. Jahrhunderts bis in die 1990er Jahre.

Im dritten Teil wird der Autor eine Zusammenschau der relevanten Literatur bis in die Gegenwart geben und die jüngsten Forschungstendenzen herausarbeiten.

Der vierte Teil widmet sich einer systematischen Übersicht der wichtigsten und aktuellen wissenschaftlichen Arbeiten über Kotor. Dabei werden zentrale Studien hervorgehoben, die maßgeblich zum Verständnis der Rechtsgeschichte der Stadt beigetragen haben.

Im fünften Teil wird die Weiterentwicklung der Forschung zur Rechtsgeschichte Dalmatiens thematisiert, wobei insbesondere der eigene Beitrag des Autors im Kontext bestehender Forschungsergebnisse eingeordnet wird.

Diese chronologische Trennung ermöglicht zugleich eine systematische Betrachtung der Materie.

Die fünfteilige Gliederung in diesem Kapitel wurde bewusst gewählt, um eine künstliche Trennung zu vermeiden, da eine wissenschaftliche Differenzierung zwischen HistorikerInnen auf der einen Seite und RechtshistorikerInnen auf der anderen Seite im 19. Jahrhundert durchaus fließend war.

Eine solche Trennung wäre methodologisch und inhaltlich nicht korrekt, da ein bedeutender Teil der HistorikerInnen des 19. Jahrhunderts Arbeiten veröffentlichte, die heute zweifellos in den Bereich der Rechtsgeschichte fallen würden. Ebenso haben JuristInnen und ProfessorInnen mit rechtswissenschaftlichem Hintergrund oft Arbeiten verfasst, die sich fast ausschließlich mit der historischen

[2] Zum Forschungsstand und zu einer umfassenden bibliografischen Übersicht zu den dalmatinischen Statuten und rechtsgeschichtlichen Werken siehe mehr: Kosanović, 2010.

Komponente befassten – ein völlig logischer und nachvollziehbarer Ansatz, der jedoch heute bedauerlicherweise weniger ausgeprägt ist. Eine rein qualitative Trennung zwischen diesen beiden Disziplinen wäre daher nicht nur methodologisch fehlerhaft, sondern würde auch einer künstlichen Aufspaltung zweier eng verwandter Wissenschaften gleichkommen und den betreffenden AutorInnen nicht gerecht werden.

Zudem war die Romanistik am Ende des 19. und zu Beginn des 20. Jahrhunderts stark vom Historismus geprägt. Aus diesem Grund wurde auf eine strikte Trennung zwischen den Arbeiten von HistorikerInnen einerseits und jenen von RechtshistorikerInnen oder RomanistInnen andererseits verzichtet.

Dennoch werden historische Werke in dem Maße herangezogen, wie es für die Fragestellung der Dissertation erforderlich ist – insbesondere im Hinblick auf die Rezeption des römischen Rechts im mittelalterlichen Südosteuropa.

2.2 Mittelalterliche Rechtsgeschichte Südosteuropas (Mittelalterliche Forschungstraditionen und historiografische Perspektiven)

2.2.1 Die erste systematisierte Auseinandersetzung mit der Historiographie Südosteuropas

Das intensive Interesse an diesem Themengebiet lässt sich seit der Mitte des 19. Jahrhunderts, zur Zeit des „nationalen Erwachens", nachverfolgen. In diese Periode fällt auch die Veröffentlichung der ersten Arbeiten zur mittelalterlichen Rechtsgeschichte der dalmatinischen Städte. Im Kontext des „nationalen Erwachens" können die ausländischen Arbeiten, insbesondere italienische und österreichisch-ungarische, sowie die heimischen (südosteuropäische) Arbeiten, nicht von der politischen, staatlichen und sogar imperialen Motivation einerseits oder der freiheitlich-nationalen Motivation anderseits hinweggedacht werden.[3]

[3] Einer der ersten Gelehrten, der sich systematisch mit der Rechtsgeschichte Südosteuropas befasste, war Alexander Magnus Fromhold von REUTZ (1799–1862). Nach seiner juristischen Ausbildung an der Universität Dorpat wurde er bereits 1825 zum außerordentlichen Professor für russisches Recht berufen. In seinen wissenschaftlichen Reisen durch Böhmen und die slawischen Länder der Habsburgermonarchie sammelte er Quellenmaterial zur slawischen Rechts- und Verfassungsgeschichte. Sein Hauptwerk *Verfassung und Rechtszustand der dalmatinischen Küstenstädte und Inseln im Mittelalter. Aus ihren Municipal-Statuten entwickelt* (1841) stellt die erste umfassende staats- und rechtsgeschichtliche Untersuchung Dalmatiens dar und wurde 1840 mit dem Demidow-Preis ausgezeichnet (Reutz, 1841).

Das Interesse an der Rechtsgeschichte Dalmatiens, das insbesondere von der italienischstämmigen AkademikerInnen getragen wurde, manifestierte sich in den Schriften von AutorInnen, die häufig eine südslawische ethnische Herkunft aufwiesen, was sich in ihren Nachnamen widerspiegelt.[4]

Als wesentliche frühe AutorInnen in diesem Bereich sind insbesondere VALENTINELLI, GELCHICH/JELČIĆ und ALAČEVIĆ zu nennen.[5]

Giuseppe VALENTINELLI (1805–1874) war ein bedeutender italienischer Bibliothekar und Bibliograph, der sich intensiv mit der Geschichte Dalmatiens und Montenegros beschäftigte. Als Präfekt der berühmten *Biblioteca Marciana* in Venedig unternahm er Reisen in diese damals historiographisch wenig erforschten Regionen und veröffentlichte grundlegende bibliographische Werke wie *Bibliografia della Dalmazia e del Montenegro* (1855) und das *Supplemento* dazu (1862). Er war Mitglied mehrerer europäischer Akademien, u. a. der kaiserlichen Akademie der Wissenschaften in Wien und der königlich böhmischen Gesellschaft der Wissenschaften. Seine Arbeiten unterstrichen nicht nur die wissenschaftliche Bedeutung der *Marciana*, sondern leisteten auch Pionierarbeit im Bereich der regionalen Geschichtsforschung (Valentinelli, 1842; 1845; 1862; 1870).

Giuseppe GELCHICH/Josip JELČIĆ (1849–1925), geboren in Kotor, war Historiker und Spezialist für die Geschichte der Adriaregion, insbesondere der Bucht von Kotor, Dalmatiens und der Republik Ragusa. Nach seinem Studium der Geschichte und Geografie in Graz (abgeschlossen 1876) wirkte er als Professor an der Nautischen Schule in Dubrovnik und später als Direktor der Handels- und Seefahrtsakademie in Triest. Er veröffentlichte grundlegende Studien zur maritimen und institutionellen Geschichte Ragusas, darunter *Delle istituzioni marittime e sanitarie della repubblica Ragusa* (1882) sowie gemeinsam mit Lajos THALLÓCZY das *Diplomatarium relationum republicae Ragusinae cum regno Hungariae* (1887). Als Redakteur der *Biblioteka za povijest dalmatinsku* (1882–1890) prägte er maßgeblich die dalmatinische Geschichtsschreibung (Gelcich/Jelčić, 1880; 1882; 1887).

Josip ALAČEVIĆ (1826–1904) war Historiker und Archäologe aus Dalmatien, geboren in Makarska. Nach seiner Tätigkeit als Richter in verschiedenen dalmatinischen Städten wurde er 1878 Konservator für Altertümer im Archivbezirk von Split, später auch in Zadar. Er war korrespondierendes Mitglied des Deutschen Archäologischen Instituts in Berlin, des Österreichischen Archäologischen Instituts in Wien sowie des Nationalmuseums in Zagreb. Gemeinsam mit Mihovil GLAVINIĆ gründete er 1878 das Fachjournal *Bullettino di archeologia e storia dalmata* (heute *Vjesnik za arheologiju i historiju dalmatinsku*), das er bis 1887 herausgab. 1901 gründete er in Zadar zusammen mit den Brüdern BÖTTNER die Vierteljahresschrift *Tabularium*, in Dubrovnik veröffentlichte er gemeinsam mit Josip JELČIĆ/GELCHICH die Reihe *Biblioteca storica della Dalmazia*. ALAČEVIĆ widmete sich vor allem der römischen Archäologie, der Topographie sowie der mittelalterlichen Geschichte Dalmatiens, mit einem Schwerpunkt auf der Edition von Archivquellen. Zu seinen bedeutenderen Werken zählen *Statuti di Spalato* (1878) und *Stefano Cupilli arcivescovo di Spalato* (1886) (Alačević, 1879–1883; 1881–1882; 1887; 1902–1903).

[4] Gelcich/Jelčić, 1880; 1882; 1887; Alačević, 1879–1883; 1881–1882; 1887; 1902–1903.

[5] Valentinelli, 1842; 1845; 1862; 1870; Gelcich/Jelčić, 1880; 1882; 1887; Alačević, 1879–1883; 1881–1882; 1887; 1902–1903.

Die historische Forschung begann mit VALENTINELLI, einem Archäologen und Bibliothekar aus Ferrara, der 1842 in Venedig sein Werk *Specimen bibliographicum de Dalmatia* veröffentlichte, das sich mit der sozialpolitischen Geschichte Dalmatiens befasste. Dieses Werk trug maßgeblich zur Förderung des wissenschaftlichen Interesses an der Region bei.[6]

Ein signifikanter Wendepunkt wurde im Jahr 1880 erreicht, als GELCICH/JELČIĆ das Werk *Memorie Storiche Sulle Bocche Di Cattaro* veröffentlichte. Diese Memoiren wurden später von österreichisch-ungarischen und jugoslawischen HistorikerInnen als zentrale Quelle herangezogen.[7]

Die Literatur zur Rechtsgeschichte Dalmatiens erfuhr seit der zweiten Hälfte des 19. Jahrhunderts bis zum frühen 20. Jahrhundert eine kontinuierliche Weiterentwicklung. Zu den bedeutenden frühen Arbeiten zählt jene von ALAČEVIĆ, insbesondere sein *Il Libro d'oro della antica comune di Spalato* (1902–1903), das als eine zentrale Quelle für die Rechtsgeschichte Splits gilt.[8] ALAČEVIĆ legte zudem mit seiner Monografie *La vita giuridica nel Comune di Spalato* (1881) grundlegende Studien zur rechtlichen Struktur von Split vor, die detaillierte Einblicke in die lokale Rechtskultur ermöglichen.[9]

Ein weiteres Werk von signifikanter Relevanz sind die *Statuti di Spalato*, welches in mehreren Supplementen des *Bullettino di Archeologia e Storia Dalmata* (1879–1883) publiziert wurde und eine umfassende Kompilation der Stadtrechte von Split darstellt. Diese Arbeiten spiegeln das wachsende Interesse am Ende

---

[6] Valentinelli, 1842; 1845; 1862; 1870.

[7] Siehe zu den Arbeiten von Giuseppe GELCICH/JELČIĆ, einem der wenigen, wenn nicht dem einzigen gebürtigen Kotoraner, der sich systematisch mit der Geschichte seiner Heimat befasste, besonders: Gelcich/Jelčić, 1880; 1882; 1887.

[8] Josip ALAČEVIĆS Werk *Il libro d'oro dell'antica comunità di Spalato* (1902–1903) stellt eine bedeutende Quelle für die Erforschung der politischen und sozialen Geschichte der Stadt Split dar. Dieses Werk wurde im historischen Archivjournal *Tabularium* veröffentlicht, das ALAČEVIĆ 1901 gemeinsam mit den Brüdern BÖTTNER in Zadar gründete. *Il libro d'oro* basiert auf umfangreichen Archivmaterialien und enthält wertvolle Informationen über die Verwaltung und Gesellschaft Splits vom 14. bis zum 18. Jahrhundert. Es ist ein Beispiel für Alačevićs Engagement, historische Dokumente zugänglich zu machen und die Geschichte Dalmatiens zu dokumentieren (Alačević, 1902–1903).

[9] Einer der bedeutenden Beiträge dieser Art ist ALAČEVIĆS Werk *La vita giuridica nel Comune di Spalato* (1881), das zentrale Einblicke in die rechtliche Struktur und Rechtskultur der Stadt Split im 19. Jahrhundert vermittelt (Alačević, 1881–1882).

des 19. Jahrhunderts an den rechtlichen und sozialen Strukturen in Dalmatien wider und sind wesentliche Beiträge zur Forschung in der mittelalterlichen Rechtsgeschichte der Region.[10]

Zusätzlich veröffentlichte ALAČEVIĆ die *Statuti di Spalato: prefazione e repertorio generale* (1887), die als eine Art Einführung und allgemeines Verzeichnis der dalmatinischen Stadtrechte dient. Diese Werke waren von entscheidender Bedeutung für das Verständnis der juristischen Traditionen in Dalmatien und bildeten die Grundlage für weitere wissenschaftliche Diskussionen.[11]

Neben dem italienisch-dalmatinischen Interesse entwickelte sich parallel ein noch intensiveres Interesse an der Rechtsgeschichte Dalmatiens innerhalb der Habsburgermonarchie, insbesondere durch österreichische, ungarische und insbesondere slawisch-stämmige AkademikerInnen.[12]

---

[10] Diese Phase markiert einen Übergang von synthetisierenden Gesamtdarstellungen zur mittelalterlichen Rechtsgeschichte Dalmatiens hin zu stärker ausdifferenzierten, partikulären Studien. Neben ALAČEVIĆS Arbeiten traten nun vermehrt Editionsprojekte und kompilatorische Unternehmungen in den Vordergrund, die einzelne dalmatinische Stadtstatuten betrafen – darunter LJUBIĆ (Skradin, Budva, Lošinj) sowie die gemeinsam mit JIREČEK veröffentlichten Beiträge von BOGIŠIĆ zu Dubrovnik, auf die bereits verwiesen wurde (Alačević, 1879–1883; Ljubić, 1882; Bogišić, 1904).

[11] Alačević, 1887.

[12] Alexander von REUTZ widmete sich in seinen rechtsvergleichenden Studien insbesondere den slawischen Rechtsordnungen und dem Gewohnheitsrecht. Seine Arbeiten leisten einen wichtigen Beitrag zum Verständnis der kontinuitätsgestützten Rechtsentwicklung im südslawischen Raum, wobei er sich auf Rechtspraktiken stützte, die außerhalb der kodifizierten Normen tradiert wurden (Reutz, 1841).

WENZEL (Wenzel, 1849) gehört zu den Vertretern einer breiteren Gruppe österreichisch-ungarischer Rechtsgeschichtler, die sich Ende des 19. und Anfang des 20. Jahrhunderts häufig peripheren Gebieten der Monarchie wie Dalmatien oder Kroatien widmeten. Dieses Phänomen kann als Teil eines methodischen Rahmens verstanden werden, der darauf abzielte, nationalistisch gefärbte Forschungen in der eigenen Heimatregion zu vermeiden. Wie der Mentor Stephan Karl SANDER FAES dem Autor dieser Dissertation im Rahmen der inspirierenden und für den jungen Forscher sehr wichtigen Gespräche mehrfach erklärte, forschten österreichisch-ungarische Rechtsgeschichtler oft absichtlich über geografisch weiter entfernte Gebiete, um mögliche nationale Spannungen in der eigenen Heimatregion zu umgehen. SANDER-FAES beschrieb dies als eine Art „präventive Stabilisierung" der Wissenschaft in der politisch angespannten multinationalen Monarchie. Der Verfasser ist der Ansicht, dass solche Postulate im heutigen postjugoslawischen Kontext wieder relevant werden könnten, da dort nationale Interpretationen häufig wissenschaftliche Standards überschreiten und Konstrukte des 19. Jahrhunderts – wie Nationen und Völker – auf die Rechts- und Gesellschaftsverhältnisse des Mittelalters projizieren, eine Epoche, die derartige Kategorien schlicht nicht kannte.

Ein herausragender Vertreter dieser frühen Forschung war REUTZ, dessen Hauptwerk *Verfassung und Rechts-Zustand der Dalmatinischen Küsten-Städte und Inseln im Mittelalter. Aus ihren Munizipal-Statuten entwickelt. Ein Beitrag zur Kenntnis slavischer Rechte.* (Dorpat/heute Tartu in Estland, 1841) als eine der ersten umfassenden Studien zur Verfassungs- und Rechtsgeschichte Dalmatiens gilt. REUTZ zählt zu den Pionieren der Erforschung der slawischen Rechte.[13]

Ein weiteres bedeutendes Werk stammt von WENZEL, einem Juristen ungarischer Herkunft, der 1849 die Untersuchung *Liber de ordinamenti et delle usanze der Insel Meleda* im *Archiv für Kunde österreichischer Geschichts-Quellen* veröffentlichte.[14]

Unter den bedeutendsten Gelehrten, die sich mit der Geschichte des slawischen Rechts befassten, ragt MACIEJOWSKI heraus. Seine monumentale *Slavische Rechtsgeschichte* (I-IV, Stuttgart-Leipzig 1835–1839) sowie die erweiterte polnische Ausgabe *Historya prawodawstw słowiańskich* (I-VI, Warschau 1856–1865) zählen zu den grundlegenden Werken auf diesem Gebiet.[15]

Ein bedeutender russischer Gelehrter, der zur Erforschung der dalmatinischen Rechtsgeschichte beitrug, war MAKUŠEV. Während seiner Tätigkeit als russischer Konsul in Dubrovnik (1863–1868) führte er umfassende Archivstudien durch, die in seinem Werk *Izsledovanije ob istoričeskih pamjatnikov i bytopisateljah Dubrovnika* zusammengefasst sind.[16]

---

[13] Reutz, 1841.

[14] Wenzel, 1849.

[15] Wacław Aleksander MACIEJOWSKI gilt als einer der Väter der polnischen Historiografie und des Forschungsgebiets des slawischen Rechts. Sein Wirken ist im Kontext eines gesamt-slawischen Gegenstücks zu den pangermanischen Tendenzen zu sehen, insbesondere nach der Frankfurter Nationalversammlung 1848. Darüber hinaus spielte MACIEJOWSKI eine bedeutende Rolle für die slawische gegenseitige intelektuelle Verbundenheit und war ein wissenschaftliches Vorbild für Valtazar BOGIŠIĆ, mit dem er in freundschaftlichem Austausch stand. Es lässt sich konstatieren, dass beide gemeinsam der Warschauer Historischen Rechtsschule zuzurechnen sind, insbesondere im Bereich der Erforschung des slawischen Gewohnheitsrechts (Maciejowski, 1835–1839; Maciejowski, 1856–1869).

[16] Vikentij MAKUŠEV (1837–1883) war ein russischer Slavist und Albanologe, der als russischer Konsul in Dubrovnik die lokalen Archive intensiv erforschte. Er engagierte sich politisch und wissenschaftlich im Kontext der Gründung der Universität Odessa und des Vereins der Heiligen Kyrill und Method, die die slavische Vernetzung förderten. Seine Forschungen zu südslawischen Völkern, insbesondere seine 1871 veröffentlichte Studie zu den Slawen in Albanien, sind bis heute bedeutend (Makušev, 1867).

Auch in Dubrovnik wirkten Brüder PUCIĆ, die als Vertreter der serbisch-katholischen Bewegung eine zentrale Rolle in der intellektuellen Entwicklung von BOGIŠIĆ spielten. PUCIĆ veröffentlichte *Statut oli zakoni od otoka Mljeta* (1852).[17]

Schließlich zählt BOGIŠIĆ zu den zentralen Figuren der südslawischen Rechtsgeschichte und der Rechtswissenschaft im slawischen Raum. Zu seinen bedeutendsten Werken gehören *Le Statut de Raguse. Codification inédite du XIIIe siècle* (1894) – eine kritische Edition des Status von Dubrovnik aus dem 13. Jahrhundert, *Pisani zakoni na slovenskom Jugu, bibliografski nacrt* (1872) sowie zahlreiche Studien zur dalmatinischen Rechtsgeschichte, die in internationalen Fachzeitschriften erschienen, darunter das *Archiv für slavische Philologie.* Ebenso seine Untersuchung zu den „*Glavnije crte obiteljskoga pisanoga prava u starom Dubrovniku*" (1868), welche die familienrechtlichen Bestimmungen in der alten Republik Dubrovnik untersucht. BOGIŠIĆ gilt als eine der zentralen Figuren der Rechtsgeschichte Südslawiens und hat die historische und juristische Tradition der Region entscheidend beeinflusst.[18]

[17] Medo PUCIĆ (1821–1882) war ein dalmatinischer Schriftsteller, Historiker und Politiker aus Dubrovnik, der eine zentrale Rolle in der südslawischen nationalen Bewegung spielte. Als überzeugter Vertreter der Idee einer kulturellen und sprachlichen Einheit der Slawen hatte er prägenden Einfluss auf Valtazar BOGIŠIĆ, den er intellektuell förderte. PUCIĆS Engagement in der slawischen Wiedergeburt und sein Wirken in der Österreichisch-Ungarischen Monarchie machten ihn zu einem wichtigen Mittler zwischen Wissenschaft, Politik und südslawischer Identität (Pucić, 1852).

[18] Ohne Zweifel stellt Valtazar BOGIŠIĆ die bedeutendste Figur der südslawischen Rechtsgeschichte dar. Als vielseitiger Gelehrter mit einer Ausbildung und Tätigkeit im habsburgischen und italienischen Raum sowie starkem slavistischen Einschlag, war er maßgeblich an der Entwicklung einer eigenständigen rechtsgeschichtlichen Forschung im südosteuropäischen Kontext beteiligt. Für die vorliegende Dissertation ist insbesondere hervorzuheben, dass er – neben Konstantin JIREČEK – zu den ersten Herausgebern des Statuts von Dubrovnik gehörte, eines der zentralen dalmatinischen Rechtsdokumente und ein grundlegender schriftlicher Rechtsdenkmäler der südslawischen Welt. Von besonderem Wert ist auch sein Aufenthalt in der *Biblioteca Marciana* in Venedig sowie seine Arbeit mit dem Manuskript des Statuts von Kotor, das er im Rahmen einer textkritischen Analyse am Ende dieser Dissertation erstmals vollständig wissenschaftlich dokumentiert. Dieses Manuskript ist heute in der Handschriftensammlung aus BOGIŠIĆS Nachlass in Cavtat aufbewahrt, die zur Kroatischen Akademie der Wissenschaften und Künste gehört. An dieser Stelle besteht weder Raum noch Notwendigkeit, auf das detaillierte intellektuelle Profil BOGIŠIĆS einzugehen; im Fokus stehen vielmehr jene Aspekte seines Wirkens, die für die Zielsetzung dieser Dissertation von unmittelbarer Relevanz sind (Bakotić (s.a.); Bogišić, 1868; 1872; 1877; 1894; 1927; Bogišić, Jireček, 1904).

In dieser Reihe ist auch die Arbeiten von JIREČEK zu nennen, wie *Die Romanen in Städten Dalmatiens während des Mittelalters*, die das römische Erbe in Dalmatien untersucht.[19]

Die italienische akademische Gemeinschaft setzte ihre Forschung zur mittelalterlichen Rechtseschichte Dalmatiens und zum Statutrecht fort, insbesondere durch die Arbeiten von BRUNELLI und INCHIOSTRI.[20]

BRUNELLI war ein bedeutender italienischer Historiker, der sich intensiv mit den mittelalterlichen Statuten Dalmatiens beschäftigte. Zu seinen wichtigsten Arbeiten zählen „*Gli **'Statuta Iadertina*“ (1905–1906), in dem er das Stadtrecht von Zadar (Zara) analysierte, sowie die Veröffentlichung der „*Statuti di Spalato*“ in der Zeitschrift „*La Palestra*“ (1879). Diese Arbeiten trugen maßgeblich dazu bei, das Verständnis der städtischen Rechtsordnung Dalmatiens zu vertiefen und lieferten wichtige Quellen für die weitere Forschung.[21]

INCHIOSTRI war ein weiterer bedeutender Forscher auf diesem Gebiet, bekannt für seine detaillierte Untersuchung des mittelalterlichen Strafrechts in Dalmatien.

---

[19] Konstantin JIREČEK (1854–1918) gehört zu den bedeutendsten Vertretern der südslawischen Geschichtsforschung im ausgehenden 19. Jahrhundert. Auf dieser Stelle ist insbesondere seine Studie *Die Romanen in den Städten Dalmatiens während des Mittelalters* zu nennen, die den Versuch unternimmt, das römische Erbe in Dalmatien sowie die Kontinuitäts- bzw. Diskontinuitätsfrage des romanischen und slawischen Bevölkerungsanteils in den dalmatinischen Städten zu untersuchen. Das Werk wurde nicht nur als historiographischer Beitrag, sondern auch im Kontext der zeitgenössischen politischen Spannungen rezipiert, was zur Ausbildung divergierender wissenschaftlicher Positionen im 19. und 20. Jahrhundert – wie auch heute – führte. Trotz späterer methodischer und interpretativer Verschiebungen bleibt JIREČEKS Werk ein häufig zitierter Referenzpunkt innerhalb der Forschung. In diesem Zusammenhang sei auch die sogenannte *Jireček-Linie* erwähnt, eine von ihm eingeführte theoretische Trennlinie zwischen lateinisch- und griechischsprachigen kulturellen Einflusssphären auf dem Balkan (Jireček, 1902).

[20] Brunelli, 1879; Brunelli 1905–1906; Inchiostri, 1893; Inchiostri 1893–1894; Inchiostri, 1894; Inchiostri, 1928; Inchiostri, 1894; Inchiostri, 1934.

[21] Vitaliano BRUNELLI (1848–1922) war ein italienischer Lehrer, Publizist und Kulturpolitiker, der vor allem in Dalmatien – insbesondere in Zadar und Split – tätig war. Er war Mitbegründer und Herausgeber mehrerer Zeitschriften wie *La Leva, La Rivista Dalmata* und *La Palestra*, die sich der Förderung der italienischen Sprache und Kultur in der Region widmeten. In seinen Schriften setzte sich BRUNELLI intensiv mit Fragen der kulturellen Identität Dalmatiens auseinander, wobei er – im Unterschied zu Konstantin JIREČEK – den Akzent stärker auf die kulturelle als auf die ethnische Zugehörigkeit legte. Während JIREČEK eher eine ethnisch konnotierte Sichtweise auf den historischen Wandel in Dalmatien vertrat, betonte BRUNELLI die Rolle des kulturellen Erbes als identitätsstiftendes Moment. Sein Wirken ist im Kontext der kulturellen und politischen Spannungen in Dalmatien am Ende des 19. und zu Beginn des 20. Jahrhunderts zu sehen (Brunelli, 1879; Brunelli 1905–1906).

Seine Arbeiten, wie „*Di alcuni aspetti del diritto penale nei documenti e statuti dalmati del Medio evo*“ (1928), und „*Gli statuti dalmati del Medioevo nei codici, nelle stampe e nelle opere che servano ad illustrarli*“ (1934), leisteten einen wesentlichen Beitrag zum Verständnis der Rechtsstruktur und der verschiedenen rechtlichen Kodifizierungen des mittelalterlichen Dalmatien.[22]

Im 19. Jahrhundert wurden die ersten kritischen Editionen der dalmatinischen Statuten veröffentlicht. LJUBIĆ und HANEL veröffentlichten wichtige Werke, die den Beginn einer systematischen Untersuchung der dalmatinischen Rechtsgeschichte markierten. BOGIŠIĆ begann mit der Erforschung des dubrovniker Rechts und der dalmatinischen Statuten, was als Grundstein für spätere Forschungen über die Rechtsgeschichte der Region diente.

In der österreichisch-ungarischen Monarchie, neben BOGIŠIĆ und JIREČEK, kamen auch Arbeiten von KADLEC hinzu, einem weiteren wichtigen Gelehrten, der mit BOGIŠIĆ befreundet war. KADLEC veröffentlichte Arbeiten wie „*Statutum et reformationes insulae Brachiae*“ (1926), in dem er die Gesetze der Insel Brač

---

[22] Ugo INCHIOSTRI (1869–1944) war ein aus Šibenik stammender Jurist und Rechtshistoriker aus Triest. Er studierte Rechtswissenschaften in Graz und unterrichtete in den 1890er Jahren Geschichte am Gymnasium in Zadar. Später war er als Sekretär des Gemeinderats von Triest tätig. INCHIOSTRI vertrat eine dezidiert italophile Perspektive und war bestrebt, die Zugehörigkeit Dalmatiens und Istriens zur italienischen Kultursphäre zu betonen. Er widmete sich intensiv der Edition und Analyse mittelalterlicher Statuten dalmatinischer und istrischer Städte, darunter Poreč, Rab, Lošinj, Šibenik, Trogir, Korčula und Kotor. Zu seinen bedeutendsten Werken zählt die Edition des Statuts von Rab mit einem Anhang bislang unveröffentlichter Quellen (1889–1901) sowie eine eingehende Studie über die Kommune von Rab und ihr Statut aus dem Jahr 1931, in der er sich unter anderem mit dem Privatrecht, Strafrecht, Notariat, Kirchenverhältnissen und dem Seehandel befasste. 1934 veröffentlichte er eine wichtige bibliographische Übersicht zu dalmatinischen Statuten. Seine Beiträge erschienen in zahlreichen Fachzeitschriften; in seiner Jugend verfasste er zudem Gedichte im Stil von Giosuè CARDUCCI. Gelegentlich schrieb er unter dem Pseudonym „Dalmaticus“ (Inchiostri, 1928; 1934).

Der kulturpolitische und ideologische Wettstreit der Großmächte um Südosteuropa spiegelte sich deutlich in den unterschiedlichen wissenschaftlichen Herangehensweisen wider. Während in italienischen Kreisen besonders die kulturelle Nähe der dalmatinischen Städte zu Venedig, Triest und Italien betont wurde, legte man in der Habsburgermonarchie den Schwerpunkt stärker auf ethnische beziehungsweise proethnische Fragestellungen. Dies überrascht kaum, wenn man die unterschiedlichen Nationenbegriffe berücksichtigt: im deutschen Raum dominierte die Vorstellung von Nation als Gemeinschaft von „Blut und Boden“, wohingegen französische und italienische Konzepte stärker kulturell und sprachlich geprägt waren.

sowie die Reformationen dieser Kodifikationen untersuchte. Dies war ein wichtiger Beitrag zum Verständnis der lokalen Gesetzgebung im Kontext des römischen Rechts.[23]

Ein herausragender Name in der Forschung der dalmatinischen Stadtstatuten ist HANEL, ein führender Rechtswissenschaftler und freimaurerischer Führer in Böhmen. HANEL veröffentlichte wichtige Studien, darunter „*Pravni Život u spljetskoj občini*" (1880) und „*Statuta et leges civitatis et insulae Curzulae*" (1877), in denen er die Rechtsordnung von Split und Korčula untersuchte und die Entwicklung der dalmatinischen Stadtrechte analysierte.[24]

Ein weiterer einflussreicher Forscher war MAYER, der mit seinem Artikel „*Die dalmatisch-istrische Munizipalverfassung im Mittelalter und ihre römischen Grundlagen*" (1903) einen bedeutenden Beitrag zur Analyse der städtischen Verfassungen in Dalmatien und ihrer römischen Grundlagen leistete. MAYER trug

[23] Karel KADLEC (1865–1928) war einer der bedeutendsten tschechischen Rechtshistoriker, spezialisiert auf slawisches Recht, und langjähriger Professor an der juristischen Fakultät der Karls-Universität in Prag. Als Sekretär und später korrespondierendes Mitglied der Tschechischen Akademie der Wissenschaften pflegte er enge wissenschaftliche und persönliche Kontakte zu südslawischen Gelehrten, insbesondere zu BOGIŠIĆ. Die erhaltene Korrespondenz zwischen BOGIŠIĆ und KADLEC zeugt von einem intensiven wissenschaftlichen Austausch, geprägt von slawischer Gegenseitigkeit im Geiste der Kollár'schen Ideen. KADLEC war nicht nur ein Rezipient von BOGIŠIĆS Expertise, sondern auch aktiv daran beteiligt, dessen Arbeit in tschechischen Fachkreisen zu verbreiten. Umgekehrt nahm BOGIŠIĆ großen Anteil an KADLECS wissenschaftlicher Laufbahn, unterstützte ihn in Publikationsfragen, gratulierte ihm zu seiner Professur und beriet ihn in rechtshistorischen Angelegenheiten. Ihre Zusammenarbeit symbolisiert die produktive tschechisch-südslawische Wissenschaftskooperation der zweiten Hälfte des 19. Jahrhunderts, die sich in der wechselseitigen Bearbeitung des südslawischen Gewohnheitsrechts besonders fruchtbar zeigte (Kadlec, 1926).

[24] Jan Jaromír HANEL (1847–1910) war ein bedeutender tschechischer Jurist, Rechtshistoriker und Professor an der Karls-Universität in Prag. Er begann seine akademische Laufbahn mit einer Habilitation im Jahr 1874 und wurde später Professor für allgemeine Rechtsgeschichte an der Universität Zagreb. Dort widmete er sich intensiv der Geschichte des kroatischen Rechts und wurde 1878 Dekan der juristischen Fakultät sowie Mitglied der Südslawischen Akademie der Wissenschaften und Künste. Nach seiner Rückkehr nach Prag im Jahr 1881 lehrte er österreichische Staats- und Rechtsgeschichte. Er war zweimal Dekan der juristischen Fakultät (1886–1887 und 1894–1895) und diente 1896–1897 als Rektor der Universität. 1908 wurde er mit dem Komturkreuz des Franz-Joseph-Ordens ausgezeichnet. Neben seiner akademischen Tätigkeit war HANEL eine zentrale Figur der Freimaurerei in Böhmen. Er war Mitglied der Loge „Archimedes zu den drei Reißbrettern" in Altenburg und leitete von 1894 bis 1909 den Prager Freimaurer-Bruderkreis „Harmonie". In dieser Rolle war er maßgeblich an der Wiederbelebung der Freimaurerei in Böhmen beteiligt und galt als geistiger Führer der deutschsprachigen Freimaurerei in der Region.

Hanel, 1877; Hanel, 1878; Hanel, 1880.

dazu, die Verbindungen zwischen dem römischen Recht und den mittelalterlichen Gesetzgebungen Dalmatiens klarer zu verstehen.[25]

Auf der heimischen Seite sind PETRANOVIĆ und LJUBIĆ von großer Bedeutung. PETRANOVIĆ behandelte in seiner Arbeit „*O kmetstvu po srbskom uobičajnom pravu*“ (1875) die Rolle des Lehensrechts in Dalmatien, während LJUBIĆ als Wegbereiter der dalmatinischen Rechtsgeschichte gilt. In seiner Reihe „*Monumenta spectantia historiam Slavorum Meridionalium*“ veröffentlichte er wichtige Quellen zu den Beziehungen zwischen den südslawischen Völkern und der Republik Venedig sowie zu den mittelalterlichen Stadtrechten von Städten wie Budva und Hvar.[26]

---

[25] Ernst MAYER (1862–1932) war ein deutscher Rechtshistoriker und langjähriger *Ordinarius* für Deutsche Rechtsgeschichte an der Universität Würzburg. Als Schüler von Konrad MAURER prägte er über Jahrzehnte die wissenschaftliche Auseinandersetzung mit der deutschen und mittelalterlichen Rechtsgeschichte. In seiner Forschung nahm das Verhältnis zum römischen Recht eine vermittelnde Rolle ein, insbesondere im Kontext der historischen Entwicklung des deutschen Privatrechts (Mayer, 1903).

[26] BoŽidar PETRANOVIĆ (1809–1874) war ein dalmatinischer Jurist und Historiker, der sich intensiv mit dem Gewohnheitsrecht und dessen Bedeutung für die sozialen Verhältnisse in Dalmatien befasste. Als Begründer der juristischen Zeitschrift *Pravdonoša* setzte er sich für eine südslawische Rechtstradition und Terminologie ein (Petranović, 1871; 1875).

Šime LJUBIĆ (1822–1896) war eine der zentralen Gestalten der südslawischen Historiographie im 19. Jahrhundert und gilt als einer der Begründer der modernen historischen Wissenschaft in Kroatien. Er wurde in Stari Grad auf der Insel Hvar geboren und widmete sein Leben der Erforschung der Geschichte Dalmatiens und der südslawischen Länder, insbesondere in ihrem Verhältnis zur Republik Venedig.

Seine Forschung war stark archivbasiert: LJUBIĆ verbrachte viele Jahre in venezianischen, vatikanischen und dalmatinischen Archiven und edierte zahlreiche bisher unveröffentlichte Quellen. Besonders wertvoll sind seine Beiträge zur Erforschung der schriftlichen Kommunikation zwischen den südslawischen Gebieten und der venezianischen Verwaltung – ein Thema, das er mit methodischer Sorgfalt und tiefem Verständnis für politische und kulturelle Kontexte behandelte.

Seine Studien beleuchten nicht nur diplomatische und rechtliche Aspekte, sondern auch die sprachlichen und kulturellen Vermittlungsprozesse in der Adriaregion. Neben der Historiographie war LJUBIĆ auch auf den Gebieten der Archäologie und Numismatik tätig, wo er als Pionier gilt.

Er war Mitbegründer und langjähriger Leiter des Archäologischen Museums in Split sowie Mitglied mehrerer akademischer Gesellschaften. Durch seine Arbeit trug er maßgeblich zur Bildung eines historischen Bewusstseins unter den südslawischen Völkern bei und beeinflusste Generationen von Historikern. Seine Quelleneditionen, darunter wichtige Dokumentensammlungen aus venezianischen Archiven, gehören bis heute zu den grundlegenden Hilfsmitteln der südosteuropäischen Geschichtsforschung.

Die bedeutendsten Arbeiten von KOSTRENČIĆ umfassen unter anderem „*Postanak dalmatinskih sredovječnih gradova*" (1929) und „*Fides publica u pravnoj istoriji Srba i Hrvata do kraja XV. veka*" (1930). KOSTRENČIĆ, der sich mit dem See- und Handelsrecht in den dalmatinischen Statuten befasste. Seine Beiträge, insbesondere zu den maritimen Aspekten des dalmatinischen Rechts, sind für die Rekonstruktion der rechtlichen Entwicklungen der Küstenstädte von besonderer Bedeutung.

KOSTRENČIĆ trug maßgeblich zum Verständnis der Rechtsgeschichte der dalmatinischen Städte und ihrer Entwicklung in der mittelalterlichen Zeit bei. Seine Arbeiten zusammen mit SMIČIKLAS sind von entscheidender Bedeutung für die Diplomatik und das Verständnis der Beziehungen zwischen Dalmatien und Venedig.[27]

LJUBIĆS Werk stellt einen unverzichtbaren Beitrag zur Erforschung der kulturellen und politischen Verflechtungen in der Adriaregion dar und belegt eindrucksvoll den wissenschaftlichen Anspruch und das historische Engagement eines Gelehrten des 19. Jahrhunderts (Ljubić 1868–1891; 1882–1883).

[27] Marko KOSTRENČIĆ (1884–1976) war ein bedeutender kroatischer Jurist, Historiker und Politiker, der vor allem für seine Arbeiten zur mittelalterlichen Rechtsgeschichte Dalmatiens bekannt ist. Er war der Sohn von Ivan KOSTRENČIĆ, der nach Valtazar BOGIŠIĆ die Leitung der slawischen Abteilung der Hofbibliothek in der Hofburg übernahm. Ivan KOSTRENČIĆ war maßgeblich am Aufbau dieser Abteilung beteiligt und legte damit die Grundlage für die Archivierung und Erforschung der slawischen Rechtsgeschichte. KOSTRENČIĆ studierte Rechtswissenschaften und widmete sich der Erforschung historischer Rechtsquellen, insbesondere des Vinodolsky Gesetzbuchs, eines der wichtigsten slawischen Rechtsdenkmäler. Er war auch Experte für das römische Recht und dessen Rezeption in Dalmatien. Seine Arbeit trug wesentlich zur Entwicklung der Archivistik und Rechtsgeschichte in Kroatien bei. KOSTRENČIĆ veröffentlichte zahlreiche Studien und Monographien zur Rechtsgeschichte und war Mitglied verschiedener wissenschaftlicher Gesellschaften. Er spielte zudem eine Rolle bei der Bewahrung und Erforschung historischer Dokumente. Als Freimaurer engagierte er sich auch gesellschaftlich und kulturell. KOSTRENČIĆ setzte die wissenschaftliche Tradition seiner Familie fort und wurde zu einer Schlüsselfigur im akademischen Leben seiner Zeit. Sein Wirken verband juristische Forschung mit kulturhistorischem Engagement (Kostrenčić, 1914; 1923; 1930; 1935; 1953, 1976).

Tadija SMIČIKLAS (1843–1914) war ein bedeutender kroatischer Historiker, Bibliothekar und Politiker. Er gilt als einer der wichtigsten Begründer der modernen kroatischen Geschichtswissenschaft und widmete sich intensiv der Erforschung der mittelalterlichen Geschichte Kroatiens und des früheren Jugoslawiens. SMIČIKLAS war Direktor der Nationalbibliothek in Zagreb und Professor für Geschichte an der Universität Zagreb. Er spielte eine Schlüsselrolle bei der Sammlung und Erhaltung kroatischer historischer Quellen und förderte die wissenschaftliche Erforschung der kroatischen Nationalgeschichte. Zudem war er Mitglied der kroatischen Akademie der Wissenschaften und Künste sowie im politischen Leben Kroatiens aktiv. Seine Forschungen trugen wesentlich zur Stärkung des kroatischen

Ein weiterer durchaus bedeutender Beitrag kam von SPEVEC, einem der ersten Romanisten, der sich mit den dalmatinischen mittelalterlichen Statuten befasste. SPEVEC war ein führender Wissenschaftler im Bereich des römischen Rechts in Kroatien, ordentlicher Professor für römisches Recht und hatte maßgeblichen Einfluss auf die Entwicklung der Rechtswissenschaften in Kroatien. Zu seinen Arbeiten gehören „*Oporuka po statutu korčulanskom i spljetskom*" (1889) und seine Untersuchungen zu den Statuten von Trogir und Korčula, die die Anwendung des römischen Rechts in Dalmatien widerspiegeln.[28]

STROHAL (Privatdozent für römisches Recht) war ein Schüler von SPEVEC und setzte dessen Arbeiten fort. Er beschäftigte sich intensiv mit den mittelalterlichen Statuten, insbesondere mit der Analyse des „*Trogirischen Statuts*" (1915). STROHAL leistete bedeutende Beiträge zur Geschichte der dalmatinischen Städte und zur Rezeption des römischen Rechts in dieser Region.[29]

---

historischen Bewusstseins bei und beeinflussten nachfolgende Generationen von Historikern (Smičiklas, Kostrenčić, 1962; Smičiklas, 1904–1967).

[28] Stjepan SPEVEC (1839–1905) war ein bedeutender kroatischer Jurist und Hochschullehrer. Nach dem Abschluss des Rechtsstudiums in Zagreb erlangte er 1868 in Wien den Doktortitel. Ab 1871 lehrte er an der Rechtsakademie in Zagreb, insbesondere Römisches Recht. Nach der Gründung der Universität Zagreb 1874 wurde er Professor und war von 1875 bis 1876 Rektor sowie anschließend Prorektor. Zudem war er Abgeordneter im kroatisch-slawonischen Landtag (1875–1891) und spielte eine Schlüsselrolle bei der Gestaltung von Rechts- und Bildungsgesetzen. 1886 wurde er Direktor des Departments für Gottesdienst und Unterricht der Königlichen Regierung. 1891 übernahm er den Vorsitz des „Stuhls der Sieben", einer bedeutenden Institution der Zeit. 1895 ernannte ihn Kaiser Franz Joseph I. zum Geheimen Rat. SPEVEC war auch Mitbegründer der Gesellschaft von St. Cyrill und Methodius, die sich für die materielle und kulturelle Förderung des Volkes einsetzte. Besonders wichtig ist seine Rolle als einer der ersten Kroaten, die die Romanistik in der heutigen kroatischen Rechtswissenschaft begründeten. Sein Einfluss auf die nachfolgenden Generationen und die Entwicklung der Romanistik war nachhaltig und prägend (Spevec, 1889).

[29] Ivan STROHAL (1871–1917) war ein bedeutender kroatischer Jurist und Rechtswissenschaftler, der in der Rechtsgeschichte Dalmatiens und der südslawischen Rechtswissenschaft einen bleibenden Einfluss hinterließ. Nach dem Beginn seines Rechtsstudiums in Budapest setzte er seine Ausbildung in Zagreb fort, wo er 1895 promovierte. STROHAL arbeitete in der Justiz und Verwaltung und war von 1898 bis 1914 Privatdozent für römisches Recht an der Rechtsfakultät in Zagreb. Von 1915 bis zu seinem Tod 1917 war er Mitglied des Banschen Hofes. 1908 wurde er ordentliches Mitglied der Jugoslawischen Akademie der Wissenschaften und Künste (JAZU). STROHAL veröffentlichte zahlreiche Arbeiten zur Rechtsgeschichte dalmatinischer Städte, zur Rechtsphilosophie, zum Genossenschafts- und Zivilrecht. Sein Hauptwerk ist die 1915 veröffentlichte Edition des Statuts und der Reformen der Stadt Trogir, die als Band 10 der Reihe *Monumenta historico-juridica Slavorum meridionalium* erschien. In dieser Edition präsentierte er den lateinischen Text des Statuts von 1332 sowie spätere Reformen und kommentierte sie umfassend. Diese Arbeit ist von

Die vorliegende Periodisierung des Literaturüberblicks bis zur Mitte des 20. Jahrhunderts würde der Autor auch mit entscheidenden Namen abschließen, die die nachfolgenden Generationen maßgeblich beeinflusst haben.[30]

Viele Akademiker der Weißgardisten fanden in ihrem Exil (nach der Revolution im Russischen Reich im Jarh 1917) eine neue intellektuelle Heimat, darunter herausragende Gelehrte wie SOLOVJEV, TARANOVSKI und OSTROGORSKY. Diese Forscher trugen entscheidend zur Entwicklung der Belgrader Universität bei, insbesondere in den Bereichen der Geschichtswissenschaften, Rechtsgeschichte, Slawistik und Byzantinistik.[31]

SOLOVJEV machte sich besonders durch seine Arbeiten zur mittelalterlichen serbischen Rechtsgeschichte einen Namen. Neben seinen Studien zur serbischen mittelalterlichen Rechtsordnung untersuchte er auch die gesellschaftlichen Strukturen der Republik Dubrovnik im 15. Jahrhundert. Seine Forschungen über

---

großer Bedeutung für das Verständnis der mittelalterlichen Rechtsgeschichte Dalmatiens. Ein weiteres bemerkenswertes Werk ist die 1911 erschienene Sammlung *Statuti primorskih gradova i općina*, in der STROHAL die Stadtrechte und Verordnungen mehrerer dalmatinischer Städte und Gemeinden zusammenstellte und analysierte. Diese Sammlung ist eine wertvolle Quelle für die Erforschung der Rechtsentwicklung in der adriatischen Region. STROHAL trug wesentlich zur Entwicklung der Archivistik und Rechtsgeschichte in Kroatien bei. Seine Arbeiten sind auch heute noch von großer Bedeutung für die wissenschaftliche Forschung in diesen Bereichen (Strohal, 1911; 1913; 1915).

[30] Der Grund für diesen umfassenden Literaturüberblick ist, dem/der Lese/inr einen Einblick in die Interdisziplinarität der Erforschung der Rezeption des römischen Rechts in Südosteuropa zu bieten. Dabei wird nicht nur der persönliche und wissenschaftliche Einfluss der Autoren untereinander, sondern auch auf nachfolgende Generationen hervorgehoben, um ein relativ synthetisches Bild zu gewinnen. Schon diese synthetische Betrachtung vermittelt die Komplexität der Rezeption des römischen Rechts – sowohl wegen der Vielzahl an Quellen als auch aufgrund der unterschiedlichen Rezeptionswege. Diese umfassen den fortbestehenden Einfluss des römischen Rechts in den romanisierten Städten Dalmatiens, neue Rezeptionswellen durch juristisch ausgebildete Fachkräfte sowie die Rezeption des römischen beziehungsweise byzantinischen Rechts in den mittelalterlichen serbischen Rechtsquellen, die weitgehend Kompilationen des byzantinisch-römischen Rechts darstellten.

[31] SOLOVJEV, TARANOVSKI und OSTROGORSKY, bedeutende Gelehrte der Weißgardisten im Exil, konzentrierten sich in ihrer Forschung vor allem auf den byzantinischen Einfluss sowie auf die Kontinuität der byzantinischen Rechts-, Kultur- und Religionsgeschichte. Dabei lag ihr besonderes Interesse auf dem slawischen Recht, insbesondere dem slawischen Gewohnheitsrecht. Diese Ausrichtung unterschied sich deutlich von den westlichen historiografischen Traditionen – etwa der italienischen oder der österreichisch-ungarischen –, die hauptsächlich den Schwerpunkt auf Statuten und den lateinisch-romanischen Einfluss legten. Ihre wissenschaftlichen Beiträge waren entscheidend für die Etablierung und den Aufstieg der Universität Belgrad im frühen 20. Jahrhundert und prägten deren Ansehen während des gesamten Jahrhunderts maßgeblich (Solovjev, 1926; 1928; 1929; 1931; 1936; 1939; 1943; 1959; Taranovski, 1933; 2002; Ostrogorsky, 1941).

das Patriziat von Dubrovnik und dessen politische wie rechtliche Besonderheiten stellen bis heute einen wichtigen Beitrag zur Erforschung der adriatischen Region.[32]

TARANOVSKI war über viele Jahre Professor für Rechtsgeschichte an der Universität Belgrad und widmete sich intensiv der Erforschung des mittelalterlichen serbischen Rechts, insbesondere der Gesetzgebung Kaiser Dušans. Dabei legte er besonderen Wert auf die Rezeption des römischen und byzantinischen Rechts in Serbien, die über byzantinische Quellen vermittelt wurde. Ein bemerkenswerter Beitrag hierzu war SOLOVJEVS Veröffentlichung in der *Savigny Zeitschrift, Romanistische Abteilung*, die zentrale Aspekte der byzantinisch-römischen Einflüsse in der serbischen Rechtsgeschichte untersuchte.[33]

OSTROGORSKY war ein bedeutender Byzantinist, der die Belgrader Byzantinistik auf ein hohes wissenschaftliches Niveau hob. In Zusammenarbeit mit dem Byzantinologischen Institut trug er maßgeblich zur Erforschung der byzantinischen Verwaltung in Südosteuropa bei. Seine Arbeiten waren von großer Bedeutung für das Verständnis der politischen und administrativen Strukturen dieser Region, die zuvor weitgehend unerforscht waren.[34]

---

[32] Aleksandar SOLOVJEV (1890–1971) war ein bedeutender russisch-serbischer Jurist und Rechtsphilosoph, der nach der Russischen Revolution ins Exil ging und einen großen Einfluss auf die Rechtswissenschaften in Serbien ausübte. Er studierte in Moskau und später in Heidelberg, wo er sich mit Rechtsphilosophie und Rechtsgeschichte beschäftigte. Nach seiner Emigration ließ er sich in Belgrad nieder und wurde Professor an der Universität Belgrad. Solovjev war bekannt für seine Arbeiten zur Rechtsphilosophie, insbesondere zur Theorie des Rechts und der Gerechtigkeit. Er legte großen Wert auf die Verbindung von Recht und Moral sowie auf die geistigen Grundlagen des Rechts. Seine Forschungen trugen wesentlich zur Entwicklung der Rechtswissenschaft in Serbien und Jugoslawien bei. Zudem war er eine prägende Figur in der Entwicklung der Byzantinistik und der Erforschung des slawischen Rechts im wissenschaftlichen Kontext (Solovjev, 1931).

[33] Fjodor Vasiljevič TARANOVSKI (1875–1936) war ein russischer Historiker und Byzanzforscher, der nach der Russischen Revolution ins Exil ging und sich in Belgrad niederließ. Er war Professor an der Universität Belgrad und widmete sich vor allem der Byzantinistik sowie der Geschichte und Kultur des Mittelalters. TARANOVSKI gilt als einer der führenden Experten für byzantinische Studien im südosteuropäischen Raum. Seine Forschung konzentrierte sich auf die byzantinische Rechts- und Kirchengeschichte sowie auf die Beziehungen zwischen Byzanz und den slawischen Völkern. Durch seine wissenschaftliche Tätigkeit trug er maßgeblich zur Entwicklung der Byzantinistik an der Universität Belgrad bei und stärkte die akademische Vernetzung im Bereich der slavistischen und historischen Studien (Taranovski, 1933; Taranovski, 2002).

[34] Georgij Aleksandrovič OSTROGORSKI (1902–1976) war ein bedeutender russisch-jugoslawischer Byzantinist. Geboren in Sankt Petersburg, studierte er ab 1921 an der Universität Heidelberg, wo er 1925 mit einer Dissertation über die byzantinische Steuerverwaltung promovierte. Nach Aufenthalten in Paris und Breslau zog er 1933 nach Belgrad, wo

Neben diesen Gelehrten muss auch NOVAKOVIĆ als eine zentrale Figur genannt werden. Er veröffentlichte zahlreiche Arbeiten zur mittelalterlichen serbischen Rechtsgeschichte, darunter die bedeutende Studie *Srednjovekovna Srbija i rimsko pravo* („Mittelalterliches Serbien und das römische Recht"), die 1906 erschien. Diese Arbeit lieferte eine detaillierte Analyse der römisch-rechtlichen Einflüsse in der mittelalterlichen serbischen Gesetzgebung und bleibt eine unverzichtbare Quelle für die Forschung zur Rezeption des römischen Rechts in Südosteuropa.[35]

2.2.2 Entwicklungen ab der zweiten Hälfte des 20. Jahrhunderts

Der Trend zu hochwertigen wissenschaftlichen Arbeiten setzte sich auch in der zweiten Hälfte des 20. Jahrhunderts im sozialistischen Jugoslawien fort. In diesem Zeitraum sind insbesondere bedeutende intellektuelle Persönlichkeiten und führende Vertreter der jugoslawischen Rechtswissenschaft und Romanistik hervorzuheben.

An erster Stelle ist CVITANIĆ zu nennen, langjähriger Professor für Rechtsgeschichte an der Juristischen Fakultät der Universität Split. Er verfasste zahlreiche Arbeiten und kritische Editionen mittelalterlicher dalmatinischer Statuten.[36]

---

er 1934 Professor für Byzantinistik wurde. 1948 gründete er das Byzantinologische Institut der Serbischen Akademie der Wissenschaften und Künste, das unter seiner Leitung zu einem führenden Zentrum der Byzantinistik avancierte. Sein Hauptwerk, *Geschichte des byzantinischen Staates* (1940), wurde in mehrere Sprachen übersetzt und gilt als Standardwerk der Byzantinistik. OSTROGORSKI war korrespondierendes Mitglied zahlreicher Akademien und wurde 1966 in den Orden Pour le Mérite für Wissenschaften und Künste aufgenommen (Ostrogorsky, 1941).

[35] Stojan NOVAKOVIĆ (1842–1915) war ein bedeutender serbischer Historiker, Jurist und Politiker. Besonders hervorzuheben ist seine wissenschaftliche Beschäftigung mit dem mittelalterlichen Serbien und der Rolle des römischen Rechts in dieser Epoche. Wie viele Mitglieder der russischen akademischen Exil-Elite widmete sich NOVAKOVIĆ den Beziehungen zwischen dem mittelalterlichen Serbien und Byzanz. In seinen Arbeiten, die auch die römische Rechtsüberlieferung thematisierten, betonte er den Einfluss byzantinischer Rechtskompilationen auf das mittelalterliche serbische Rechtssystem. Ein Schwerpunkt seiner Forschung lag auf dem byzantinischen Recht und dessen Wirkung auf die gesellschaftlichen Strukturen des mittelalterlichen Serbiens (Novaković, 1906).

[36] Antun CVITANIĆ (1920–2010) war ein bedeutender kroatischer Rechtswissenschaftler und Historiker, der sich auf mittelalterliches Recht und römisches Recht spezialisierte. Seine umfangreichen Forschungen konzentrierten sich insbesondere auf die rechtlichen Strukturen

Neben ihm ist MARGETIĆ besonders hervorzuheben, der ab 1975 als Privatdozent für Römisches Recht und Vorsitzender des Kollegiums für Römisches Recht tätig war. MARGETIĆS Forschungsschwerpunkt lag auf dem dalmatinischen Statutarrecht und insbesondere auf der Rezeption byzantinischen Rechts in Südosteuropa, insbesondere der Novellen Kaiser Leos VI.[37]

Die starke byzantinische Tradition, die stets in Südosteuropa präsent war, wurde auch in den Arbeiten des Byzantinologischen Instituts der Serbischen Akademie der Wissenschaften und Künste sichtbar. Herausragend in diesem Kontext ist FERLUGA, der 1957 sein fundamentales Werk zur byzantinischen Verwaltung in Südosteuropa veröffentlichte (*Vizantijska uprava u Dalmaciji*, Belgrad 1957).[38]

---

und Statuten dalmatinischer Städte wie Split und Brač. CVITANIĆ gilt als einer der führenden Experten für die Analyse mittelalterlicher Rechtsquellen in Südosteuropa und hat wesentlich zur Erforschung des römischen Rechts in der Region beigetragen. Seine Werke beeinflussten das Verständnis der juristischen Entwicklung Jugoslawiens maßgeblich. Es ist kaum vorstellbar, die zweite Hälfte des 20. Jahrhunderts in der jugoslawischen Rechtsgeschichte zu beginnen, ohne Antun CVITANIĆ als eine der prägenden intellektuellen Figuren neben Lujo MARGETIĆ zu erwähnen, die über Jahrzehnte den wissenschaftlichen Diskurs in diesem Fachgebiet dominierten (Cvitanić, 1963; 1964a; 1964b; 1965a; 1965b; 1966a; 1966b; 1966c; 1967; 1968; 1969a; 1969b; 1969c; 1974; 1975a; 1975b; 1976; 1977; 1978a; 1978b; 1979; 1980; 1983–84; 1985; 1986; 1987a; 1987a; 1988; 1990; 1991; 1992; 1994a; 1994b; 1996a; 1996b; 1996c; 1997; 1999a; 1999b; 2002).

37 Lujo MARGETIĆ (1920–2010) war ein bedeutender kroatischer Rechtswissenschaftler, der ein breites Spektrum rechtlicher Traditionen umfasste, darunter griechisches, römisches, byzantinisches und slawisches Recht. Sein bekanntestes Werk, „Hrvatsko srednjovjekovno pravo: vrela s komentarom“ (1990), stellt eine umfangreiche Sammlung mittelalterlicher Rechtsquellen mit detaillierten Kommentaren dar und setzte Maßstäbe für das Studium des mittelalterlichen Rechts in Kroatien. Besonders hervorzuheben sind seine späten Arbeiten, in denen er nach Ansicht vieler Experten die übrige akademische Gemeinschaft übertraf, indem er einen weiten Kontext der Rechtsentwicklung in den dalmatinischen mittelalterlichen Kommunen darlegte. Dabei konzentrierte er sich nicht nur auf das römisch-byzantinisch-griechische Recht oder slawisches bzw. lokales Recht, sondern lieferte in einer brillanten Synthese sowohl spezialisiertes Fachwissen als auch archivbasierte Detailanalysen. Er erforschte die Rezeption des Langobardenrechts und des *Edictum Rothari*, was wesentlich zum Verständnis der Differenzierung zwischen den einzelnen dalmatinischen Statuten beiträgt, die zwar eine Einheit bildeten, jedoch unterschiedliche rechtliche Einflüsse aufwiesen. Besonders wichtig sind in diesem Zusammenhang seine Untersuchungen zum Kauf- und Handelsrecht (Margetić, 1971; 1972; 1972–73; 1973a; 1973b; 1978; 1983; 1983–84; 1984; 1989; 1993; 1996; 1997a; 1997b; 1997c; 2001; 2002).

38 Jadran FERLUGA (1920–2004) war ein slowenischer Historiker und Byzantinist, der als einer der führenden Experten für byzantinische Geschichte auf dem Balkan galt. Er promovierte 1956 bei Georg OSTROGORSKY und lehrte bis 1985 an den Universitäten Belgrad und Münster. Nach seiner Pensionierung war er weiterhin als Gastdozent in Ljubljana tätig. Ferluga war Mitwirkender am *Lexikon des Mittelalters* und Herausgeber der Reihe *Glossar zur*

Ein weiterer bedeutender Wissenschaftler war MARINOVIĆ, der die starke akademische Tradition der Erforschung des Seerechts und der maritimen Rechtsterminologie im lateinischen Mittelalter Dalmatiens fortsetzte. Diese Forschung ist von unschätzbarem Wert, insbesondere angesichts der bereits festgestellten These über die Verbreitung rechtlicher Terminologie durch maritime Handelskanäle und damit die Rezeption des römischen Rechts. MARINOVIĆ beschäftigte sich intensiv mit der Geschichte der Republik Dubrovnik und dem maritimen Statutarrecht Dubrovniks sowie anderer dalmatinischer Kommunen. Seine Arbeiten sind von großer Bedeutung, da rechtliche Transfers insbesondere in byzantinischer Zeit über maritime Terminologie vermittelt wurden. Gemeinsam mit KOSTRENČIĆ und BRAJKOVIĆ, dem renommierten Professor für Seerecht, forschte er zur Geschichte des maritimen Privatrechts.[39]

Für diese Gruppe von AutorInnen aus der zweiten Hälfte des 20. Jahrhunderts kann konstatiert werden, dass sie sich erneut auf höchstem Niveau mit den dalmatinischen Statuten in einem synthetischen Sinne beschäftigten und eine umfassende Betrachtung anstrebten. Dies erinnert an die Arbeiten der großen Intellektuellen des späten 19. Jahrhunderts wie BOGIŠIĆ, STROHAL, HANEL, NOVAKOVIĆ und KOSTRENČIĆ.

Ebenso wie Ende des 19. Jahrhunderts eine Synergie zwischen Historikern, Archivaren und Rechtswissenschaftlern entstand, die in gemeinsamen Arbeiten von KOSTRENČIĆ, SMIČIKLAS und LJUBIĆ zum Ausdruck kam, wurden auch in der zweiten jugoslawischen Periode großangelegte Forschungsprojekte initiiert.

Hierbei ist insbesondere die Arbeit von MIJUŠKOVIĆ zu erwähnen, der Archivmaterial aus italienischen Archiven sammelte, insbesondere aus jenen Städten, an die Beschwerden (*Appellen*) aus Kotor und anderen dalmatinischen Städten gesandt wurden. Diese Forschung war von entscheidender Bedeutung für das

frühmittelalterlichen Geschichte im östlichen Europa. Seine Forschung konzentrierte sich vor allem auf die byzantinische Verwaltung in Dalmatien und die Geschichte der südslawischen Länder (Ferluga, 1957).

[39] Ante MARINOVIĆ (1918–2011) war ein bedeutender kroatischer Rechtswissenschaftler und Rechtshistoriker, dessen Forschungsschwerpunkt auf dem maritimen Recht und dem Zollrecht lag. Er beschäftigte sich intensiv mit der Rechtsgeschichte der Adriaregion, insbesondere mit den rechtlichen Regelungen des Seeverkehrs, Handels und der Zollverwaltung. MARINOVIĆ trug wesentlich zum Verständnis der Entwicklung maritimer Rechtsordnungen und wirtschaftsrechtlicher Vorschriften in Mittelmeerraum bei. Seine Arbeiten haben die Forschung zu den historischen Handels- und Zollpraktiken Dalmatiens nachhaltig geprägt. Er gilt als einer der führenden Experten auf dem Gebiet des historischen Seerechts und Zollwesens in Kroatien (Marinović, 1957; 1984; 1985). Brajković, 1933; Kostrenčić, 1914; 1923; 1930; 1935; 1953, 1976; Smičiklas, Kostrenčić, 1962; Smičiklas, 1904–1967.

Verständnis der mittelalterlichen Rechtsquellen und der Anwendung des Rechts in diesen Regionen.[40]

Die wohl zentrale Figur in der zweiten Hälfte des 20. Jahrhunderts war jedoch DANILOVIĆ, langjährige Professorin für Römisches Recht an der Juristischen Fakultät der Universität Belgrad. Ihr gesamtes akademisches Werk widmete sie der Erforschung des römischen Rechts in den dalmatinischen Städten, mit besonderem Fokus auf Dubrovnik und das dortige statutarische Recht sowie die *consuetudo* des Dubrovniker Rechts. Ihre Arbeiten prägten eine Epoche und beeinflussten nachfolgende Generationen von Romanisten und Rechtswissenschaftlern in Südosteuropa. Sie war ein Jahr lang Assistentin bei KASER, nachdem sie das renommierte Alexander von Humboldt-Stipendium erhalten hatte. DANILOVIĆS Einfluss auf die nachfolgende Generation von Professoren, die im nächsten Kapitel behandelt wird, war erheblich. Unter ihrer Leitung der Abteilung für Römisches Recht an der Universität Belgrad sowie mit MARGETIĆ setzte die jugoslawische Romanistik ihre starke Tradition fort.[41]

---

[40] Slavko MIJUŠKOVIĆ (1912–1989) war ein montenegrinischer Historiker und Archivar, spezialisiert auf die Geschichte der Bucht von Kotor und Montenegros. Er arbeitete jahrzehntelang im Staatsarchiv in Kotor und war Mitglied der Montenegrinischen Akademie der Wissenschaften und Künste. Seine Forschungsschwerpunkte lagen auf der Geschichte der Kotorer Marine, dem lokalen Gesundheitswesen, den mittelalterlichen Statuten sowie der Edition und Interpretation des „Ljetopis popa Dukljanina“. MIJUŠKOVIĆ leistete einen zentralen Beitrag zur Erforschung der regionalen Rechts- und Sozialgeschichte. Besonders hervorzuheben ist seine Initiative zur Erforschung italienischer Archive, in denen zahlreiche Entscheidungen jener venezianischen Räte aufbewahrt werden, an die die Einwohner von Kotor Beschwerden richteten – ein Vorhaben, das Teil eines größeren Projekts der Montenegrinischen Akademie der Wissenschaften war und trotz begrenzter Ergebnisse als wertvoller und begrüßenswerter Impuls für die regionale Geschichtsforschung gilt (Mijušković, 1971).

[41] Jelena DANILOVIĆ (1921–2006) war eine herausragende serbische Juristin und Professorin für Römisches Recht, die als eine der führenden Persönlichkeiten der Romanistik im jugoslawischen Raum im 20. Jahrhundert gilt. Sie studierte Rechtswissenschaften in Belgrad und bildete sich nach dem Zweiten Weltkrieg im Ausland weiter, insbesondere bei Max KASER im deutschsprachigen Raum, einem der bedeutendsten Romanisten seiner Zeit. Der Aufenthalt bei KASER prägte ihre wissenschaftliche Methodik tiefgreifend und führte zu einer nachhaltigen Orientierung an der deutschen Romanistikschule. DANILOVIĆ war eine der Mitbegründerinnen der Nachkriegsentwicklung der Romanistik in Jugoslawien und spielte eine zentrale Rolle bei der institutionellen Verankerung des Römischen Rechts an den juristischen Fakultäten in Belgrad und anderen Zentren. Ihre zahlreichen Publikationen zum klassischen Römischen Recht, insbesondere zur Systematik der Obligationen und zum Eigentumsrecht, gelten bis heute als Referenzwerke. Mit ihrem didaktischen Engagement und ihrer wissenschaftlichen Strenge prägte sie Generationen von Juristinnen und Juristen. Ihre Beiträge zur vergleichenden Rechtsgeschichte und ihre Fähigkeit, römischrechtliche Kategorien in

Aus dieser Periode ist auch SINDIKS Werk über die mittelalterliche Kotorer Kommune hervorzuheben – das erste und bisher einzige Werk, das sich umfassend mit der administrativ-rechtlichen Struktur des mittelalterlichen Kotor befasst. Dies war gleichzeitig das erste Werk, das einen längeren historischen Zeitraum von Kotor vollständig behandelte und einen Überblick über die sozialpolitischen Umstände und bestimmte rechtliche Angelegenheiten gab, die nach strafrechtlichen, zivilrechtlichen und anderen Rechtsbereichen gruppiert waren.

Seine Arbeit wurde äußerst positiv von VUCINICH rezensiert, nach dem das gesamte *Institute for Slavic and East European Studies* an der Stanford University benannt ist.[42]

---

moderne Kontexte zu übertragen, trugen wesentlich zur internationalen Anerkennung der jugoslawischen Romanistik bei (Danilović, 1961; 1970; 1972; 1975; 1999).

[42] Ilija SINDIK (1888–1958) war ein bedeutender jugoslawischer Historiker und Archivar, der zur älteren Generation von Gelehrten gehörte, die in der Zeit des Königreichs Jugoslawien im Ausland – insbesondere in Wien – eine fundierte wissenschaftliche Ausbildung erhielten. Seine wissenschaftliche Laufbahn war geprägt von jahrzehntelanger Tätigkeit als Gymnasialprofessor in Städten wie Zadar, Dubrovnik und Belgrad sowie als Leiter des Historischen Instituts der Serbischen Akademie der Wissenschaften (SANU) nach 1954. Besondere Anerkennung fand Sindiks Werk *Komunalno uređenje Kotora od druge polovine XII do početka XV stoljeća* (1950), das als erste systematische und qualitativ herausragende Gesamtdarstellung der rechtlichen, institutionellen und sozialen Struktur der mittelalterlichen Kommune Kotor gilt. Damit legte er den Grundstein für die moderne Erforschung der Stadtgeschichte Kotors im Rahmen der dalmatinischen Rechts- und Verfassungsgeschichte.

Darüber hinaus leistete SINDIK bedeutende Beiträge zur historischen Geographie und Archivkunde des südlichen Adria-Raums, insbesondere der Bucht von Kotor. Seine Arbeiten zeichnen sich durch eine klare methodische Ausrichtung und tiefgehende Quellenkenntnis aus und gehören noch heute zum Standardrepertoire der regionalhistorischen Forschung (Sindik, 1950).

Wayne S. VUCINICH (1913–2005) war ein herausragender amerikanischer Historiker serbischer Herkunft und eine der führenden Figuren der südosteuropäischen und sowjetischen Historiographie im 20. Jahrhundert. Als langjähriger Professor an der Stanford University prägte er Generationen von Slawisten und Historikern. Er war maßgeblich an der Gründung des dortigen Center for Russian and East European Studies beteiligt und trug entscheidend zur Etablierung der Slavic Studies in den Vereinigten Staaten bei.

VUCINICH war nicht nur akademisch einflussreich, sondern spielte auch eine zentrale Rolle im serbischen Emigrantenmilieu in den USA, wo er als intellektuelle Autorität und Mentor galt. Seine Forschungen umfassten ein breites Themenspektrum – von der Geschichte Jugoslawiens über Nationalismus und kulturelle Identität bis hin zur Geschichte des Zarenreichs und der Sowjetunion.

Mit seinem interdisziplinären Zugang und der Fähigkeit, osteuropäische Themen einem westlichen Publikum verständlich zu machen, gilt VUCINICH bis heute als Pionier der Slawistik und als Brückenbauer zwischen den wissenschaftlichen Kulturen Ost- und Westeuropas (Vucinich, 1951).

2.2.3 Aktuelle Forschung und Entwicklungen in den letzten Dekaden des 20. Jahrhunderts

In den vorherigen zwei Unterkapiteln wurde ein Überblick über das wissenschaftliche Interesse an der Rechtsgeschichte der dalmatinischen Statuten des Mittelalters gegeben.

Es wurde darauf hingewiesen, dass Mitte des 19. Jahrhunderts das systematische Interesse an der Erforschung der Rechtsgeschichte Südosteuropas zunahm. Die wichtigsten Autoren und ihre Werke zu diesem Thema wurden genannt. Wie auch in diesem Fall ist im wissenschaftlichen Diskurs das Moment der Kontinuität und der Einfluss der vorhergehenden Generation von ForscherInnen auf spätere Epochen unvermeidlich. Dies war zweifellos der Fall, da die Generation der AkademikerInnen des 19. Jahrhunderts die WissenschaftlerInnen des frühen 20. Jahrhunderts und der ersten Hälfte des 20. Jahrhunderts beeinflusste. Gemeinsam haben sie alle die zeitgenössischen ForscherInnen der Rechtsgeschichte und Romanistik geprägt.

Im vorherigen Kapitel wurde erwähnt, dass sogar eine Professorin, DANILOVIĆ, mehr oder weniger eine ganze Generation von Romanisten im Südosteuropa ausgebildet hat. Gleiches gilt für ihre Nachfolger, darunter ProfessorInnen wie BUJUKLIĆ, BOGOJEVIĆ- GLUŠČEVIĆ, ŠARKIĆ und auch die jüngere Generation, vertreten durch Prof. HEBIB. Diese Gruppe von WissenschaftlerInnen setzte die Arbeit an den dalmatinischen Statuten und deren römisch-rechtlichen Grundlagen fort.[43]

---

[43] Danilović, 1961; 1968; 1970; 1972; 1975; 1999.

Žika BUJUKLIĆ (*1952) ist ein serbischer Rechtswissenschaftler, Historiker des römischen Rechts und ehemaliger Professor an der Rechtsfakultät der Universität Belgrad. Er ist besonders bekannt für seine umfassenden Studien zum mittelalterlichen Recht, insbesondere zum Statut von Budva, das er sowohl als Masterarbeit als auch in mehreren wissenschaftlichen Ausgaben und Analysen behandelt hat. Seine Monografie „Pravno uređenje srednjovekovne budvanske komune“ (Rechtliche Organisation der mittelalterlichen Budva) gilt als einzige umfassende wissenschaftliche Arbeit zu diesem Thema und wurde 2023 in einer erweiterten Ausgabe veröffentlicht.

BUJUKLIĆ promovierte 1999 mit einer Dissertation über „Das Gesetz als Rechtsquelle im antiken Rom“ und war von 2014 bis 2018 ordentlicher Professor für Römisches Recht an der Universität Belgrad. Er ist auch als Herausgeber und Übersetzer des „Srednjovjekovni statut Budve“ (Mittelalterliches Statut von Budva) bekannt, das 1988 veröffentlicht wurde. Seine Arbeiten zur mittelalterlichen Rechtsgeschichte, insbesondere zum Statut von Budva, sind von großer Bedeutung für das Verständnis der rechtlichen Strukturen in der Region und haben einen bleibenden Einfluss auf die Rechtswissenschaften im ehemaligen Jugoslawien (Bujuklić, 1982; 1988).

Internationale Forschungen waren von Anfang an mehr od weniger präsent, doch in dieser Periode ist ein deutlicher Anstieg des Interesses festzustellen. An erster Stelle muss hier STEINDORFF genannt werden, der nahezu die Hälfte seines gesamten wissenschaftlichen Werks der mittelalterlichen Geschichte Dalmatiens gewidmet hat. Seine Arbeiten beschäftigen sich insbesondere mit den dalmatinischen Statuten und deren rechtlichen Strukturen.[44]

Nevenka BOGOJEVIĆ-GLUŠČEVIĆ (*1954) ist Professorin für Römisches Recht und Rechtsgeschichte an der Universität Podgorica. Sie ist Schülerin von Jelena DANILOVIĆ und Žika BUJUKLIĆ und setzt die Tradition der Erforschung der mittelalterlichen Stadtrechte Montenegros fort. Ihr Schwerpunkt liegt auf der Rezeption des römischen Rechts und der Rechtsgeschichte der adriatischen Küstenstädte. Sie hat zahlreiche wissenschaftliche Arbeiten und Monographien veröffentlicht und war Leiterin eines nationalen Forschungsprojekts zur Rechtskultur und Religion in den mittelalterlichen Küstenstädten Montenegros (Bogojević-Glušćević, 1982; 1989; 1991; 1992a; 1992b; 1992; 1995; 1996; 1997; 1998a; 1998b; 1999; 2001; 2004; 2005).

Mirza HEBIB (1992) ist ein junger bosnischer und kroatischer Jurist, spezialisiert auf römisches Recht mit besonderem Schwerpunkt auf das Statutarrecht von Dubrovnik. Seine 2022 verteidigte Doktorarbeit mit dem Titel „PlodouŽivanje (*Ususfructus*): Anwendung des römischen Rechtskonzepts im Recht von Dubrovnik" untersucht die Rezeption des römischen Rechts in Europa und die Integration römischer Rechtsinstitute in das dubrovniker Rechtssystem. HEBIB setzt damit die Tradition der Erforschung und Bewahrung der dalmatinischen und dubrovniker Stadtrechte fort. Er ist derzeit als außerordentlicher Professor am Lehrstuhl für römisches Recht an der Universität Sarajevo tätig (Hebib, 2022; 2024).

Srđan ŠARKIĆ ist ein bedeutender Rechtswissenschaftler, besonders bekannt für sein kürzlich bei Brill erschienenes Werk *A History of Serbian Medieval Law*. In diesem Buch wurde erstmals die gesamte juristische Terminologie des mittelalterlichen serbischen Rechtsystems ins Englische übersetzt. Damit hat er den Weg geebnet, das reiche Rechtsgut des serbischen Mittelalters einem internationalen Publikum zugänglich zu machen. Das serbische mittelalterliche Recht basierte auf starken Einflüssen byzantinischer Kompilatoren und damit indirekt auch auf der Rezeption des römischen Rechts (Šarkić, 2023).

* Der Autor erläutert in den Fußnoten die Biografien, um einen klaren und übersichtlichen chronologischen Überblick über die Entwicklung der Rechtsgeschichte als Disziplin sowie der Romanistik zu geben. Ziel ist es, dem Leser ein umfassendes Verständnis dafür zu vermitteln, wie sich diese Fachgebiete im Laufe der Zeit entwickelt haben, welche historischen und wissenschaftlichen Impulse diesen Prozess beeinflusst haben und welche Persönlichkeiten maßgeblich daran beteiligt waren. Bei Autoren, die dem deutschsprachigen Publikum vor allem durch ihre auf Deutsch oder Englisch veröffentlichten Arbeiten bekannt sind, verzichtete der Autor aus nachvollziehbaren Gründen auf detaillierte Biografien und ausführliche Darstellungen ihrer Beiträge zur Entwicklung der Romanistik und Rechtsgeschichte im südosteuropäischen Raum. Dadurch wird der Fokus auf weniger bekannte, aber für die regionale Entwicklung wichtige WissenschaftlerInnen gelegt, um ein möglichst vollständiges Bild der Forschungslandschaft zu vermitteln.

[44] Steindorff, 2015; Steindorff, 2018; Steindorff, 2020; Steindorff, 2021;; Steindorff, 2023a; Steindorff, 2023b;

Wenn es um internationale ForscherInnen geht, ist es auch wichtig, den zweiten Mentor des Autors, Prof. SANDER- FAES, zu erwähnen, der sich in seinen bedeutenden Studien mit dem frühneuzeitlichen Zadar und dessen Statut auseinandergesetzt hat. Er analysierte die Stellung der herrschenden Klasse in Form der *cittadini* und widmete sich der Untersuchung eines der zentralen Themen für Romanisten und ForscherInnen der Rezeption des römischen Rechts – den Handelsrouten in der Adriatischen Region, insbesondere am Beispiel Dalmatiens. Dadurch wird ein breiterer Zusammenhang geschaffen, der eine ganzheitliche Synthese ermöglicht.[45]

Besonders „erfreulich“ ist das wachsende Interesse an der *ad fontes*-Arbeit, also der Forschung, die sich auf Archivbesuche und die erhaltene notarielle Dokumentation stützt. Dies war auch der Fall bei der bedeutendsten Romanistin des 20. Jahrhunderts in Südosteuropa – DANILOVIĆ. Sie verbrachte über ein Jahr hinweg täglich Zeit im Archiv von Dubrovnik, was dazu führte, dass ihr wissenschaftliches Erbe eine neue Generation von Romanisten inspirierte. Zu diesen ForscherInnen zählen BUJUKLIĆ, der sich jahrzehntelang mit der Erforschung des statutarischen Rechts von Budva beschäftigte, sowie BOGOJEVIĆ- GLUŠČEVIĆ, die sich in ihrer wissenschaftlichen Arbeit der Rechtsgeschichte von Kotor widmete und deren Mentorin ebenfalls Prof. DANILOVIĆ war.[46]

Unter den HistorikerInnen sind GRBAVAC mit ihren herausragenden Arbeiten über Notare an der östlichen Adriaküste und JANEKOVIĆ-RÖMER, die sich mit den Kommunen Dubrovniks und Kotors befassten, sowie MIJAN, der die Geschichte des Seerechts in den dalmatinischen Städten weiterführte, besonders hervorzuheben.[47] Hervorzuheben sind insbesondere die quellengesättigten Arbeiten von SADOVSKI[48] und KÜMMELER;[49] auf Kotor bezogen sei auf die kürzlich approbierte Dissertation von SANTORO verwiesen.[50]

Steindorff, 2024.

[45] Sander-Faes, 2013, Sander-Faes, 2014; Sander-Faes, 2015. Für das spätmittelalterliche Zadar ist insbesondere auf die grundlegenden Studien von Tomislav RAUKAR hinzuweisen, der als der zentrale Historiker dieser Epoche gilt; Raukar, 1977; Raukar, 1987; Raukar, 1997. Zu Split vgl. die wegweisenden Arbeiten von NOVAK, der – neben RAUKAR – zu den bedeutendsten Historikern der Region zählt: Novak, 1957; Novak, 1961; Novak, 1965.

[46] Danilović, 1961; 1970; 1972; 1975; 1999; Bujuklić, 1988; Bogojević-Glušćević, 1982; 1989; 1991; 1992a; 1992b; 1992c; 1995; 1996; 1997; 1998a; 1998b; 1999; 2001; 2004; 2005.

[47] Grbavac, 2008, 2010; Janeković Römer, 2019; Mijan, 2004a; Mijan, 2004.

[48] Sadovski, 2023.

[49] Kümmeler, 2021.

[50] Santoro, 2025. Die kürzlich approbierte Dissertation von SANTORO ist – trotz ihrer Einordnung in die Frühe Neuzeit – eine der wenigen aktuellen internationalen Studien zu Kotor.

Von den Romanisten ist das Werk des verstorbenen Professors PETRAK zu erwähnen, insbesondere seine Studie über die Rezeption der Ulpianischen Gerechtigkeitsdefinition in kroatischen mittelalterlichen Quellen.[51]

Besonders bedeutend ist die Monographie von ŠARKIĆ, *A History of Serbian Medieval Law*, die 2023 bei Brill veröffentlicht wurde. ŠARKIĆ, ein Romanist und Byzantinist, hat sich über viele Jahre hinweg mit der Rezeption des römischen und byzantinischen Rechts im mittelalterlichen Serbien befasst, was für den Autor von großem Wert ist. Kotor war, wie schon im Einleitungsteil bereits erklärt, über zwei Jahrhunderte hinweg ein integraler Bestandteil des serbischen mittelalterlichen Staates.[52]

2.2.4 Kotor – Schlüsselwerke

In diesem Unterkapitel wird ausschließlich jene Literatur behandelt, die für die mittelalterliche Gemeinschaft Kotors von entscheidender Bedeutung ist.

Da das zentrale Thema dieser Dissertation die Rezeption des römischen Rechts im mittelalterlichen Südosteuropa am Beispiel von Kotor anhand der Institution der Mitgift (*dos, perchivium*) ist, sind die hier vorgestellten Werke für diese Forschungsarbeit von größter Relevanz.

Den Anfang macht die tschechische Philologin und Historikerin BLEHOVÁ-ČELEBIĆ, deren herausragende Forschungen zur Geschichte der Bucht von Kotor bedeutende Impulse für die weitere wissenschaftliche Beschäftigung mit dem Statut von Kotor gegeben haben. Besonders hervorzuheben sind ihre Monographien *Das Christentum in der Bucht von Kotor vom 12. bis 15. Jahrhundert* sowie *Die Stellung der Frau im mittelalterlichen Kotor*. Ihre Arbeiten bieten sowohl eine detaillierte Analyse der schriftlichen Überlieferung als auch einen fundierten Überblick über soziale und rechtliche Strukturen dieser Zeit.[53]

Von besonderer Bedeutung ist auch die Forschung von GOGIĆ, der 2018 seine Dissertation über Kotor und dessen Statut verteidigte[54]

---

[51] Petrak, 2007.

[52] Šarkić, 2023

[53] Obwohl ihre Arbeiten vermutlich international weniger zugänglich sind aufgrund der Sprache, in der sie verfasst wurden, zählt sie zu den führenden Persönlichkeiten im Verständnis der mittelalterlichen Bucht von Kotor und der Stellung der Frauen (Blehova-Čelebić, 2002; Blehova-Čelebić, 2006).

[54] Er gilt als eine der führenden Instanzen in der Historiographie zur Geschichte Kotors. Er setzte die Tradition von SINDIK mit seiner Arbeit „Politische und gesellschaftliche Ordnung Kotors in der zweiten Hälfte des XII. und XIII. Jahrhunderts" fort (Gogić, 2018).

Ein wesentlicher Fortschritt in der modernen Editionsgeschichte stellt die Digitalisierung des Statuts von Kotor sowie die Reprint-Ausgabe von 2008/2009 dar. Neben dem lateinischen Originaltext wurde erstmals eine vollständige Übersetzung ins Serbische vorgelegt. Während in einem späteren Kapitel der Dissertation detaillierter auf die Quellenlage eingegangen wird, soll hier bereits auf die immense Bedeutung dieser Edition für die juristische und historische Forschung hingewiesen werden.[55]

Schließlich muss der monumentale Beitrag von MAYER gewürdigt werden. In der zweiten Hälfte des 20. Jahrhunderts unternahm MAYER den bedeutenden Schritt, die mittelalterlichen Notariatsdokumente der Gemeinde Kotor systematisch zu sammeln und in zwei Bänden zu veröffentlichen. Die erste Sammlung umfasst die Jahre 1326–1335, während die zweite die Jahre 1329 sowie 1332–1337 dokumentiert. Diese Notariatsakten stellen eine der zentralen Quellen für die rechtshistorische Untersuchung Kotors im Mittelalter dar und sind für die vorliegende Dissertation von unschätzbarem Wert.[56]

2.2.5 Die Weiterentwicklung der Forschung zur Rechtsgeschichte Dalmatiens und der Beitrag des Autors

In den vorherigen Unterkapiteln wurde ein Überblick über den Literaturstand zur mittelalterlichen Rechtsgeschichte Dalmatiens sowie zu den verschiedenen Wegen der Rezeption des römischen Rechts gegeben.

Zudem wurde eine chronologische Darstellung der Forschungstradition, beginnend mit der Mitte des 19. Jahrhunderts, präsentiert.

Diese Dissertation versteht sich als eine kontinuierliche Weiterführung der bisherigen Forschung – sowohl hinsichtlich der Rezeption des römischen Rechts innerhalb der Gemeinschaft von Kotor als auch im weiteren Kontext der dalmatinischen Städte. Die vorliegende Dissertation soll als Beitrag und Fortsetzung der reichen Forschungstradition dienen.

Das Anliegen des Autors ist es, nicht nur einen eigenen wissenschaftlichen Beitrag zu dieser Thematik zu leisten, sondern auch zukünftige Impulse für interdisziplinäre Untersuchungen zur mittelalterlichen Geschichte Dalmatiens zu setzen. Ein besonderes Augenmerk liegt dabei auf jenen Aspekten, die bislang nur unzureichend oder lediglich fragmentarisch erforscht wurden.

---

[55] *Statuta Civitatis Cathari*, 2016; Antović, 2009.

[56] Mayer, 1951; Mayer, 1981.

Nach Auffassung des Autors sind auch fragmentarische Untersuchungen von großem Wert, da sie als Bausteine für zukünftige synthetische Arbeiten dienen können. Solche umfassenderen Studien könnten letztlich die verschiedenen Phasen der Rezeption des römischen Rechts zusammenführen und systematisch abschließen.

Der Autor ist der Ansicht, dass dieses Phänomen zwar in vielerlei Hinsicht bereits wissenschaftlich untersucht wurde, jedoch oft ohne eine abschließende Synthese, die die einzelnen Studien zusammenführt und den Prozess der Rezeption des römischen Rechts als Ganzes sichtbar macht.

Dies wird insbesondere dadurch erschwert, dass die Mehrheit der bisherigen Arbeiten in serbokroatischer Sprache verfasst wurde und somit für ein breiteres internationales Publikum nur eingeschränkt zugänglich ist (*Slavica non leguntur*).[57]

[57] * Der Autor dankt Prof. Stephan Karl SANDER- FAES herzlich für den Hinweis auf diesen treffenden lateinischen Ausdruck sowie für die bereits jetzt langandauernden und anregenden intellektuellen Gespräche.

Status der Quellen

3

3.1 Vorwort

Das dritte Kapitel dieser Arbeit thematisiert den Status der Quellen. Dieses Kapitel wird sich dem materiell-rechtlichen Begriff des Statuts und seiner rechtshistorischen Verortung im mittelalterlichen Rechtskontext widmen.

Diese Aspekte werden im zweiten Unterkapitel ausführlich behandelt, um ein umfassendes Verständnis der Bedeutung und Entwicklung des Statuts im mittelalterlichen Rechtskontext zu ermöglichen.

Im dritten Unterkapitel wird die kodikologische Geschichte des Statuts von Kotor eingehend untersucht. Es wird in diesem Unterkapitel dargelegt, aus welchen Elementen das Statut konstituiert wird, auf welchem rechtlichen Weg die Bestimmungen, welche den materiell-rechtlichen Kern des Statuts ausmachen, erlassen wurden und zu welchem Zeitpunkt es zur Kodifikation dieser Regelungen als statutarische Rechtsquelle kam.

Darüber hinaus werden die verfügbaren Versionen des Statuts diskutiert und die Frage erörtert, ob eine handschriftliche Überlieferung existiert. Diese Analyse ist von entscheidender Bedeutung für das Verständnis der Entwicklung und Anwendung des Statuts von Kotor und seiner Stellung innerhalb der dalmatinischen Statutentradition.

Die kritische Analyse dieser Quellen wird im 4. Unterkapitel (Text und Übersetzung der Kapitel des Statuts von Kotor, welche die Regelung der Mitgift betreffen) dieses III. Kapitels (Status der Quellen) präsentiert.

J. Paunović, *Die Mitgift im Statut von Kotor*,
https://doi.org/10.1007/978-3-658-51655-0_3

3.2 Der Begriff „Statut" und seine rechtshistorische Verortung

Das ausführliche erste Kapitel, das sich mit der historischen Einführung befasst, hat nicht nur das Ziel, den historischen Kontext und die lange Phase der Romanisierung (zumindest des Küstengebiets) Südosteuropas zu beleuchten, sondern auch zu erklären, wie die byzantinische Präsenz in verschiedenen Phasen ihres Bestehens dazu führte, dass sich unter den gegebenen historischen und politischen Umständen ein Bewusstsein für Autonomie in den dalmatinischen Städten entwickeln konnte. Aufgrund der schwachen und oft nur sporadisch etablierten byzantinischen Herrschaft in diesem Raum entstand ein lang anhaltender Zustand relativer Autonomie. Die lokale Bevölkerung, die in einem kontinuierlichen kulturellen und rechtlichen Zusammenhang mit der römisch-byzantinischen Welt stand, entwickelte zunehmend eigene Strukturen der Selbstverwaltung.[1]

Diese Autonomie wurde weiter durch die unterbrochenen kontinentalen Verbindungen zwischen den dalmatinischen Städten während der Phasen politischer Instabilität und allgemeiner Unruhen auf der Balkanhalbinsel verstärkt. In diesem Kontext spielten maritime Verbindungen eine entscheidende Rolle, da sie den primären Kommunikations- und Handelsweg darstellten. Der Handel wiederum begünstigte einen intensiven rechtlichen Austausch zwischen den Städten, da die wirtschaftlichen Beziehungen stets mit rechtlichen Regelungen einhergingen.[2]

Dies führte schließlich zur Herausbildung eines spezifischen Rechtsbewusstseins, das sich in der Existenz von Statuten manifestierte. Die mittelalterlichen Statuten sind in diesem Sinne als normative Denkmäler und Ausdrücke der Individualität dieser städtischen Gemeinschaften zu verstehen. Mit den Statuten schufen diese Städte ein Instrument zur Regulierung sozialer Verhältnisse und zur Normierung ihres gesellschaftlichen Lebens.[3]

Das Phänomen der Statuten war an der Ostküste der Adria weit verbreitet und existierte in allen Städten von Istrien bis in den Raum um Shkodra und Durrës im heutigen Albanien. Es fand seine Grenze dort, wo die Einflusssphäre der postbyzantinischen Welt noch stärker ausgeprägt war.[4]

Das Konzept freier oder halbfreier Städte ist ein antikes Erbe, das in der europäischen kulturellen, philosophischen und rechtlichen Tradition tief verwurzelt ist. Bemerkenswert ist jedoch, dass Statuten als juristische Denkmäler nicht in

---

[1] Ferluga, 1957, 7–87, 150–153; Ostrogorsky, 1941, 229–232; Kostrenčić, 1923, 252–255.

[2] Ferluga, 1957, 7–87; Sindik, 1950, 12, 45, 46, 57, 68, 69, 113, 129.

[3] Antović, 2009, 11; Sindik, 1950, 84; Kostrenčić, 1923, 252–255.

[4] Strohal, 1911, 7–8; Sindik, 1950, 7–8, 50, 62, 84, 86, 131.

das Erbe der postbyzantinischen Rechtskultur eingegangen sind – insbesondere nicht im südlichsten Teil der Adriaküste, der griechisch-byzantinische linguistische Gemeinschaften umfasst. Dies könnte darauf zurückzuführen sein, dass in diesen Regionen ein homogeneres sprachlich-kulturelles Identitätsgefüge sowie stärkere staatliche Verwaltungsstrukturen bestanden, die keine vergleichbare Notwendigkeit für eine kommunale Kodifikation schufen.[5]

Ein Statut im mittelalterlichen Rechtskontext bezeichnet also eine normative Sammlung von Rechtsvorschriften, die für ein bestimmtes Territorium oder für eine bestimmte Gruppe der StadtbewohnerInnen rechtlich verbindlich waren. In der dalmatinischen Rechtslandschaft war es üblich, dass Städte eigene Statuten verabschiedeten, die das kommunale (Gewohnheits-) Recht kodifizierten.[6]

Das Statut von Kotor folgt in seiner Struktur diesem Modell und orientiert sich an anderen dalmatinischen Statuten, insbesondere an denen von Dubrovnik und Venedig.[7]

Die Besonderheit des Statuts von Kotor liegt jedoch in seiner langen Kontinuität und der Tatsache, dass es unter venezianischer Herrschaft weiterhin gültig blieb. Ebenso wurde unter der venezianischen Herrschaft die Entscheidung getroffen, das Statut erstmals in seiner Gesamtheit zu drucken, was einen wichtigen Wendepunkt in seiner Rechtsgeschichte darstellt. Darüber wird im folgenden Unterkapitel ausführlicher gesprochen werden.[8]

---

[5] Wichtig zu betonen ist auch die ungebrochene Tradition der Kirchenstrukturen in diesen Städten, die vielfach antike Bistümer waren (bzw. sind); siehe hierzu die Überblicksbeiträge von RAUKAR und ŠANJEK in: Hercigonja, Supičić, 2008, 171–259.

[6] Strohal, 1911, 7–8; Sindik, 1950, 33–34.

[7] Besonders zu erwähnen ist eine der frühesten Kompilationen des venezianischen Rechts unter dem Dogen Jacopo Tiepolo: „Gli statuti veneziani di Jacopo Tiepolo del 1242". Dubrovnik erlebte demgegenüber seine erste Kodifikation in Form der Statutensammlung im Jahr 1272. Kotor erhielt hingegen seine erste gedruckte Ausgabe des Statuts erst im Jahr 1616 (die ältesten Bestimmungen des Statuts stammen zumindest aus 1301). Zum ersten kritischen Druck des Dubrovniker Statuts siehe: Bogišič, Jireček, 1904; zur neueren Ausgabe siehe KriŽman, Kolanović, 1990; zur neuesten Ausgabe siehe: Šoljić, Šundrica, Veselić, 2002.

[8] Antović, 2009, 12; Stjepčević-Kovijanić, 1954, 236–237.

3.3 Die kodikologische Geschichte des Statuts von Kotor

Die kodikologische Geschichte des Statuts von Kotor ist eng mit den politischen, gesellschaftlichen und wirtschaftlichen Entwicklungen der Stadt verbunden. Die Entstehung und spätere Drucklegung des Statuts im Jahr 1616 spiegelt die rechtliche Kontinuität in der Entwicklung der kommunalen Selbstverwaltung Kotors wider.

3.3.1 Die Anfänge der statutarischen Kodifikation

Das älteste und bedeutendste Statut in der Region war das Statut von Dubrovnik, nach dem sich die Republik während ihrer gesamten Existenz richtete. Es wurde 1272 zu einer geschlossenen Sammlung, dem *Liber Statutorum*, zusammengestellt und erhielt eine erste kritische Ausgabe zu Beginn des 20. Jahrhunderts.[9]

Die ersten datierten Entscheidungen des Statuts von Kotor stammen aus dem Jahr 1301, obwohl das Regelwerk auf einer wesentlich älteren Rechtstradition basiert. Die Statutensammlung wurde schrittweise erweitert und im Laufe der Jahrhunderte mehrfach redigiert. Das Statut enthielt Beschlüsse des Kleinen und Großen Rates (*Consilium Minus* und *Consilium Maius*), die für die Kommune bindend waren.[10]

Nicht alle Beschlüsse der Räte von Kotor sind jedoch in ihrer ursprünglichen Form erhalten geblieben. Viele wurden nur indirekt in Notariatsakten erwähnt, die heute im Bischöflichen und Historischen Archiv von Kotor aufbewahrt werden. Dies erschwert eine vollständige Rekonstruktion der statutarischen Entwicklung.[11]

[9] Zur Erhaltung der statutarischen Überlieferung und des Statuts von Dubrovnik insgesamt trug auch die Tatsache bei, dass die Stadt über einen langen Zeitraum hinweg ihre Unabhängigkeit wahren konnte. Erst mit den napoleonischen bzw. in der Historiographie sogenannten illyrischen Kriegen wurde der Status der Republik als unabhängige Stadtrepublik aufgehoben und die Verwaltung schließlich der Habsburgermonarchie unterstellt (Bogišič, Jireček, 1904; KriŽman, Kolanović,1990; Šoljić, Šundrica, Veselić, 2002).

[10] Im Fall von Kotor sind die Ratsbeschlüsse überhaupt nicht überliefert worden, sodass es heute praktisch unmöglich ist, das Datum mancher undatierter Entscheidungen genau zu bestimmen. Eine zeitliche Einordnung ist daher oft nur durch vergleichende Analyse anderer Vorschriften sowie durch die verwendete Terminologie möglich. So lässt die Formulierung „der Herr König“ eindeutig auf die Periode serbischer Herrschaft vor der Errichtung des serbischen Reiches im Jahr 1349 bzw. 1354 schließen: *Statuta civitatis Cathari*, 1616.

[11] Antović, 2009, 14.

3.3.2 Die Entscheidung zur Drucklegung des Statuts im 17. Jahrhundert

Die Entscheidung, das Statut von Kotor Anfang des 17. Jahrhunderts in gedruckter Form zu veröffentlichen, war keineswegs rein praktischer Natur.

Sie hatte eine klare politische Dimension. Die herrschende und konservative Adelskaste nutzte das „geschriebene Gesetz“ als Instrument zur Verteidigung ihrer schon rechtlich etablierten wirtschaftlichen und politischen Machtpositionen gegen die aufstrebende, wirtschaftlich erstarkende bürgerlich-handeltreibende Schicht.[12]

Die Frage, die das Interesse der WissenschaftlerInnen geweckt hat, ist der Zeitpunkt der Veröffentlichung des Statuts von Kotor als Ganzes, beziehungsweise warum gerade in den Jahren 1614–1616.

Es wurde über die Notwendigkeit gesprochen, die statutarischen Bestimmungen zu bewahren, die in der Stadt aufbewahrt wurden und sich in einem schlechten materiellen Zustand befanden.[13]

In der gedruckten Ausgabe des Statuts von 1616 finden sich auf den ersten Seiten neben dem Titel des Statuts von Kotor, den Wappen des Schutzheiligen St. Tryphon, einem kleinasiatischen Märtyrer, und dem geflügelten Löwen des Heiligen Markus, auch Lobreden der beiden Redakteure Marijan Buchia und Franjo Bolizza an die venezianische Aristokratie, aber auch an die ältere lokale Aristokratie, die Kotor „auf edle Weise“ regierte, wie es die Redakteure darstellen, nicht in Form der Usurpation eines einzelnen Menschen oder der „schmutzigen Herrschaft der Menge“, wie es die Redakteure des Statuts beschreiben.[14]

Die Absicht des Gesetzgebers und Kompilatoren, obwohl mit allen barocken Verzierungen versehen, war ziemlich klar – die Bewahrung alter Bestimmungen,

---

[12] Antović, 2009, 16; Stjepčević, Kovijanić, 1954, 236–237.

[13] *Statuta Civitatis Cathari*, 1616, 10: „*Te, quae tua est humanitas, cum videres leges nostras nobis vel ipsa vita cariores, calami atramenti ductu edacisque temporis iniuria sic deleri, sic exstingui, sic evanescere, ut vix in libris, ubi iam dudum scriptae sunt, appareant, aeque id atque nos graviter molesteque tulisse: itaque factum esse, ut tu, cum una omnes imprimendas sentiremus, sed timidius te audiente sententiam nostram diceremus, timorem doloremque nostrum delens, ad eas imprimendas et immortalitati commendandas erexisti.*“

[14] *Statuta Civitatis Cathari*, 1616, 2–12: „*…Maiores nostri eas urbes diu, felicissimeque vigere animadvertissent, quarum administratio maxime esset ad perantiquos civium mores accommodata, nec Regio unius principatu ad evitandam tyrannidem, nec semper aegroto omnium dominatu ad declinandum imperitae multitudinis levitatem; sed constantissimo Optimatum imperio, et legibus regendam esse patriam iudicarunt.*“

„*…quae propè immortalis nascitur, occidisset, nisi nos Deus, salutis, tranquillitatisque nostrae amantissimus… Venetœ Reip. custodiendos, incolumesque servandos tradidisset.*“

die einen engen Kreis der lokalen Aristokratie begünstigten, um politischen und gesellschaftlichen Einfluss innerhalb der Gemeinde zu bewahren.[15]

Wie aus den Einführungsseiten des Statuts hervorgeht, stimmten die Venezianer der Entscheidung zur Veröffentlichung des Statuts und zur Einhaltung der statutarischen Beschlüsse, die in den Räten von Kotor gefasst wurden, zu. Sie respektierten diese älteren gesetzlichen Bestimmungen als „edle und weise Bestimmungen, die dem Vorbild der Gesetzgebung von Athen folgten."[16]

Ein Beweis dafür, dass die Kompilatoren des Statuts, Marijan Buća und Franjo Bolica, nicht nur Kompilatoren, sondern auch Redakteure waren, ist die Tatsache, dass in der gedruckten Ausgabe des Statuts anstelle des Begriffes „Volksversammlung" oder „Versammlung des gesamten Volkes" der geänderte Begriff „ganzer Adel" erscheint.[17]

Die Entscheidung über den Druck des Statuts von Kotor wurde unmittelbar nach der Ankunft des Rektors Giovanni Francesco Delphinus am 11./ 27. Oktober 1614 auf einer gemeinsamen Sitzung des Kleinen (Geheimen) und des Großen Rates getroffen. Die positive Entscheidung über den Druck der Verfassung auf Kosten der Gemeinde von Kotor wurde im Kleinen Rat einstimmig getroffen, während sie im Großen Rat mit 30 Stimmen dafür und 6 Stimmen dagegen angenommen wurde. Anwesend waren der Rektor, drei Richter und 36 Mitglieder des Rates.[18]

Die Ratsmitglieder äußerten bei der genannten Sitzung ihre Bedenken hinsichtlich des Zustands und des Verschleißes des statutarischen Materials. Sie betrachteten den Druck als im öffentlichen Interesse liegend und befürworteten, den Prozess des Druckens alter Statutenbestimmungen aus der Zeit der freien Herrschaft der Vorfahren einzuleiten.[19]

---

[15] *Statuta Civitatis Cathari*, 1616, 2–5; 6–9. Schon seit dem Mittelalter hatte sich ein sozialpolitischer Moment kristallisiert, die Stärkung des städtischen Elements und der Bürgertum, das politisch und wirtschaftlich die Positionen der alten Aristokratie bedrohte.

[16] *Statuta Civitatis Cathari*, 1616, 7: „*Quoniam vero leges, quibus Aristocratiam nostram sapientissimi illi legislatores munierunt, quibus ab omnis civilis discordiae calamitate per multos annos prorsus liberam conservarunt, ut iustissimas, prudentissimas, ex intimo iure haustas, et quasi ab Atheniensibus latas, Veneta perspexit intelligentia, sic nobis omnino integras reservavit: illudque statim pro incredibili sua in nos benignitate addidit: ut iurati omnes, qui huc Venetis Rectores, Gubernatoresque mitterentur, ex iisdem se municipalibus legibus institutisque nostris iudicaturos sibi pollicerentur.*"

[17] Antović, 2009, 15–16.

[18] Stjepčević, Kovijanić, 1954, 236–237.

[19] *Statuta Civitatis Cathari*, 1616, 6–8: „*Quoniam vero leges, quibus Aristocratiam nostram sapientissimi illi legislatores munierunt, quibus ab omnis civilis discordiae calamitate per multos annos prorsus liberam conservarunt, ut iustissimas, prudentissimas, ex intimo iure*

Die Aufgabe des Übertragens bestehender Gesetze, die in einem eigenen Buch der Statuten aufbewahrt wurden, wurde einer fleißigen Person im Namen der Gemeinde von Kotor übertragen, um sie in Venedig drucken zu lassen. Nach dem Abschreiben wurde der Druckprozess zwei adligen Personen aus Kotor anvertraut, die für die Redaktion und den Druck der statutarischen Dokumente verantwortlich waren.[20]

Bei der Auswahl des Adels gab es fünf Kandidaten zur Auswahl. Ljudevit Glavati erhielt 21 Stimmen, dagegegen 13, Trifun Vrakjen erhielt 17 Stimmen dafür und 14 dagegen, Ivan Drago erhielt 12 Stimmen dafür und 21 dagegen, Franjo Bolizza erhielt 27 Stimmen dafür und 4 dagegen, Marijan Buchia erhielt 24 Stimmen dafür und 12 dagegen. Franjo Bolizza und Marjan Buchia wurden als Mitglieder des Adels und der Aristokratie von Kotor ausgewählt und waren für die Redaktion des statutarischen Materials und dessen Druck in Venedig verantwortlich.[21]

Die ausgewählten Redakteure haben ihren Teil relativ schnell abgeschlossen, wenn davon ausgegangen werden kann, dass dies der Fall war, als sie dem Rektor am 13. August 1615 gewidmet haben, während die Arbeit am Druck wahrscheinlich abgeschlossen war, als der Korrektor am 3. Juni 1616 vermerkte, dass er die Korrekturarbeit abgeschlossen hatte, was bedeutet, den gedruckten Text mit der Abschrift des Originals zu vergleichen, die in Kotor erstellt wurde.[22]

Durch die Drucklegung des Statuts 1616 wurde nicht das gesamte rechtliche Erbe der Stadt Kotor abgedeckt. Rechtsvorschriften, die dauerhaft einzuhalten waren, wurden bereits viel früher erlassen, einige sind ab dem späten 12. Jahrhundert belegt. Das *Liber Statutorum*, das wahrscheinlich in den ersten Jahrzehnten des 14. Jahrhunderts zusammengestellt wurde – die ältesten datierten Beschlüsse stammen aus dem Jahr 1301 –, wurde mehrfach redigiert und ergänzt, bis es 1425 seine endgültige Form erhielt. Es enthielt sowohl ältere, bestehende statutarische Vorschriften als auch neu hinzugefügte Regelungen, die im Laufe der Zeit entsprechend den Erfordernissen des städtischen Lebens eingeführt wurden.[23]

---

haustas, ac quasi ab Atheniensibus latas, Veneta perspexit intelligentia, sic nobis omnino integras reservavit: illudque statim, pro incredibili sua in nos benignitate, addidit: ut iurati omnes, qui huc Venetijs rectores, gubernatoresque mitterentur, ex iisdem se municipalibus legibus institutisque nostris iudicaturos sibi pollicerentur."

[20] Antović, 2009, 16–17.

[21] Stjepčević, Kovijanić, 1954, 236–237.

[22] Antović, 2009, 16–18; Stjepčević, Kovijanić, 1954, 236–237; *Statuta Civitatis Cathari*, 1616, 2–12.

[23] Antović, 2009, 12–13.

Die gedruckte Ausgabe umfasste jedoch mehr als nur das *Liber Statutorum*: Sie enthielt auch Beschlüsse mit bindender Rechtskraft, die ältere Regelungen ergänzten oder abänderten und neue Normen festlegten. Diese späteren Vorschriften wurden in zwei Teile unterteilt: in diejenigen aus der Zeit der autonomen Stadt Kotor (1384–1420) und jene aus der ersten Periode der venezianischen Oberhoheit (1421–1444).[24]

3.3.3 Die Struktur des Statuts von Kotor und die Rolle der Redaktoren

3.3.3.1 Einleitung

Wie bereits in dem vorangegangenen Unterkapitel dargelegt, wurde die Entscheidung über den Druck des Statuts von Kotor im Jahr 1614 und dessen erste vollständige Veröffentlichung im Jahr 1616 erörtert.

Im Folgenden soll dergestalt die Frage erörtert werden, in welcher Form das Statut beschaffen war und welche Kompilation seitens der Redaktoren vorgenommen wurde, sowie welche Struktur die gedruckte Ausgabe des Statuts von 1616 aufwies.

Die Redaktoren des Statuts kompilierten das Rechtsmaterial in vier klar definierte Einheiten, wobei vor diesen Haupteinheiten ein einleitender Teil auf 52 unpaginierten Seiten zu vermerken ist, der später von den HerausgeberInnen der Reprintausgabe 2008/2009 des Staatsarchivs von Montenegro paginiert wurde.[25]

Auf diesen 52 unpaginierten Seiten finden sich der Titel *Statuta et leges Civitatis Cathari*, das Druckjahr und der Druckort. Zudem enthält dieser Abschnitt im barocken Stil eine heraldische Widmung an die Redaktoren des Statuts – die Familien Bolizza und Buchia– sowie an den Rektor Delfino, der zu jener Zeit Rektor der Stadt Kotor war. Das Wappen des geflügelten venezianischen Löwen findet sich auch auf den ersten Seiten des Statuts, welches zudem mit einem Index schließt, der sowohl alphabetisch als auch thematisch geordnet ist.[26]

Es folgen Abschnitte, die mit barockem Zierrat und Lobhudeleien an die „erhabene“ venezianische Herrschaft geschmückt sind. Darunter befindet sich ein Breve von Papst Clemens VIII., das die Lesung kirchlicher Texte während der Feierlichkeiten zu Ehren des Stadtpatrons genehmigt. Der heilige Tryphon, ein

[24] Antović, 2009, 12.

[25] Antović, 2009, 17.

[26] *Statuta Civitatis Cathari*, 1616, 2–7; Antović, 2009, 17.

christlicher Märtyrer aus Kleinasien, dessen Reliquien bis heute in Kotor ruhen, wird in diesem Zusammenhang besonders hervorgehoben.[27]

Das Statut weist einige Unstimmigkeiten auf, wie die doppelte Nummerierung bestimmter Kapitel (z. B. 215 und 216 als 345 und 346). Nur 94 von 437 Kapiteln sind datiert, die ältesten reichen bis 1301 zurück, während die jüngsten bis 1425 datiert sind. Das Statut entstand aus einer Sammlung einzelner Bestimmungen, wobei Anleihen aus dem Statut von Dubrovnik nachweisbar sind (älteste von 1293).[28]

Die Kapitel sind nicht chronologisch geordnet, sondern thematisch gruppiert, etwa nach Verwaltung, Justiz, Familien- und Eigentumsrecht. Dabei gibt es aber keine strenge Systematik wie in den „Büchern" des Dubrovniker Statuts.[29]

Die endgültige Redaktion des Statuts dürfte zwischen 1425 und dem späten 15. Jahrhundert erfolgt sein. Die venezianische Herrschaft ab 1420 führte dazu, dass das Statut zur Genehmigung in Venedig vorgelegt wurde, insbesondere während der Amtszeit von Rektor Stefan Quirini (1426). Die genaue Chronologie der verschiedenen Redaktionsphasen bleibt jedoch ein offenes Forschungsfeld.[30]

3.3.3.2 Erster Teil des Statuts von Kotor

Der erste Teil des Statuts von Kotor ist der älteste und umfangreichste. Dieser erste Teil beginnt ohne eigene Titelseite direkt mit der Regelung zur Wahl der Stadtrichter (*De constitutione iudicum civitatis Cathari*). Der gesamte Abschnitt trägt den gemeinsamen Titel *Statuta et leges Civitatis Cathari* und umfasst 275 paginierte Seiten. Die einzelnen Bestimmungen sind als *caput* („Kopf") nummeriert (insgesamt 439), wobei die letzte, die 440. Bestimmung, keinen statutarischen Charakter hat, sondern ein Privileg zur Grenzbestimmung der Kommune enthält. Dieses basiert auf einer gefälschten Urkunde mit der Unterschrift von Kaiser Dušan.[31]

3.3.3.3 Zweiter Teil des Statuts von Kotor

Der zweite Teil des Statuts, betitelt *Partes capte*, umfasst 39 Kapitel aus der Zeit von 1384 bis 1420. Die Redaktion betont mit Stolz, dass Kotor in dieser Zeit nach eigenen Gesetzen und Institutionen regiert wurde („*Quo tempore suis legibus et*

---

[27] *Statuta Civitatis Cathari*, 1616, 6–12.

[28] Antović, 2009, 18.

[29] Antović, 2009, 18–19.

[30] Antović, 2009, 20.

[31] Antović, 2009, 18–21; *Statuta Civitatis Cathari*, 1616.

institutis regebantur"). Dennoch wurden zahlreiche Beschlüsse aus der Phase der Unabhängigkeit (15 datierte) bereits in den ersten Teil des Statuts integriert.[32]

Das erste Kapitel enthält keine statutäre Bestimmung, sondern eine Erklärung zur Entstehung dieser Sammlung. Aufgrund des Alters und der Unordnung in den ursprünglichen Bänden konnten die Beschlüsse nicht mehr zuverlässig gefunden werden. Daher wurde unter dem Rektor Niccolò Pizani (1431) eine Kommission aus drei Adligen eingesetzt, die zusammen mit dem Kanzler Ioannes de Lusii die früheren Beschlüsse ordnen und in ein Pergamentbuch eintragen sollten. Pizani förderte aktiv die Gesetzgebung. Während seiner Amtszeit wurden 18 neue Beschlüsse verabschiedet. Der Kanzler fügte zudem Regelungen zu seiner eigenen Wahl und Amtsverlängerung hinzu.[33]

Im Gegensatz zu den Kapiteln des Statuts, die unterschiedliche Formulierungen verwenden („*ordinamus*", „*statuimus*" oder die Nennung von Richtern und Räten), haben die Kapitel dieses Teils eine einheitliche Struktur als Beschlüsse des Großen Rates mit Datum, Teilnehmerzahl und Abstimmungsergebnis. Inhaltlich gibt es jedoch keine funktionale Differenz zwischen diesen und den statutären Bestimmungen. Manche Kapitel stellen eine Ergänzung oder Modifikation bereits bestehender Normen dar, während andere in identischem Wortlaut sowohl im Hauptteil des Statuts als auch in diesem zweiten Teil vorkommen. So entspricht beispielsweise die Bestimmung zum Veräußerungsverbot des Besitzes der Abtei St. Georg (*caput* 434) exakt der Regelung im *caput* 14 dieses Teils.[34]

Die Auswahl erfolgte aus zahlreichen Ratsbeschlüssen und betraf nur solche von allgemeiner Bedeutung mit bleibender rechtlicher Relevanz. In diesem Sinne lässt sich dieser Teil des Statuts mit dem *Liber viridis* und dem *Liber croceus* von Dubrovnik vergleichen, die als Erweiterung des bestehenden Statuts dienten, ohne dessen Text zu verändern. In Dubrovnik sind die Ratsbeschlüsse noch erhalten, sodass der Auswahlprozess nachvollziehbar ist. In Kotor hingegen gibt es nach 1425 keine Hinweise auf weitere Eingriffe in den Text des Statuts. In der kurzen Periode von 1425 bis 1431, nach der venezianischen Machtübernahme, wurden nur acht neue Beschlüsse in diese Sammlung aufgenommen.[35]

[32] Antović, 2009, 21.

[33] Antović, 2009, 21–22.

[34] Antović, 2009, 21–22.

[35] Antović, 2009, 21–22; Bogišić, Jireček, 1904; KriŽman, Kolanović,1990; Šoljić, Šundrica, Veselić, 2002.

3.3.3.4 Dritter Teil des Statuts von Kotor

Der dritte Teil des Statuts besteht aus fünf Dokumenten, die die abschließenden Verhandlungen, die Formulierung der Bedingungen und die öffentlichen Formen der Übergabe von Kotor an Venedig dokumentieren. Streng genommen handelt es sich bei diesem umfangreichen Material nicht um gesetzgeberische oder statutarische Entscheidungen, sondern vielmehr um archivierte Dokumentationen eines historischen Wendepunkts. Dennoch verdient es Aufmerksamkeit als Ausdruck beiderseitigen Interesses, die Bedingungen der Annahme der venezianischen Oberhoheit schriftlich festzuhalten, ebenso wie das autonome Gesetzgebungsverfahren von Kotor selbst.[36]

Der Prozess begann am 2. Februar 1420, als der Kotorer Rektor, die Richter, der Kleine und der Große Rat nach mehreren Tagen der Beratung ihren Stadtnotar, Kanzler und Sekretär der Kommune, Antonio Pucchio, bevollmächtigten, in Venedig unter den erhaltenen Weisungen einen Vertrag über die Übergabe Kotors auszuhandeln. Pucchio legte am 8. März den venezianischen Behörden die Absicht und die Bedingungen Kotors mündlich dar und betonte dabei die akute militärische Bedrohung durch Balša III Balšić (lokale Herrschaftsdynastie) sowie die militärische Unterstützung Kotors durch die Crnojevićs (andere mächtige lokale Herrschaftsdynastie). Obwohl das Angebot Kotors grundsätzlich angenommen wurde, verlangte Venedig die Abfassung eines präzisen bilateralen Vertrags in schriftlicher Form.[37]

Die offizielle venezianische Urkunde wurde am 15. März ausgestellt, und am darauffolgenden Tag wurde der Notar Johannes von Luxia durch ein Herzogsedikt bevollmächtigt, in Kotor die Ratifizierung des Vertrags vorzunehmen, den Treueeid entgegenzunehmen und der Hissung der Markusbanner beizuwohnen. Anschließend sollten der Fürst von Kotor Marin Bizanti, die Richter und die Mitglieder des Geheimen Rates gemeinsam mit dem offiziellen Vertreter des Dogen, Johannes von Luxia, ein bilaterales offizielles Dokument erstellen. Der Prozess verzögerte sich jedoch aufgrund weiterer Forderungen der Kotorer, sodass erst am 13. Mai 1420 der Geheime Rat, erweitert um zwölf Adelige, den Vertrag ratifizierte. Von diesem Zeitpunkt an begann formell und rechtlich die venezianische Herrschaft über Kotor, und die anwesenden Ratsmitglieder leisteten den Eid in Anwesenheit des Dogenvertreters.[38]

Besonders bemerkenswert ist das Bestreben der Kotorer, die Gültigkeit ihres Statuts zu wahren, um die Kontinuität ihrer eigenen Gesetzgebung und der

---

[36] Antović, 2009, 23; BoŽić, 1970, 24; Milošević, 1973, 5–21.

[37] Antović, 2009, 23–25; BoŽić, 1970, 24.

[38] Antović, 2009, 23.

seit Jahrhunderten etablierten kommunalen Ordnung mit weitreichender Autonomie zu sichern. Die Kotorer Unterhändler forderten und erhielten eine klare, grundsätzliche Bestätigung, dass „das Statut und die Verordnungen der besagten Kommune respektiert werden" („*quod Statuta et ordinamenta dictae Communitatis observentur*").[39]

3.3.3.5 Vierter Teil des Statuts von Kotor

Der vierte Teil des Statuts stellt eine Fortsetzung der *Partes capte* aus der Zeit der politischen Selbstständigkeit von Kotor dar. Diese Entscheidungen ähneln den früheren in Form und Funktion, sind jedoch chronologisch neu angeordnet und nummeriert. Sie betreffen die Jahre 1420 bis 1444 und umfassen 52 gesetzgeberische Entscheidungen, die im Großen Rat von Kotor verabschiedet wurden (Originalseiten 345–436). Dabei handelt es sich größtenteils um grundlegende Themen wie Testamente, Mitgift, Rechtsprechung, Patronatsrechte und öffentliche Ordnung. Zusätzlich enthält das Statut eine Liste der Rektoren und der venezianischen Verwalter von Kotor von 1420 bis 1614, die auf den letzten Seiten der gedruckten Ausgabe zu finden ist, sowie Korrekturen von Druckfehlern.[40]

3.3.4 Die Überlieferung und Verbreitung des Statuts

Das Statut von Kotor wurde zum ersten Mal vollständig in seiner Gesamtheit im Jahr 1616 in Venedig gedruckt.[41] Die Neuauflage des Statuts von Kotor wurde vom Staatsarchiv Montenegro im Jahr 2008/2009 durchgeführt.[42]

Neben dieser gedruckten Ausgabe des Statuts von Kotor gab es auch eine Handschriftentradition:

a) Die venezianische Handschrift, eine Handschrift, die nur Bestimmungen aus dem Zeitraum enthält, als Kotor Teil des serbischen mittelalterlichen Staates (Nemanjić-Staates) war. Dieses Manuskript wird in der *Biblioteca Nazionale*

[39] Antović, 2009, 24; Matijević-Sokol, 1982, 22.

[40] Antović, 2009, 26–27.

[41] *Statuta Civitatis Cathari,* 1616; Antović, 2009, 12.

[42] Antović, 2009.

Marciana in Venedig aufbewahrt, dieses Manuskript wurde mir freundlicherweise von Prof. GOGIĆ zur Verfügung gestellt, dem ich hiermit herzlich danken möchte.[43]

b) Die Korčula-Handschrift, die sich im Besitz der Familie Kapor auf Korčula befand, enthielt ebenfalls, laut Bericht aus der Mitte des 19. Jahrhunderts, nur den ersten Teil der Bestimmungen (Zeitraum, in dem Kotor ein Teil des mittelalterlichen serbischen Staates war) – diese Handschrift konnte der Autor nicht finden, diese Handschrift wird auch bei anderen ForscherInnen seit langer Zeit nicht mehr erwähnt.[44]
c) Die Handschrift in der Bogišić-Sammlung/Bibliothek in Cavtat (heute Teil des Instituts für historische Wissenschaften in Dubrovnik und zugleich der Kroatischen Akademie der Wissenschaften), enthält Bestimmungen aus drei Phasen:
   1. die Herrschaft des mittelalterlichen serbischen Staates (Herrschaft der Nemanjić Dynastie)
   2. die Unabhängigkeit Kotors (circa ab 1370 -1420) sowie
   3. die Herrschaft der Venezianer über die Stadt (ab 1420).

Nachdem der Autor die Sammlung/Bibliothek in Cavtat besucht hat, war ihm der Zugang zu dem Material ermöglicht, das in der 4. Kiste (historische und rechtliche Materialien aus Dubrovnik und der Küste) – 25. Teil (Das Statut von Kotor) und in der 15. Kiste (rechtliche und historische Materialien für Montenegro) – 14. Teil (rechtliche Materialien aus Kotor und Budva) klassifiziert ist.

Das genannte Material bezüglich der Manuskripte des Statuts von Kotor umfasst „nur" das „*Index Liberorum*", das heißt – nur die Aufzählung der Kapitel des Statuts von Kotor.[45]

d) Neben den drei oben genannten Manuskripten des Statuts von Kotor gibt es auch eine vierte Handschrift in der Handschriftensammlung in der National- und Universitätsbibliothek in Zagreb, besser bekannt als der „*Zagreber Exemplar des Statuts von Kotor*".

Diese Handschrift umfasst Bestimmungen aus der Zeit der Unabhängigkeit der Gemeinde von Kotor (1383-1420) sowie venezianische *Ducali* bis zum Jahr 1663.

---

[43] Siehe mehr: Gogić, 2020, 139–170; Valentinelli, 1842, 23; Valentinelli, 1870, 147–148; Strohal, 1911, 31–32; Sindik, 1950, 7–8.

[44] Antović, 2009, 13; Strohal, 1911, 31–32; Sindik, 1950, 7–10.

[45] Mošin, 1951–52, 59, 16–40.

Diese Sammlung ist in der National- und Universitätsbibliothek Zagreb unter der Nummer R 4074 bzw. NSK R 4074 erfasst.[46]

In dieser Doktorarbeit wird sich der Autor auf die gedruckte Ausgabe des Statuts von Kotor in Venedig und seinen Nachdruck in Kotor in den Jahren 2008/2009 konzentrieren.[47]

Neben der gedruckten Ausgabe von 1616 und den Manuskripten desselben gab es auch andere gedruckte Ausgaben des Statuts von Kotor. Diese Ausgaben sind nicht erhalten geblieben. Die Informationen dazu kommen aus den bibliografischen Entwürfen des 19. Jahrhunderts, vor allem von VALENTINELLI und NEIGEBAUER.[48]

VALENTINELLI erwähnt in seiner Monographie die Ausgabe des Statuts der Stadt Kotor (*Cattaro*), welche die Normen von 1301 bis 1713 umfasst (*Suplemento dall anno 1301 all´anno 1713.*).[49]

Neben dieser Ausgabe erwähnt VALENTINELLI auch eine andere Ausgabe (*Privilegium civitatis Cathari et disrictus*, die Akte aus dem Zeitraum von 1367 bis 1781 enthält (*Comincia: Statuta et leges civitatis Cathari ab anno 1367–1781*).[50]

NEIGEBAUER erwähnt in seinem Werk „*die Sudslawen un deren Länder in Beziehung auf Geschichte, Kultur und Verfassung*“, auch das *Statuta Civitatis Cathari, Venetiis*, 1715.[51]

GOGIĆ wirft zu Recht die These auf, dass es sich bei der von NEIGEBAUER genannten Quelle genau um die Ausgabe handelt, von der VALENTINELLI in seinem Werk (*Statuta civitatis Cattari, Suplemento dall anno 1301 all anno 1713*) spricht.[52]

BOGIŠIĆ spricht in seinem Werk über das Statut von Dubrovnik aus dem Jahr 1272, einem der wichtigsten rechtlichen mittelalterlichen Denkmäler der Südslawen, auch von einer Ausgabe des Statuts aus dem Jahr 1693.[53]

NOVAKOVIĆ hat bei der Sammlung und Zusammenstellung der Quellen für das serbische Mittelalter eine Kopie eines der gedruckten Statuten nach 1616

---

[46] Gogić, 2020, 139–140; *Nacionalna i Sveučilišna KnjiŽnica, Zagreb, R 4074.*

[47] Antović, 2009.

[48] Gogić, 2020, 140.

[49] Valentinelli, 1862, 76.

[50] Valentinelli, 1862, 76.

[51] Neigebaur, 1851, 45.

[52] Gogić, 2020, 140.

[53] Bogišić, 1894, 18.

erhalten. Diese Kopie wurde ihm angeblich vom Historiker TOMIĆ zur Verfügung gestellt.[54]

In seinem (NOVAKOVIĆs) Werk „*Zakonski spomenici srpskih drŽava srednjeg veka*" zitiert er in einem Abschnitt über Kotor einen Teil des Textes aus diesem später gedruckten Statut, der mit dem Titel „*Dopune statutu grada Kotora*" beginnt. NOVAKOVIĆ stellt in diesem Abschnitt die These auf, dass im frühen 18.. Jahrhundert zahlreiche Ergänzungen zum Statut von Kotor in der Republik Venedig gedruckt wurden, die seit 1713 in Kraft waren. Leider stellt er fest, dass die erwähnten ergänzenden Entscheidungen weder einen Ort noch eine Nummerierung haben. In dem genannten Werk stellt NOVAKOVIĆ elf Artikel aus dem Zeitraum bis 1420 vor.[55] NOVAKOVIĆ hat aller Wahrscheinlichkeit nach die genannten elf Artikel zeitlich falsch klassifiziert.

GOGIĆ korrigiert in seinem bereits erwähnten Artikel die Aussage von NOVAKOVIĆ, dass alle elf Zusatzbestimmungen aus der Zeit der serbischen Herrschaft in Kotor stammen und stellt richtig fest, dass es sich tatsächlich um zwei Bestimmungen aus der serbischen Herrschaft handelt, während die übrigen neun Artikel aus der Zeit der kotorischen Unabhängigkeit stammen (*Partes captae in consiliis Catharinorum, Cap XXI-XXVIII* und *Cap CCCXCIV* der gedruckten Version).[56]

3.3.5 Perspektiven und Notwendigkeit weiterführender Forschung

Die Untersuchung des Statuts von Kotor ist ein vielschichtiger Prozess, der nicht nur eine kodikologische Analyse, sondern auch eine kritische Auseinandersetzung mit seinen Überlieferungswegen und seiner Anwendung in verschiedenen historischen Kontexten erfordert. Die hier präsentierte Analyse wird durch die methodische Herangehensweise des Autors gestützt, die eine umfassende Quellenkritik, den Vergleich mehrerer Handschriften sowie eine Untersuchung archivalischer Dokumente umfasst. Durch diese interdisziplinäre Vorgehensweise wird die Bedeutung des Statuts von Kotor als Schlüsseldokument der mittelalterlichen südosteuropäischen Rechtsgeschichte weiter gefestigt.

Die Untersuchung des Statuts von Kotor zeigt, dass eine umfassende Erfassung der statutarischen Überlieferung und weiterer rechtlicher Quellen erforderlich ist,

---

[54] Novaković, 1910, 1–21.

[55] Gogić, 2020, 140, 140–142; Novaković, 1910, 16–21.

[56] Gogić, 2020, 140, 140–142; Novaković, 1910, 17–21.

um ein vollständiges Bild des rechtlichen Erbes Kotors zu erhalten. Angesichts der Tatsache, dass Appellationen an Universitätskollegien in Italien gerichtet wurden – besetzt von Juristen, die in der Tradition des *ius commune* und des römischen Rechts ausgebildet waren –, eröffnet sich die Notwendigkeit einer weiterführenden Forschungsinitiative.

Ein systematisches Projekt zur Sammlung und Analyse der statutarischen Überlieferung sowie anderer relevanter juristischer Dokumente aus Kotor wäre von großem wissenschaftlichem Wert. Dies würde nicht nur die archivalischen Bestände in Kotor, sondern auch die Dokumente in italienischen Archiven einbeziehen, insbesondere in Rom (Vatikanisches Archiv), Bologna, Perugia, Padua und später in venezianisch kontrollierten Universitätsarchiven (Padua, Vicenza, Verona, Treviso). Diese Archive enthalten mit großer Sicherheit eine erhebliche Anzahl von kotorschen statutarischen Entscheidungen, die nicht in die Druckkodifikation von 1616 aufgenommen wurden. Eine solche Untersuchung könnte dazu beitragen, die rechtliche Kontinuität und Entwicklung in der Region umfassender zu verstehen und den Einfluss des *ius commune* auf die kommunale Rechtskultur Kotors detaillierter nachzuzeichnen.

Durch die interdisziplinäre Herangehensweise und den Vergleich verschiedener Überlieferungsstränge könnte die Forschung neue Erkenntnisse zur mittelalterlichen/frühneuzeitlichen Rechtsgeschichte Dalmatiens liefern. Diese Initiative könnte zudem als Grundlage für zukünftige Arbeiten dienen, die sich mit der Rolle von Statuten im weiteren adriatischen Raum und ihrem Verhältnis zu übergeordneten Rechtskreisen befasse

4 Kapitel des Statuts von Kotor, welche die Regelung der Mitgift betreffen

***Statuta et leges civitatis Cathari, apud Rubertum Mietum, Venetiis* 1616.**

4.1 Begriff

C. 149 Zum *Dos/Parchivium* (a. 1316)

Cap. CXLIX, De Dote, et Parchiuio[1]
Anno Domini MCCCXVI. Nos Communitas Catharensis. Videntes quod multis mulieribus ex nostra Ciuitate maritatis cum parchiuio,

veniebant debita quaesita a creditoribus, antiquiora ipso parchiuio, super viros earum, & recipiebant ipsum parchiuiu pro debito suo,

& mulieres ipsae volentes trahere suum parchiuium, non habebant unde, sed amittebat illud,

ne ammodo talia fiat, ordinamus, & statuiumus, quod a die hodierna in antea, si aliqua mulier, vel aliquis pro ea dotem dederit, vel parchiuium,

[1] In der gedruckten Version des Statuts von 1616 wurde die Nummerierung des *cap.* 149 fälschlicherweise als „*CXLXI*" statt korrekt als „*CXLVIIII*" angegeben, wie es in der handschriftlichen Überlieferung aus der *Marciana*-Bibliothek erscheint.

J. Paunović, *Die Mitgift im Statut von Kotor*,
https://doi.org/10.1007/978-3-658-51655-0_4

de receptione ipsius parchiuij, maritus Cartam publicam supra se facere teneatur, illi qui parchiuium sibi assignauerit,

qui maritus si denarius pro parchiuio recepit, potestatem habeat faciendi de eis, quidquid sibi placuerit,

& alius creditor, vel creditores sui non possint eum pignorare pro dictis denarijs, vel facere sibi satisfieri de ipso parchiuio, etiam si suum debitum esset magis antiquum, sed ipsum parchiuium integraliter extrahatur,

nec etiam Curia si propter offensam aliquam, dictus maritus fuerit condemnatus, similiter non possit pignorare res mobiles, vel stabiles de parchiuio, sed ita restituat eas, prout ei existirent assignatae,

& si ipsae res mobiles, vel stabiles fuerint assignate, in aestimatione monetae, tempore restitutionis teneatur restituere ipsam monetam, saluo si aliud concordium ad inuicem per cartam Notarij fecerint;

Vestimenta vero, & panni assignati pro parchiuio, qui superfuerint tempore mortis, restituantur, sicut ea recepit,

sed si forte pro faciendis vestimentis uxori suae maritus receperit denarios, & fecerit illa indumenta, pro quibus ipse recepit, teneatur tempore mortis reddere quantum recepit, & non vestimenta;

Hoc idem de Sclaua, vel de Sclauo quem, vel quam uxor in domu viri sui duxit,

maritus sine voluntate uxoris, & uxor absque vonuntate viri alienare non possit;

nec pro aliquo debito, siue offensione ipsius viri capi possit, vel pignorari,

& si seruus, vel ancilla moriretur absque heredibus, vir soluat yperperos duodecim in loco seruia, vel ancillae, & si heredes habuerint reddat heredes loco eorum:

Et si quis creditor comparuerit ad Curiam cum carta Notarij, super aliquem, qui velit accipere, siue ducere uxorem dicens, factum illius est obligatum mihi, sicut continetur in meo instrumento, faciatis contrauitare socero,

vel illi, qui dat parchiuium, ne praesumat dare parchiuium eidem,

& Iudices contrauitent,

& si carta contrauitationis fuerit ante illam de parchiuio,

prius soluatur debitum, quam parchiuium,

& si ipse creditor non faceret, ut praedictum est,

parchiuium ipsum praesoluatur, quamiuis debitum foret antiquius, vt supra dictum est,

& si coram ludicibus, questio aliqua orta fuerit inter aliquos de parchiuio facto ante constitutionem huius capitula, cum aliquo creditore, illud debitum quod fuerit magis antiquum primo soluatur, secundum consuetudinem antiquam.

Textkritische Analyse

Bei der Analyse des *cap.* 149 des Statuts von Kotor hat der Autor die gedruckte lateinische Version von 1616 als Quelle herangezogen, ebenso wie die handschriftliche Überlieferung des Statuts, das in der *Marciana*-Bibliothek in Venedig aufbewahrt wird, sowie das Manuskript des Statuts von Kotor von Valtazar Bogišić, das sich in der Bogišić-Bibliothek in Cavtat befindet.

Beim Vergleich der drei Exemplare ist der Autor zu folgendem Schluss hinsichtlich des *cap.* 149 des Statuts von Kotor gekommen:

die handschriftliche Überlieferung aus der *Marciana* und die gedruckte Version des Statuts von 1616 sind inhaltlich identisch, unterscheiden sich jedoch in der Form insofern, als in der handschriftlichen Überlieferung Abkürzungen für Wörter verwendet werden, während in der gedruckten Version die Wörter vollständig ausgeschrieben sind. Ein weiterer Unterschied betrifft die Nummerierung des *cap.* 149, in dem die genannte Bestimmung des Statuts von Kotor in der handschriftlichen Überlieferung in der *Marciana* korrekt als „*CXLVIIII*" angegeben ist, während in der gedruckten Version ein Fehler vorliegt und die Bestimmung irrtümlich als „*CXLXI*" bezeichnet wird. Das Manuskript von Bogišić, in dem nur die Kapitel des Statuts aufgezählt werden, ohne ihren Inhalt, erwähnt ebenfalls die Bestimmung „*CXLVIIII*" des Statuts von Kotor. Dies lässt darauf schließen, dass Bogišić die handschriftliche Überlieferung aus der *Marciana* konsultierte. Die gedruckte Version und die *Marciana* nennen im Titel des *cap.* 149 des Statuts von Kotor „*de dote et parchiuio*", während bei Bogišić der Titel „*de dote et perchiuio*" lautet.[2]

[2] Biblioteca Marciana. Venezia – Cataloghi di codici latini. Catalogo manoscritto, Lat. Cl. V. 32 (= 2636)./ Cod. 215 chart., saec. XV, a. 210, I. 153 (L. V, XXXII). S. 40–41; *Statuta Civitatis Cathari* 1616, *cap.* 149; Manuskript, BA IV/25, XV/XIV, Museum and Collection Valtazar Bogišić at Cavtat, Croatian Academy of Sciences and Arts.

4.2 Gegenstand

C. 150 Von der Kleidung der Braut (a. 1316)

Cap. CL, De vestimentis Sponsarum.
Anno Domini MCCCXVI.

Ne ulterius super vestimentis, quae debent habere nouiciae eueniat aliquod dubium. Statuimus quod ab hodierna die in antea, quotiescumque aliqua nobilis mulier maritatur, habeat

- *mantellum unum de scarlato furnitum, & inuestitum de cendato,*
- *& mantellum unum de saia viride similiter fornitum, & inuestitum;*
- *Grossonam de fuinis fornitam, & copertam de auricello,*
- *cupam de cendato fornitam,*
- *tunicam, & guarnacam de cellono, vel de auricello,*
- *& ancillam.*

Quod si forte tunc temporis res praedictae inueniri non possent, ut matrimonium non remaneat, volumus quod pecunia soluatur, quantum valuerint ipsae res,

& si denarios non habuerint, quantum aestimatum fuerit de bonis suis per duos bonos viros ambarum partium, tantum recipiat ipse vir pro rebus illis,

& si inter se concordari non poterint, Curia teneatur hoc complere,

& de auro quan tum (steht im Text getrennt) promiserint, tantum dent, & assignent,

& si aurum non habuerint, teneantur dare pecuniam pro eo,

vel de rebus suis aestimatis per Curiam tantum pro quanto ipsum aurum poterit comparari,

& si aliqua quaestio orta fuerit inter aliquos de rebus praedictis promissis in dotibus per cartam Notarij ante celebrationem huius capituli,

& non poterit habere, & dare praedictas res promissas,

soluat pro ipsis secundum consuetudinem antiquam.

Textkritische Analyse

Im Rahmen der Analyse des *cap.* 150 des Status von Kotor wurde die gedruckte lateinische Version des Statuts von 1616 als Quelle herangezogen. Darüber hinaus wurden die handschriftliche Überlieferung des Status, welche in der *Marciana*-Bibliothek in Venedig aufbewahrt wird, sowie das Manuskript von Bogišić, welches sich in der Bogišić-Bibliothek in Cavtat befindet, berücksichtigt.

In der Handschrift der Bibliothek *Marciana* sowie in der Bibliothek Bogišić findet sich der Titel „*De vestimentis Sponsarum*". Die Abkürzung des 150. Kapitels „*CL*" weist ein kleines „*m*" über dem Buchstaben „*L*" auf, was vermutlich die Deklination von Ordinalzahlen bezeichnen soll.

Inhaltlich stimmen das Manuskript der *Marciana* und die gedruckte Fassung des Statuts überein und weisen die gleichen Anmerkungen wie bei der vorhergehenden 149. Bestimmung auf. In der gedruckten Fassung sind die Wörter vollständig ausgeschrieben, im Gegensatz zur handschriftlichen Überlieferung der *Marciana*, in der Abkürzungen verwendet wurden.[3]

C. 151 Zum Ring der sponsa (sine anno)

Cap. CLI, De Annulo sponsa.
Anulus quem vir dat uxori cum recipit, & sponsat eam, seu anelat, fit in potestate uxoris ad iudicandum, & faciendum de ipso velle suum, siue heredes habeat, siue non.

Textkritische Anayse

Im Rahmen der Analyse des *cap.* 151 des Status von Kotor wurde die gedruckte lateinische Version des Statuts von 1616 als Quelle herangezogen. Darüber hinaus wurden die handschriftliche Überlieferung des Status, welche in der *Marciana*-Bibliothek in Venedig aufbewahrt wird, sowie das Manuskript von Bogišić, welches sich in der Bogišić-Bibliothek in Cavtat befindet, berücksichtigt.

In der Handschrift der Bibliothek *Marciana* sowie in der Bibliothek Bogišić findet sich der Titel „*De Annulo Spons(a)e* ".

Inhaltlich stimmen das Manuskript der *Marciana* und die gedruckte Fassung des Statuts überein und weisen die gleichen Anmerkungen wie bei den vorhergehenden

[3] Biblioteca Marciana. Venezia – Cataloghi di codici latini. Catalogo manoscritto, Lat. Cl. V. 32 (= 2636)./ Cod. 215 chart., saec. XV, a. 210, I. 153 (L. V, XXXII). S. 41; *Statuta Civitatis Cathari* 1616, *cap.* 150; Manuskript, BA IV/25, XV/XIV, Museum and Collection Valtazar Bogišić at Cavtat, Croatian Academy of Sciences and Arts.

Bestimmungen auf. In der gedruckten Fassung sind die Wörter vollständig ausgeschrieben, im Gegensatz zur handschriftlichen Überlieferung der *Marciana*, in der Abkürzungen verwendet wurden.[4]

C. 38 Von der Mitgift, die jenen adligen Frauen gegeben wird, die in ein Kloster geweiht werden, und von der Tatsache, dass die Besitztümer des besagten Klosters nicht ohne die Genehmigung des Kleinen Rates veräußert werden dürfen (a. 1419)

Cap. XXXVIII, De dote danda illis nobilibus, quae intrant religionem Monasterij, et quod posessiones dicti Monasterij alienari non possint, nisi auctoritate Minoris Consilij.

MCCCCXIX. Indict. 11. die ult. Mensis Iulli.

Maiori, & Generali Consilio ciuitatis Cathari ad sonum campane more solito congregato in sala magna palatij consueta, in quo Consilio fuerunt Cosiliarij 52.

fuit captum per reductionem minoris Consilij secundum consuetudinem, quod quilibet nobilis Catharensis qui miserit, aut mittere voluerit ab hodierna die in antea eius filiam, siue filias in Monasteriu S. Clare, Deo ipsas dedicando,

pro dote ipsius secundum antiquam consuetudinem yperperos quinquaginta dare debeat;

sed si denarios non habuerit, aut dare noluerit, loco denariorum dare possit de terris, aut vineis bonis, cultiuis, & laboratiuis, quae sint valoris yperperorum quinquaginta grossorum usualium nunc in Catharo;

Quae terrae, siue vinea, debeant aestimari secundum bonam conscientiam per duos aestimatores Communis, cum uno Procuratorum dicti Monasterij.

De quibus terris, siue vineis sic estimatis ad minus dictum Monasterium habeat, & habere possit in anno de introitu, & emolumento, siue utilitate yperperos tres,

& quod nulla poessessio de cetero dicti Monasterij possit affictari, donari, vedi, translatari, sieue cambiri, siue alienari quoquo modo, sine consensu, & voluntate maioris & Generalis Consilii dictae ciuitatis.

---

[4] Biblioteca Marciana. Venezia – Cataloghi di codici latini. Catalogo manoscritto, Lat. Cl. V. 32 (= 2636)./ Cod. 215 chart., saec. XV, a. 210, I. 153 (L. V, XXXII). S. 41; *Statuta Civitatis Cathari* 1616, *cap.* 151; Manuskript, BA IV/25, XV/XIV, Museum and Collection Valtazar Bogišić at Cavtat, Croatian Academy of Sciences and Arts.

Quod si secus factum fuerit, affictatio, donatio, translatio, seu cambium, alienatio & venditio, sit nullius valoris, efficaciae, roboris, & momenti.

Textkritische Anayse

Dieser Beschluss des Rates von Kotor ist nur in der gedruckten Fassung des Statuts enthalten, er befindet sich weder in der Bibliothek von *Marciana* noch in der Bibliothek von Bogišić in Cavtat. Der Beschluss wurde 1419 erlassen, ein Jahr vor der „*freiwilligen Unterwerfung*" der Stadt Kotor unter Venedig.[5]

C. 1 Während der Zeit von Herrn Marko Barbadico, dem angesehenen Provisor, Prinzen und Kapitän von Kotor. Keine Besitztümer oder Ländereien sind zu verkaufen, die für die Mitgift der Frauen erforderlich sind. (a. 1423)

Cap. I, Tempore D. Marci Barbardico honorabilis Prouisoris Comitis, & Capitanei Cathari.

De non vendendo possessiones, siue terras obligatas pro dotibus mulierum.

MCCCCXXIII. Indictione prima, die 28. Septembris,

in maiori Consilio coadunato ad sonu campanae more solito in platea sub lodia Sancti Triphonis.

Posito partito ad bussulos, & balottas, fuit obtentu per omnes Consiliarios, nemine discrepante, exceptis duabus balottis in contrarium, & capta pars infrascripta, videlicet:

Cum multae fraudes committantur quotidie in vendedo possessiones, & terras datas pro dotibus mulierum, ac in pignorando, cambiando & alienando,

ex quibus pignorationibus, cambiationibus, & alienationibus ipsae mulieres deteriorantur in dotibus suis, & a suis viris decipiuntur,

& bonum sit his similibus alienationibus, & venditionibus suprascriptis prouidere, & obuiare quod mulieres non decipiatur, ut similiter fraudes ex nunc in antea plus no oriantur.

Vadit ideo pars, quod non obstantibus aliquibus statutis super hoc loquentibus,

nulla persona cuiuscumque conditionis existat,

[5] *Statuta Civitatis Cathari* 1616, *cap.* 38.

deinceps possit, nec audeat vendere, cambire, commutare, pignorare, seu alienare, aliquo modo, vel ingenio, aliquam possessionem, seu terram, siue aliquas possessiones, siue terras, datas, & obligatas pro aliqua dote;

& si aliqua possesio, siue terra data in dotem, vendita fuerit, siue aliquo modo, ut supra alienata, cambiata, seu pignorata de cetero,

ex nunc dicta venditio, pignoratio, commutatio, siue alienatio, nullius sit valoris, & instrumentum, siue carta sit irritum, & innane.

Et similis possessio, vel terra, sic ut supra alienata, reuertatur, & restituatur illi, cuius primitus erat,

& emptor similium possessionum perdat, seu perdere debeat pretium datum pro similibus possesionibus, siue terris.

Item, quod nullus Notarius ex nunc in antea, audeat, vel praesummat aliquod instrumentum, siue cartam conficere venditionum, pignorationum, commutationum, seu alienationum similium possessionum, seu terrarum datarum, & obligatarum pro dotibus alicuius mulieris, sub poena priuationis officij sui.

Textkritische Anayse

Dieser Beschluss des Rates von Kotor ist nur in der gedruckten Fassung des Statuts enthalten, er befindet sich weder in *Marciana* noch in der Bibliothek von Bogišić in Cavtat. Diese Entscheidung kann als eine der ersten nachweisbaren Beschlussfassungen betrachtet werden (aus dem Jahr 1423), welche nach der formalen Etablierung der venezianischen Herrschaft über Kotor („freiwillige Unterwerfung") erlassen wurde.

Über der genannten Bestimmung im Statut findet sich der Titel „*Zur Zeit des Herrn Marco Barbadico, des angesehenen Provisors, Herzogs und Kapitäns von Kotor*". Im Anschluss an die gedruckte Statutenfassung, auf der 497. Seite, findet sich ein Register, welches sämtliche venezianische Dogen und Herzöge aufführt, die nach Kotor entsandt wurden. Das Register führt aus, dass *Antonio dalle Boccole* im Jahr 1420 der erste Doge von Kotor war, gefolgt von dem bereits erwähnten Marco Barbadico im Jahr 1423. Dabei fällt auf, dass der Titel im Statut und der Name im Register am Ende des Dokuments eine Abweichung im Namen aufweisen. Im Register findet sich die Eintragung „*Marco Barbarigo*". Die Familie *Barbarigo* kann zweifellos als ein maßgeblicher Bestandteil des venezianischen Adels bezeichnet werden. Es erscheint jedoch wenig plausibel, dass ein Kind im Alter von neun oder zehn Jahren die Funktion des Provisors in Kotor ausgeübt hätte. Daher ist mit hinreichender Sicherheit anzunehmen, dass es sich um eine andere Person handelt.[6]

C. 1a Während der Amtszeit von Herrn Petar Duodo, dem angesehenen Prinzen und Kapitän von Kotor. Korrektur der Entscheidung, die während der Zeit von Herrn Marco Barbadico getroffen wurden, hinsichtlich der Tatsache, dass als Mitgift von Frauen verpflichtetes Eigentum nicht veräußert werden darf (a. 1423)

Cap. I, Tempore D. Petri Duodo honorandi Comitis, & Capitanei Cathari. Correctio partis capta tempore D. Marci Barbadico, de non alienandis possessionibus obligatis pro dotibus mulierum.

Indicto maiori Consilio capta fuit praesens pars per omnes Consiliarios nemine discrepante, videlicet.

Cum in 1423. Indictione prima, die 28. mensis Septembris, tempore Magnifici & Generosi viri D. Marci Barbadico tunc honorandi Prouisoris Comitis, & Capitanei Cathari, in maiori Consilio dictae ciuitatis captum fuerit, & obtentum,

quod nulla persona cuiuscumque gradus, & conditionis existat, possit vendere, alienare, cambire, pignorare, neque permutare, aliquas possesiones, siue terras, datas, & obligatas pro dote alicuius mulieris,

& c. ceu in dicta parte plenius continetur;

& cum hoc in maximum vertatur damnum, & incommodum pluribus personis,

quae pro bono & comodo suo, ac utilitate uxorum suarum, assecurarent dictas uxores suas pro aliqua possessione, super alia bona sua maioris valoris, quam dicta possessio sit quam sibi dedit in dotem,

& eidem mulieri utilius esset, & superinde bonum sit prouidere, vadit ideo pars, & sic obtentum fuit,

quod ipsa pars capta tempore D. Marci Barbardico suprascripti,

sit firma, & quod quandocumque aliquis vellet cambire aliquam ex possessionibus sibi datis in dotem,

debet, comparere in maiori Consilio ciuitatis Cathari, & dare sibi in scriptis possessionem dotis, quam cambire voluerit, & possessionem suam, quam dare, & consignare voluerit pro cambio illius,

[6] *Statuta Civitatis Cathari* 1616, *cap*. 38.

& requirere gratiam in dicto maiori Consilio de possendo facere dictum cambium;

& si per medietatem maioris Consilij visum fuerit dictum cambium esse bonum, & utile praedicte mulieri, & capta fuerit gratia,

sibi tunc ipsa gratia sit firma, & ipse talis requirens dictam gratiam, possit dictum cambium facere, facta tamen primo aestimatione utriufque possessionis per aestimatores Comunis de mandato dicti Consilij.

Textkritische Analyse

Dieser Beschluss des Rates von Kotor ist nur in der gedruckten Fassung des Statuts enthalten, er befindet sich weder in der Bibliothek von *Marciana* noch in der Bibliothek von Bogišić in Cavtat.

Über der genannten Bestimmung im Statut findet sich der Titel:

„Zur Zeit der Verwaltung von Herrn Pietro Duodo, dem ehrenwerten Fürsten und Kapitän von Kotor,Korrektur der Entscheidung, die zur Zeit von Herrn Marco Barbadico getroffen wurde,dass Besitzungen, die als Mitgift für Frauen bestimmt sind, nicht veräußert werden dürfen."

Am Ende der gedruckten Version des Statuts von Kotor, auf der Seite 497, wie zuvor erwähnt, befindet sich eine Liste der *Provedditoren* von Kotor, unter denen auch der erwähnte *Pietro Duodo* aufgeführt ist, neben dessen Namen das Jahr 1426 vermerkt ist, zusammen mit *Stefano Quirino*, bei dem ebenfalls das Jahr 1426 steht. Da der nächste *Provedditore*, der auf der Seite 497 der gedruckten Version des Statuts von Kotor erwähnt wird, Giovanni Balbi im Jahr 1429 ist, ist anzunehmen, dass diese Korrektur der Entscheidung aus der Zeit von Marco Barbadico zwischen 1426 und 1429 getroffen wurde.[7]

C. 4 Dass die als Mitgift gegebenen Tücher bewertet und entsprechend dem Wert in die Mitgiftdokumente eintragen werden müssen (a. 1426)

Cap. IV, Tempore D. Stephani Quirino, honorabilis Comitis, & Capitanei Cathari.

Quod panni qui dantur pro dotibus astimentur, & secundum eorum astimationem scribi debeant in Instrumentis dotalibus.

[7] *Statuta Civitatis Cathari* 1616, *cap.* 1.

MCCCCXXVI. Indictione 4. die Iouis septimo Martij,

in maiori, & generali Consilio ciuitatis Cathari, coadunato in sala magna ad sonum campane more solito, in quo fuerunt Consiliares 58.

fuit posita infrascripta pars ad bussulos, & balottas, & capta, & obtenta per Consiliares 40. non obstantibus balottis 18.

Quod cum mulieres tam nobiles, quam populares maritabantur, & dabant pannos pro dotibus,

& in dotibus, qui panni non aestimabantur,

& sic absolute ponebantur in Instrumentis dotium dictarum mulierum,

& quado veniebat tempus restitutionis dictarum dotium,

& ipsi panni tales, quales reperiebatur, restituebantur ipsi mulieri, siue illi ad quem ipsa dos spectabat, & pertinebat,

unde ipsae mulieres hoc modo decipiebatur, & deteriorabantur de dotib. suis predictis,

ex quo ta ipsae mulieres qua illi ad quos ipsae dotes spectabant, & pertinebant, maximum damnum, & detrimentum con sequebantur,

& cum similibus fraudibus, & deceptionibus sit bonum multis respectibus obuiare, & superinde prouidere, vadit ideo pars,

quod ex nunc in antea, quandocumque aliqua mulier maritabitur cum aliquo, & dederit viro suo in dotem aliquos pannos, vel aliqua bona mobilia, & immobilia,

quod dicti panni, seu res mobiles, vel immobiles, aestimari debeant per aestimatores Communis,

& secundum eorum aetimationem debeant poni in Instrumento dotali dictae mulieris,

& tempore restitutionis dotium praedictarum, fiant restitutiones dictarum similium dotium, secundum continentiam dictorum Instrumentorum dotalium sic factorum, & scriproturm ut supra.

Et propterea ex nunc in antea, nullus Cancellarius Cathari possit, nec valeat stipulari, nec scribere aliquod Instrumentum dotale,

nisi secundum tenorem praesentis partis,

quae nullo modo rumpi, nec frangi possit, nisi per tres partes Maioris Consilij ciuitatis Cathari.

Textkritische Analyse

Dieser Beschluss des Rates von Kotor ist nur in der gedruckten Fassung des Statuts enthalten, er befindet sich weder in *Marciana* noch in der Bibliothek von Bogišić in Cavtat. Über der Entscheidung steht der Titel:

Tempore D. Stephani Quirino, honorabilis Comitis, & Capitanei Cathari. Quod panni qui dantur pro dotibus æstimentur, & secundum eorum æstimationem scribi debeant in Instrumentis dotalibus. Cap. IV.

Es handelt sich um den bereits erwähnten *Provedditore*, über den zuvor gesprochen wurde. Der Autor möchte erneut auf die Abweichungen im Namen hinweisen, wie *Stephani Quirino* und, am Ende des gedruckten Teils des Statuts auf Seite 497:

„*GLI NOMI DE TVTTI GLI ILLVSTRISSIMI Rettori, Proueditori, che di tempo in tempo sono stati*", wo steht: „*Stefano Quirino*", entsandt von der „*Serenissima Repubblica di Venetia*" nach Kotor, nach dessen Unterwerfung bis zum Jahr 1614.[8]

4.3 Regeln

C. 152 Von der Schenkung über die Mitgift hinaus (sine anno)

Cap. CVII, De donationibus sponsarum super parchiuium.

Contingit aliquoties quod patres, vel matres filiabus maritatis ultra dotes, seu parchiuiu aliquid donant in vita, siue in morte, & mariti super ipsis donationibus molestant uxores.

Statuimus igitur, ut quid quid a patre, vel a matre, vel ab aliqua alia persona donatum fuerit mulieri, de eo quod potest donari, totum illud sit in potestate, & voluntate ipsius mulieris, & heredum suorum post mortem eius, ita quod de eis possit facere suum velle,

nec maritus habeat aliquid facere super donationem praedictam,

& si forte mulier cui facta est donatio erit secunda uxor, vel tertia, aut deinde,

superior maritus, aut filius mariti ex altera uxore nihil habeant facere in ipsa donatione,

sed totum sit ipsius mulieris, & heredum ex ea descendentium; ut praedictum est.

---

[8] *Statuta Civitatis Cathari* 1616, *cap.* 4.

Textkritische Analyse

Im Rahmen der Analyse des *cap.* 152 des Status von Kotor wurde die gedruckte lateinische Version des Statuts von 1616 als Quelle herangezogen. Darüber hinaus wurden die handschriftliche Überlieferung des Status, welche in der *Marciana*-Bibliothek in Venedig aufbewahrt wird, sowie das Manuskript von Bogišić, welches sich in der Bogišić-Bibliothek in Cavtat befindet, berücksichtigt.

Beim Vergleich der drei bereits erwähnten Versionen des Statuts ist der Autor zum folgenden Schluss gekommen: die gedruckte Version des Statuts von Kotor und die handschriftliche Überlieferung aus der *Marciana* stimmen inhaltlich erneut überein. Auch hier tretten die bereits geäußerten Anmerkungen wieder auf: in der handschriftlichen Überlieferung in der *Marciana* wurden Abkürzungen verwendet während in der gedruckten Version alle Wörter vollständig ausgeschrieben sind.

Interessanterweise gibt es im *Marciana*-Manuskript keinen Abstand zwischen *cap.* 152 und *cap.* 153. Stattdessen begann das *cap.* 153 am Ende der Zeile von dem *cap.* 152 – in roten Buchstaben, wie es auch bei anderen Kapiteln üblich war.[9]

C. 153 Dass eine Frau mit ihrer Mitgift nicht bürgen darf (sine anno)

Cap. CVIII, Quod mulier non possit, fideiubere super parchiuium suum.
Atendentes fraudem, qua viri versus uxores multoties faciebant, & volentes huic malitiei contraire

Statuimus quod nulla mulier super parchiuium suum possit aliquid accipere, nec pro marito fideiubere,

nisi de yperperis decem infra, nec per cartam, nec per testes;

quod si fecerit, non teneat fideussio illa in aliquo, nisi de yperperis decem infra.

Textkritische Analyse

Im Rahmen der Analyse des *cap.* 153 des Status von Kotor wurde die gedruckte lateinische Version des Statuts von 1616 als Quelle herangezogen. Darüber hinaus

[9] Biblioteca Marciana. Venezia – Cataloghi di codici latini. Catalogo manoscritto, Lat. Cl. V. 32 (= 2636)./ Cod. 215 chart., saec. XV, a. 210, I. 153 (L. V, XXXII). S. 42; *Statuta Civitatis Cathari* 1616, *cap.* 152; Manuskript, BA IV/25, XV/XIV, Museum and Collection Valtazar Bogišić at Cavtat, Croatian Academy of Sciences and Arts.

wurden die handschriftliche Überlieferung des Status, welche in der *Marciana*-Bibliothek in Venedig aufbewahrt wird, sowie das Manuskript von Bogišić, welches sich in der Bogišić-Bibliothek in Cavtat befindet, berücksichtigt.

Beim Vergleich der drei bereits erwähnten Versionen des Statuts ist der Autor zum folgenden Schluss gekommen: die gedruckte Version des Statuts von Kotor und die handschriftliche Überlieferung aus der *Marciana* stimmen inhaltlich erneut überein. Auch hier tritt die bereits geäußerten Anmerkungen wieder auf: in der handschriftlichen Überlieferung in der *Marciana* wurden Abkürzungen verwendet (zum Beispiel anstelle von „*decim*" das Zeichen „*X*" usw.), während in der gedruckten Version alle Wörter vollständig ausgeschrieben sind. Ein weiterer Unterschied findet sich in den Titeln; in der gedruckten Version des Statuts steht der Titel: *Quod mulier non possit fideiubere super parchiuium suum. Cap. CLIII,* während in der handschriftlichen Überlieferung in der *Marciana*-Bibliothek sowie in der Bibliothek von Bogišić folgendes zu finden ist: *Quod mulier non posit fide iubere super perchiuium suum. Cap. CLIII.*[10]

C. 154 Von dem Ehemann, der unbewegliche Sachen als Mitgift erhielt und daran arbeitete (sine anno)

Cap. CLIV, De viro, qui recepit stabilia pro parchiuio & fecit in eis laborerium.

Maritus si cum uxore sua prima, secunda, vel tertia, & ultra, aliquod stabile recepit in parchiuiu, videlicet terras, aut casale,

& laborauerit, vel terras plantauerit,

volumus quod si postea illud parchiuium reddere oportuerit,

habeat medietatem vinae plantatae pro sua plantatione, de ipsis terris, quas plantauerit.

Territorium vero infra ciuitatem si fabricauerit, aestimetur murus, & totum aliud opus in eo factum,

& si uxor, vel qui pro ea fuerit, voluerit soluere quod aestimatum fuerit murus, vel opus per dictum virum factum, soluat;

& si noluerit aestimetur territorium, & ipsa, vel qui pro ea fuerit, teneatur recipere aestimationem sui territorij.

[10] Biblioteca Marciana. Venezia – Cataloghi di codici latini. Catalogo manoscritto, Lat. Cl. V. 32 (= 2636)./ Cod. 215 chart., saec. XV, a. 210, I. 153 (L. V, XXXII). S. 42; *Statuta Civitatis Cathari* 1616, *cap.* 153; Manuskript, BA IV/25, XV/XIV, Museum and Collection Valtazar Bogišić at Cavtat, Croatian Academy of Sciences and Arts.

Textkritische Analyse

Im Rahmen der Analyse des *cap.* 154 des Status von Kotor wurde die gedruckte lateinische Version des Statuts von 1616 als Quelle herangezogen. Darüber hinaus wurden die handschriftliche Überlieferung des Status, welche in der *Marciana*-Bibliothek in Venedig aufbewahrt wird, sowie das Manuskript von Bogišić, welches sich in der Bogišić-Bibliothek in Cavtat befindet, berücksichtigt.

Beim Vergleich der drei bereits erwähnten Versionen des Statuts ist der Autor zum folgenden Schluss gekommen: die gedruckte Version des Statuts von Kotor und die handschriftliche Überlieferung aus der *Marciana* stimmen inhaltlich erneut überein. Auch hier tretten die bereits geäußerten Anmerkungen wieder auf: in der handschriftlichen Überlieferung in der *Marciana* wurden Abkürzungen verwendet, während in der gedruckten Version alle Wörter vollständig ausgeschrieben sind.

Eine weitere stilistische Nuancierung betrifft die Gestaltung der Kapitelüberschriften: im *Marciana*-Manuskript ist der Titel jedes Kapitels stets in roter Farbe gehalten und endet mit einem Doppelpunkt (:). Danach folgt ein Leerraum, dessen Größe von Kapitel zu Kapitel variiert. Am Ende der Zeile steht gewöhnlich erneut ein Doppelpunkt (:), gefolgt von der römischen Nummerierung des Kapitels. In *cap.* 154 fehlt jedoch all dies – es gibt weder die doppelten Doppelpunkte (einen am Anfang und einen am Ende) noch den üblichen Leerraum.[11]

C. 155 Von dem Ehemann, der eine andere Frau heiratete und etwas in die Sachen ihrer Mitgift investiert hat (sine anno)

Cap. CLV, De viro qui acceperit secundam uxorem, & expendit aliquid in rebus parchiuij eiusdem.

Si quis habens filios ex prima uxore, acceperit secundam, vel tertiam, aut plures uxores,

& fecerit aliquod dispendium in domo, vel terris secundae, vel tertiae uxoris

cum carta, vel sine carta, cum testimonio, vel sine testimonio,

& heredes ipsius legitimae aetatis non fuerint,

no noceat, nec sit ei in praeiudicium,

[11] Biblioteca Marciana. Venezia – Cataloghi di codici latini. Catalogo manoscritto, Lat. Cl. V. 32 (= 2636)./ Cod. 215 chart., saec. XV, a. 210, I. 153 (L. V, XXXII). S. 42; *Statuta Civitatis Cathari* 1616, *cap.* 154; Manuskript, BA IV/25, XV/XIV, Museum and Collection Valtazar Bogišić at Cavtat, Croatian Academy of Sciences and Arts.

quod a patre, in domo, vel terris praedictis fuerit laboratum, in partibus quae ad eum pertinent,
sed si homo ille ex prima uxore, non masculum, sed tantum feminam habet, siue sit aetatis legitimae, siue non antequam maritetur,
non noceat ei expendium factum a patre in dictis domibus, vel terris,
& cuum filij peruenerint ad aetatem legitimam, vel cum filae maritabuntur, possint querere suam rationem,
& satisfaciat altera pars alteri ut predicto capitulo continetur.

Textkritische Analyse

Im Rahmen der Analyse des *cap.* 155 des Status von Kotor wurde die gedruckte lateinische Version des Statuts von 1616 als Quelle herangezogen. Darüber hinaus wurden die handschriftliche Überlieferung des Status, welche in der *Marciana*-Bibliothek in Venedig aufbewahrt wird, sowie das Manuskript von Bogišić, welches sich in der Bogišić-Bibliothek in Cavtat befindet, berücksichtigt.

Beim Vergleich der drei bereits erwähnten Versionen des Statuts ist der Autor zum folgenden Schluss gekommen: die gedruckte Version des Statuts von Kotor und die handschriftliche Überlieferung aus der *Marciana* stimmen inhaltlich erneut überein. Auch hier treten die bereits geäußerten Anmerkungen wieder auf: in der handschriftlichen Überlieferung in der *Marciana* wurden Abkürzungen verwendet, während in der gedruckten Version alle Wörter vollständig ausgeschrieben sind.

Zusätzlich ist in Bogišićs Manuskript die Schreibweise *expendidit* anstelle von *expdendit* zu finden.[12]

C. 159 Von den Brüdern, die zusammenleben und die Mitgift ihrer Frauen in die Gemeinschaft investieren (sine anno)

Cap. CLIX, De fratribui simul stantibus, qui ponunt parchiuia uxorum suarum in Communitate.
Si unus, aut plures ex fratribus simul stantibus parchiuium quod ab uxoribus suis receperunt, in communitate aliorum fratrum posuerint,

[12] Biblioteca Marciana. Venezia – Cataloghi di codici latini. Catalogo manoscritto, Lat. Cl. V. 32 (= 2636)./ Cod. 215 chart., saec. XV, a. 210, I. 153 (L. V, XXXII). S. 42–43; *Statuta Civitatis Cathari* 1616, *cap.* 155; Manuskript, BA IV/25, XV/XIV, Museum and Collection Valtazar Bogišić at Cavtat, Croatian Academy of Sciences and Arts.

ordinamus quod omnes expensas uxorum suarum, & heredum eorum, necnon & nutricum suorum heredum,
faciant de alia communitate;
si vero frater uxoratus parchiuium suum in communitate non posuerit,
omnes expensae, quas pro praedictis personis fecerit,
de suo parchiuio faciat, & non de communi,
quas si de communitate fecisse probetur, ipsas sibi in parte sua volumus computari.

Textkritische Analyse

Im Rahmen der Analyse des *cap.* 159 des Status von Kotor wurden, wie bereits in den vorherigen Untersuchungen, die gedruckte lateinische Version des Statuts von 1616, die handschriftliche Überlieferung des Status aus der *Marciana*-Bibliothek in Venedig sowie das Manuskript von Bogišić, welches sich in der Bogišić-Bibliothek in Cavtat befindet, als Quellen herangezogen.

Beim Vergleich dieser drei Versionen des Statuts ist der Autor zum folgenden Schluss gekommen: die gedruckte Version des Status von Kotor und die handschriftliche Überlieferung aus der *Marciana* stimmen inhaltlich erneut überein.

Besonders im *cap.* 155 tritt der Gebrauch von Abkürzungen deutlich hervor. An dieser Stelle war die Entzifferung der Kürzungen für den Autor besonders anspruchsvoll, doch konnte er feststellen, dass sie inhaltlich mit der gedruckten Version des Statuts übereinstimmen.[13]

C. 203 Von der Vollmacht des Vaters, seine Söhne zu heiraten (sine anno)

Cap. CCIII, De potestate patris uxorandi filios.
Habeat pater licentiam uxorandi filios, seu filium, infra aetatem legitimam constitutos, & accipiendi parchiuium uxoris praedicti filij sui,
si filio placuerit, & cartam dotis facere super se,

[13] Biblioteca Marciana. Venezia – Cataloghi di codici latini. Catalogo manoscritto, Lat. Cl. V. 32 (= 2636)./ Cod. 215 chart., saec. XV, a. 210, I. 153 (L. V, XXXII). S. 43; *Statuta Civitatis Cathari* 1616, *cap.* 159; Manuskript, BA IV/25, XV/XIV, Museum and Collection Valtazar Bogišić at Cavtat, Croatian Academy of Sciences and Arts.

& quandocumque filius petierit parchiuiu a patre, pater ei dare teneatur, & carta facta prius super partem incidatur, & fiat super filium.

Textkritische Analyse

Im Rahmen der Analyse des *cap.* 203 wurde, wie bereits in den vorherigen Untersuchungen, die gedruckte lateinische Version des Statuts von 1616, die handschriftliche Überlieferung aus der *Marciana*-Bibliothek in Venedig sowie das Manuskript von Bogišić aus der Bogišić-Bibliothek in Cavtat als Quellen herangezogen.

Beim Vergleich dieser drei Versionen ist der Autor zum selben Schluss gekommen, ohne dass weitere Anmerkungen erforderlich sind.[14]

C. 270 Von den Dingen, die als Mitgift gegeben und durch eine Verpflichtung an einen anderen gebunden sind (a. 1316)

Cap. CCLXX, De rebus datis in dotibus alicui obligatis.

Anno Domini MCCCXVI. Si aliquis de suis possessionibus, aut facto, alicui obligatis dederit in parchiuio,

statuimus, quod non noceat, aut praeiudicet illi cui fuerint obligatae,

& hoc sit in spatio annorum decem,

si vero ille cui obligatae fuerint tacuerit, & infra dictum spatium suam non quesierit rationem super dictis rebus, aut possessionibus, in posterum nihil dicere possit, sed suum querat proprium debitorem,

saluo si aliquis habens rationem in praedictis rebus, non fuerit infra dictum tempus in ciuitate;

tunc cum venerit post suum aduentum, infra annum unum, possit suam rationem querere,

& si infra dictum annum tacuerit, in posterum super ipso facto dicere nihil possit.

[14] Biblioteca Marciana. Venezia – Cataloghi di codici latini. Catalogo manoscritto, Lat. Cl. V. 32 (= 2636)./ Cod. 215 chart., saec. XV, a. 210, I. 153 (L. V, XXXII). S. 52; *Statuta Civitatis Cathari* 1616, *cap.* 203; Manuskript, BA IV/25, XV/XIV, Museum and Collection Valtazar Bogišić at Cavtat, Croatian Academy of Sciences and Arts.

Textkritische Analyse

Im Rahmen der Analyse des *cap.* 270 wurde, wie bereits in den vorherigen Untersuchungen, die gedruckte lateinische Version des Statuts von 1616, die handschriftliche Überlieferung aus der *Marciana*-Bibliothek in Venedig sowie das Manuskript von Bogišić aus der Bogišić-Bibliothek in Cavtat als Quellen herangezogen.

Hier tritt eine numerische Abweichung zwischen der gedruckten Version des Statuts einerseits und den Handschriften von Bogišić und *Marciana* andererseits deutlich hervor. Der Grund hierfür liegt vermutlich in den bereits zu Beginn der Dissertation dargelegten Überlegungen, dass bestimmte Kapitel wiederholt wurden und später entfernt wurden. Dies könnte die Diskrepanz zwischen *cap.* 269, das in den Handschriften von Bogišić und *Marciana* enthalten ist, und dem *cap.* 270, das in der gedruckten Ausgabe erscheint, erklären.[15]

C. 277 Dass die Mutter sich die Güter ihrer Söhne nicht aneignen darf (a. 1334)

Cap. CCLXXVII, Quod mater non possit subtrahere bona filiorum suorum.
Anno Domini MCCCXXXIV. Indictione secunda Mensis Octobris, die xv.

Nos Communitas Cathari ad sonum campanae, ut est moris congregati, statuimus, & ordinamus, quod mater vidua remanens, non possit bona filiorum subtrahere, quae ipsi filij habuerent acquisita sua industria, & bonitate;

sed volumus quod dicta mater sit domina, & patrona suae dotis, & bonorum viri sui mortui;

verumtamen si mater voluerit obligare una cum filij suis per cartam Notarij bona viri sui praedicti, possit, sed suam dotem aliqua ratione obligare non possit.

Textkritische Analyse

Im Rahmen der Analyse des *cap.* 277 wurde, wie bereits in den vorherigen Untersuchungen, die gedruckte lateinische Version des Statuts von 1616, die handschriftliche Überlieferung aus der *Marciana*-Bibliothek in Venedig sowie

---

[15] Biblioteca Marciana. Venezia – Cataloghi di codici latini. Catalogo manoscritto, Lat. Cl. V. 32 (= 2636)./ Cod. 215 chart., saec. XV, a. 210, I. 153 (L. V, XXXII). S. 63; *Statuta Civitatis Cathari* 1616, *cap.* 270; Manuskript, BA IV/25, XV/XIV, Museum and Collection Valtazar Bogišić at Cavtat, Croatian Academy of Sciences and Arts.

das Manuskript von Bogišić aus der Bogišić-Bibliothek in Cavtat als Quellen herangezogen.

Auch hier kommt es zu einer numerischen Abweichung zwischen der gedruckten Version des Statuts einerseits und den Handschriften von Bogišić und *Marciana* andererseits. Diese Diskrepanz fügt sich in die bereits dargelegte Konstellation ein, wonach bestimmte Kapitel in der Überlieferung wiederholt und später entfernt wurden. In diesem Fall betrifft dies *cap.* 276, das in den Handschriften von Bogišić und *Marciana* erscheint, während die gedruckte Version an dieser Stelle *cap.* 277 aufführt.[16]

C. 287 Vom Erstellen eines Schulddokuments (sine anno)

Cap. CCLXXXVII, De instrumento credentie qualiter sieri debeat.
Statuimus quod instrumenta, quae pro pecunia credenda sunt facienda, hoc modo fiant,

videlicet Notarius scribat in ipso instrumento poenam de quinque in sex per annum,

& instrumentum sic scriptum authenticum sit, & firmum.

Si autem instrumentum cuiuscumque de pecunia credita prolongaretur per aliquo (t) annos, quesitor pecuniae, aliter pecuniam creditam a quocumque petere, vel querere non possit, nisi tantum pecuniam duplicatam.

De carta vero debiti, parchiuiuj nulla peti possit.

Textkritische Analyse

Im Rahmen der Analyse des *cap.* 287 wurde, wie bereits in den vorherigen Untersuchungen, die gedruckte lateinische Version des Statuts von 1616, die handschriftliche Überlieferung aus der *Marciana*-Bibliothek in Venedig sowie das Manuskript von Bogišić aus der Bogišić-Bibliothek in Cavtat als Quellen herangezogen.

Auch hier kommt es zu einer numerischen Abweichung zwischen der gedruckten Version des Statuts einerseits und den Handschriften von Bogišić und *Marciana* andererseits. Diese Diskrepanz fügt sich in die bereits dargelegte Konstellation ein

[16] Biblioteca Marciana. Venezia – Cataloghi di codici latini. Catalogo manoscritto, Lat. Cl. V. 32 (= 2636)./ Cod. 215 chart., saec. XV, a. 210, I. 153 (L. V, XXXII). S. 65; *Statuta Civitatis Cathari* 1616, *cap.* 277; Manuskript, BA IV/25, XV/XIV, Museum and Collection Valtazar Bogišić at Cavtat, Croatian Academy of Sciences and Arts.

(vgl. hierzu die Analyse zu *cap.* 269 und *cap.* 277), wonach bestimmte Kapitel in der Überlieferung wiederholt und später entfernt wurden. In diesem Fall betrifft dies *cap.* 286, das in den Handschriften von Bogišić und *Marciana* erscheint, während die gedruckte Version an dieser Stelle *cap.* 287 aufführt.[17]

4.4 Beurkundung

C. 294 Von den verloren gegangenen öffentlichen Urkunden, die im Standesamt durchsucht werden sollen (sine anno)

Cap. CCXCIV, De cartis publicis amissis, in catastico requirendis.
Statuimus, ut quicumque cartam publicam de parchiuio seu possessione aliqua stabili, vel de securitate amiserit, si recuperare eam voluerit, querat licentiam a Iudicibus cum Consilio, ut ei catasticum concedant,

Qui Iudices cum Cosilarijs, accepto prius Sacramento ab eo quod amiserit eam, & nihil de ea scit, teneantur mittere ad Episcopum, rogando, ut per Ecclesias faciat nunciari, quod sub poena excommunicationis si quis eam inuenit restituat,

& si aliquid de ipsa scit, manifestet; qua nunciatione facta, si nullo modo ipsam inuenire poterit, tunc Iudices cum Consilarijs dicant Notario ut respiciat in catastico, qui de verbo ad verbum cartam ipsam rescribat, nihil addens, vel minuens.

Textkritische Analyse
Im *cap. 294* (*Latein: cap. CCXCIV, De cartis publicis amissis, in catastico requirendis*) kommt es zu einer numerischen Abweichung zwischen der gedruckten Version des Statuts einerseits und den Handschriften von Bogišić und der *Marciana* andererseits. Konkret trägt dieses Kapitel in der Druckversion die Nummer *cap. 294*, während es in den Handschriften von Bogišić und der *Marciana* unter *cap. 293* verzeichnet ist.

[17] Biblioteca Marciana. Venezia – Cataloghi di codici latini. Catalogo manoscritto, Lat. Cl. V. 32 (= 2636)./ Cod. 215 chart., saec. XV, a. 210, I. 153 (L. V, XXXII). S. 66; *Statuta Civitatis Cathari* 1616, *cap.* 287; Manuskript, BA IV/25, XV/XIV, Museum and Collection Valtazar Bogišić at Cavtat, Croatian Academy of Sciences and Arts.

Dieses Phänomen entspricht der bereits dargelegten Konstellation des Autors, wonach bestimmte Kapitel in früheren Überlieferungen wiederholt wurden und später entfernt worden sein könnten. Dieser Umstand könnte auch hier die Differenz zwischen dem *cap. 294* in der Druckversion und dem *cap. 293* in den Handschriften erklären.[18]

C. 297 Von den notariellen Urkunden einer anderen Stadt (a. 1322)

Cap. CCXCVII, De cartis Notariorum alterius Ciuitatis.
Anno Domini MCCCXXII. Mensis Octobris Die sexto,

Nos Comunnitas Cathari attendentes negligentiam Notariorum quarumdam ciuitatum, que sunt sub Domini Regis nostri Dominio constitute, qui in faciendis instrumentis publicis, modum & formam iuris nullam penitus obseruabant, propter quod nostrae Ciuitati multa damna euenire poterant, & defectus.

Ideo statuimus, quod nullum instrumentum Notarij publici cuiuscumque modi, formae, aut conditionis existat,

praeterquam de parchiuio factum, vel faciendum super aliquem ciuem nostru ab aliquo Notario publico, scilicet ciuitatum quae sunt sub Domino nostro Rege constitutae, incipiendo a ciuitate Antiuari, uscque ad Durachium,

valeat, aut teneat aliquo modo in Curia cuitatis nostrae.

Textkritische Analyse

Im *cap. 297* (*Latein: cap. CCXCVII, De cartis Notariorum alterius Ciuitatis*) zeigt sich erneut eine numerische Abweichung zwischen der gedruckten Version des *Statut*s und den Handschriften von Bogišić sowie der *Marciana.* Während dieses Kapitel in der Druckversion als *cap. 297* erscheint, ist es in den beiden Handschriften unter *cap. 296* verzeichnet.

Abgesehen von dieser numerischen Diskrepanz konnte der Autor keine inhaltlichen Unterschiede zwischen den Versionen feststellen.[19]

---

[18] Biblioteca Marciana. Venezia – Cataloghi di codici latini. Catalogo manoscritto, Lat. Cl. V. 32 (= 2636)./ Cod. 215 chart., saec. XV, a. 210, I. 153 (L. V, XXXII). S. 67; *Statuta Civitatis Cathari* 1616, *cap.* 294; Manuskript, BA IV/25, XV/XIV, Museum and Collection Valtazar Bogišić at Cavtat, Croatian Academy of Sciences and Arts.

[19] Biblioteca Marciana. Venezia – Cataloghi di codici latini. Catalogo manoscritto, Lat. Cl. V. 32 (= 2636)./ Cod. 215 chart., saec. XV, a. 210, I. 153 (L. V, XXXII). S. 67;

C. 300 Von den vom Notar Bartholomäus von den drei Basiliken ausgestellten Dokumente, dass sie fest und authentisch sind (sine anno)

Cap. CCC, De cartis publicatis per Bartholomeum de tribus Basilicis Notarij, quod sine firma, et authentica.

Nos Communitas Catharensis ad sonum campanae, ut moris est unanimiter congregati, ex certis rationabilibus causis moti pariter & inducti, prouide statuimus,

quod omnes cartae Notarij parchiuij, debiti, securitatis, & possessionum, publicatae per Bartholomaeum de tribus Basilici, de Padua, olim Communis nostri iuratum Notarium, sub quacumque verborum expressione existant,

quae examinatae, & probatae fuerint per examinatores Communis ad hoc specialiter deputatos,

& in ipsis cartis subscriptum erit examinatorum manu nostri Notarij Communis iurati,

firmae sint, & autheticae,

& contras eas opponi aliquid, vel dici non possit,

quibuscumque statutis, aut consuetudinibus, vel oppositionibus contrarijs non obstantibus,

& dicta de causa nullus valeat, seu possit quoius modo dictos examinatores perpertualiter molestare, vel inquietare,

nec ipsi teneantur aliquibus eos molestare volentibus respondere,

& ulli detur contra eos aliqua audientia per quoscumque.

Textkritische Analyse

Im *cap. 300* (*Latein: cap. CCC, De cartis publicatis per Bartholomeum de tribus Basilicis Notarij, quod sine firma, et authentica*) zeigt sich erneut eine numerische Abweichung zwischen der gedruckten Version des *Statut*s und den Handschriften von Bogišić sowie der *Marciana*. Während dieses Kapitel in der Druckversion als *cap. 300* erscheint, ist es in den beiden Handschriften unter *cap. 299* verzeichnet.

Statuta Civitatis Cathari 1616, *cap.* 297; Manuskript, BA IV/25, XV/XIV, Museum and Collection Valtazar Bogišić at Cavtat, Croatian Academy of Sciences and Arts.

Auf Grundlage der Liste der in Kotor tätigen Notare hat der Autor *Bartholomeus de Padua* (1350–1356) identifiziert, der möglicherweise der im Kapitel erwähnte Notar sein könnte.[20]

4.5 Verbot

C. 394 Von der Tatsache, dass die Adligen von Kotor keine nichtadligen Frauen nehmen und dass die aus einer solchen Ehe geborenen Söhne des Dienstes und der Adelsprivilegien von Kotor beraubt werden (a. 1412)

Cap. CCCXCIV, Quod Nobiles Cathari non accipiant uxores ignobiles, & quod filij ex tali matrimono procreati, priuati sint officijs, et beneficijs Cathari.

In Christi nomine amen. Anno Natiuitatis eiusdem MCCCCXII. Indictione V. & die ultimo Mensis Februarij.

Omnipotentis Dei primitus gratia, & auxilio imploratis, Nos Communitas Catharensis, ad sonum campanae in sala magna palatij Communis nostri more solito congregata, in publico, & generali arengo nostrae Ciuitatis:

Cupientes nostrorum ciuium nobilium auaritiam matrem multorum malorum presenti Statuto compescere. Namque nonnulli nobiles cupiditate magnae dotis, quam recipiebant a mulieribus ignobilibus, se cum ipsis uxorabant, tam in ciuitate Cathari, quam in alijs ciuitatibus, & locis,

& sic eorum germen, siue tribum, & sanguinem inficiebant capti dicta auaritia, nobilitatisq. genus quotidie obfuscabatur,

eapropter praesenti Statuto prohibemus, quod nullus nobilis ciuitatis nostrae ad hodierna die in antea, audeat, vel praesummat accipere in uxorem aliquam mulierem, nisi fuerit progenie illius nobilis ciuitatis, ubi nata fuerit,

& si quis contrafecerit, assumendo aliquam uxorem ignobilem, praesenti Ordinatione priuamus haeredes eius nostris Consilijs, & nobilitatis titulo in nostra perpetuo ciuitate,

[20] Biblioteca Marciana. Venezia – Cataloghi di codici latini. Catalogo manoscritto, Lat. Cl. V. 32 (= 2636)./ Cod. 215 chart., saec. XV, a. 210, I. 153 (L. V, XXXII). S. 68–69; *Statuta Civitatis Cathari* 1616, *cap.* 300; Manuskript, BA IV/25, XV/XIV, Museum and Collection Valtazar Bogišić at Cavtat, Croatian Academy of Sciences and Arts.

ut nullam habeant praeminentiam, officum, vel beneficium, que alij de numero nobilium habent, & habere possunt in nostra ciuitate praedicta, & praesenti Statuto volumus nullum aliud Statutum obesse, & partem captam, ut sit in omnibus, & per omnia in sua firmitate.

Textkritische Analyse

Im *cap. 394* (*Latein: cap. CCCXCIV, Quod Nobiles Cathari non accipiant uxores ignobiles, & quod filij ex tali matrimono procreati, priuati sint officijs, et beneficijs Cathari*) zeigt sich erneut eine numerische Abweichung zwischen der gedruckten Version des *Statut*s und den Handschriften von Bogišić sowie der *Marciana*. Während dieses Kapitel in der Druckversion als *cap. 394* erscheint, ist es in den beiden Handschriften unter *cap. 393* verzeichnet.

Diese Bestimmung ist von besonderer Bedeutung, nicht nur für das Verständnis der rechtlichen Natur der *dos*, sondern auch für ihre politische und gesellschaftliche Funktion. Der Autor hatte die Gelegenheit, sich in Perast mit Archivmaterial vertraut zu machen, in dem diese Bestimmung zitiert und Gegenstand von Streitigkeiten zwischen den Perastern und Kotorern im 17. Jahrhundert war. Dabei beschwerten sich die Kotorer bei den Venezianern, dass es auf Grundlage dieser Vorschrift (*cap. 394*) Adligen, die Nicht-Adlige heirateten, nicht gestattet war, politische Ämter in Kotor zu bekleiden.

Obwohl der Autor an dieser Stelle nicht näher auf die politische Tragweite dieser Vorschrift eingehen möchte, betont er ihre fundamentale Bedeutung für das Verständnis der rechtlichen Genese. In ihren Appellationen beriefen sich die Kotorer auf die Verhandlungen mit Venedig und den Vertrag über die Unterwerfung unter die *Serenissima* im Jahr 1420. Tatsächlich verpflichtete sich Venedig in diesem Vertragstext dazu, die gesamte Rechtsordnung Kotors (*Statut* der Stadt) zu übernehmen und zu respektieren. Dies unterstreicht die These von der Bedeutung der schriftlichen Rechtskultur und ihrer Geltung im mittelalterlichen Adriaraum.[21]

[21] Biblioteca Marciana. Venezia – Cataloghi di codici latini. Catalogo manoscritto, Lat. Cl. V. 32 (= 2636)./ Cod. 215 chart., saec. XV, a. 210, I. 153 (L. V, XXXII). S. 90–91; *Statuta Civitatis Cathari* 1616, *cap.* 394; Manuskript, BA IV/25, XV/XIV, Museum and Collection Valtazar Bogišić at Cavtat, Croatian Academy of Sciences and Arts.

4.6 Mitgift und Miete

C. 273 Von verpfändeten oder verpachteten Häusern oder Grundstücken (sine anno)

Cap. CCLXXIII, De domibus, vel terris positis in pignore, vel datis ad casaticum.

Volumus ut quicumque domum, vel vineam, aut terras posuerit in pignore, aut dederit ad casaticum, aut ad laborandum in certo termino,

si voluerit possit illas vendere, & in parchiuium dare,

ita tamen, quod laborator, qui ipsam vineam laborauerit, aut terram seminauerit, habeat partem suam de fructibus illius anni;

sed si ipsas terras tantum arauerit, habeat expensas, quas fecit in ipsa.

Ille autem, qui in ipsa domo manet, soluat casaticum pro rata illius temporis quo steterit in ea;

si autem patronus, qui domum, vel stationem suam dederit ad casaticum, expulerit ante terminum statutum ad inuicem hominem stantem in ea absque causa supradicta, ille qui stetit in ea, nil soluere teneatur eidem pro tempore quo stetit,

& si ipse qui accepit domum, vel statione ad casaticum ad mensem, vel ad annum, sua voluntate ante terminum exiret, tantum soluat patrono, quantum si totum tempus compleuisset,

saluo si concordium aliquod fecissent ad inuicem, quod per testes posset probari,

& si ille qui moratur in domo, fecerit aliquod laboreriu in ea, cum voluntate patroni, teneatur ipse patronus ei restituere quod expendit;

si autem absque voluntate patroni fecisset, possit ipse laborerium illud extrahere, & secum portare,

si vero ille qui in ipsa domo habitat ad casaticum posuerit secum alias personas ad casaticum in eadem domo, totum illud casaticum perueniat ad patronum domus,

& si ille qui habitat in ipsa domo exierit ab ea, & pro eo tempore quo debuerat stare, dederit domum alteri ad casaticum, similiter totum illud perueniat ad patronum,

si vero ille qui moratur in dicta domo, non soluerit casaticum ad terminum constitutum, possit patronus illius domus tollere pignus de rebus quae in ipsa inueniuntur, exceptis rebus alienis, & claudere portas eius.

Textkritische Analyse

Im *cap. 273* (*Latein: cap. CCLXXIII, De domibus, vel terris positis in pignore, vel datis ad casaticum*) zeigt sich erneut eine numerische Abweichung zwischen der gedruckten Version des *Statut*s und den Handschriften von Bogišić sowie der *Marciana*. Während dieses Kapitel in der Druckversion als *cap. 273* erscheint, ist es in den beiden Handschriften unter *cap. 272* verzeichnet. Weitere inhaltliche Abweichungen zwischen den Versionen konnten vom Autor nicht festgestellt werden.[22]

C. 274 Von denjenigen, die jemandem Land geben, um ein Haus zu bauen (sine anno)

Latein: cap. CCLXXIV, De ijs qui dederint territorium alicui pro facienda domo.

Si quis dederit territorium ad casaticum alicui ad faciendum domum, volumus quod fiat terminus, in spatio annorum viginti,

saluo, si aliter se concordauerint ad inuicem, & quod nullo modo possit eum expellere ante terminum constitutum;

verumtamen, si voluerit, possit eam dare in parchiuiuo, & vendere causa paupertatis,

& cum vendere, vel in parchiuium dare voluerit, aestimetur dicta domus per duos probos, & fide dignos viros, per ambas partes electos, & quantum aestimauerint eam, tantum idem patronus territorij soluat eidem.

Quod si soluere noluerit, non possit ipsum expellere usque ad terminum supradictu,

& si patronus dictae domus aestimatam solutionem recipere noluerit, accipat lignamina sua, quae posuerat in territorio supradicto.

Textkritische Analyse

Im *cap. 274* (*Latein: cap. CCLXXIV, De ijs qui dederint territorium alicui pro facienda domo*) zeigt sich erneut eine numerische Abweichung zwischen der gedruckten

[22] Biblioteca Marciana. Venezia – Cataloghi di codici latini. Catalogo manoscritto, Lat. Cl. V. 32 (= 2636)./ Cod. 215 chart., saec. XV, a. 210, I. 153 (L. V, XXXII). S. 64–65; *Statuta Civitatis Cathari* 1616, *cap.* 273; Manuskript, BA IV/25, XV/XIV, Museum and Collection Valtazar Bogišić at Cavtat, Croatian Academy of Sciences and Arts.

Version des *Statut*s und den Handschriften von Bogišić sowie der *Marciana*. Während dieses Kapitel in der Druckversion als *cap. 274* erscheint, ist es in den beiden Handschriften unter *cap. 273* verzeichnet. Weitere inhaltliche Abweichungen zwischen den Versionen konnten vom Autor nicht festgestellt werden.[23]

C. 279 Vom Land, das einem anderen zur Bewirtschaftung gegeben wird (sine anno)

Cap. CCLXXIX, De terra quo data est alteri ad laborandum.
Praesenti statuto volumus, & firmamus, ut quicumque dederit terram suam id est ledinam alteri ad laborandum, non possit ipsam tollere usque ad tertium annum completum, nec laborator ipsam dimittere.

Verumtamen, si patronus dicte terrae voluerit eam in parchiuio dare, aut vendere, vel plantare, possit ipsam tollere dicto laboratori, restitutis sibi expensis factis in ea, nisi aliter ad inuicem conuenissent.

Textkritische Analyse

Im *cap. 279* (*Latein: cap. CCLXXIX, De terra quo data est alteri ad laborandum*) wird die Regelung zu landwirtschaftlichen Pachtverhältnissen behandelt. In der gedruckten Version ist dies als *cap. 279* nummeriert, während es in den beiden anderen Handschriften unter der Nummer *cap. 278* zu finden ist.[24]

---

[23] Biblioteca Marciana. Venezia – Cataloghi di codici latini. Catalogo manoscritto, Lat. Cl. V. 32 (= 2636)./ Cod. 215 chart., saec. XV, a. 210, I. 153 (L. V, XXXII). S. 65; *Statuta Civitatis Cathari* 1616, *cap.* 274; Manuskript, BA IV/25, XV/XIV, Museum and Collection Valtazar Bogišić at Cavtat, Croatian Academy of Sciences and Arts.

[24] Biblioteca Marciana. Venezia – Cataloghi di codici latini. Catalogo manoscritto, Lat. Cl. V. 32 (= 2636)./ Cod. 215 chart., saec. XV, a. 210, I. 153 (L. V, XXXII). S. 66; *Statuta Civitatis Cathari* 1616, *cap.* 279; Manuskript, BA IV/25, XV/XIV, Museum and Collection Valtazar Bogišić at Cavtat, Croatian Academy of Sciences and Arts.

4.7 Mitgift und Erbschaft

C. 137 Von der Trennung zwischen dem Vater und den Söhnen der ersten Frau (sine anno)

Cap. CXXXVII, De diuisione patris cum filius prima matris.
Pater habens heredes de duabus, vel pluribus uxoribus, si cum filijs primae uxoris diuidere voluerit bona sua, cum eorum voluntate possit hoc facere, saluo parchiuio primae, vel secundae uxoris;

ita videlicet, quod heredes primae uxoris habeant medietatem omnium rerum patris, & illud sit eis pars perpetua, & non valeant filij primae uxoris querere aliam partem patri, nec fratribus secundae, & tertiae uxoris, vel plurium uxorum.

Pater vero remaneat cum sua medietate cum filijs secundae uxoris, & illud sit in parte filiorum secundae uxoris; si vero tertio, vel pluries se uxorauerit, & a filijs secundae voluerit se diuidere, diuidat bona sua per medietatem, quae tunc habuerit cum filijs secunde uxoris, & sic de alijs;

si vero pater cum secunda, vel tertia, vel pluribus uxoribus heredes non habuerit, pater possideat in vita sua,

post mortem vero suam possit ipse pater dimittere de bonis suis quartam partem pro anima sua, & si aliquid habuerit de malo ablato, quantum iurauerit habuisse, possit reddere, & satisfacere de bonis suis, ultra quartam partem, quam dimiserit: pro anima sua;

residuum vero redeat ad filios primae uxoris, qui diuidant illud inter se, possidente secunda uxore in vita sua.

Textkritische Analyse

Im *cap. CXXXVII* (*Latein: cap. CXXXVII, De diuisione patris cum filius prima matris*) gibt es keine numerische Abweichung im Vergleich zu den vorherigen Kapiteln, wie der Autor es in den vorangegangenen Kapiteln festgestellt hat. Inhaltlich bleibt alles gleich, mit dem Zusatz, dass wie bisher schon erläutert, in der *Marciana*-Handschrift Abkürzungen verwendet werden.[25]

---

[25] Biblioteca Marciana. Venezia – Cataloghi di codici latini. Catalogo manoscritto, Lat. Cl. V. 32 (= 2636)./ Cod. 215 chart., saec. XV, a. 210, I. 153 (L. V, XXXII). S. 38; *Statuta Civitatis Cathari* 1616, *cap.* 137; Manuskript, BA IV/25, XV/XIV, Museum and Collection Valtazar Bogišić at Cavtat, Croatian Academy of Sciences and Arts.

C. 147 Dass Töchter, die mit einer Mitgift verheiratet sind, keinen Anspruch auf den Rest (superfluum) haben (I) (sine anno)

Cap. CXLVII, Quod filia maritata cum parchiuio, in residuo nullum ius habeant.
Si quis non habens uxorem, vel si qua non habens maritum, filiam, vel filias, quas habet cum parchiuio maritauerit,

statuimus quod in ijs, quae remanserint, pater habeat plenariam potestatem, filiae autem praedictae maritatae, in illis nullum ius habeant,

sed si quaedam ex filiabus sunt maritatae, quaedam non maritate, quae non sunt maritate, volumus quod debeant cum parchiuio maritari,

& quod superfluum fuerit de patrimonio, seu de matrimonio, pater, vel mater possint facere quidquid eis placuerit pro anima sua, si filios non habuerint,

& si non fuerit ordinatum, procuratores Communitatis dispensent dictum, secundum quod continetur in capitulo de intestatis.

Textkritische Analyse

Im *cap. CXLVII* (*Quod filia maritata cum parchiuio, in residuo nullum ius habeant*) gibt es im Manuskript von Bogišić leichte Beschädigungen, genauer gesagt, die Tinte scheint an einigen Stellen auf dem Papier leicht verwischt zu sein. Inhaltlich gibt es jedoch keine Unterschiede zwischen den drei Versionen (der gedruckten, dem *Marciana*-Manuskript und dem Bogišić-Manuskript).[26]

---

[26] Biblioteca Marciana. Venezia – Cataloghi di codici latini. Catalogo manoscritto, Lat. Cl. V. 32 (= 2636)./ Cod. 215 chart., saec. XV, a. 210, I. 153 (L. V, XXXII). S. 40; *Statuta Civitatis Cathari* 1616, *cap.* 147; Manuskript, BA IV/25, XV/XIV, Museum and Collection Valtazar Bogišić at Cavtat, Croatian Academy of Sciences and Arts.

C. 148 Von den mit Mitgift verheirateten Frauen und darüber, was sie erben sollen(II) (sine anno)

Cap. CXLVIII, De mulieribus maritatis cum parchiuio, super quibus rebus debeant hereditare.
Si quis pater habens filiam, vel filias maritatas, cum dotibus, solutis dotibus, de residuo sui facti, idem pater possit facere suam voluntatem, si heredes masculos non habuerit,
& ipsa filia, vel filiae, contraire non possint, saluo tamen, quod Ecclesias & monumenta hereditent ut masculi.

Textkritische Analyse
Im *cap. CXLVIII* (*De mulieribus maritatis cum parchiuio, super quibus rebus debeant hereditare*) gibt es keine inhaltlichen Unterschiede zwischen den drei Versionen des Statuts. Jedoch, wie der Autor in der vorherigen kritischen Analyse dargelegt hat, ist im Manuskript von Bogišić die Tinte an einigen Stellen stärker verwischt, was die Lesbarkeit beeinträchtigt. Diese Feststellung zeigt, dass auch bei dieser Bestimmung keine Unterschiede inhaltlicher Natur bestehen, sondern lediglich durch die physische Beschaffenheit des Manuskripts bedingt sind.[27]

C. 156 Von den Erben der ersten Frau, die zu Lebzeiten des Vaters die Mitgift der Mutter nicht ausgesondert haben (sine anno)

Cap. CLVI, De heredibus primae uxoris, qui non traxerint parchiuium matris in vita patris.
Si heredes primae uxoris non traxerint parchiuium matris suae, uiuente patre, antequam ipse pater recipiat aliam uxorem,
post mortem patris, si pater habuerit alios heredes cum secunda uxore,
illi heredes primae uxoris debeant extrahere de bonis paternis, parchiuium matris euorum,

[27] Biblioteca Marciana. Venezia – Cataloghi di codici latini. Catalogo manoscritto, Lat. Cl. V. 32 (= 2636)./ Cod. 215 chart., saec. XV, a. 210, I. 153 (L. V, XXXII). S. 40; *Statuta Civitatis Cathari* 1616, *cap.* 148; Manuskript, BA IV/25, XV/XIV, Museum and Collection Valtazar Bogišić at Cavtat, Croatian Academy of Sciences and Arts.

& de eo quod superfuerint detrahant heredes secundae uxoris matris eorum parchiuium.

Textkritische Analyse
Im *cap.* CLVI (Latein: cap. CLVI, *De heredibus primae uxoris, qui non traxerint parchiuium matris in vita patris*) besteht eine inhaltliche Übereinstimmung zwischen den drei Editionen.[28]

C. 157 Von dem Vater, der von seinen Söhnen Mitgift erhalten hat (sine anno)

Cap. CLVII, De patre, qui recipit parchiuia filiorum.
Pater qui parchiuium duorum filioru, vel plurium recipit,
si uni parchiuium reddiderit, teneatur, & alijs reddere parchiuia sua si petierint;
qui si non haberet unde posset omnia parchiuia suis filijs reddere, sed haberet unde posset reddere alicui eorum,
omnes alij filij pro suis parchiuijs illud factum communiter partiantur,
saluo tamen quod si aliquis filiorum exiuerit ante receptionem parchiuij, aliquorum fratrum suorum,
tunc ipse pater ad talem restitutionem minime teneatur.

Textkritische Analyse
Im *cap. CLVII (Latein: cap. CLVII, De patre, qui recipit parchiuia filiorum)* drückt der Autor seine Bewunderung für das wunderschöne Exemplar aus der *Marciana*-Bibliothek aus, bei dem jede Bestimmung mit einem großen Anfangsbuchstaben beginnt. Interessanterweise beginnt die erste Bestimmung mit einem großen roten Buchstaben, während die nächste Bestimmung mit einem großen blauen Buchstaben

[28] Biblioteca Marciana. Venezia – Cataloghi di codici latini. Catalogo manoscritto, Lat. Cl. V. 32 (= 2636)./ Cod. 215 chart., saec. XV, a. 210, I. 153 (L. V, XXXII). S. 42; *Statuta Civitatis Cathari* 1616, *cap.* 156; Manuskript, BA IV/25, XV/XIV, Museum and Collection Valtazar Bogišić at Cavtat, Croatian Academy of Sciences and Arts.

beginnt. Dieser Wechsel zwischen den Farben stellt einen besonderen Stil dar, der den Text visuell unterscheidet und die Struktur der Normen hervorhebt.[29]

C. 158 Von einem oder mehreren Brüdern, die gemeinsam die Mitgift in eine societas investieren (sine anno)

Cap. CLVIII, De fratre, vel fratribus qui ponunt parchiuia inter societatem aliorum fratrum.
Si fratres patrem, vel matrem, non habentes simul steterint,
& aliqui eorum aetatis legitimae fuerint,
& unus ex ipsis uxorem cum parchiuio acceperit, & parchiuium ipsum in compagnia aliorum fratrum posuerit per instrumenti tenorem.
Volumus quod parchiuium illud sit saluum,
& cum ipsi fratres bona sua dividere voluerint, de omnibus rebus communibus ipsorum fratrum, dictum parchiuium, saluum prius & integrum extrahatur,
& reliqua quae superfuerint ipsi fratres aequaliter dividant inter se;
si autem tempore divisionis, bona ipsorum fratrum ad complendum totu dictum parchiuium non sufficerent,
teneatur quilibet dictorum fratrum id quod defecerit pro rata soluere;
quod si frater ipse uxoratus non poterit per instumentum ostendere se posuisse suum parchiuium in communitate fratrum, ipsi fratres eidem ad hoc nullo modo teneantur.
Aliquo autem ex ipsis fratribus existentibus in minori aetate, frater ipse parchiuium illud extrahere a communitate non possit, quousque ad aetatem legitimam non peruenerit,
qui si ante divisionem ipsam moriatur, & uxor eius alium virum accipere vellet, libere & sine calumnia,
& aliquo euorum existente in aetate non legitima,
parchiuium suum a communitate dictorum fratrum extrahere possit,
si per cartam probauerit, quod vir suus posuit ipsum in societate dictorum fratrum, sin autem, queat ipsum super partem viri sui.

---

[29] Biblioteca Marciana. Venezia – Cataloghi di codici latini. Catalogo manoscritto, Lat. Cl. V. 32 (= 2636)./ Cod. 215 chart., saec. XV, a. 210, I. 153 (L. V, XXXII). S. 42; *Statuta Civitatis Cathari* 1616, *cap.* 157; Manuskript, BA IV/25, XV/XIV, Museum and Collection Valtazar Bogišić at Cavtat, Croatian Academy of Sciences and Arts.

Textkritische Analyse

Im *cap. CLVIII* (*De fratre, vel fratribus qui ponunt parchiuia inter societatem aliorum fratrum*) weist der Autor darauf hin, dass der *Marciana*-Manuskript in diesem Kapitel besonders schwer lesbare Abkürzungen enthält. Diese Abkürzungen erfordern eine genaue Analyse und bleiben oft schwer entschlüsselbar, was den Vergleich mit der gedruckten Version erschwert. Trotz dieser Herausforderung stimmen die inhaltlichen Informationen in diesem Kapitel sowohl in der gedruckten Version als auch in der *Marciana*-Überlieferung überein.[30]

C. 160 Von dem Verbot des Vaters durch die Erben der ersten Frau (sine anno)

Cap. CLX, De vetatione heredum prima uxoris ad patrem
Filij ex prima uxore in aetate legitima constituti
possunt prohibere, siue vetare patri qui habet secudam uxorem,
quod non expendat bona sua in terris, vel in domibus, quas in parchiuio cum ipsa secunda uxore accepit,
nisi illa secunda uxor velit se filiatris suis per cartam obligare,
quod in eo quod maritus eius, videlicet pater eorum expenderit in terris, vel domibus sui parciuij; saluum sit ius eorum,
quae si obligauerit se tunc filij non possint prohibere siue vetare patri, quod non laboret.
Idem est de heredibus secundae, & sic de alijs.

Textkritische Analyse

Im *cap. CLX* (*Latein: cap. CLX, De vetatione heredum prima uxoris ad patrem*) merkt der Autor an, dass auch in diesem Kapitel im *Marciana*-Manuskript Abkürzungen verwendet wurden, die teilweise schwer zu entschlüsseln sind. Dennoch stimmen die inhaltlichen Informationen mit der gedruckten Version des Statuts überein. Die Unterschiede liegen lediglich in der Schriftform und der Verwendung von Abkürzungen, während der rechtliche Inhalt konstant bleibt.[31]

---

[30] Biblioteca Marciana. Venezia – Cataloghi di codici latini. Catalogo manoscritto, Lat. Cl. V. 32 (= 2636)./ Cod. 215 chart., saec. XV, a. 210, I. 153 (L. V, XXXII). S. 42–43; *Statuta Civitatis Cathari* 1616, *cap.* 158; Manuskript, BA IV/25, XV/XIV, Museum and Collection Valtazar Bogišić at Cavtat, Croatian Academy of Sciences and Arts.

[31] Biblioteca Marciana. Venezia – Cataloghi di codici latini. Catalogo manoscritto, Lat. Cl. V. 32 (= 2636)./ Cod. 215 chart., saec. XV, a. 210, I. 153 (L. V, XXXII). S. 43;

C. 161 Von dem Vater, der minderjährige Erben hat und einen Teil der Mitgift veräußern will (a. 1316)

Cap. CLXI, De patre heredes habente non legitima aetatis volente alienare, aliquid de parchiuio

Anno Domini MCCCXVI.

Statuimus, quod si aliquis habens heredes non legitimae aetatis, uxore mortua, aliquid alienare voluerit, vel vendere de parchiuio matris eorum;
ipsa alienatio, vel venditio non teneat,
nec laborerium quod emptor, in eo fecerit in praeiudicium ipsoru,
donec aliquis dictorum heredum perueniat ad aetatem legitimam,
& si infra spatium unius anni post aetatem legitimam tacuerit,
nihil in posterum dicere possit, vel postulare.

Textkritische Analyse

Im *cap. CLXI* (*De patre heredes habente non legitima aetatis volente alienare, aliquid de parchiuio*) weist der Autor auf eine interessante Beobachtung im *Marciana*-Manuskript hin. In diesem Manuskript wurde der Text zunächst mit „*volente alienare, aliquid de parchiuio*" begonnen, gefolgt von einer roten Zeile, in der der Titel „*De patre heredes habente non legitima aetatis*" erscheint. Diese ungewöhnliche Reihenfolge hat den Autor dazu veranlasst, sich zu fragen, wie Bogišić den Text im Hinblick auf die *Marciana*-Überlieferung bearbeitet hat. Es ist bemerkenswert, dass Bogišić, der vermutlich das *Marciana*-Manuskript verwendet hat, den Titel wie in der gedruckten Ausgabe des Statuts korrekt nach der üblichen Reihenfolge geschrieben hat.[32]

Statuta Civitatis Cathari 1616, *cap.* 160; Manuskript, BA IV/25, XV/XIV, Museum and Collection Valtazar Bogišić at Cavtat, Croatian Academy of Sciences and Arts.

[32] Biblioteca Marciana. Venezia – Cataloghi di codici latini. Catalogo manoscritto, Lat. Cl. V. 32 (= 2636)./ Cod. 215 chart., saec. XV, a. 210, I. 153 (L. V, XXXII). S. 43–44; *Statuta Civitatis Cathari* 1616, *cap.* 161; Manuskript, BA IV/25, XV/XIV, Museum and Collection Valtazar Bogišić at Cavtat, Croatian Academy of Sciences and Arts.

C. 162 Von einem Ehemann, der von mehreren Frauen Töchter hat und die Töchter der ersten Frau heiratet (sine anno)

Cap. CLXII, De viro habente filias ex pluribus uxoribus, et maritat filiam ex prima

Si aliquis homo habens heredes de duabus uxoribus, vel de pluribus,

maritasset unam de filiabus primae uxoris, vel plures cum parchiuio,

& post mortem patris dictae filie vellent retrahere parchiuium primae uxoris,

volumus quod parchiuium filiae, vel filiarum, quas pater maritauit, debeat computari in parchiuio ipsius primae uxoris matris earum,

quod si parchiuium, vel parchiuia dictarum filiarum maius, seu maiora essent, quam parchiuium illius primae uxoris,

& post mortem viri contigerit, quod secunda uxor non haberet unde posset trahere suum parchiuium ultimum, integrum & copletum, sed aliquid sibi deficiet,

suae fortunae debeat imputari,

& primae uxoris heredes tam maritate, quam non maritatae, non teneantur secundae uxori pro suo parchiuio secundae uxoris, quia pater dedit eis parchiuium in vita sua;

si vero detracto parchiuio secundae uxoris integre, & perfecte aliquid de bonis ipsius mariti, de mobili, seu stabili remanserit,

volumus quod de illo quod superfuerit inter ipsos heredes secundae uxoris tantum recipiant, super parchiuium, quod coequentur heredibus primae uxoris,

& quod remanserit, masculi inter se dividant, per capita singulorum,

quod si bona ipsius viri defuerint, & non posset fieri coequatio de secudo herede ad primum sit in fortuna secundi heredis,

& primi heredes non teneantur eis propter rationes praedictas.

Textkritische Analyse

Im *cap. CLXII* (*Latein: cap. CLXII, De viro habente filias ex pluribus uxoribus, et maritat filiam ex prima*) besteht eine inhaltliche Übereinstimmung zwischen den drei Editionen.[33]

---

[33] Biblioteca Marciana. Venezia – Cataloghi di codici latini. Catalogo manoscritto, Lat. Cl. V. 32 (= 2636)./ Cod. 215 chart., saec. XV, a. 210, I. 153 (L. V, XXXII). S. 43;

C. 163 Von einem Ehemann, der Erben von der ersten Frau hat, aber eine zweite Frau heiratet (sine anno)

Cap. CLXIII, De viro heredes habente ex prima, qui secundam accepit uxorem

Si contigerit quod aliquis heredes habens cum prima uxore, aliam uxorem ducere velit,

parchiuium quod habuerit cum uxore praemortua, det & assignet filio, vel filijs, quem, vel quos habuit cum uxore eadem, antequam aliam ducat,

& eosdem nutrire teneatur de suo proprio, secundum suam possibilitatem, & eis necessaria dare, si secum stare velint.

Quod si suum patrimonium, ad danda eis necessaria non sufficeret, possit hoc facere de introitibus parchiuij alterius uxoris,

& quod de secunda uxore dictum est, & de alijs uxoribus intelligatur,

quod sine voluntate patris, filij primae uxoris a domo patris non possint recedere:

qui si contradicente patre, & nolente, exire vellent in domum suam, & nollente habitare cum eo,

pater nihil eis de suo dare teneatur in vita sua,

& si pater habens secundam uxorem, filios quos cum prima uxore habuerit, noluerit secum in domo tenere,

possit eos de domo eijcere, dando eis partem suam de patrimonio,

quod si partem eis dare noluerit, det pro quolibet omni anno yperperos duodecim pro expesis, & pro ancilla yperperos quinque &, vestimenta, secundum suam possibilitatem.

Textkritische Analyse

Im *cap. CLXIII* (*Latein: cap. CLXIII, De viro heredes habente ex prima, qui secundam accepit uxorem*) besteht eine inhaltliche Übereinstimmung zwischen den drei Editionen. In der *Marciana*-Version wird, wie bereits bei den vorherigen Kapiteln,

---

Statuta Civitatis Cathari 1616, *cap.* 162; Manuskript, BA IV/25, XV/XIV, Museum and Collection Valtazar Bogišić at Cavtat, Croatian Academy of Sciences and Arts.

eine verkürzte Schreibweise verwendet, was dem Autor Schwierigkeiten beim Entschlüsseln bereitet hat. Dennoch bleibt der Inhalt und die stilistische Schönheit mit den anderen Editionen übereinstimmend.[34]

C. 164 Von der Mitgift einer Frau, die mehrere Ehemänner hatte (sine anno)

Cap. CLXIV, De parchiuio mulieris, que plures maritos habuerit
Quaecumque mulier vidua, morto viro suo alium maritum acceperit,
totum parchiuium suum, necnon & donum, vel pars, quod, vel quam a patre, vel a matre accepit,
sit in sua potestate
si vult accipere virum, ita tamen quod post mortem mulieris ipsius, filij ultimi mariti habeant parchiuium eius totum,
donum autem, vel pars, quod vel quam accepita patre, vel a matre, vel undecumque sibi aduenerit,
dividatur per capita inter filios omnium maritorum,
& si absque herede omnium virorum defecerit,
tres partes parchiuij, & totum aliud factum redeant ad patrem, vel matrem; seu fratres, vel sorores eiusdem non maritatas,
& quartam partem possit dare pro anima sua,
& si patrem, vel matrem, aut fratres, vel sorores non maritatas non habuerit, possit omnia dare pro anima sua, & suorum.

Textkritische Analyse

Im *cap. CLXIV* (*Latein: cap. CLXIV, De parchiuio mulieris, que plures maritos habuerit*) zeigt sich eine inhaltliche Übereinstimmung zwischen allen drei Editionen.[35]

---

[34] Biblioteca Marciana. Venezia – Cataloghi di codici latini. Catalogo manoscritto, Lat. Cl. V. 32 (= 2636)./ Cod. 215 chart., saec. XV, a. 210, I. 153 (L. V, XXXII). S. 43–44; *Statuta Civitatis Cathari* 1616, *cap.* 163; Manuskript, BA IV/25, XV/XIV, Museum and Collection Valtazar Bogišić at Cavtat, Croatian Academy of Sciences and Arts.

[35] Biblioteca Marciana. Venezia – Cataloghi di codici latini. Catalogo manoscritto, Lat. Cl. V. 32 (= 2636)./ Cod. 215 chart., saec. XV, a. 210, I. 153 (L. V, XXXII). S. 44; *Statuta Civitatis Cathari* 1616, *cap.* 164; Manuskript, BA IV/25, XV/XIV, Museum and Collection Valtazar Bogišić at Cavtat, Croatian Academy of Sciences and Arts.

C. 166 Von der Frau des zweiten Mannes, die keine Erben vom ersten Mann hat (sine anno)

Cap. CLXVI, De uxore secundi mariti non habente heredes ex primo
Secundus maritus mulieris non habentis ex primo marito heredem,
possit post mortem mulieris ipsius possidere bona ipsius,
eo saluo quod uxor ipsa usque ad quartam partem tam de stabili, quam de mobili possit pro anima sua dimittere ad voluntatem suam;
& si aliam duxerit uxorem,
tres partes dotis, vel facti perueniant ad patrem, vel ad matrem, seu fratres, vel sorores non maritatis ipsius mulieris,
quos si non habuerit,
duo propinquiores ipsius recipiant ipsum factum,
& distribuant pro anima ipsius, cum officialibus Communis, ut alibi dictum est, si ipsas res non dispensaret.

Textkritische Analyse
Im *cap. CLXVI* (*Latein: cap. CLXVI, De uxore secundi mariti non habente heredes ex primo*) zeigt sich eine vollständige inhaltliche Übereinstimmung zwischen allen drei Editionen. Auch hier ist die *Marciana*-Version verkürzt, was dem Autor bei der Entschlüsselung der Abkürzungen gewisse Schwierigkeiten bereitet hat. Dennoch bleibt der Inhalt in allen drei Editionen identisch und es gibt keine stilistischen oder inhaltlichen Differenzen.[36]

C. 170 Von der Frau, die einen zweiten Ehemann nimmt und die Mitgift für sich behält (sine anno)

Cap. CLXX, De muliere secundum virum recipiente, que retinuit sibi de parchiuio
Mortuo viro alicuius mulieris,
si mulier ipsa accepto parchiuio suo,

[36] Biblioteca Marciana. Venezia – Cataloghi di codici latini. Catalogo manoscritto, Lat. Cl. V. 32 (= 2636)./ Cod. 215 chart., saec. XV, a. 210, I. 153 (L. V, XXXII). S. 44; *Statuta Civitatis Cathari* 1616, *cap.* 166; Manuskript, BA IV/25, XV/XIV, Museum and Collection Valtazar Bogišić at Cavtat, Croatian Academy of Sciences and Arts.

& omnibus quae pertinent ad ipsam,
virum alterum recepit,
retenta sibi parte parchiuij, & aliorum bonorum,
volumus quod totum illud quod sibi retinuit, nec assignauit secundo marito,
sit in potestate ipsius mulieris, & heredum suorum.

Textkritische Analyse

Im *cap. CLXX* (*De muliere secundum virum recipiente, que retinuit sibi de parchiuio*) zeigt sich eine vollständige inhaltliche Übereinstimmung zwischen allen drei Editionen. Die *Marciana*-Version verwendet Abkürzungen, die keine inhaltlichen Unterschiede zur gedruckten Version und dem Bogišić-Manuskript aufweist.[37]

C. 176 Von den zwischen den erwachsenen Schwestern geschlossenen Verträge (sine anno)

Cap. CLXXVI, De pactis, qua faciunt sorores inter se, habentes aetatem legitimam
Volumus quod duae sorores, vel plures,
habentes aetatem legitima,
non habetes patrem, vel matre, aut fratres,
quidquid inter se fecerint,
si una cosenserit alteri in maritationibus suis, aut intrandi Monasteriu,
firmu & ratu, verutamen de consensu, & voluntate duorum ex melioribus propinquioribus suis,
& cum illo parchiuio quose maritauerit, si absque herede defecerit,
quidquid de ipso parchiuio ordinanuerit, firmu sit, & ratum,
& alia soror, vel sorores non possint ad hoc contraire.

[37] Biblioteca Marciana. Venezia – Cataloghi di codici latini. Catalogo manoscritto, Lat. Cl. V. 32 (= 2636)./ Cod. 215 chart., saec. XV, a. 210, I. 153 (L. V, XXXII). S. 44; *Statuta Civitatis Cathari* 1616, *cap.* 170; Manuskript, BA IV/25, XV/XIV, Museum and Collection Valtazar Bogišić at Cavtat, Croatian Academy of Sciences and Arts.

Textkritische Analyse

Im *cap. CLXXVI* (*Latein: cap. CLXXVI, De pactis, qua faciunt sorores inter se, habentes aetatem legitimam*) wird im Bogišić-Manuskript eine Besonderheit festgestellt. Die betreffende Bestimmung befindet sich auf der Grenze zwischen zwei Seiten, wobei auf der zweiten Seite nur noch das Wort „*legitimam*" sichtbar ist. Zuvor bleibt Platz unbeschriftet, was den Eindruck erweckt, als wäre hier etwas gelöscht worden. Inhaltlich jedoch entspricht diese Stelle der übereinstimmenden Version der anderen Editionen, ohne weitere inhaltliche Differenzen zu zeigen.[38]

C. 193 Zur Form des Testaments eines verheirateten Sohnes (sine anno)

Cap. CXCIII, De forma testamenti filij uxorati
Filius uxoratus sorores maritatas habens,
si cum matre steterit,
possit in suis ultimis ad suam voluntatem super partem suam, etiam matre contradicente, testamentum suum condere;
verumtamen mater possideat bona ispsius filij, dum ipsa vixerit,
post autem mortem ipsius matris distribuantur, & compleatur testamentum, sicut filius ordinauerit,
saluo tamen iure parchiuij uxoris filij supradicti.

Textkritische Analyse

Im *cap. CXCIII* (*Latein: cap. CXCIII, De forma testamenti filii uxorati*) wird im Bogišić-Manuskript, wie auch bei anderen Bestimmungen, statt der numerischen Angabe „CXCIII" die Zahl „CLXXXIII" verwendet. Abgesehen von dieser kleinen Differenz bei der Nummerierung gibt es keine stilistischen oder inhaltlichen Unterschiede zu den anderen Editionen, die inhaltlich übereinstimmen.[39]

---

[38] Biblioteca Marciana. Venezia – Cataloghi di codici latini. Catalogo manoscritto, Lat. Cl. V. 32 (= 2636)./ Cod. 215 chart., saec. XV, a. 210, I. 153 (L. V, XXXII). S. 46; *Statuta Civitatis Cathari* 1616, *cap.* 176; Manuskript, BA IV/25, XV/XIV, Museum and Collection Valtazar Bogišić at Cavtat, Croatian Academy of Sciences and Arts.

[39] Biblioteca Marciana. Venezia – Cataloghi di codici latini. Catalogo manoscritto, Lat. Cl. V. 32 (= 2636)./ Cod. 215 chart., saec. XV, a. 210, I. 153 (L. V, XXXII). S. 50; *Statuta Civitatis Cathari* 1616, *cap.* 193; Manuskript, BA IV/25, XV/XIV, Museum and Collection Valtazar Bogišić at Cavtat, Croatian Academy of Sciences and Arts.

C. 194 Von einer Frau, die nach dem Tod ihres Ehemannes das Bett besitzt (a. 1320)

Cap. CXCIV, De uxore qua possidet lectum post mortem viri sui. MCCCXX
Si contingit quod mulier post mortem mariti sui voluerit possidere lectum viri,

statuimus quod possidendo lectum, possideat omnia bona quae quondam fuerunt viri;

verumtamen per duos propinquiores viri praedicti cum epitropis si fuerint, diligenter inspectis, & scriptis, mulier ut praedictum est possideat,

& habeat deliberationem ipsa mulier usque ad spacium unius anni, si vult maritare se, an non,

quo anno completo, ipsi epitropi cum dictis propinquis viri ipsius, & cum uno homine dato per Curiam, vadant ad eam, & dicant sibi, si vult possidere lectum, aut se maritare,

quae si dixerit velle se maritare, teneatur reddere omnia bona viri sui sicut recepit in scriptis,

& tunc ipsi restituant eidem mulieri totum parchiuium suum, & id quod vir suus dimisit eidem,

& infra tantum donec restituant, ipsa possideat, & nutriat se de bonis ipsius viri,

& restituto sibi parchiuio suo, & alio quod vir eius sibi dimisit exeat de domo viri sui, & faciat facta sua,

& si ipsa diceret, quod volo possidere lectum, & postea aliquo tempore accipiet virum, totum illud quod ipsa expenderit infra illud tempus, a quo dixerit se velle possidere lectum, usque quod se maritauit, totum de suo proprio parchiuio fatisfacere teneatur,

& si nunquam maritum accipere vellet possideat bona viri sui cum suo parchiuio in vita sua,

nihil tamen malo modo distrubuendo, vel devastando; quod si contrafecerit, de suo parchiuio satisfacere teneatur,

& si dicti epitropi cum praedictis propinquis probare possent praedictae mulieri per rationem, quod ipsa ultra valorem sui parchiuij destruxit malo modo, vel devastauit aliquid de bonis viri sui, teneatur exire omnio statim de toto facto viri sui,

& epitropi cum dictis propinquis nihil teneantur dare ei de suo parchiuio, vel alicui alteri, ad quem pertineret ipsum parchiuium.

Textkritische Analyse

Im *cap. CXCIV* (*Latein: cap. CXCIV, De uxore qua possidet lectum post mortem viri sui*) gibt es keine inhaltlichen oder stilistischen Unterschiede zwischen den Editionen. Alle Versionen stimmen inhaltlich überein.[40]

C. 195 Von den Rechten der Frau, die das Bett besitzt und nicht mit ihrem verheirateten Sohn zusammenleben will (sine anno)

Cap. CXCV, De potestate mulieris possidentis lectum, qua cum filio uxorato non vult habitare

Si mulier habens filium uxoratum, quae possideat lectum, & bona mariti sui, noluerit in domo cum filio habitare, licentiandi eum habeat potestatem, & ipse filius exire teneatur,

& si pater, vel mater recepisset parchiuium uxoris dicti filij, non possit mater ipsum de domo sua expellere nisi primo assignato, siue restituto supradicto parchiuio.

Quod si non haberet unde posset dictum parchiuium restituere, potestatem habeat vendendi tantum de possessionibus, patrimonij, ut dicto filio de suo parchiuiuo satisfaciat.

Textkritische Analyse

Im *cap. CXCV* (*Latein: cap. CXCV, De potestate mulieris possidentis lectum, qua cum filio uxorato non vult habitare*) gibt es keine inhaltlichen oder stilistischen Unterschiede zwischen den Editionen. Alle Versionen stimmen inhaltlich überein.[41]

[40] Biblioteca Marciana. Venezia – Cataloghi di codici latini. Catalogo manoscritto, Lat. Cl. V. 32 (= 2636)./ Cod. 215 chart., saec. XV, a. 210, I. 153 (L. V, XXXII). S. 50–51; *Statuta Civitatis Cathari* 1616, *cap.* 194; Manuskript, BA IV/25, XV/XIV, Museum and Collection Valtazar Bogišić at Cavtat, Croatian Academy of Sciences and Arts.

[41] Biblioteca Marciana. Venezia – Cataloghi di codici latini. Catalogo manoscritto, Lat. Cl. V. 32 (= 2636)./ Cod. 215 chart., saec. XV, a. 210, I. 153 (L. V, XXXII). S. 50–51; *Statuta Civitatis Cathari* 1616, *cap.* 195; Manuskript, BA IV/25, XV/XIV, Museum and Collection Valtazar Bogišić at Cavtat, Croatian Academy of Sciences and Arts.

C. 197 Von der Frau, die keine Söhne hat und kein Bett besitzen möchte, aber ihre Mitgift heraussondern will (sine anno)

Cap. CXCVII, De uxore non habente filios, & lectum possidere nolente, sed suum parchiuium extrahere volente

Si mulier non habens filios, vel filias, mortuo viro lectum ipsius viri possidere noluerit, sed cum suo parchiuio voluerit e domo exire mariti,

petere debeat parchiuiu suum ab illis, ad quos pertinent bona mariti,

quod si ab ipsis dictum suum parchiuium habere non poterit, vadat ad Curia,

& ab ea petat de suo parchiuio ratione, Curia vero statuat illis parentibus ad quos bona defuncti pertinent, ut infra quattuor mensium spacium restituant parchiuium ipsi mulieri,

si vero successors viri mortui non sunt presents in ciuitate Cathari Curia ponat terminum sex mensium ad restituendum ipsum parchiuium mulieri praedictae;

& si ad praedictos terminos mulier ipsa suum parchiuium habere no poterit,

tunc Curia teneatur per sacramentum eligere tres bonos viros,

& faciat eos iurare, ut estiment tantum de bonis dicti viri sui defuncti, dum satisfaciant pro ipso parchiuio,

& si ipsa mulier noluerit accipere de possessionibus quonda mariti sui, dicti tres boni viri teneantur vendere tantum de bonis defuncti, quod sufficiat pro dicto parchiuio soluendo, & soluant

Interim vero donec totum parchiuium soluatur, mulier habeat omnia neccessaria de bonis praenominati mariti

aestimatio autem, vel pactio, aut venditio, quas praedicti tres boni viri fecerint, sint firmae, & ratae, & irreuocabiles, & Curia teneatur firmare, & ratum facere per carta Notarij.

Textkritische Analyse

Im *cap. CXCVII* (*Latein: cap. CXCVII, De uxore non habente filios, & lectum possidere nolente, sed suum parchiuium extrahere volente*) gibt es keine inhaltlichen oder stilistischen Unterschiede zwischen den Editionen. Alle Versionen stimmen inhaltlich überein.[42]

C. 198 Von dem Pfand eines Mannes und einer Frau an der Mitgift (sine anno)

Cap. CXCVIII, De plezaria viri, & mulieris pro parchiuio

Statuimus, & ordinamus, quod si uxor fuerit mortua alicui, & ipse vir voluerit possidere lectum uxoris, si non habuerit de suo proprio, quantum valuerit ipsum parchiuium, teneatur dare plezariam sufficiente, quod nihil de ipso parchiuio destruat, vel devastet.

Quod si non dederit, teneatur omnino occasione remota statim uxore mortua restituere ipsum parchiuium, illis a quibus recepit,

& simili modo mulier, quae non habuerit parchiuium cum viro suo, si voluerit possidere lectum viri, post mortem eius, teneatur dare plezariam sufficientem, quod nihil de facto viri sui destruat, vel devastet, quod si non fecerit, statim exeat de bonis viri sui.

Textkritische Analyse

Im *cap. CXCVIII* (*Latein: cap. CXCVIII, De plezaria viri, & mulieris pro parchiuio*) bestehen keine inhaltlichen oder stilistischen Unterschiede zwischen den Editionen. Alle Versionen sind inhaltlich übereinstimmend.[43]

---

[42] Biblioteca Marciana. Venezia – Cataloghi di codici latini. Catalogo manoscritto, Lat. Cl. V. 32 (= 2636)./ Cod. 215 chart., saec. XV, a. 210, I. 153 (L. V, XXXII). S. 51–52; *Statuta Civitatis Cathari* 1616, *cap.* 197; Manuskript, BA IV/25, XV/XIV, Museum and Collection Valtazar Bogišić at Cavtat, Croatian Academy of Sciences and Arts.

[43] Biblioteca Marciana. Venezia – Cataloghi di codici latini. Catalogo manoscritto, Lat. Cl. V. 32 (= 2636)./ Cod. 215 chart., saec. XV, a. 210, I. 153 (L. V, XXXII). S. 52; *Statuta Civitatis Cathari* 1616, *cap.* 198; Manuskript, BA IV/25, XV/XIV, Museum and Collection Valtazar Bogišić at Cavtat, Croatian Academy of Sciences and Arts.

C. 202 Von dem Vater, der mit verheirateten Söhnen nicht zusammenleben will (sine anno)

Cap. CCII, De patre nolente habitare cum filijs uxoratis
Si quis habens filium, vel filios uxoratos, noluerit habitare cum eis, possit eum, vel eos de domo sua expellere cum suis uxoribus,

& ipse filius, vel filij exire copellatur de domo, ita tamen, quod si pater recepit parchiuium uxoris, vel uxorum illorum, antequam exeat de domo patris, pater ipse parchiuium illud ipsis restituere teneatur.

Quidquid autem filius, vel filij praedicti postquam exiuerint de domo patris, lucrati fuerint cum parchiuio uxoris suae, aut ex industria suae personae, sit suum proprium, & alij fratres nihil petere possint, vel debeant de lucro praedicto,

si autem pater parchiuium ipsius filij, vel filiorum expendisset, ad suam voluntatem, & non haberet unde solueret eis, vel eorum parchiuium,

& voluerit ipsi filio tantum de suo patrimonio assignare, quantum valuit parchiuium quod receperat, teneantur ipsi filij, vel filius recipere illud, & cum eodem de domo exire.

Textkritische Analyse

Im *cap. CCII* (*Latein: cap. CCII, De patre nolente habitare cum filijs uxoratis*) bestehen keine inhaltlichen oder stilistischen Unterschiede zwischen den Editionen. Alle Versionen sind inhaltlich übereinstimmend.[44]

C. 205 Von der zweiten Frau, die mit ihrem Mann Erben hat (sine anno)

Cap. CCV, De secunda uxore habente heredes cum viro
Si secunda uxor cum viro suo heredes habuerit, mortuo viro suo, debet post triginta dies cum filiastris suis possesiones diuidere,

sic, quod medietatem habeant filiastri; & medietatem habeat mulier cum filijs suis quos cum dicto viro habuerit, extracto primo parchiuio suo:

---

[44] Biblioteca Marciana. Venezia – Cataloghi di codici latini. Catalogo manoscritto, Lat. Cl. V. 32 (= 2636)./ Cod. 215 chart., saec. XV, a. 210, I. 153 (L. V, XXXII). S. 52; *Statuta Civitatis Cathari* 1616, *cap.* 202; Manuskript, BA IV/25, XV/XIV, Museum and Collection Valtazar Bogišić at Cavtat, Croatian Academy of Sciences and Arts.

Si vero dicta mulier heredes non habuerit cum dicto viro, ipsa dictam medietatem possideat in vita, si voluerit vidua permanere, nihil malo modo distribuendo, & post mortem reddat filiastris.

Textkritische Analyse

Im *cap.* CCV (*De secunda uxore habente heredes cum viro*) bestehen keine inhaltlichen Unterschiede zwischen den Editionen. In der *Marciana*-Überlieferung ist jedoch im letzten Zeilenabschnitt auf der Seite ersichtlich, dass der Redakteur bzw. der Schreiber des Manuskripts offensichtlich darauf bedacht war, keinen Zeilenabstand zu versäumen. Dies ist verständlich, wenn man den Wert des verwendeten Papiers berücksichtigt.[45]

4.8 Mitgift und Steuer

C. 225 Von den Menschen, die in die Stadt Kotor kommen, um dort zu leben (sine anno)

Cap. CCXXV, De hominibus vonientibus ad habitandum in Ciuitatem Cathari

Nos Communitas Catharensis, pro bono statu nostrae ciuitatis, de bona omnium voluntate ad sonum campanae taliter ordinamus.

Quod quicumque homo de foris venerit ad habitandum in ciuitatem Cathari, & promiserit esse Catharinus, faciat se scribi a Notario,

& ab illo die in antea sit liber a data, & a custodia ciuitatis, usque ad annos duos,

si autem se scribi non fecerit, faciat angariam, ut ceteri homines de Catharo,

& si in posterum exire voluerit de Catharo, nullus sit ausus eum recipere in villa, nec etiam suus patronus, cuius fuit prius,

[45] Biblioteca Marciana. Venezia – Cataloghi di codici latini. Catalogo manoscritto, Lat. Cl. V. 32 (= 2636)./ Cod. 215 chart., saec. XV, a. 210, I. 153 (L. V, XXXII). S. 53; *Statuta Civitatis Cathari* 1616, *cap.* 205; Manuskript, BA IV/25, XV/XIV, Museum and Collection Valtazar Bogišić at Cavtat, Croatian Academy of Sciences and Arts.

sub poena yperperorum quinquaginta, qui sint nostrae Communitatis,

saluo tamen, si ille talis qui venerit ad habitandum, acceperit aliquam possessionem in dotibus, quae fuit primo sub angaria Communis, non sit liber, sed angariam facere teneatur, quam faciebat primo ille, qui dotes dedit,

si non remanserit aliquis, qui ipsam angariam faciat ex parte illius qui primo habuit possessionem praedictam.

Textkritische Analyse

Im *cap. CCXXV* (*Latein: cap. CCXXV, De hominibus vonientibus ad habitandum in Ciuitatem Cathari*) gibt es keine inhaltlichen Unterschiede zwischen den Editionen. Bei Bogisic jedoch gibt es einen Abstand bei „*Ca*" und einen größeren Abstand bei „*thari*", vermutlich aus Gründen der Lesbarkeit, da in dieser Zeile geschrieben wurde.[46]

4.9 Mitgift und Strafe

C. 100 Zur Vergewaltigung von Frauen (a. 1409)

Cap. C, De violentijs mulierum

Si quis violauerit, aut sforzauerit ancillam alicuius contra voluntatem suam, & probari poterit, soluat yperperos quinquaginta,

& si non habuerit unde possit soluere, si patronus ancillae, & ipsa ancilla voluerit, accipiat eam sforciator in uxorem, sine parchiuio;

& si ipse patronus, & ancilla noluerit, ponatur in carcerem, quoad usque ad menses tres soluat dictam poenam;

si autem non soluerit, indicatur ei digitus primus manus dextrae, qui dicitur pollex;

& si ipsa ancilla fuerit libera, soluat yperperos centum, & sub poena, & forma, ac modo praedicto,

[46] Biblioteca Marciana. Venezia – Cataloghi di codici latini. Catalogo manoscritto, Lat. Cl. V. 32 (= 2636)./ Cod. 215 chart., saec. XV, a. 210, I. 153 (L. V, XXXII). S. 57; *Statuta Civitatis Cathari* 1616, *cap.* 225; Manuskript, BA IV/25, XV/XIV, Museum and Collection Valtazar Bogišić at Cavtat, Croatian Academy of Sciences and Arts.

& si fuerit de mediocri manu, & bono populo, si pars mulieris, & ipsa voluerit, accipiat eam in uxorem sine parchiuio, sin autem, soluat yperperos quingentos,

& usque dum soluat ad terminum trium mensium, ponatur in carcerem;

si autem ad terminum non soluerit, incidantur ei duo digiti manus dextrae, videlicet pollex, & ultimus qui dicitur auricularis,

& si de nobilibus fuerit, si pars mulieris, & ipsa voluerit, accipiat eam in uxorem sine parchiuio;

sin autem, soluat yperperos mille, & usque dum soluat ad menses tres ponatur in carceribus,

& si ad ipsum terminum non soluerit, incidatur ei manus dextra;

si autem non poterit probari, purgetur malefactor in omni casu in sexta manu sua, cum melioribus, & propinquioribus suis;

de quibus poenis praedictis habeat Comes, de prima, yperperum unum, de secunda, yperperos duos, de tertia, yperperos tres, de quarta, yperperos quattuor, & de residuo habeat Communitas tertiam partem, & passus malum duas partes,

& similibus penis subiaceant, qui sforzauerint, aut violauerint maritatas puellas, aut alias mulieres honestas,

& de qualibet poena, & in quolibet casu tam si ipsas in uxores acceperint, aut non, Communitatas habbeat tertiam partem poenae,

& Iudices coram quibus fuerit quaestio aliquorum predictorum malefactorum, teneantur percomplere rationem, sub poena yperperorum quingentorum nostrae Communitati, & sub poena soluenda parti damnificatae,

& si quis dictorum malefactorum faceret violelntiam Curiae, & non permitteret se puniri per Curiam, ut praedictum est, solluat poenam predictam, & yperperos mille praedictae Communitati, & ipsi Iudices qui tunc fuerint, teneantur nunciare tales malefactores nostro Consilio.

Quod si non facerent, poenas praedictas nostro Communi, & parti sforizium, & violentiam passae;

Item si quis violare voluerit, ac sforzare, conatus fuerit aliquam, siue aliquas de praedictis ancillis, feminis, & mulieribus supradictis, tam in Ciuitate, quam extra, preliando, siue aliquam ipsarum mittendo in terram, vel verberando, praedicta de causa contra ipsius mulieris voluntatem, & non sforzauerit, & probatum fuerit per idoneos testes, soluat quartam partem in denarijs in quolibet casu supra contenta,

& donec soluerit, stet in carceribus Comunis clausis portis, & non in domo Communis;

quod si probari non poterit, purgetur in tertia manu eius, cum duobus melioribus propinquioribus suis;

quod si purgare non poterit, soluat ut praedictum est quartam partem in quolibet casu, & modo praedicto;

que additio, & ordinatio fuit promulgata modo praedicto die Dominico secudo Octobris MCCCCIX. Indictione undecima, ad sonum campanae in platea Sancti Triphonis.

Textkritische Analyse

Im *cap. C* (*Latein: cap. C, De violentijs mulierum*) gibt es keine inhaltlichen Unterschiede zwischen den Editionen.[47]

[47] Biblioteca Marciana. Venezia – Cataloghi di codici latini. Catalogo manoscritto, Lat. Cl. V. 32 (= 2636)./ Cod. 215 chart., saec. XV, a. 210, I. 153 (L. V, XXXII). S. 30–32; *Statuta Civitatis Cathari* 1616, *cap.* 100; Manuskript, BA IV/25, XV/XIV, Museum and Collection Valtazar Bogišić at Cavtat, Croatian Academy of Sciences and Arts.

Zum Recht der Mitgift 5

5.1 Einleitung

5.1.1 Vorwort: historische, geographische und materielle Eingrenzung der Untersuchung

Zu Beginn dieses Vorworts möchte der Autor den Grund für die Wahl dieses Themas im Rahmen seiner Dissertation darlegen.[1]

[1] Die Literatur zur *dos* (Mitgift) im römischen Recht ist umfangreich und reicht von systematisch-dogmatischen Untersuchungen über prozessrechtliche Aspekte bis hin zu ideen- und sozialgeschichtlichen Kontextualisierungen. Der Verfasser bietet an dieser Stelle einen chronologischen und thematisch gegliederten Überblick über die maßgebliche Literatur zum Recht der Mitgift im römischen Recht. Dabei wurden selbstverständlich für die Zwecke dieser Dissertation nur jene Beiträge herangezogen und berücksichtigt, die für die konkrete Fragestellung von Bedeutung sind.

Besonders zu erwähnen ist, dass einige zentrale Aspekte der römischen Mitgift wie etwa die *collatio dotis*, die *actio rei uxoriae* oder auch Sonderformen wie die *dos praelegata* hier zwar aufgeführt, aber für das vorliegende Thema – nämlich die Rezeption des römischen Rechts im mittelalterlichen Südosteuropa– keine oder nur eine untergeordnete Rolle gespielt haben. In diesem Sinne erhebt die nachfolgende Übersicht keinen Anspruch auf vollständige Auswertung aller genannter Titel, sondern dokumentiert vielmehr den forschungsgeschichtlichen Rahmen.

Zur allgemeinen Darstellung des römischen Dotalrechts siehe:

Maria Pellegrina AMORETTI gilt als eine der Pionierinnen auf dem Gebiet der Erforschung des römischen Mitgiftsrechts (*De iure dotium apud Romanos liber singularis*, Mailand, 1788). Die Nichte des Kirchenrechtlers Carlo AMORETTI hinterließ nach ihrer Promotion zur *doctor iuris* an der Universität Pavia einen Nachlass mit Schriften, die sich dem römischen Dotalrecht widmeten. Diese Arbeiten wurden *posthum* im Jahr 1788 von eben jenem Carlo AMORETTI veröffentlicht, der auch ihre akademische Laufbahn finanziell

J. Paunović, *Die Mitgift im Statut von Kotor*,
https://doi.org/10.1007/978-3-658-51655-0_5

Der Autor dieser Dissertation hat zu Beginn seines akademischen und doktoralen Werdegangs in zahlreichen Gesprächen mit seinem Mentor Prof. José-Domingo RODRIGUEZ MARTIN sowie mit seinem weiteren Mentor Prof. Stephan Karl SANDER- FAES sein Interesse an der Erforschung des römischen Rechts,

---

und ideell unterstützt hatte. Giulio NATALI bezeichnete ihre Promotion als „die berühmteste Promotion des achtzehnten Jahrhunderts".

Charles Auguste PELLAT (1793–1871) war Professor und langjähriger Dekan der juristischen Fakultät in Paris (1847–1868) sowie Mitglied der *Académie des sciences morales et politiques* (ab 1858).

Sein Werk (*Textes sur la dot traduits et commentés*, 1853, Paris) enthält kommentierte Übersetzungen zentraler Textstellen aus dem römischen Recht zur *dos*. PELLATS Werk war eines der ersten, das systematisch die Rechtsquellen zur *dos* in französischer Sprache zugänglich machte und dabei sowohl juristische als auch philologische Präzision anstrebte.

August von BECHMANN (1834–1907) war ein deutscher Rechtswissenschaftler und einer der frühesten Systematiker auf dem Gebiet des römischen Mitgiftsrechts im deutschsprachigen Raum. Seine zweibändige Monographie (*Das römische Dotalrecht,* Bd. 1–2, Erlangen, 1863/1867) über das Dotalrecht gilt als grundlegendes Werk der romanistischen Literatur im 19. Jahrhundert.

Der erste Band erschien 1863, der zweite Band 1867 in Erlangen. In diesen Werken untersuchte BECHMANN die dogmatische Struktur der *dos* und ihrer Rückgabeansprüche im klassischen und justinianischen Recht. Seine Analysen sind geprägt von der Pandektenwissenschaft seiner Zeit.

Privat war BECHMANN in zweiter Ehe mit Adelheid THOMASIUS verheiratet, der Tochter von Gottfried THOMASIUS – einem Urenkel von Christian THOMASIUS, dem berühmten Aufklärungsjuristen.

Karl von CZYHLARZ (1833–1914) war ein bedeutender Vertreter der österreichisch-böhmischen Romanistik und zugleich politisch aktiv als Abgeordneter im Herrenhaus des österreichischen Reichsrates. Er entstammte dem böhmischen Landadel und war ein profilierter Vertreter des konservativen Liberalismus.

Sein Werk (Das römische Dotalrecht, 1870, Gießen) entstand kurz nach BECHMANNS zweibändigem Standardwerk. Es behandelt das Mitgiftsrecht des klassischen und justinianischen Rechts mit knapperer Systematik, jedoch hoher dogmatischer Präzision.

Hans Julius WOLFF (1902–1983) war ein bedeutender Rechtshistoriker mit Forschungsschwerpunkt auf dem antiken griechischen und römischen Recht. Seine Dissertation (*Zur Stellung der Frau im klassischen römischen Dotalrecht*, Weimar, 1933, S. 297–371) stellt eine grundlegende Untersuchung zur Rolle der Frau im klassischen römischen Ehegüterrecht dar. In dieser Arbeit analysierte WOLFF präzise die dotalen Regelungen und deren Auswirkungen auf die rechtliche und soziale Stellung der Frau. Die Studie zeichnet sich durch philologische Sorgfalt und rechtshistorische Tiefe aus und blieb lange ein Referenzwerk in der Dotalrechtsforschung. Trotz seiner Vertreibung durch das NS-Regime setzte WOLFF seine akademische Laufbahn im Exil fort und prägte später die Erforschung des antiken Rechts an deutschen Universitäten.

Zur weiteren Literatur über die Mitgift im römischen Recht vgl. insbesondere auch bei: Lauria, 1938; 1952; Palazzolo, 1968; Söllner, 1969; Goria, 1994; Stagl, 2009.

der Rechtsgeschichte und der Rezeption des römischen Rechts im europäischen Kontext, insbesondere in Südosteuropa, geäußert.

Da eine Doktorarbeit in ihrer Länge begrenzt ist und die Rezeption des römischen Rechts ein besonders weites Phänomen ist, das in Wellen[2] zu verschiedenen Zeiten und in unterschiedlichen kulturellen Kontexten stattfand, hat sich der Autor zu Beginn seiner wissenschaftlichen Arbeit entscheiden müßen, eine bestimmte Institution des römischen Rechts in einem zeitlich und geografisch begrenztem Kontext zu untersuchen.

Aus chronologischer Sicht hat der Autor beschlossen, sich auf einen wichtigen, wenn nicht den wichtigsten Zeitraum für die Wahl seines Forschungsschwerpunkts zur Rezeption des römischen Rechts beschränkt – nämlich das Mittelalter. Bei der geografischen Eingrenzung der Studie wird sich der Autor hauptsächlich auf die Quellen zum Statut der Stadt Kotor konzentrieren.

Was die Institution des römischen Rechts angeht, die der Autor als Forschungsbeispiel gewählt hat, um den Rezeptionsprozess zu veranschaulichen, hat der Autor in dieser Arbeit die römisch-rechtliche Institution der Mitgift gewählt, als eine der Schlüsselinstitutionen zum Verständnis des Ehe- und Familienrechts der römischen Rechtsordnung, aber auch als eine der wichtigsten Institutionen, um das römische Familienrecht im Allgemeinen zu begreifen.[3] Die Institution der Mitgift war eine rechtliche Errungenschaft, die die Römer weit verbreitet anwendeten (über ein Viertel der Bestimmungen des *Corpus Iuris Civilis* befassen sich direkt oder indirekt mit der Frage der Mitgift).

Da es sich um eine Institution handelt, die in allen Epochen und Kulturen eng mit den Grundstrukturen jeder Gesellschaft verbunden ist, ist ihre Untersuchung besonders interessant, um herauszufinden, inwieweit die verschiedenen Rechtskulturen von den römischen Rechtskonzepten beeinflusst worden waren oder ob im Gegenteil die Rechtstraditionen der einzelnen Völker Widerstand gegen das römische Modell von Ehe und Familie geleistet haben.

Wie sehr die Untersuchung der Rezeption der römischen Mitgift interessante Einblicke in die Entwicklung einer bestimmten Gesellschaft geben kann,

---

[2] Aus Gründen der Platzökonomie und angesichts der kaum noch überblickbaren Literatur beschränkt sich diese Arbeit darauf, lediglich einige der zentralen – wenn nicht gar maßgeblichen – Referenzen zur Geschichte der Rezeption des römischen Rechts in Europa anzuführen: Kunkel, 1957, 1–12; Koschaker, 1966; Wieacker, 1967, 181–202; Wesenberg, Wesener, 1976, 56–105; Schlosser, 2005, 1–84; Rehm, 2008, 1–42; Rainer, 2020, 429–430, 437–438; Wieacker, 2016.

[3] In diesem Sinne hat sich die Literatur dazu geäußert: Karlowa, 1901, 192–211; Corbett, 1930, 147; Lauria, 1952, 89; Kaser, 1971, 337; Gardner, 1995, 99; Stagl, 2009, 8–9; Stagl, 2022, 870.

zeigt sich jedoch, dass diese römisch-rechtliche Institution in ihrem eigenen historischen Verlauf häufig, wenn nicht immer, von den sozio-historischen und kulturellen Auffassungen der jeweiligen römischen Perioden abhängig war, was zu verschiedenen Auslegungen und Auffassungen dieses Rechtsinstituts im Laufe der Zeit geführt hatte.[4]

Die Rechtsinstitution der Mitgift ist insofern für das Thema dieser wissenschaftlichen Arbeit von großem Nutzen, weil sie wertvolle Beweise über Rechtstransfers, Rechtsvorbilder und den Einfluss der römischen und byzantinischen Rechtskultur bietet.

Das römisch-rechtliche Rechtsinstitut der Mitgift ist zudem ein gutes Beispiel, da dieses Institut verschiedene Bestimmungen aus den Bereichen des Obligationenrechts, des Sachenrechts, des Familienrechts und des Erbrechts vereint. Genau aus diesem Grund – weil das Rechtsinstitut der Mitgift zahlreiche Beziehungen mitregelt, die nicht nur familiär- oder erbrechtlicher Natur sind, sondern auch vertragliche und sachenrechtliche Elemente beinhalten – hat sich der Autor entschieden, für die Zwecke seiner wissenschaftlichen Analyse das römischrechtliche Institut der Mitgift als Musterbeispiel für die Rezeption des römischen Rechts im mittelalterlichen Südosteuropa auszuwählen.

Bei der Analyse des römisch-rechtlichen Instituts der Mitgift und ihrer Rezeption im Statut von Kotor stieß der Autor jedoch am Anfang seiner wissenschaftlichen Arbeit auf einige metodologische Probleme.

Eines der ersten Probleme dieser Art betrifft die Klassifizierung und Organisation des Materials in dieser Dissertation. Aufgrund der juristisch-technischen Methode des Gesetzgebers von Kotor (wie bereits in früheren Kapiteln erläutert, wurde das Statut von Kotor im Jahr 1616 in Venedig erstmals vollständig, also in seiner Gesamtheit, gedruckt; die darin enthaltenen Bestimmungen wurden jedoch seit 1301 sukzessive erlassen und stellten Antworten der Obrigkeit, der Räte von Kotor, auf aktuelle Probleme des öffentlichen Lebens dar)[5] hat sich der Autor für

---

[4] Corbett weist auf das hohe Alter dieses Instituts hin, das bereits im *Codex Hammurabi* (§§ 137–138, 142, 163, 167, 171b–172b, 184), im Alten Testament, im Gortynischen Gesetz sowie in der athenischen Gesetzgebung bezeugt ist. Was die römischrechtliche Tradition betrifft, so fehlt ein ausdrücklicher Hinweis auf die *dos* in den Zwölftafelgesetzen; sie erscheint erstmals im 3. Jahrhundert v. Chr., wobei Cato in seinen Reden und Plautus in seinen Komödien auf sie als selbstverständliches Element der römischen Ehe Bezug nehmen (Corbett, 1930, 147–150).

Dazu siehe auch bei: Atkins-Hoggert, 1984, 9–29; Stagl, 2022, 870–871, 914–915; Gardner, 1995, 99–100.

[5] Die älteste datierbare Bestimmung stammt aus dem Jahr 1301; es lässt sich jedoch aus dem Inhalt einzelner Normen sowie aus bestimmten Appellationen, welche die Bürger von Kotor

eine juristische Analyse der Mitgift entschieden, die ihren rechtlichen „Lebensweg“ bzw. ihre rechtliche „organische Entwicklung“ von der Dotierungspflicht (als den ersten Betrachtungspunkt bei der Rechtsanalyse dieses Instituts) bis zur Restitution der Mitgift (die als rechtliches Ende dieses Instituts gelten kann) verfolgt. Der Grund dafür liegt darin, dass sich die Beschlüsse der Räte von Kotor im Laufe der Zeit wiederholt haben und inhaltlich ähnlich waren, gleichzeitig wurden aber in einem Beschluss mehrere Mitgiftfragen mitgeregelt, was die Analyse zusätzlich erschwert und unübersichtlich gemacht hätte.

Dies ist jedoch nicht der einzige Grund für die methodologische Entscheidung des Autors bei der Auswahl der Art der Klassifizierung und Organisation des Materials in dieser Dissertation. Bei einigen für die Rechtsanalyse besonders relevanten Rechtsfragen (z. B. der Frage des Eigentums an der Mitgift) ist es äußerst schwierig, eine präzise oder eine endgültige Antwort auf bestimmte Rechtsfragen zu leisten, ohne notarielle Urkunden über die Mitgift, Gerichtsurteile, Testamente und verschiedene Verträge aus der Praxis heranzuziehen und ohne andere Bestimmungen über die Mitgift im Statut von Kotor zu berücksichtigen[6] (so ist es zum Beispiel unmöglich, die Eigentumsfrage an der Mitgift allein auf der Grundlage von *cap.* 149 vollständig zu erfassen; dies ist nur in Übereinstimmung mit anderen Bestimmungen des Statuts möglich, insbesondere mit jenen, die das rechtliche Schicksal der Mitgift nach dem Tod des Ehemannes regeln, aus denen *e contrario* auch die Frage des Eigentums an der Mitgift beleuchtet werden kann).[7]

Neben den genannten Gründen für die Wahl dieser Methodologie bei der Analyse der Mitgiftbestimmungen im Statut von Kotor spielt auch die Struktur und Organisation der Mitgiftbestimmungen im römischen Recht eine durchaus wichtige Rolle. Aufgrund der Komplexität der dogmatischen Struktur und des starken Einflusses der jeweiligen gesellschaftspolitischen Umstände auf die Ausgestaltung dieses Rechtsinstituts erscheint es vorzugswürdig, es in klar abgrenzbare Rechtsabschnitte zu gliedern, wie es letzlich z. B. STAGL im *Handbuch des*

---

an verschiedene Obrigkeiten auf dem Apennin richteten, ableiten, dass es bereits ältere Regelungen gegeben haben muss – ihr genaues Entstehungsdatum lässt sich allerdings nicht mehr zuverlässig feststellen.

[6] Vgl. hierzu insbesondere die Notariatsbücher, herausgegeben von Antun Mayer, sowie die Reprintausgabe des Statuts von Kotor: Mayer, 1951; Mayer, 1981; Antović 2009a; Antović, 2009b; *Statuta Civitatis Cathari*, 1616.

[7] Siehe insbesondere die folgenden Bestimmungen, die für die Verwaltung des Vermögens *mortis causa* von besonderer Bedeutung sind: *Statuta Civitatis Cathari*, 1616, *cap.* 149, 161, 163, 164.

römischen Privatrechts definiert.[8] Der Autor hat sich daher klar und unmissverständlich für diesen aus seiner Sicht passenden methodologischen Ansatz entschieden.

Um die Kohärenz während des gesamten Arbeitsprozesses zu gewährleisten, war es essenziell, dass der Autor den Quellentext sorgfältig aufbereitet. Dies war die Voraussetzung dafür, dass das Disserationsvorhaben überhaupt umsetzbar war. Für die kritische Edition des Statutentextes sowie dessen Übersetzung und Einordnung der Bestimmungen in eine themenspezifische Gliederung – im Unterschied zu STAGL im *Handbuch des römischen Privatrechts* – war eine intensive Vorbereitung erforderlich.

Am Ende des III. Kapitels der Arbeit (Status der Quellen) finden sich alle Bestimmungen über die Mitgift im Statut von Kotor (einschließlich ihrer textkritischen Analyse und des Vergleichs der drei Textüberlieferungen – des gedruckten Statuts von Kotor aus dem Jahr 1616 und seiner Neuausgabe von 2009,[9] der handschriftlichen Überlieferung aus Venedig, die in der Bibliothek *Marciana* in Venedig aufbewahrt wird,[10] sowie der handschriftlichen Überlieferung, die von BOGIŠIĆ verfasst wurde und sich in seiner Bibliothek in Cavtat befindet).[11]

Diese Bestimmungen folgen im Gegensatz zum restlichen Teil der Dissertation nicht der dogmatischen römisch-rechtlichen Struktur, sondern sind thematisch kategorisiert (Begriff, Gegenstand, Regeln, Beurkundung, Verbot, Mitgift und Miete, Mitgift und Erbschaft, Mitgift und Steuer, sowie Mitgift und Strafe).

---

[8] STAGL gliedert die Materie der Mitgift im *Handbuch des römischen Rechts* in zwölf Kapitel, die sich von der Bestellung und Form der *dos* über ihre Verwaltung und Haftung bis hin zur Rückgabe und den damit verbundenen Klagen erstrecken (Stagl, 2022, 870–915).

Das *Handbuch des römischen Privatrechts* ist ein gigantisches wissenschaftliches Projekt, das den Anspruch erhebt, eine umfassende Gesamtdarstellung des römischen Rechts und seiner Forschung auf dem neuesten Stand zu bieten. Der Abschnitt zum Ehegüterrecht, insbesondere zur Mitgift, wurde von Jakob Fortunat STAGL verfasst. Der Autor dieser Arbeit hat sich deshalb für die neueste Literatur entschieden, wobei nicht nur die Aktualität und Kompetenz von STAGL ausschlaggebend waren, sondern auch die Wertschätzung für das bedeutende Gesamtprojekt *Handbuch des römischen Privatrechts*. STAGLS Beitrag wurde als Hauptreferenz gewählt, da er eine prägnante systematische Darstellung bietet und zugleich weiterführende kommentierte Literatur zur allgemeinen Regelung der Mitgift im römischen Recht enthält.

[9] Antović 2009a; Antović, 2009b, *Statuta Civitatis Cathari* 1616.

[10] Biblioteca Marciana, Lat. Cl. V. 32 (= 2636)./ Cod. 215 chart., saec. XV, a. 210, I. 153 (L. V, XXXII).

[11] Manuskript, BA IV/25, XV/XIV, Museum and Collection Valtazar Bogišić at Cavtat, Croatian Academy of Sciences and Arts.

Auf diese Weise hat der Autor dafür gesorgt, dass die Arbeit in ihrer Essenz in der dogmatischen Struktur verständlich und nachvollziehbar bleibt, während dem Leser am Ende des III. Kapitels auch eine Betrachtung des Themas in dem Umfang und in der Form angeboten wird, wie es im Statut von Kotor vorgeschrieben ist, wodurch ein umfassender Zugang zur Materie gewährt wird.

5.1.2 Zur Frage der Rechtsterminologie der Mitgift im Statut von Kotor; etymologisch-semantische Herkunft des Begriffs *„perchivium/parchivium"*

Vor Beginn der dogmatisch-rechtlichen Analyse ist es jedoch erforderlich, einen wesentlichen Aspekt zu beleuchten: die sprachlichen und etymologischen Hintergründe des Begriffs der Mitgift. Ein wichtiger etymologischer Aspekt in diesem Zusammenhang ist der Begriff „*perchivium/parchivium*", der im Statut von Kotor erwähnt wird.[12]

Der Begriff „*perchivium/parchivium*" stammt aus dem Griechischen und leitet sich von dem Wort „προικίον" ab, was Mitgift bedeutet. Der Begriff „*perchivium*" bezeichnet im serbo-kroatischen Küstenraum ein griechisches Lehnwort für Mitgift (vom griechischen προικίον) und zeigt, laut SKOK, deutliche Einflüsse romanischer Vermittlung, vor allem in Städten wie Dubrovnik und Kotor. Während eine serbische Entsprechung des Wortes der Mitgift wie „prćija" als direktes Griechenlehnwort gilt, betont SKOK, dass die dalmatinischen Formen wie „*perchivium/parchivium*" durch den Einfluss des romanisierten Dalmatien vermittelt wurden. Diese romanisch-griechische Schnittstelle wird durch die historische byzantinische Herrschaft in der Region begünstigt, die über Jahrhunderte byzantinisch-griechische Elemente in die dalmatinische Sprachlandschaft einfließen ließ.[13]

Der Autor dieser Arbeit ist der Meinung, dass mit einiger Sicherheit angenommen werden kann, dass bis zum Zeitpunkt der Verabschiedung (im Jahr 1316) der 149. Bestimmung des Statuts von Kotor (*cap.* 149) beide Begriffe (lateinischer

---

[12] Ein vollständiger Überblick über die *capitula* des Statuts von Kotor, in denen die Terminologie *perchivium/parchivium* erscheint, umfasst folgende: *Statuta Civitatis Cathari*, 1616., *cap.* 100; *cap.* 137; *cap.* 147; *cap.* 148; *cap.* 149; *cap.* 152; *cap.* 153; *cap.* 154; *cap.* 155; *cap.* 156; *cap.* 157; *cap.* 158; *cap.* 159; *cap.* 160; *cap.* 161; *cap.* 162; *cap.* 163; *cap.* 164; *cap.* 170; *cap.* 176; *cap.* 193; *cap.* 194; *cap.* 195; *cap.* 196; *cap.* 197; *cap.* 198; *cap.* 202; *cap.* 203; *cap.* 205; *cap.* 270; *cap.* 273; *cap.* 274; *cap.* 279; *cap.* 287; *cap.* 297; *cap.* 300.

[13] Krapović,Vuletić, 2010, 38; siehe mehr dazu in: Vasmer, 1944; Skok, 1915; Skok, 1971–1974; Skok, 1950; Skok, 1955, 227 – 230.

Begriff „*dos*" und griechisch-lateinisches Wort „*perchivium/parchivium*") für die Mitgift in Gebrauch waren und dass der Gesetzgeber von Kotor aller Wahrscheinlichkeit nach absichtlich beide Begriffe in dieser Bestimmung verwendet hat, um zu verdeutlichen, dass es sich um zwei Bezeichnungen für ein und dasselbe Phänomen handelt.[14]

Das Vorliegen dieser dualen Rechtsterminologie im mittelalterlichen Kotor ist ein bemerkenswertes Faktum, da die meisten Notare und Juristen/Anwälte aus dem Gebiet der Apenninenhalbinsel stammten, insbesondere aus der Mark Ancona, Padua und Bologna, wo sie die erforderlichen Diplome und Titel erworben hatten und an italienischen Universitäten ausgebildet worden waren. Sie (die Rechtsgelehrten) lernten und verbreiteten durch ihre notarielle Tätigkeit das römische Recht in Form des *ius commune.* Die Notare fertigten sogenannte *Imbreviaturen* an, von denen einige seit 1326 in der Gemeinde Kotor erhalten sind; diese Formulare zeichneten sich aber durch einen starken Formalismus aus, was das Festhalten der Parteien an dieser älteren Rechtsterminologie aus byzantinischer Zeit umso bemerkenswerter macht.[15]

---

[14] Der Autor ist der Meinung, dass einer der Gründe für die sprachliche Vielfalt in der Terminologie der Mitgift das jahrhundertelange byzantinische Präsenz und Verwaltung oder zumindest eine ähnliche Form der Verwaltung in diesem Teil Südosteuropas sein könnte, worüber bereits an anderer Stelle gesprochen wurde. Gleichzeitig spielten der lateinische Ritus und der Einfluss der römischen Kurie und Kirche auf die lokale Bevölkerung eine bedeutende Rolle. Zugleich hat der allgegenwärtige, über Jahrhunderte wirkende byzantinische Einfluss, der sich auch im gesellschaftspolitischen und weltanschaulichen Sinne zeigte, diese Art von etymologischer Diversität hinterlassen, die als Hinweis auf unterschiedliche rechtliche Einflüsse dient. Dabei werden die historischen Wurzeln und verschiedenen Rechtskulturen und Einflüsse, die sich auch sprachlich in der Terminologie erhalten haben, betrachtet. Es wird geprüft, ob diese sprachliche Differenzierung kulturell und geschichtlich mit der Trennung der Kirchen – der lateinischen und der griechisch-orthodoxen Kirche im Jahr 1054 – korrespondieren könnte, was hier als Vermutung aufgestellt wird.

[15] Dies ist eine Liste der Notare und Kanzler, die in der Gemeinde von Kotor tätig waren (nach Fejić 1980, 5–62; Gogić, 2022, 341–363; Marković, 2010, 823–846:

Ursacius episcopus 1124.
Junius presbyter 1200–1217.
Diaconus Micha Giga 1247–1271.
Presbyter Tryphon Petri 1279–1281.
Thomas de Firmo 1294.
Phylippus de Auximo 1326–1337.

Die Existenz dieser doppelten Bezeichnung, die auf eine Vermischung verschiedener Rechtstraditionen in ein und demselben Rechtstext hindeutet, unterstreicht die Wahl der Mitgift als Forschungsgegenstand bei der Untersuchung der Rezeption des römischen Rechts im mittelalterlichen Dalmatien zusätzlich.[16]

Petrus de Savignanis 1331.
Petrus Viti 1329–1330.
Marcus Petri Viti 1330.
Presbyter Abaninus
Gentilis Gentiluti de Auximo 1332–1348.
Bartholomeus de Padua 1350–1356.
Phylippus Gentilutti de Auximo 1371.
Jacobus Ambrosini de Parma 1373.
Petrus de Novaria 1378.
Thomas Theodori 1380–1381.
Vanes de Firmo 1382–1383.
Nicolaus Spineli de Ariano 1391.
Jacobus de Ugoonieis de Bononia 1392–1397.
Simeon ser Michaelis de Parma 1396.
Andreutius de Esculo 1400.
Georgius Rado 1407.
Anthonius Gaffo 1421.
Anthonius Puctio de Actis de Sancto-Genesio 1403–1420.
Franciseus de Indrico 1423–1431.
Paulus de Montelparo 1416–1429.
Johannes de Luxia 1431–1458.
Vicencio de Padua 1437–1439.
Hector de Pillis 1438–1440.
Conradus Croco 1433.
Franciscus Theotini de Venetiis 1458–1463.
Jacobus Merlato de Maramo 1473–1479.
Sebastianus Merlatus 1479.
Nicolaus de Medicis bis 1487.
Stephanus Calogeorgius 1431–1439.
Natalinus de Meteho bis 1475.

[16] Das Phänomen der dualen Rechtsterminologie (auch in Bezug auf die Mitgift) findet sich auch im benachbarten Dubrovnik, das auf das benachbarte mittelalterliche Kotor großen Einfluss ausübte, die Republik Dubrovnik erlangte ihre erste Kompilation statutarischer Bestimmungen bereits im Jahr 1272.

5.2 Dotierungspflicht

5.2.1 Mitgift als gewohnheitsrechtliche Pflicht

Die Verpflichtung des Vaters, seine Tochter mit einer angemessenen Mitgift (*dos*) auszustatten, war ein fest verwurzeltes Element der römischen Vorstellungen von *pietas*.[17]

Die Pflicht zur Versorgung der Tochter wurde als Ausdruck väterlicher Fürsorge und Verantwortung betrachtet und diente dazu, die soziale und finanzielle Sicherheit der Tochter im neuen Haushalt zu gewährleisten. Diese Auffassung wird von *Ulpian* in den Digesten (D.38.5.1.10) klar zum Ausdruck gebracht, wo er festhält, dass es der *pietas* des Vaters entspricht, die Tochter mit einer Mitgift zu versehen: „*Dotem autem dare pietatis est.*" Der Ausdruck „*pietas*" gegenüber der Tochter verdeutlicht den gesellschaftlichen Stellenwert der Mitgift sowie ihre Funktion im römischen Familienrecht. In dem Sinne kann eine Betrachtung des Rechtsinstituts der Mitgift nicht losgelöst von seinem historischen und kulturellen Kontext erfolgen.[18]

Das römische Rechtsinstitut der Mitgift hat also seine Wurzeln im römischen Gewohnheitsrecht (*consuetudo, mores*), welches ursprünglich als sittliche Pflicht konzipiert wurde. Diese Pflicht wurde in der Gesellschaft vor allem als moralische und soziale Verpflichtung des Vaters bei der Heirat seiner Töchter verstanden.[19]

In ihrer Monografie stellt FAYER fest, dass praktische jede Ehe im oberen römischen Bevölkerungssegment auch die Mitgift als integralen Bestandteil der ehelichen Beziehung beinhaltete.[20] Die rechtsvergleichende Analyse der sozialen Beziehungen der adligen/aristokratischen Schicht (*cittadini*) im mittelalterlichen Kotor legt nahe, dass sich die genannte Feststellung auf diese Schicht übertragen lässt. Die lokale Aristokratie nutzte das Rechtsinstitut der Mitgift, um Rechts- und Wirtschaftsbeziehungen zwischen den betreffenden Familien zu regeln.

---

[17] Zur *pietas* siehe mehr in: Maharam, Stichwort *pietas*, in: *Der Neue Pauly, Enzyklopädie der Antike,* Bd. 9, 1009 f.; Bonfante, 1963–1979, 389; Humbert, 1972, 266.

[18] Lauria, 1952, 65; Treggiari, 1991, 323.

[19] Plutarchus, *Rom.*, 13,5; Dionysius Halicarnassensis, 2,9; Cicero, *Quinct.*, 31,98. Die hier verwendeten Abkürzungen der antiken Quellen folgen dem Zitierstil, wie er im *Handbuch des römischen Privatrechts*, Bd. 3, verwendet wird. Dieser Stil wird einheitlich auch für alle weiteren antiken Quellen im gesamten Dissertationsvorhaben beibehalten.

[20] Fayer, 2005, 673–677.

In der Tat war das Gewohnheitsrecht auch im mittelalterlichen Kotor eine Rechtsquelle (subsidiäres Recht), und im *Statuta Civitatis Cathari cap.* 37 war Folgendes festgelegt:[21]

> *De consilio habendo in dubijs quæstionum quæ non sunt in Statuto. Cap. XXXVII. Statuimus quod si aliqua quæstio orta fuerit inter aliquos coram iudicibus de qua non inueniretur determinatio in statutis, iudices teneantur consulere cum senioribus ciuitatis, & habito consilio cum eis, quidquid videbitur de iure secundum antiquam consuetudinem, sententialiter definiant, & terminent de ipsa quæstione.*

Eine Parallele findet sich im römischen Umgang mit dem Gewohnheitsrecht – *mos maiorum*, das während der gesamten Dauer des römischen Staates eine Rechtsquelle darstellte, wenn auch je nach Epoche mit einem anderen als dem modernen Sinn.[22]

---

[21] Neben der expliziten Referenz im *cap.* 37 des *Statuta Civitatis Cathari* wird das Gewohnheitsrecht auch in den folgenden *cap.* mehrfach erwähnt: *cap.* 1; *cap.* 2; *cap.* 4; *cap.* 18; *cap.* 19; *cap.* 20; *cap.* 23; *cap.* 25; *cap.* 34; *cap.* 37; *cap.* 39; *cap.* 69; *cap.* 80; *cap.* 121; *cap.* 127; *cap.* 139; *cap.* 149; *cap.* 150; *cap.* 168; *cap.* 169; *cap.* 245; *cap.* 248; *cap.* 312; *cap.* 320; *cap.* 360; *cap.* 382; *cap.* 386; *cap.* 435.

[22] Zum *mos maiorium* und seine Bedeutung im römischen Recht siehe mehr in: Linke – Stemmler, 2000 (*Die Geschichte des Begriffes mos maiorum von den Anfängen bis zu Cicero*). Besonders hervorzuheben in diesen Sammelwerk ist die Studie von BLÖSEL, die den begriffsgeschichtlichen Wandel und die ideologische Funktion dieses zentralen römischen Konzepts eindrucksvoll nachzeichnet.

KASER (1939, 52–102), weist darauf hin, dass der Begriff *consuetudo* im klassischen römischen Recht nicht im Sinne eines allgemeinen *ius non scriptum* verwendet wurde. In den Quellen findet sich die Redewendung *consuetudo pro iure et lege* nur vereinzelt, und selbst dann in eher deklaratorischer Funktion. Häufiger beziehe sich *consuetudo* auf Verwaltungspraxis oder lokale Usancen, etwa in den Provinzen. Eine normative Geltung im Sinne einer selbständigen Rechtsquelle sei daher zumindest für die klassische Zeit zu relativieren.

FLUME (1975, 25–28), vertritt die Ansicht, dass eine bewusste rechtstheoretische Konzeption des Gewohnheitsrechts in der römischen Jurisprudenz erst mit Julian im 3. Jahrhundert n. Chr. einsetzt. Zuvor habe *consuetudo* keine systematische Stellung innerhalb der Rechtsquellenlehre eingenommen, sondern sei lediglich als soziale Tatsache berücksichtigt worden. Erst Julian habe *consuetudo* als legitime Rechtsquelle neben Gesetz und Edikt konzipiert.

NÖRR (2003, 645–658) unterstreicht die späte Entwicklung der Theorie des Gewohnheitsrechts in der römischen Rechtslehre. In der klassischen Zeit – etwa bei Gaius, Pomponius oder Papinian – fehle jede explizite Behandlung der *consuetudo* als Rechtsquelle. Vielmehr seien es erst spätere Autoren, die begannen, zwischen *mos maiorum*, *consuetudo*

5.2.2 Mitgift als positive-rechtliche/kodifizierte Pflicht

Die sittliche Pflicht erfuhr ihre erste juristische Kodifizierung im Rahmen der Augusteischen Ehegesetze (*lex Iulia et Papia*), in deren Konsequenz eine durchsetzbare Dotierungspflicht etabliert wurde.[23]

Die Verpflichtung zur Mitgiftbestellung als rechtliche Verpflichtung im mittelalterlichen Kotor lässt sich sowohl im Zeitraum der vorkodifizierten Rechtsordnung des Gewohnheitsrechts (*consuetudinem antiquam*), das, wie schon bereits besprochen, gleich wie im römischen Recht als Rechtsquelle gegolten hat, als auch während der Geltung des Statuts im mittelalterlichen Kotor nachweisen.[24]

In der mittelalterlichen Stadt Kotor entwickelte sich die Mitgift aller Wahrscheinclichkeit nach im 13. und 14. Jahrhundert von einer gewohnheitsrechtlichen Pflicht zu einer positiv-rechtlichen/kodifizierten Pflicht. Dieser Entwicklung ging die zunehmende Verschriftlichung in dieser Zeit voraus, die ebenfalls als ein Indikator für den Übergang von einer mündlich geprägten zu einer schriftlichen Rechtskultur zu verstehen ist.[25]

---

und geschriebenem Recht systematisch zu differenzieren. Der Wandel sei auch ideengeschichtlich zu verstehen – als Ergebnis veränderter Vorstellungen von Normgeltung.

ALONSO (2013, 365–386) betont, dass *consuetudo* in der Verwaltungs- und Rechtsanwendungspraxis des Prinzipats zwar häufig genannt werde, aber eher als tatsächliche Übung und Argumentationsfigur fungiere denn als normative Autorität. So etwa in Form des *mos regionis* bei lokalen Steuer- oder Statusfragen. Diese Praxis weise darauf hin, dass Gewohnheiten berücksichtigt wurden, ohne dass ihnen *per se* Rechtskraft im dogmatischen Sinne zugesprochen worden wäre.

MODRZEJEWSKI (2014, 313–318) analysiert das Nebeneinander lokaler Gewohnheiten und des römischen Rechts im Kontext des römischen Ägypten. Er schlägt vor, diese lokalen Rechtspraktiken als Gewohnheitsrecht zu interpretieren, erkennt jedoch selbst an, dass eine solche Qualifikation aus römischer Perspektive problematisch sei. Die römischen Juristen hätten solche Praktiken nicht als autonome Rechtsquelle verstanden, sondern vielmehr als lokales Faktum im Rahmen der Anwendung römischen Rechts.

[23] *Lex Iulia et Papia* wörtlich erwähnt in: D.23.2.19 (Marcian.16 inst.); implitize Erwähnung von *Lex Iulia et Papia* in: Diocl./Max. C.5.12.14 (a.293). STAGL im *Handbuch des römischen Rechts* (2022, 870–871) äußert Zweifel, ob diese rechtlich durchsetzbare Pflicht in der Praxis tatsächlich durchgesetzt wurde oder nicht; hier wird der Autor nur auf die oben genannte und fragliche Konstellation der Durchsetzbarkeit der Dotierungspflicht nach Erlass der *lex Iulia et Papia* verweisen.

[24] In den Quellen des Statuts von Kotor ist festgehalten, dass sich eine direkte oder indirekte rechtliche Verpflichtung zur Mitgiftbestellung aus folgenden Kapiteln ergibt: *Statuta Civitatis Cathari*, 1616, *cap.* 146; *cap.*147; *cap.* 149; *cap.* 150.

[25] Für eine detaillierte Erläuterung des allgemeinen Prozesses der Verschlifflichung der Rechtskultur sei an dieser Stelle auf die einschlägige Literatur verwiesen: Sindik, 1950, 101; Fejić, 1980, 5–62; Bogojević-Glušćević, 1998, 115–126; Bogojević-Glušćević, 2007, 7–15;

Obwohl das Statut von Kotor die Mitgift nicht *per definitionem* als rechtliche Pflicht definiert, lassen sich aus den Formulierungen der Bestimmungen des Statutartextes, insbesondere *cap.* 146–149 *Statuta Civitatis Cathari*, Implikationen ableiten, die darauf hindeuten, dass die Mitgift innerhalb der Gemeinschaft dennoch als Pflicht verstanden wurde.[26]

Es ist aber merkwürdig, dass das Statut von Kotor im *cap.* 149 *Statuta Civitatis Cathari*, als eine der wichtigsten Bestimmungen, die sich mit dem Recht der Mitgift beschäftigt folgendes festhält:

> *Videntes quod* ***multis mulieribus*** *ex nostra Ciuitate maritatis cum parchiuio...*

Die Formulierung *multis mulieribus* ließe sich als Argument gegen die zuvor aufgestellte These einer generellen Verpflichtung zur Mitgiftbestellung interpretieren, da sie andeuten könnte, dass einige Ehen mit, andere hingegen ohne Mitgift geschlossen wurden. Aus den überlieferten notariellen Dokumenten lässt sich für die schriftlich dokumentierten sozial höheren Bevölkerungsschichten eindeutig feststellen, dass Eheschließungen ohne Mitgift faktisch nicht vorkamen.[27]

Marković, 2010, 823–846; Janeković-Römer, 2019, 34; Gogić, 2022, 341–363; Paunović, 2024, 12–26.

[26] Das vorliegende Kapitel fokussiert sich auf die sittliche und rechtliche Natur der Mitgift und geht nicht auf die Personen ein, die zur Bestellung der Mitgift verpflichtet waren. Die vorliegende Thematik wird in den nachfolgenden zwei Kapiteln behandelt.

[27] Die herausragende Höhe der Mitgiftbeträge in zahlreichen Notariatsverträgen aus dem frühen 14. Jahrhundert bestätigt die Beobachtung, dass Ehen im obersten sozialen Milieu praktisch ausnahmslos mit (hoher) Mitgift einhergingen. So beträgt z.B die Mitgift für Deša, Schwester des Martol, 350 *yperperos* Immobilienwert, 650 *yperperos* in bar, 78 Assagien Gold und Kleidung (Mayer, 1951, NA 148);

während Domanja u. a. ein Haus im Wert von 300 *yperperos*, 200 *yperperos* in bar und 10 Assagien Gold erhält (Mayer, 1951, NA 154).

Besonders aufschlussreich ist der Fall der Slava, Tochter der Mileša, die bei ihrer Heirat mit Damjan aus Zadar 1.000 *yperperos* als Mitgift erhält (Mayer, 1951, NA 676).

In einem weiteren Fall schuldet Petar Gostov dem Schwiegervater seiner Tochter 1.800 *yperperos*, 50 Assagien Gold, eine Magd und Kleidung (Mayer, 1951, NA 941).

Auch Slava, Witwe des Marinus Ratislavus, verheiratet ihre Tochter mit einem Patrizier aus Dubrovnik gegen 1.000 *yperperos*, 50 Assagien Gold und weitere Ausstattung (Mayer, 1951, NA 1144).

Ihre gesamten Besitztümer werden sogar zur Absicherung der Mitgift im Wert von 1.240 *yperperos* herangezogen – mitsamt rechtlicher Unterwerfung ihres Sohnes unter jedwede Gerichtsbarkeit (Mayer, 1951, NA 1145).

Schließlich erhält Rada, Tochter der Mare Kaliman, 1.000 *yperperos*, 60 Assagien Gold und Kleidung nach adeliger Sitte als Mitgift bei ihrer Heirat mit einem Mitglied der Familie Ranjina (Mayer, 1951, NA 1150).

Dies entspricht dem römischen Bild der Ehe, bei dem der römische Gesetzgeber zwar nicht definiert, was eine Ehe ist, aber dennoch festhält, dass eine Ehe ohne Mitgift unmöglich ist. Ebenso definiert der Gesetzgeber von Kotor nicht, was eine Ehe ist (diese Regelung ist der Kirche überlassen, da jede geschlossene Ehe *per definitionem* eine kanonische Ehe ist), impliziert jedoch im *cap.* 149 *Statuta Civitatis Cathari* auf indirekte Weise die Verpflichtung zur Mitgiftbestellung.

> 10.IV.1333
>
> *Die X. mensis aprilis coram nobis iudicibus iuratis predictis* ***conquesti sunt procuratores (h)orphanorum****, positi per comune, aduersus Triphonem Sciti dicentes: »Tu fecisti ingenium cum creditoribus tuis, ut subtraheres* ***perchiuum filie tue****. Unde quia ipsa est pupilla, volumus, quod* ***non decipiatur, sed des perchium, cum quo debeat maritari.****« Qui respondens dixit: »Nullus est, qui diligat filiam meam plus quam ego. Ego nutriui et nutrio eam intendens eam maritare honoranter secundum possibilitatem meam, ut ceteri patres faciunt.« Quibus sic auditis nos iudices memorati sententialiter diximus, quod* ***dotes eiusdem pupille sint salue****, et Triphon pater suus predictus eam* ***teneatur maritare honoranter****, ut suam conditionem decet.*[28]

Zudem stützen zahlreiche notarielle Akten die These, dass die Mitgift zu einem bestimmten Zeitpunkt von einer sozialen zu einer rechtlichen Verpflichtung wurde. Diese Dokumente zeigen, dass die Mitgift ab dem 14. Jahrhundert nicht nur für wohlhabendere Bevölkerungsschichten als rechtliche Pflicht galt, sondern auch für ärmere Gesellschaftsschichten, die in den notariellen Akten ebenfalls Erwähnung finden.[29]

Diese Beispiele verdeutlichen nicht nur die beträchtlichen Summen, sondern auch die rechtliche Ernsthaftigkeit und überregionale Relevanz des Mitgiftinstituts im urbanen Patriziat von Kotor.

[28] Mayer, 1951, NA 1078.

[29] Die Behauptung, dass sich das Institut der Mitgift im Laufe des 14. Jahrhunderts von einer sozialen Konvention zu einer rechtlich einklagbaren Pflicht entwickelte – und zwar nicht nur in den höheren, sondern auch in den unteren sozialen Schichten – stützen zahlreiche notarielle Akten – so gibt Brata, Witwe des Domanja, im Jahr 1327 ihre Zustimmung zur Verheiratung ihrer Tochter Mare mit Grubo Draganov unter Abtretung eines Teils des Hauses (Mayer, 1951, NA 310);

Rada, Witwe des Petar de Mançolo, verheiratet ihre Tochter Mara mit Nal Jurja Chichero und gibt ihr Haus, halben Weinberg, Kleidung und fünf Schafe als Mitgift, wobei ein gewisser Nucije Gille noch Schmuck im Wert von nur 4 *yperperos* hinzufügt (Mayer, 1951, NA 334);

Bene Stanimirov stattet seine Tochter mit 44 *yperperos* und vier Kreuzgroschen aus (Mayer, 1951, NA 374);

Ein durchaus interessantes Beispiel stellt die Situation der ländlichen Bevölkerung dar, jenem Teil der Gesellschaft, der außerhalb der Stadtmauern auf dem Land lebte. Eine typische Bauernfamilie war ihrem Wesen nach mit dem Land verbunden, das sie bearbeitete – sei es als freie Bauern oder als Kolonen, die an das Land gebunden waren. In jedem Fall war diese Bevölkerungsschicht wenig an einer Aufteilung des Vermögens interessiert, und zwar aus rein praktischen Gründen: alle waren in den Arbeitsprozess eingebunden, sodass es nicht zu einer Teilung des Vermögens kommen konnte. Dennoch zeigt das folgende Beispiel die tief verwurzelte gesellschaftliche Haltung zur Mitgift(verpflichtung). Wenn in einer Bauernfamilie oder in einer wirtschaftlich schwächer gestellten Familie ein extra Vermögen entstand, wurde dieses extra Vermögen als Mitgift den Töchtern/ Schwestern zur Mitgift bestellt:

Beloslava, Witwe des Miloslav, verheiratet am 17. April 1334 ihre Tochter Mara mit Milatik, dem Sohn des Medoše, und gibt ihr als Mitgift ihren Anteil an Ländereien in Grbalj im Los des Ivan Bazilijev, welchen Anteil ihr zuvor ihr Sohn Jakov als Erbteil (*prćija*) überlassen hatte, sowie Kleidung, Schmuck und ein Zugochsen. Beloslava behält sich ein Drittel des Bodens zur Nutzung auf Lebenszeit vor:

Milo Gospodinčev schuldet seiner Schwägerin 20 *yperperos*, mit der Klausel, dass bei Nichteinhaltung der Frist eine doppelte *globa* (Vertragsstrafe) fällig wird – ein Hinweis auf die rechtliche Durchsetzung der Mitgiftverpflichtung (Mayer, 1951, NA 389);

Rade, Tochter des Tolislav Ladica, bringt ihrem Mann ein Drittel des Hauses und einen Weinberg als Mitgift (Mayer, 1951, NA 415);

Gurgijo Tupšić gibt seiner Tochter u. a. 9 *yperperos* in bar, Teile von zwei Weinbergen und ein Drittel eines Hauses, wobei im Fall einer Rückgabe des Mitgiftguts zwei Männer die Bewertung vornehmen sollen (Mayer, 1951, NA 785);

Margarita, Witwe des Toma Pavlov, verheiratet ihre Magd Buguša mit Milon, Sohn des Radoš, und gibt ihr 50 *yperperos*, Kleidung und Schmuck – **mit der ausdrücklichen Verfügungsbefugnis über das Vermögen, auch im Falle von Kinderlosigkeit** (Mayer, 1981, NA II 262);

Braren, Sohn des verstorbenen Petar Milce, bestätigt den Empfang einer Mitgift in Höhe von 60 *yperperos* von seiner Frau Jaka, Tochter des verstorbenen Tripun Çuçolo (Mayer, 1981, NA II 290); Bogoje Mileç gibt seiner Nichte Stanka 20 *yperperos*, Kleidung und Schmuck (Mayer, 1981, NA II 671);

Marin Filipov gibt seiner Magd Stanka beim Eheabschluss mit Tvrdoja Radoste ein Haus und 10 *yperperos* (Mayer, 1981, NA II 1181);

Medoje Suić verheiratet seine Magd Boguša mit Miloš Dobroslav Grdović und gibt ihr 18 *yperperos* als Mitgift (Mayer, 1981, NA II 1328).

17.IV.1334

Die predicta. Ego Belloslaua, uxor condam Miloslaui, canonice contraho matrimonium cum Millatico, filio Medossii, dans sibi filiam meam nomine Mare in suam legitimam uxorem, cum qua do sibi ***pro dote*** *partem meam terrarum de Gherbili in sdrebi Iohannis Basili, quam partem michi dedit filius meus Iacobus in* ***perchiuo****, tunicam unam guaccette, et paria duo cercellorum et bouem unum de arare, tali conditione, quod ego Belloslaua predcita hebeam terciam partem predicti sdrebi in vita mea.* ***Post uero mortem*** *meam, reurtatur ad dictam meam filiam secura et scaluniata cum ómnibus pertinentiis et potestatibus suis* ***super me et omnia bona mea****. De hoc autem duo sunt publica et similia instrumenta. Actum in presentia iurati iudicis Gregorii Guimanoy et auditoris Theodori Gige.*[30]

5.2.3 Zwischenfazit

Es lässt sich ein hoher Grad an „*organisch-evolutiver Entwicklung*" sowie eine bemerkenswerte Ähnlichkeit in der rechtlichen Regelung der Mitgift im römischen Recht und im mittelalterlichen Kotor feststellen.

Die Verpflichtung zur Mitgift erfuhr durch den Verlauf der Zeit in Kotor, wie auch im römischen Recht, einen Wandel. Der vorliegende Wandel lässt sich als Transformation von einer gewohnheitsrechtlichen Pflicht, die durch sozialen Druck geprägt war und mit zunehmendem Wohlstand der Familie an Intensität gewann, in eine positiv-rechtliche Verpflichtung charakterisieren.

Zu einem bestimmten Zeitpunkt manifestierte sich das Bedürfnis, diese rechtliche Verpflichtung zu kodifizieren. Dies erfolgte im römischen Recht zunächst während der Herrschaft des Augustus im Rahmen seiner Familiengesetzgebungstätigkeit, insbesondere durch die Erlassung der *lex Iulia et Papia*; dieser Prozess der Kodifizierung der rechtlichen Pflicht zur Mitgiftbestellung wurde schlussendlich mit dem Kaiser Justinian und dem *Corpus Iuris Civilis* beendet.

Auf der anderen Seite wurde im mittelalterlichen Kotor der Prozess der Verschriftlichung der rechtlichen Pflicht der Mitgift durch die Verabschiedung der einzelnen Kapitel des Statutstextes beendet. Letzterer legte die Verpflichtung zur Mitgiftbestellung auf implizite Weise fest, was insbesondere im *cap.* 149 *Statuta Civitatis Cathari* ersichtlich wird.

Notarielle Dokumente im mittelalterlichen Kotor belegen, dass die Mitgift nicht nur in privilegierten bzw. aristokratischen Schichten der Bevölkerung weit

[30] Mayer, 1981, NA II 635.

verbreitet und als Verpflichtung angesehen wurde, sondern auch in der Mittelschicht der Händler und Arbeiter, die in zahlreichen Fällen als Mitgiftbesteller/innen erwähnt werden.

Ein Gegenargument, das aus rein positivistischer Perspektive die Dotierungspflicht in Frage stellt, wäre unvollständig und irreführend. Die Mitgiftpflicht – ob explizit oder implizit – setzt *per se* voraus, dass ein bestimmtes Vermögen vorhanden ist, das überhaupt als Mitgift verwendet werden kann. Ein solcher positivistischer Einwand würde daher weniger die Existenz der Mitgiftpflicht selbst widerlegen, sondern vielmehr die Vermögensverhältnisse der betreffenden Familien oder sozialen Schichten aufzeigen, die von vornherein nicht in der Lage waren, eine Mitgift zu bestellen.

5.3 Bestellung der Mitgift

Das römische Recht, mit seinem betonten patrimonialen Präfix und der Funktion, die der *pater familias* über den gesamten historischen Verlauf hinweg innehatte, sah den männlichen Vorfahren (*parens*) als die typische Person, die die Mitgift bestellte; diese Funktion übernahm im Falle des Todes des Vaters der Bruder, der die Mitgift für seine Schwester bestellte.[31]

Die Mutter hatte keine rechtliche Verpflichtung, die Mitgift zu bestellen, konnte jedoch die Mitgift für ihre Tochter bestellen.[32] Ebenso gab es im römischen Recht die Möglichkeit, dass eine dritte Person (*extraneus*) die Mitgift für die Braut bestellte, was im römischen Recht als Schenkung (*donatio*) klassifiziert wurde.[33]

Im Statut von Kotor finden sich ähnliche Bestimmungen zum Kreis der Personen, die die Mitgift bestellen können. Basierend auf der Durchsicht der statutarischen Bestimmungen[34] und der notariellen Akten[35], die ein ergänzendes Bild der Verhältnisse im mittelalterlichen Kotor liefern, vor allem in Bezug darauf, ob die statutarischen Entscheidungen in der Praxis beachtet wurden,

---

[31] Ulp. *reg.* 6.1–3.

[32] Diocl./Max. C.5.12.14 (a.293).

[33] Ulp. *reg.* 6.1–3; D.12.4.9 (Paul. 17 ad Plaut.); D.42.1.41 (Paul. 14 quaest); D.46.2.8.5 (Ulp. ad Sab.);
D.44.4.5.5 (Paul. 71 ad ed.).

[34] *Statuta Civitatis Cathari, cap.* 147–150.

[35] Mayer, 1951, NA 142; NA 149; NA; NA166; NA 172; NA 212; NA 308; NA 374; NA 798; NA 1078; Mayer, 1981, NA II 48; NA II 62; NA II 169; NA II 241; NA II 406; NA II 770.

zeigt sich, dass überwiegend der Vater (*parens*) derjenige war, der die Mitgift bestellte. Dennoch, aufgrund der schlechten Lebensbedingungen (Epidemien, geringe Lebenserwartung, Kriege), findet sich in fast einem Drittel der notariellen Akten keine Väter, weil die bereits vor der Bestellung der Mitgift verstorben worden waren. Ein weiterer Kandidat für die Bestellung der Mitgift war der Bruder oder die Brüder, sowie die Mutter, Verwandte oder sogar eine dritte Person.[36]

Die 149. Bestimmung des Statuts von Kotor besagt implizit, dass eine Mitgift entweder von der Frau selbst oder von einer dritten Person für sie bestellt werden kann. Dabei wird in erster Linie an die Witwe gedacht, die für sich selbst eine Mitgift bestellt.[37] Weit häufiger sind jedoch Fälle, in denen eine, von der Frau unterschiedliche Person, die Mitgift für die Braut bestellt – dabei handelt es sich meist um die Väter, Brüder, die Mütter, Verwandte oder sogar dankbare Bürger, die ihre Dienerinnen damit versorgen.[38]

Auf der anderen Seite konnte die Mitgift im römischen Recht auf drei Arten bestellt werden:

1. ***dotis dictio***
2. ***dotis datio* (*numeratio*) und**
3. ***dotis promissio***[39]

In den nachfolgenden Seiten wird ein Überblick über die Bestellungsformen der Mitgift im römischen Recht gegeben und eine vergleichende Rechtsanalyse mit den Bestimmungen des Statuts von Kotor durchgeführt. Dabei wird der Fokus darauf gelegt, die Gemeinsamkeiten und gewissen Unterschiede zwischen dem römischen Recht und dem mittelalterlichen Recht von Kotor hervorzuheben, die

[36] Nikezić, 1995, 7–15. Siehe zur Konstellation einer dritten Person als möglichen Besteller der Mitgift folgenden Fall: (Mayer, 1951, NA 334) Rada, Witwe des Petar de Mançolo, verheiratet ihre Tochter Mara mit Nal Jurja Chichero und gibt ihr Haus, halben Weinberg, Kleidung und fünf Schafe als Mitgift, wobei **ein gewisser Nucije Gille** noch Schmuck im Wert von nur 4 *yperperos* hinzufügt.

[37] *Statuta Civitatis Cathari, cap.* 149; Vgl. Einige Notariatsurkunden, in denen die Frau selbst als Bestellerin der Mitgift auftritt: Mayer, 1951, NA 154; NA 310; NA 336; NA 532; NA 658; NA 933; NA 956; NA 980; NA 988; NA 1057; NA 1064; NA 1070; NA 1089; NA 1144. Die vorgegebene Liste mit Wittwen als Bestellerinnen der Mitgift ist nicht vollständig – das ist nur ein vom Autor gegebene Auszug.

[38] *Statuta Civitatis Cathari, cap.* 149; Nikezić, 1995, S. 7–15; siehe wiederum den bereits besprochenen Kreis der dritten Personen als MitgiftbestellerInenn bei: Mayer, 1951, NA 142; NA 149; NA; NA 166; NA 172; NA 212; NA 308; NA 374; NA 798; NA 1078; Mayer, 1981, NA II 48; NA II 62; NA II 169; NA II 241; NA II 406; NA II 770.

[39] Ulp. *reg.* 6.1; Arcad./Honor. Cod. Theod. 3.12.3 (a.396).

vor allem durch die vorgegebene zeitliche und soziokulturelle Distanz dieser beiden Rechtssysteme sowie durch die praktischen Erfordernisse im mittelalterlichen Kotor in Form lokaler Traditionen bedingt sind.

5.3.1 Einseitiges Dotalversprechen (*dotis dictio*)

Dotis dictio stellt laut LAURIA wahrscheinlich die älteste Form der Bestellung der Mitgift dar und wird von STAGL im *Handbuch des römischen Privatrechts* als eine „Dotierungszusage eigener Art" bezeichnet.[40] Da die Quellen zur Erforschung dieser Form der Mitgiftbestellung teilweise fragwürdig und rechtlich

[40] Lauria, 1952, 71; Stagl, 2022, 877; ein klassischer Beleg für die Bedeutung der *dotis dictio* als formale Form der Mitgiftbestellung findet sich bereits bei CICERO: „*Iste vester testis qui ausus est dicere "fecisse videri" eum, de quo ne cuius rei argueretur quidem scire potuit, is ipse numquam auderet iudicare, deberi viro dotem, quam mulier nullo auctore dixisset*" (Cicero, *Caec.* 25,73). Hier wird deutlich, dass eine *dotis dictio* ohne *auctoritas* – d. h. ohne einen berechtigten Dotationsgeber – als unzulänglich galt, sodass dem Ehemann keine *dos* zustehen konnte. Dies unterstreicht den förmlichen und autoritativen Charakter der *dotis dictio* im klassischen römischen Recht; CICERO liefert dann im weiteren Sinne einen klaren Beleg für die formale Abhängigkeit der *dotis dictio* von der *auctoritas* eines Vormundes: „*Doti,' inquit, ,Valeria pecuniam omnem suam dixerat.' Nihil istorum explicari potest, nisi ostenderis illam in tutela Flacci non fuisse. Si fuit, quaecumque sine hoc auctore est dicta dos, nulla est*" (Cic. *Flacc.*, 35,87). Damit wird deutlich, dass eine *dotis dictio* ohne die Zustimmung des Tutors als nichtig galt. APULEIUS verteidigt in seiner *Apologia* (Apuleius, *Apol.*, 102,1) nicht nur seine Unschuld gegenüber den Zauberei-Vorwürfen, sondern verdeutlicht auch die Bedeutung einer formellen und autoritativen Willenserklärung bei der Bestellung der Mitgift (*dotis dictio*). Er weist darauf hin, dass ohne einen legitimen „Auctor" – hier als berechtigte Autorität über die Mitgift – keine rechtsgültige Mitgift bestehen kann. APULEIUS betont, dass keine testamentarischen oder anderen offiziellen Dokumente vorliegen, die eine solche Verfügung zugunsten seinerseits belegen würden, und unterstreicht damit die Notwendigkeit einer klaren, formgebundenen und autorisierten Zuwendung der *dos*. Diese Passage illustriert damit die klassische römische Rechtsauffassung, dass eine Mitgift ohne legitime Autorisierung ungültig ist, was im Kontext der *dotis dictio* eine zentrale Rolle spielt. Gemäß GAIUS (Gai, institutiones, 3.95a) werden in den *Institutiones* die formalen Wirkungen der *dotis dictio* als eine ausdrückliche Anweisung der Frau an ihren Schuldner definiert, die Mitgift zu zahlen: „*si debitor mulieris iussu eius, dum ... doti dicat quod debet*". Dieser Aspekt betont die Notwendigkeit, dass die Verpflichtung zur Zahlung der *dos* lediglich in dem Fall entsteht, in dem der Schuldner durch den eindeutigen Willen der Ehefrau dazu ermächtigt ist. Eine Verpflichtung Dritter ist ohne diese direkte Anweisung nicht möglich. Der vorliegende Passus verdeutlicht den zentralen rechtlichen Charakter der *dotis dictio* als ein autorisiertes Rechtsgeschäft, bei dem die Mitgift lediglich durch die Verfügung der Ehefrau wirksam wird. Gemäß den *Epitomen* des *Gaius* (Epit. Gai.2.9.3) wird die *dotis dictio* als eine spezifische Form der Verpflichtung charakterisiert, die ohne vorausgehende Befragung zustande kommen kann. Demnach ist eine Frau, sei es als zukünftige Ehefrau des Verlobten oder

relativ unklar sind und weil diese Form der Mitgiftbestellung spätestens mit dem *Corpus Iuris Civilis* aus dem praktischen Gebrauch verschwunden worden war,[41] stellt sie für die vorliegende wissenschaftliche Untersuchung, die sich mit der Rezeption des römischen Rechts im mittelalterlichen Dalmatien –am Beispiel der Institution der Mitgift in der Stadt Kotor, in dem es auch keine rechtlichen Spuren dieser Form der Mitgiftbestellung gibt– befasst, keinen relevanten dogmatischen Stellenwert dar.

5.3.2 Übertragung der Mitgift (*dotis datio*)

Die zwei anderen Formen der Mitgiftbestellung im römischen Recht (*dotis datio* und *promissio dotis*) finden sich in gewisser Weise im mittelalterlichen Kotor (*dotis datio* als Übertragung der Mitgift, eine Art Standardverfahren bei der Bestellung und Übergabe der Mitgift und *promissio dotis* als eine speziellere Form der Mitgiftbestellung). Das Rechtssystem von Kotor stellt kein juristisch raffiniertes Rechtssystem dar, noch hat es eine so ausgefeilte Terminologie wie das römische Rechtssystem. Daher sind bestimmte Vergleiche und Analysen in gewisser Weise auf strukturelle und konzeptzionelle Ähnlichkeiten beschränkt.

Die Übertragung der Mitgift (*dotis datio*) ist im römischen Recht ein rechtlicher Vorgang, der eine Vermögensverlagerung bewirken soll. Vor dem gültigen Eheabschluss hat diese Übertragung keine dotalrechtliche Wirkung. Erst mit der Eheschließung wird der übertragene Gegenstand zu einer Mitgift und unterliegt dem Dotalregime. Wenn die Ehe nicht stattfindet, kann die Braut den Vermögenswert zurückfordern. Erfolgt die Übertragung unter einer Bedingung, geht die Mitgift erst bei Eintritt dieser Bedingung in das Vermögen des Mannes über.[42]

---

bereits verheiratet, dazu befugt, die Mitgift zu bestimmen, sowohl in Bezug auf bewegliche Sachen als auch auf Grundbesitz. Es sei darauf hingewiesen, dass sich diese Verpflichtung nicht nur auf die Frau selbst bezieht, sondern auch auf ihren Vater sowie den Schuldner der Frau, sofern dieser die dem Verlobten geschuldete Summe als Mitgift anerkannt hat. Gemäß der *dotis dictio* können lediglich diese drei Personen ohne vorherige Befragung rechtsgültig verpflichtet werden.

[41] Berger, 1909, 75–97; Bonfante,1925, 418 ff; Karlowa, 1901, 201 ff.

[42] Zur weiteren Behandlung der *dotis datio* vgl. etwa bei: Czyhlarz, 1870, 96–98; 141–148; noch ausführlicher bei: Stagl, 2009, 197–207. Zum direkten Erscheinen des Begriffs *dotis datio* vgl. D.50.17.23 pr. (Ulp. 29 ad Sab: „*Contractus quidam dolum malum dumtaxat recipiunt, quidam et dolum et culpam. […]* ***dotis datio***, *tutelae, negotia gesta: in his quidem et diligentiam.*“ Zum Begriff der ***dotis numeratio*** siehe: C.5.15.1 (Sev./Ant.): „***Dotem numeratio***, *non scriptura dotalis instrumenti facit: et ideo non ignoras ita demum ad petitionem dotis admitti te posse, si dotem a te re ipsa datam probatura es.* “

Bei beiden Formen der Mitgiftbestellung war die Eheschließung nach dem römischen Recht eine unabdingbare Voraussetzung.[43]

Im mittelalterlichen Kotor war die *dotis datio* eine gängige Form der Mitgiftbestellung, die der römischen Rechtspraxis entsprach. Die *dotis datio*, welche jedes Verfügungsgeschäft umfasst, welches eine Vermögensvermehrung auf Seiten des Mannes bewirkt, ist im Statut von Kotor nicht als solche geregelt, aber sie lässt sich anhand einer Vielzahl von Beispielen in Notariatsakten belegen.[44]

Notarielle Dokumente belegen, dass Mitgiften häufig gleichzeitig bestellt und übergeben wurden, wobei der Empfänger den Empfang mit den Worten „*recipio super me et omnia bona mea*" bestätigte. Darüber wird in den folgenden Kapiteln mehr diskutiert, die sich mit den Parteien des Dotalverhältnisses befasen, sowie im Abschnitt, der der Eigentumsfrage an der Mitgift gewidmet ist.

NA 875, 6.I. 1332:

„Die sexta mensis ianuarii. Ego Rade, uxor quondam Jacobi Jacagne de Catharo, una cum filio meo Marino canonice contraho matrimonium cum Micho condam Junii de Bona de Ragusio, dans sibi filiam meam nomine Belce in suam legitimam uxorem, cum qua do sibi pro dote mille perperos denariorum Venetorum grossorum et indumenta more nobilium mulierum. Que Omnia predicta ego dictus Micho ***recipio super me et omnia bona mea****. De hoc autem duo sunt similia instrumenta et publica. Actum in presentia iurati iudicis Pascalis Bartholi et auditoris Triphonis Buchie. E."*

Die Praxis der Mitgiftbestellung im Rahmen einer *dotis datio* konnte jedoch auch unter bestimmten Bedingungen erfolgen, was sie rechtlich gesehen flexibler machte, und entspricht wiederum der Tradition des römischen Rechts. Häufig wurden Rückzahlungsvereinbarungen, Nutzungsrechte oder spezifische Verpflichtungen im Falle von Trennung oder Tod festgelegt. So mussten beispielsweise bestimmte Beträge zurückgezahlt werden, wenn die Mitgift zurückgegeben wurde, oder sie konnte im Falle des Auszugs aus der Stadt oder des Todes ohne

[43] Beispiele für die Ehe als Voraussetzung finden sich in den folgenden römischen Quellen: D.23.3.7.3 (Ulp. 31 Sab.); D.23.3.9 (3 Ulp. 31 ad Sab.); D.23.3.48 (Iul. 2 ad Urs. Ferocem); D.23.3.23 (Ulp. 35 Sab.); D.23.3.7 (Ulp. 31 Sab.); D.23.3.56.1 (Paul. 6 Plaut.); D.23.4.11 (Ulp. 34 ed.). D.23.3.78.2 (Tryph. 11 disp.); D.24.3.57 (Marcell. 7 dig.); D.23.4.11.

[44] Mayer, 1951, NA 142; NA 149; NA 166; NA 172; NA 212; NA 308; NA 374; NA 798; NA 1078; Mayer, 1981, NA II 48; NA II 62; NA II 169; NA II 241, NA II 406, NA II 770.

Nachkommen an den ursprünglichen Empfänger zurückgegeben werden. Diese Bedingungen machten die *dotis datio* an die individuellen Umstände der Beteiligten anpassungsfähig und waren eine regelmäßige Erscheinung in der Kommune von Kotor, die durchaus als Standardverfahren bei der Mitgiftübertragung galt.[45]

Im Folgenden ist ein Beispiel aufgezeigt, wo die spezifische Rückzahlungsbestimmungen Redewendung „*recipio super me et omnia bona mea*" vorliegt:

NA 142, 23.X. 1326:

„*Die vicesima tertia mensis octobris. Ego quidem magister Radosta faber, filius quondam Misco de Daranto, canonice contra(h)o matrimonium cum magistro Branoye petraro, dans sibi filiam meam nomine Mariam in suam legitimam uxorem, supra vineam Dragoye Fabri et iuxta vineam Junii de Dovreco et ad latus Marini Gambe, et aliam vineam supra Junium de Dobreco et sub vinea ecclesie sancti Michaelis de Cataro, et terram positam supra Junium de Dobreco versus montem, que Omnia supradicta do sibi secura, scaluniata cum ómnibus pertinentiis, exitibus suis* ***super me et omnia bona mea.*** *Et extrimo sibi predicta Omnia ducentis perperis, tali conditione et pacto, quod si contingeret, quod dos predicta deberet* ***restituí*** *aliquo casu, teneatur* ***restituere*** *ducentos perperos pro dote predicta et dictas res sibi tenere. Insuper do sibi pro dote duodecimaxagia auri et unam guarnachiam et tunicam de stametto. Que Omnia supradicta ego magister Branoye* ***recipio super me et omnia bona mea.*** *De hoc autem duo sunt similia et publica instrumenta. Actum in presentia iurati iudicis Marini Golie, auditoris Marini Mechsce et testis Junii Dobreco. E.*"

5.3.3 Dotalstipulation (*dotis promissio*)

Die *promissio dotis* bezeichnet im römischen Recht eine Form der Mitgiftbestellung, bei der der (zukünftige) Ehemann gegen den Besteller einen Anspruch aus der Stipulation hat.[46]

---

[45] Siehe die anderen Fälle zur Restitution der Mitgift bei: Mayer, 1951, NA 91, NA 143, NA 198, NA 478, NA 599, NA 1163.

[46] Zur *promissio dotis* vgl. ausführlich Bechmann, 1863 11 ff; Czyhlarz, 1870, 99 ff; Stagl, 129–137. Siehe einige der Hauptquellen zur *promissio dotis*: D.23.3.48 (Iul. 2 Urs. Fer.); D.23.3.23 (Ulp. 35 Sab.); D.45.1.97.2 (Cels. 26 dig.); D.23.3.69.4 (Pap. 4 resp.); Gord. C.5.11.3 (a.240); Alex. C.5.11.1 (a.231).

Die Höhe der Mitgift im Rahmen der *promissio dotis* ist abhängig vom Vermögen (*facultates*) sowie dem Stand (*dignitas*) der Frau[47], was auf einen hohen Grad an Ähnlichkeit zwischen dem römischen Recht und dem mittelalterlichen Recht von Kotor hinweist.

Die *dotis promissio* nach dem römischen Recht stellt im Vergleich zur *datio dotis* eine verfeinerte Version der Mitgiftbestellung dar, meist aus der Notwendigkeit heraus, eine *obligatio dotis* zu begründen, gleichzeitig aber auch als eine Art Unterstützung des/der Mitgiftbestellers/in in Form eines Zahlungsaufschubs, wenn dieser/diese nicht in der Lage ist, die *obligatio dotis* zum Zeitpunkt der Bestellung und Übergabe der Mitgift zu begleichen.

Neben der bereits erwähnten *dotis datio* lässt sich eine hohe Übereinstimmung zwischen der mittelalterlichen kotorischen Form der Bestellung und des Versprechens der Übergabe der Mitgift sowie der *promissio dotis* – dem stipulationsmäßigen Dotalversprechen des römischen Rechts – feststellen.

Die *dotis promissio* findet sich in den Notariatsurkunden des mittelalterlichen Kotors in allen Gesellschaftsschichten, am häufigsten jedoch in der Oberschicht der sogenannten *citadini.*

Hier war die *ratio legis* klar: große Vermögen, oft aufgesplittert in bewegliche und unbewegliche Güter, Gebrauchsgegenstände, Schmuck und Kleidung, verlangten eine klare und präzise Formulierung und Auflistung in den notariellen Urkunden. Auf der anderen Seite waren die Familien bzw. die Mitgiftbesteller aufgrund der versprochenen hohen Mitgiftwerte oft wirtschaftlich nicht in der Lage, die gesamte Mitgift sofort zu bezahlen, weshalb sie sich häufig dieser Form der Mitgiftbestellung bedienten.

Diese Form der Mitgiftbestellung war jedoch nicht auf die wohlhabenderen Schichten beschränkt, sondern fand sich auch in anderen sozialen Gruppen, in denen die Mitgiftbesteller aus praktischen Erwägungen die Zahlung der Mitgift aufschoben, bis sie sich in einer besseren wirtschaftlichen Lage befanden, um die gesamte Mitgift vollständig bezahlen zu können.

Die Parallelen zwischen der römischen Regelung und jener des mittelalterlichen Statuts von Kotor treten hier in bemerkenswerter Deutlichkeit zutage, was die Notwendigkeit nahelegt, den Modus der Rezeption des römischen Rechts in das kommunale Recht von Kotor eingehender zu untersuchen. Darüber hinaus lässt sich für beide Formen der Mitgiftbestellung (*dotis datio* und *dotis promissio*) aufgrund der notwendigen Mitwirkung gelehrter Juristen bzw. Notare, die diese notariellen Urkunden ausfertigten, eine Rezeption des römischen Rechts

[47] D.23.3.60 (Cels. 11 dig.).

im Sinne des *ius commune* durch die notarielle Praxis mit Sicherheit feststellen. Notare nutzten im mittelalterlichen Kotor das römisch-mittelalterliche Recht im Sinne des *ius commune* als Instrument zur Gestaltung der menschlichen Rechtsbeziehungen, insbesondere dort, wo sich die gesellschaftlichen und wirtschaftlichen Verhältnisse weiterentwickelt hatten und eine verfeinerte rechtliche Struktur erforderlich machten. Diese Entwicklung basierte auf den Bedürfnissen der Bevölkerung nach einem fortgeschrittenen Rechtssystem, das die gegenseitige Bedingtheit wirtschaftlicher Aktivitäten berücksichtigte und auf deren rechtliche Regulierung sowie normative Formatierung abzielte.

Ein besonders gewichtiger Beleg für die Rezeption des römischen Rechts – wenn auch „nur" im Geiste des mittelalterlichen *ius commune* – ist die von den Notaren verwendete Rechtsterminologie, insbesondere der Begriff *promittere*, der direkt aus dem römischen Recht stammt:

NA 1142, 31.I. 1335

> *„Die ultima mensis ianuarii. Ego Slaue, uxor condam Marini Ratislaue de Catharo, canonice contraho matrimonium cum Paasche, filio Petri Mence de Ragusio, dans sibi filiam meam nomine Mare in suam legitimam uxorem, cum qua* ***promitto*** *sibi dare pro dote perperos mille, quinquaginta axagia..."*

Ein weiteres Indiz für die Rezeption des *ius commune* sind die von den Notaren verfassten *Imbreviaturen*, die eine knappe rechtliche Erfassung der Schuldverhältnisse ermöglichten. Gerade an dieser Schnittstelle, wo die Form der notariellen Urkunde eine massive Rolle spielt, werden Kompetenz und Einfluss der Notare sichtbar, die in anderen Teilen der Arbeit, die sich mit der Mitgiftpflicht und der Wahrnehmung dieses römisch-rechtlichen Instituts durch die Bevölkerung befassen, also bei der materillen Seite dieses Rechtsinstituts und dem Verständnis und Empfinden der lokalen Bevölkerung, nicht in gleichem Maße festzustellen sind.[48]

[48] Siehe folgende Notariatsakten, die sich mit der Form der Urkunde befasen: Mayer, 1951, NA 142; NA 149;; NA 166; NA 172; NA 212; NA 308; NA 374; NA 798; NA 1078; Mayer, 1981, NA II 48; NA II 62; NA II 169, NA II 241; NA II 406; NA II 770.

Eine besondere Ähnlichkeit lässt sich zudem bei Klauseln feststellen, die sich auf die Modalitäten und Zahlungstermine beziehen. Diese sind, wie im römischen Recht, von sittlichen Kriterien abhängig (vgl. die Formulierung: „*sobald ich kann*“).[49]

Gerade diese Formulierung führt zu einer weiteren signifikanten Übereinstimmung zwischen den Regelungen im mittelalterlichen Kotor und dem römischen Recht: genau bei der Beurteilung des Leistungsvermögens im Rahmen der *dotis promissio.* Zwar könnte man zunächst annehmen, dass es sich um eine subjektive Einschätzung der Leistungsfähigkeit handelt, doch die Wendung „*sobald ich kann*“ impliziert – ganz im Sinne der römisch-rechtlichen Tradition – eine objektive Betrachtung des Vermögens des Schuldners. Damit wird klar, dass die scheinbar persönliche Formel auf ein allgemeines Kriterium der tatsächlichen Leistungsfähigkeit abstellt.[50]

---

[49] Nach D.23.3.79.1 (Lab. 6 post. a Iav. epit.) muss die im römischen Recht üblichen Klausel „*cum comodissimum esset*“ als „*sine turpitudine et infamia*“ verstanden werden; der Ausdruck wird genauer analysiert in D.50.16.125 (Proc. 5 epist.). Eine Version der lateinischen Formel kommt auch in den Papyri vor: „*sine … spe futurae dilationis*“, *P.Fouad* I 45 = TM 20991 = ChLa. XLII 1207 = Oxford-ipap.apis 1499 = C.Epist.Lat. 155, Z. 9; dazu Rodríguez Martín 2024, 42–43.

Siehe dazu die vergleichende Klauseln in Notariatsakten im mittelalterlichen Kotor (Mayer, 1951, NA 389): „*Die XXI. mensis setembris. Ego Milo condam Gospodince confiteor me debere dare Milco condam Andree de Caparo pro residuo dotis sororis mee, eius uxoris, viginti perperos, quos obligor sibi soluere usque ad festum sancti Martini proxime venturi. Si non autem, sint in* ***pena dupli****, pena secundum usum terre non obstante. Actum in presentia iurati iudicis Sergii Triphonis Iacobi, auditoris Theodori Gige et testis Radoye aurificis. E.*„ Mayer, 1951, NA 540: „*Anno domini MCCCXXX, mense aprilis, die XXI. Coram nobis iuratis iudicibus Petro Gregorii et Marco Dragonis venit Triphon, filius Bartoli de Sciti, et dixit: « Ego teneor dare epitropis uxoris mee olim Lisse, ser Gregorio Gimanoy, Mathe Iachane et Marie, uxori Goisce Calixti, propter quartam partem perchiui sui perperos CLXXVII, quos obligor soluere de natiuitate domini proxime ventura. Si non autem, ipsi epitropi habeant suam liberam potestatem intrandi in factum meum, ubi illis placuerit, et vendere iuxta suum velle. Et nos dicti iudices sic audientes, omnia predicta per sentenciam confirmamus. Ex quorum iudicium mandato. Ego E.*“

[50] Siehe die folgende Quellen zum römischen Recht: D.23.3.79.1 (Lab. 6 post. a Iav. epit.); D.50.16.125 (Proc. 5 epist.); Zum mittelalterlichen Recht von Kotor sind folgende Beispiele zu sehen: *Statuta Civitatis Cathari, cap.* 149; Nikezić, 1995, 7–15; Mayer, 1951, NA 142; NA 149;; NA 166; NA 172; NA 212; NA 308; NA 374; NA 798; NA 1078; Mayer, 1981, NA 48; NA 62; NA 169; NA 241; NA 406; NA 770. Zum objektiven Leistungsvermögen siehe mehr in: Stagl, 2022, 878; Stagl, 2009, 137–139; Wacke, 1983, 462–471.

5.3.4 Zwischenfazit

Für die Dissertation berührt dieses fruchtbare Kapitel eine zentrale Frage zur Wahrnehmung des römischen Rechts im Kontext der Mitgiftbestellung. Der Autor untersucht nahezu identische Personenkreise, die für die Bestellung der Mitgift verantwortlich waren, wobei vor allem männliche Figuren wie der Vater und der Bruder dominieren, gefolgt von der Mutter, der Braut selbst und sogar von Dritten. Dieser Abschnitt bestätigt die These, dass der männliche Einfluss, insbesondere der des Vaters, bei der Bestellung der Mitgift in beiden Rechtssystemen vorherrschte.

Weiterhin zeigen die Rechtsanalysen, dass die Form der *dotis datio* am häufigsten als Standardverfahren zur Mitgiftbestellung angewandt wurde. Die *dotis promissio* weist jedoch die signifikanteste Übereinstimmung mit dem römischen Recht auf, insbesondere aufgrund der Funktion der Notare, die mit der Erstellung dieser Urkunden beauftragt waren. Notare, die – in Anbetracht der Fachterminologie, die in den Dokumenten verwendet wird, in denen die Bestellung der Mitgift bezeugt wird – im Geist und der Form des *ius commune* ausgebildet waren, spielten eine Schlüsselrolle bei der Gestaltung und Formulierung der rechtlichen Bestimmungen, wodurch die Rezeption des römischen Rechts im mittelalterlichen Kotor und Dalmatien ermöglicht wurde.

Auf diese Weise erlebte das *ius commune* eine Wiederbelebung in der rechtlichen Praxis, als ein hochentwickeltes Instrument, das den gesellschaftlichen und wirtschaftlichen Anforderungen der damaligen Zeit gerecht wurde. Dieser Prozess erinnert an Goethes Analogie zum römischen Recht, das wie eine Ente ist: es verschwindet von Zeit zu Zeit aus der Perspektive, kehrt aber immer wieder zurück, was die beständige und unaufhörliche Präsenz des römischen Rechts in der Geschichte bestätigt.[51]

5.4 Parteien des Dotalverhältnisses

Im vorangegangenen Kapitel wurde die Thematik der Bestellung der Mitgift sowie deren unterschiedlichen Erscheinungsformen im römischen Recht behandelt. Ferner wurde die Rezeption dieser Mitgiftbestellungsformen beleuchtet.

---

[51] Goethe zu Eckermann, 6. April 1829 unter Hinweis auf die Vorlesungen des Historikers Guizot. „Auch das römische Recht, als ein fortlebendes, das, gleich einer untertauchenden Ente, sich zwar von Zeit zu Zeit verbirgt, aber nie ganz verloren geht, und immer einmal wieder lebendig hervortritt, sehen wir sehr gut behandelt, bei welcher Gelegenheit denn auch unserm trefflichen Savigny volle Anerkennung zuteil wird.“

Dabei wurde, wie bereits hervorgehoben, auf die konzeptionelle und strukturelle Nähe zwischen dem römischen Recht und den Bestimmungen des mittelalterlichen Rechts von Kotor hingewiesen.

Obwohl das Thema dieses Kapitels in enger Verbindung mit dem vorherigen steht, wurde aus Gründen der Übersichtlichkeit und aufgrund bestimmter Besonderheiten des mittelalterlichen Rechts von Kotor im Vergleich zum römischen Recht entschieden, ein separates Kapitel zu verfassen, das sich „nur" mit den Parteien des Dotalverhältnisses beschäftigt.[52]

Obwohl der Mitgiftvertrag in diesem Kapitel gewissermaßen mitbehandelt wird, der in den statutarischen Texten und Notariatsurkunden unter verschiedenen Bezeichnungen wie *instrumenta dotis*, *carta dotis* oder *carta perchivium* auftritt, wird der Mitgiftvertrag jedoch in den kommenden Kapiteln, insbesondere im Kapitel 5.6 (Mitgiftverzeichnis) und Kapitel 5.7 über die Schätzung der Mitgift dieser Dissertation, ausführlicher thematisiert.

In diesem Kapitel ist der Mitgiftvertrag nur in dem Umfang behandelt, der für die rechtliche Analyse des Verhätnisses zwischen dem/der Mitgiftbesteller/in und dem/der Empfänger/in der Mitgift notwendig ist.

Wie gestaltete sich also der Vorgang der Mitgiftbestellung im römischen und mittelalterlichen Recht von Kotor konkret – und wer waren, was in diesem Zusammenhang besonders interessiert, die Parteien des Dotationsverhältnisses?

Bei der Mitgiftbestellung gab es, sowohl im römischen Recht als auch im mittelalterlichen Recht von Kotor, zwei voneinander getrennte Rechtsverhältnisse:

A) **Internes Rechtsverhältnis** – das Rechtsverhältnis zwischen dem/der Besteller/in der Mitgift und der Braut.[53]

[52] Der Autor möchte an dieser Stelle erneut auf die begrenzte Überlieferungslage des schriftlichen Materials (Text des Statuts und notarielle Akten) hinweisen, die die Analyse einschränkt. Erstens ist es – wie bereits mehrfach betont – methodisch anspruchsvoll, bestimmte Elemente der Mitgift aus römisch- oder modern-zivilrechtlicher Perspektive dogmatisch zu durchdringen, wie es hier etwa bei der Frage der Parteien des *Dotalverhältnisses* bzw. des internen und externen Rechtsverhältnisses der Fall ist. Zweitens liegt das erhaltene notarielle Material überwiegend in Form von *Imbreviaturen* vor – formalistisch stark reduzierten und inhaltlich eher knappen Texten. Etwas ausführlichere Informationen zum internen Rechtsverhältnis lassen sich zumeist nur jenen notariellen Akten entnehmen, die einen streitigen Charakter aufweisen und deshalb vor Gericht endeten. In solchen Fällen verspürte der Notar – zu Recht – die Notwendigkeit, den Sachverhalt ausführlicher darzustellen. In diesem Sinne präsentiert der Autor in diesem Kapitel jene Menge an Informationen und Schlussfolgerungen, die ihm auf Grundlage des überlieferten Materials zugänglich war.

[53] Eine direkte Erwähnung dieses Verhältnisses existiert nicht; es wird jedoch sowohl im römischen Recht als auch im mittelalterlichen Kotorer Recht implizit vorausgesetzt, und

B) Externes Rechtsverhältnis – das Rechtsverhältnis zwischen dem/der Besteller/in der Mitgift und dem Ehemann.[54]

Im Unterkapitel **4.1** wird das interne Rechtsverhältnis behandelt, während im Unterkapitel **4.2** das externe Rechtsverhältnis im Fokus stehen wird. In beiden Fällen wird die jeweilige rechtliche Situation im römischen Recht erläutert und mit der Situation im mittelalterlichen Recht von Kotor verglichen.

5.4.1 Interne rechtliche Beziehung

In diesem Unterkapitel wird sich der Autor mit dem internen Rechtsverhältnis bei der Mitgiftbestellung befassen. Das interne Rechtsverhältnis bei der Mitgiftbestellung bezieht sich auf die Rechtsbeziehung zwischen dem/der Besteller/in der Mitgift und der Braut.

Im römischen Recht gründete sich dieses interne Rechtsverhältnis zunächst auf dem römischen Gewohnheitsrecht (*mos maiorum*), wobei insbesondere der soziale Druck eine entscheidende Rolle spielte, der sich in der Pflicht der Väter äußerte, eine Mitgift für ihre Töchter zu bestellen. Die Geltungsgrundlage und die Rechtsbasis dieses internen Rechtsverhältnisses lag also am Anfang der römischen Rechtsgeschichte im römischen Gewohnheitsrecht (*mos maiorum*).[55]

---

zwar sowohl in den statutären Bestimmungen, die im weiteren Verlauf dieses Kapitels behandelt werden, als auch in den notariellen Akten.

[54] Stagl, 2022, 874–875; Nikezić, 1995, 21; Das externe Rechtsverhältnis konnte im mittelalterlichen Kotor anhand von zwei Bestimmungen des Statuts von Kotor festgestellt werden: *Statuta Civitatis Cathari* (1616), *cap.* 149 und *cap.* 157.

[55] Diese Entwicklung lässt sich besonders gut an der zunehmenden Normierung der Mitgiftverpflichtung ablesen, die im Laufe der Zeit einen tiefgreifenden Wandel erfuhr. Allmählich kam es zu einer immer besseren (Vermögens-)Stellung der Frau, die sich unter anderem in der legislativen Tätigkeit während der Regierungszeit des Augustus (insbesondere durch die *Lex Iulia et Papia*) widerspiegelte (Stagl, 2022, 875). In dieser Zeit wurde die Dotierungspflicht gesetzlich vorgeschrieben, wodurch sich die Rechtsgrundlage dieses internen Rechtsverhältnisses von einem rein gewohnheitsrechtlichen Fundament hin zu einem gesetzlich vorgeschriebenen Recht verlagerte. Mit der gesetzlichen Festlegung der Dotierungspflicht erhielt das interne Rechtsverhältnis seine Rechtsgrundlage im Gesetz und wurde somit im römischen Recht zu einem Rechtsverhältnis, das auf einer gesetzlichen Regelung basierte. In diesem Zusammenhang ist das Gesetz als eine Art von durch Autorität vorgeschriebener Regel zu verstehen, deren Befolgung rechtlich gezwungen werden konnte, wobei die im römischen Recht bestehenden Differenzen zwischen *ius* und *lex* außer Acht gelassen werden. Diese gesetzliche Verpflichtung wurde in den ersten nachchristlichen Jahrhunderten der

Die rechtliche Verankerung der Mitgiftbestellung in Kotor erfolgte durch eine implizite Normierung im *cap.* 149 des *Statuta Civitatis Cathari.* Damit erhielt das interne Rechtsverhältnis zwischen dem/der Besteller/in der Mitgift und der Braut eine gesetzliche Grundlage, vergleichbar mit der Entwicklung im römischen Recht, wo die Dotierungspflicht sukzessive in gesetzliche Bestimmungen überführt wurde.

Ähnlich wie STAGL Zweifel daran äußert, ob die augusteischen Regelung der Mitgiftpflicht in der Praxis tatsächlich konsequent befolgt wurde,[56] stellt sich auch für das mittelalterliche Kotor die Frage, ob die durch *cap.* 149 des *Statuta Civitatis Cathari* kodifizierte Pflicht zur Mitgiftbestellung tatsächlich als gesetzliche Verpflichtung von der Bevölkerung wahrgenommen wurde oder ob weiterhin die gewohnheitsrechtliche Grundlage in der Gesellschaft vorherrschte.

Diese Unsicherheit wird durch die erneute gesetzliche Bestätigung der Mitgiftpflicht im Jahr 1423 noch weiter verstärkt, die inhaltlich weitgehend mit der Bestimmung aus dem Jahr 1316 übereinstimmt. Die wiederholte Kodifizierung könnte darauf hindeuten, dass es sich um einen von oben nach unten auferlegten rechtlichen Normativ handelte.[57]

Allerdings zeigen notarielle Dokumente aus dem Zeitraum zwischen den beiden Gesetzesbestimmungen (1316–1423), dass die Bestellung der Mitgift kontinuierlich von der Bevölkerung praktiziert wurde. Dabei ist kein Rückgang der Mitgiftbestellungen erkennbar – im Gegenteil, die notarielle Praxis dokumentiert eine zunehmende Komplexität der Mitgiftverträge, die vermehrt Bedingungen und weiterentwickelte rechtliche Strukturen aufwiesen.[58]

---

römischen Rechtsentwicklung weiter gefestigt, bis sie ihre endgültige rechtliche Ausgestaltung im *Corpus Iuris Civilis* fand, das die Verpflichtung der Väter zur Mitgiftbestellung für ihre Töchter klar regelte (Stagl, 2022, 914–915). Im mittelalterlichen Kotor folgte die rechtliche Entwicklung der Mitgiftbestellung einer ähnlichen Dynamik wie im römischen Recht. Ursprünglich beruhte die Verpflichtung zur Mitgiftbestellung auf dem Gewohnheitsrecht (*consuetudinem antiquam*), bevor sie im 13. und 14. Jahrhundert durch das Statut der Stadt Kotor eine gesetzliche Grundlage erhielt. Diese Entwicklung entspricht weitgehend der Transformation, die im römischen Recht von der republikanischen Zeit bis zur Spätantike stattfand. Die Dotierungspflicht entwickelte sich von einer rein gewohnheitsrechtlichen Praxis über die gesetzliche Festlegung unter Augustus bis zur umfassenden Regelung im *Corpus Iuris Civilis* Justinians (Stagl, 2022, 874–875, 914–915).

[56] Stagl, 2022, 875; Stagl, 2009, 38–57.

[57] *Statuta Civitatis Cathari*, 1616, *cap.* 1 (*Tempore D. Petri Duodo honorandi Comitis, & Capitanei Cathari. Correctio partis captæ tempore D. Marci Barbadico, de non alienandis possessionibus obligatis pro dotibus mulierum*).

[58] Diesbezüglich hat Antun MAYER in seinen mehrfach zitierten Werken zu den notariellen Protokollen von Kotor insgesamt 3107 Urkunden in Form von *Imbreviaturen* systematisiert

Dies deutet darauf hin, dass die Mitgiftpflicht nicht eine gesetzlich oktroyierte Norm und ein „fremdes Organismus" darstellte, sondern tief im Rechtsbewusstsein der Bevölkerung verankert blieb. Die Frage, ob die Regelung der Mitgiftbestellung im mittelalterlichen Kotor primär als gesetzliche Verpflichtung oder weiterhin als gewohnheitsrechtliche Praxis angesehen wurde, lässt sich durch die Analyse der statutarischen und notariellen Quellen annähernd beantworten: während die statutarische Bestimmung eine formale gesetzliche Grundlage schuf, blieb das gesellschaftliche Verständnis der Mitgiftbestellung als tief verwurzelte Praxis bestehen. Somit stellt sich die mittelalterliche Entwicklung in Kotor als ein durchaus ähnlicher historischer Analogiefall zur römischen Entwicklung dar – eine allmähliche Transformation von einer gewohnheitsrechtlichen zu einer gesetzlich geregelten Verpflichtung, die dennoch ihre soziokulturelle Verwurzelung im Bewusstsein der Gesellschaft beibehielt.

5.4.2 Externe rechtliche Beziehung

Das zweite Rechtsverhältnis bestand sowohl im römischen, als auch im mittelalterlichen Recht von Kotor zwischen dem/der Mitgiftbesteller/in und dem Ehemann (bzw. genauer gesagt dem/der Empfänger/in der Mitgift).

Im römischen Recht wurde die Mitgift im Regelfall von männlichen Vorfahren bestellt, zumeist vom Vater (*pater familias*). Es bestand jedoch auch die Möglichkeit, dass die Frau selbst für sich die (ihre) Mitgift bestellte oder sogar eine dritte Person (*extraneus*), die nicht blutsverwandt mit der Braut war.[59] Der/Die Besteller/in der Mitgift fungierte somit als eine der Parteien in diesem externen Rechtsverhältnis bei der Mitgiftbestellung, während die andere Partei in der Regel der Ehemann war, sofern er gewaltfrei war. War der Ehemann jedoch noch unter der *patria potestas*, so nahm in diesem Fall der Vater des Ehemannes die Mitgift in Empfang.[60]

---

und gesammelt. Allein in den beiden Bänden, die die Jahre 1326–1335 abdecken, entfallen sicher mehrere hundert auf Mitgiften. Es lässt sich keine Tendenz zur Abschwächung, zum Rückgang oder gar zum Verschwinden der Mitgiften und Mitgiftverträge erkennen.; *cap.* 149.

[59] Ulp. *reg.* 6.1–3.

[60] D.24.3.22.12 (Ulp. 33 ed.) behandelt dieses Thema aus der Perspektive der passiven Legitimation bei der *actio rei uxoria*; D.24.3.53 (Tryph. 12 disp.) behandelt es aus der Perspektive der *actio de peculio.*

Wie bereits in den vorangegangenen Kapiteln dargelegt, ist im mittelalterlichen Recht von Kotor der Vater in den meisten Fällen der Mitgiftbesteller.[61] Die Analyse der Notariatsurkunden zu diesem Thema ergab, dass der Vater in über zwei Dritteln der dokumentierten Fälle der Mitgiftbesteller war, während sich das verbleibende Drittel größtenteils auf die Mutter oder die Brüder der Braut bezog.[62]

Wie im römischen Recht wurde die Mitgift im mittelalterlichen Kotor in der Regel vom Ehemann entgegengenommen/empfangen. Gemäß *cap.* 157 des Statuts von Kotor bestand jedoch auch die Möglichkeit, dass der Vater die Mitgift seines Sohnes entgegennahm.

Gerade in dieser Frage zeigt sich ein wesentlicher Unterschied zwischen dem römischen Recht und dem mittelalterlichen Recht von Kotor – nämlich hinsichtlich des Umfangs, der Grenzen und sogar der Existenz der *patria potestas* (väterliche Gewalt). Im mittelalterlichen Kotor war die väterliche Gewalt – im Gegensatz zum römischen Recht – nicht allumfassend und allgegenwärtig. Obwohl die Gesellschaft patriarchalisch geprägt war und eine männliche Dominanz deutlich spürbar war, waren die Befugnisse der Väter deutlich stärker eingeschränkt als im römischen Recht.[63]

---

[61] Aus den statutarischen Bestimmungen lässt sich ableiten, dass der Vater als Besteller der Mitgift fungierte. So ist dies insbesondere in den folgenden Bestimmungen des Statuts (implizit) ersichtlich: *cap.* 147; *cap.*;148; *cap.* 149; *cap.* 152.

Darüber hinaus zeigt die Auswertung von nahezu drei Fünfteln der vom Autor gesichteten notariellen Urkunden deutlich, dass in der überwiegenden Zahl der Fälle der Vater derjenige war, der die Mitgift bestellte. Siehe dazu insbesondere die folgenden notariellen Urkunden: Mayer, 1951, NA 141;; NA 142; NA 166; NA 172; NA 212; NA 310; NA 377; NA 479; NA 480.

[62] Auch Brüder erscheinen als Besteller der Mitgift, was durch folgende notarielle Akten belegt ist: Mayer, 1951, NA 131; NA 148; NA 389; NA 393; NA 478; Mayer, 1981, NA II 77; NA II, 465; NA II 505; NA II 511; NA II 912; NA II 1102; NA II 1466; NA II 1625.

Ebenso übernehmen in bestimmten Fällen auch Mütter diese Rolle; vgl. hierzu die folgenden notariellen Akten: Mayer, 1951, NA 198; NA 336; NA 436; NA 658; NA 676; NA 789.

[63] Vgl. zum römischen Konzept der *patria potestas* u. a.: D.1.7.12; D.1.7.36; D.27.3.6; D.36.1.52; D.36.2.27; D.38.16.15; D.45.1.107; D.47.10.17.22; C.5.5.3.1; C.6.25.3; C.6.46.5; C.6.60.3.1; C.6.61.8.6b; C.8.46.7; C.9.51.13.2; wo die umfassende elterliche Gewalt – einschließlich Vermögensverwaltung, Eheschließung, Enterbung und Strafgewalt – ausdrücklich geregelt ist. Im Gegensatz dazu ist im mittelalterlichen Recht von Kotor, insbesondere im Statut von 1616 (vgl. *Statuta Civitatis Cathari*, *cap.* 139; *cap.* 142–145; *cap.* 185; *cap.* 199–204), ein solch geschlossener Begriff elterlicher Gewalt nicht zu erkennen. Zwar ist der Vater regelmäßig Besteller der Mitgift, kann Kinder verheiraten oder enterben, doch wird dies nicht unter einer einheitlichen Rechtsfigur systematisch subsumiert. Die normative

Dies manifestiert sich in der Regelung des *cap.* 157 des Statuts von Kotor, welche besagt, dass ein Vater, der die Mitgiften von zwei oder mehreren Söhnen empfangen hat, dazu verpflichtet war, sämtliche Mitgiften an sämtliche Söhne zurückzugeben, sofern er sie einem von ihnen erstattete und die anderen dies ebenfalls forderten. Diese Bestimmung lässt die Schlussfolgerung zu, dass Söhne ihre Mitgift zurückfordern konnten. Der/die Mitgiftempfänger/in konnte auch der Vater oder die Mutter des Ehemannes sein, die die Mitgift bis zur Volljährigkeit des Ehemannes verwalten konnten. Nach Erreichen der Volljährigkeit (im mittelalterlichen Kotor wie im römischen Recht wurde die Volljährigkeit mit Erreichen von 14 Jahren für Männer erreicht) konnte die Auszahlung der Mitgift nicht mehr verweigert werden.[64]

Dieses externe Rechtsverhältnis bei der Mitgiftbestellung wurde durch den Mitgiftvertrag begründet. Wie schon oben erwähnt, würde über den Mitgiftvertrag und die darauffolgende Übergabe der Mitgift zwingend eine notarielle Urkunde (*instrumentum dotis, carta dotis, carta Notarii, carta perchiui*) errichtet, was 1316 im Text des Statuts (*cap.* 149) vorgeschrieben wurde.

Die Notare, die größtenteils aus dem Gebiet der Apenninischen Halbinsel stammten,[65] waren, wie schon bereits an vorherigen Stellen erwähnt, gelehrte Juristen, die ihre juristische Titel an italienischen Universitäten erworben hatten und das römische Recht praktizierten, das sich seit dem 11. Jahrhundert in Europa neu entwickelte. Die erhaltenen Urkunden haben die Form von notariellen *Imbreviaturen*, d. h. verkürzten Versionen der Ereignisse, die sich stark am römischen Recht orientieren, im Geiste des *ius commune* und angepasst an die praktischen Bedürfnisse der Gemeinschaft von Kotor. Diese *Imbreviaturen* sind inhaltlich recht einheitlich.[66]

Praxis erscheint fragmentarischer und weniger durch eine übergreifende rechtliche Konstruktion wie im klassischen römischen Recht geprägt. Notarielle Akte aus dem 14. Jahrhundert bestätigen dies: zwar wird der Vater als wirtschaftlicher Hauptakteur deutlich, doch fehlt die umfassende rechtliche Begrifflichkeit der *potestas*. Vielmehr handelt es sich um konkrete Rechtsakte in einzelnen Situationen, die auf einem faktischen Familienoberhaupt basieren, ohne den Anspruch totaler juristischer Herrschaft.

[64] *Statuta Civitatis Cathari*, 1616, *cap.* 157; im *cap.* 161 wurde es verboten, dass der Vater die Mitgift der Minderjährigen veräußert, bis diese volljährig werden.

[65] Insbesondere aus den Marken von Ancona, aus Bologna und aus Pisa, wie aus dem für diese Studie ausgewerteten Quellenmaterial hervorgeht.

[66] Zur allgemeinen Struktur dieser Dokumente siehe bei: Jireček, 1904, 161–214; Čremošnik, 1927, 231–254; Sindik, 1950, 101; Marinović, 1957a, 83–110; Marinović, 1957b, 7–23; Bogojević-Glušćević, 1977, 137–142; Bogojević-Glušćević, 1981, 59–80;

Wie im weiteren Verlauf dieser Arbeit aufgezeigt wird, gliedert sich die Notariatsurkunde in zwei Teile:[67]

1) **Im ersten Teil** erklärt der Mitgiftbesteller, dass er anlässlich der Eheschließung seiner Tochter oder Schwester (oder in welchem Verhältnis auch immer er zu der Frau stand – entscheidend ist aber das Vorliegen der Eheschließung, da eine gültige Ehe wie im römischen Recht die unabdingbare Voraussetzung für die Bestellung und Übergabe der Mitgift war) bestimmte Gegenstände als Mitgift übergeben hat. Je reicher die Mitgift bzw. je wohlhabender der/die Mitgiftbesteller/in war, desto umfangreicher war die Aufzählung der Mitgiftgegenstände.
2) **Im zweiten Teil** der Notariatsurkunde findet sich eine durchaus interessante juristische Terminologie, die sich in fast allen notariellen Urkunden wiederholt.

Der Ehemann erklärt, dass er die Mitgift erhalten hat und dass er (der Ehemann) mit seiner Person und seinem ganzen Vermögen für die Mitgift haftet (***recipio super me et omnia bona mea***). Dieser Umstand erleichtert gewissermaßen die eigentumsrechtliche Einordnung der Mitgift erheblich, da aus dieser Rechtsterminologie eindeutig hervorgeht, dass es sich nicht um das Eigentum des Ehemannes handelt. Der Ehemann haftet mit seiner Person (***recipio super me***) und seinem gesamten Vermögen (..***et omnia bona mea***), was verdeutlicht, dass die Mitgift nicht sein Eigentum ist; wäre sie sein Eigentum, wäre eine solche Haftung überflüssig. Während der Ehe hatte der Ehemann ein Nutzungsrecht an der Mitgift inne, weshalb eine Haftung des Ehemannes erforderlich war.[68]

Fejić, 1980, 5–62; Bogojević-Gluščević, 1992, 1–24; Bogojević-Gluščević, 2006, 65–79; Bogojević-Gluščević, 2007, 7–15; Budalo, 2008, 231–141; Grbavac, 2008, 503–526; Grbavac, 2010, 1–339; Marković, 2010, 823–846.

[67] Mehr dazu in Kapitel 6 (Mitgiftverzeichnis) der vorliegenden Arbeit.

[68] Der Begriff *ususfructus* konnte vom Autor in den untersuchten notariellen Urkunden und statutarischen Quellen nicht als fester Terminus gefunden werden. Dennoch ist es dem Autor aufgrund der bestehenden rechtlichen Terminologie und der notariellen Akten möglich, eine Erklärung zu geben: der Ehemann hatte während der Ehe ein Nutzungsrecht (*ususfructus*) an der Mitgift, was eine Haftung des Ehemannes notwendig machte, um den rechtlichen Schutz der Ehefrau und die Eigentumsverhältnisse zu regeln. Der kotorsche Gesetzgeber bewegte sich im Untersuchungszeitraum dieser Dissertation (13., 14. und 15. Jahrhundert) oft unsicher bei der rechtlichen Absicherung der Ehefrau, insbesondere bei der Regelung des Eigentums am Mitgiftvermögen. Dies führte zu einer grundlegenden Veränderung im Verständnis der Eigentumsstruktur an Mitgütern in diesem Zeitraum.

Zur Materialität des Quellenmaterials, im Laufe der Forschung ist der Autor zum folgenden Schluss gekommen: die notarielle Urkunde wurde im mittelalterlichen Kotor in zwei Ausfertigungen erstellt: eine für den Mitgiftbesteller und die andere für den Bräutigam.[69]

Auf der anderen Seite wurde das römisch-rechtliche Mitgiftverzeichnis vom Mitgiftbesteller aufbewahrt. Dies war für die Rechtssicherheit in Bezug auf

---

Eine Schlüsselbestimmung des kotorschen Statuts (*cap.* 149) lautet: „*intentionis enim nostrae est, ut semper et in omni casu dos siue parchivium mulieris sit sacrum*". Diese Bestimmung wurde 1423 wiederholt, wie bereits im Text behandelt.

Der Autor möchte die Frage der Eigentumsstruktur hier nicht vertiefen, sondern wird sich im letzten Kapitel der Dissertation eingehend mit *Eigentum* und *Funktion der Mitgift* befassen.

In den notariellen Urkunden findet sich, aufgrund der strengen Formalität der Akten, kein Begriff des *ususfructus*. Vielmehr stehen die eingebrachten Gegenstände in der Ehe und die Fristen zur Auszahlung der Mitgift im Vordergrund.

Was die Verfügungsmacht über die Mitgift betrifft (*Verfügungsbefugnis*), so wird dieses Thema in einem eigenen Kapitel behandelt.

Auf Grundlage der erwähnten notariellen Akten kann der Autor jedoch feststellen, dass der Ehemann als Fruchtnießer des Vermögens angesehen wurde und sich durch die immer wiederkehrende Formel verpflichtete, die Mitgift nach Beendigung der Ehe zurückzugeben, wie in der Formel *recipio super me et omnia bona mea* zum Ausdruck kommt.

Siehe dazu folgenden Notariatsakt (Mayer, 1951, NA 1119):

„*Coram nobis iudicibus iuratis predictis conquestus est Mathe Triphonis Jacagne adversus Triphonem Sciti dicens pro parte uxoris dicti Triphonis Mare: „tu facis ingenium cum creditoribus tuis in preiudicium dotium uxorum tusrum predictorum, volo ergo, quod dictum perchium extimetur, ne possit defraudari, cum omni ratione ipsum saluum esse deberet". Et dictus Triphon non valens dare contrarium, dixit se non facere aliquod ingenium. Propter quod nos dicti iudices videntes per statutum, quod dotes omnimodo salve esse debent, diximus per sententiam, quod dicta perchiua extimentur per Nutium Gille et Theodorum Gige, quod eis dedimus eximatores, quod extiment dotem dictae Mare recepto sacramento ad dicta Mare, quod omnes dotes secundum cartam suam eidem Triphoni sint solute, de quibus dotibus extimatis creditores eiusdem Sciti accipere non valeant, Triphon predictus semper tenendo easdem.*"

Die Einschätzung von Prof. RODRIGUEZ könnte auch als überzeugend und stimmig mit der untersuchten statutarischen Rechtslage beobachtet werden, da sich keine Anhaltspunkte finden lassen, die dieser Sichtweise widersprechen würden: Nach seiner Auffassung ist es möglich, dass die Mitgift Eigentum des Ehemannes war, dieser jedoch schuldrechtlich verpflichtet war, das Eigentum zu verwalten und mit seiner Person sowie seinem Vermögen dafür zu haften, sollte er dieser Pflicht nicht nachkommen.

Diese Interpretation korrespondiert mit der republikanischen Rechtslage, in der die *actio rei uxoriae* erstmals im 2. Jahrhundert v. Chr. gewährt wurde.

[69] Mayer, 1951, NA 91; NA 143; NA 198; NA 478; NA 599; NA 1163

etwaige Zurückbehaltungsrechte des Ehemannes (*retentiones*) sowie das Rückforderungsrecht des Mitgiftbestellers nach Beendigung der Ehe von Bedeutung.[70]

In einem der nachfolgenden Kapitel in dieser Dissertation, das die Eigentumsfrage an der Mitgift behandelt, wird das Eigentum an der Mitgift ausführlicher erörtert. An dieser Stelle, die dem Thema der Parteien des Dotalverhältnisses gewidmet ist, also dem internen und externen Rechtsverhältnis bei der Mitgiftbestellung, soll bei dieser Feststellung beibehalten werden.

5.4.3 Zwischenfazit

Die Analyse der internen und externen Rechtsbeziehung im Rahmen der Mitgiftbestellung zeigt eindrucksvoll, wie stark das mittelalterliche Recht von Kotor vom römischen Recht geprägt war. Diese Prägung äußerte sich nicht nur in der Terminologie und Struktur, sondern auch in der Rechtssystematik und den Prinzipien, die dem mittelalterlichen Statut zugrunde lagen.

Ein wesentlicher Einfluss des römischen Rechts ist im externen Rechtsverhältnis zwischen dem/der Mitgiftbesteller/in und dem Ehemann zu erkennen. Die vertragliche Grundlage dieses Verhältnisses, die im römischen Recht durch die *pacta dotalia* und die dazugehörigen *instrumenta* geregelt wurde, spiegelt sich im mittelalterlichen Kotor in den entsprechenden Notariatsurkunden wider – etwa in der *carta dotis*, dem *instrumentum dotis* oder der *carta perchivii*. Diese Dokumente waren nicht nur rechtlich verbindlich, sondern dienten auch der Rechtssicherheit, indem sie sowohl die Verpflichtungen der Parteien als auch die Eigentumsverhältnisse durchaus klar regelten. Die vorliegende Untersuchung kommt zu dem Schluss, dass die Unterscheidung zwischen gesetzlicher und vertraglicher Verpflichtung einen signifikanten Beitrag zum Verständnis der divergierenden rechtlichen Natur dieser beiden Rechtsverhältnisse (externen und internen) und ihrer Grundlagen leistet.

Besonders auffällig ist die Übernahme des römischen Grundsatzes, dass die Mitgift trotz ihrer Übertragung an den Ehemann im Eigentum der Frau (oder des Mitgiftbestellers) blieb. Die im mittelalterlichen Kotor verwendete juristische Formulierung „*recipio super me et omnia bona mea*“ ist ein wesentlicher Beleg für diesen Einfluss. Durch diese Klausel wurde die Haftung des Ehemannes für die Mitgift hervorgehoben und zugleich seine quasi nutzungsrechtliche Stellung als Nießbraucher (*usufructuarius*) an der Mitgift klargestellt.

[70] Zum Mitgiftverzeichnis im römischen Recht und im mittelalterlichen Kotor s. unten Kap. 6.

5.5 Gegenstand der Mitgift

Zu Beginn dieses Kapitels, das sich mit dem Gegenstand der Mitgift befasst, wird der Autor zunächst einen Überblick darüber geben, welche Gegenstände im römischen Recht als Mitgift gegeben werden konnten und wie sich dieses Verständnis im mittelalterlichen Recht von Kotor widerspiegelte.

Die römisch-rechtliche Institution der Mitgift umfasste in der Regel alles, was sich im Wirtschafts- und Handelsverkehr befand.[71] Die Auswahl, Menge und der Wert der Gegenstände wurden dabei maßgeblich vom wirtschaftlichen und sozialen Status der Familie, insbesondere des *pater familias*, beeinflusst.[72]

Es lässt sich konstatieren, dass jeder Vermögenswert im *commercium* als Mitgift dienen konnte, sei es ein dingliches Recht,[73] eine Forderung – neu begründet oder abgetreten[74] – oder auch der Erlass von Schulden.[75] Selbst der Erlass einer Schuld, bei der die Braut Gläubigerin und der Ehemann Schuldner war, konnte als Mitgift betrachtet werden, ebenso wie ein gesamtes Vermögen.[76]

---

[71] Dass grundsätzlich jeder Vermögensgegenstand, der einen Wert im *commercium* hatte, als Mitgift gegeben werden konnte, belegt die folgende Stelle aus den Digesten (D.48.15.4): *Lege Fabia tenetur, qui sciens liberum hominem donaverit vel in dotem dederit, item qui ex earum qua causa sciens liberum esse acceperit, in eadem causa haberi debeat, qua venditor et emptor habetur. idem et si pro eo res permutata fuerit.*

[72] Stagl, 2009, 57 ff.; Fayer, 2005, 673–677.

[73] Dies wird durch mehrere Stellen in den Digesten belegt:

D.23.3.6.1 (Pomp. 14 Sab.): „*Si pater alienum fundum bona fide emptum in dotem dedit, ab ipso profectus intellegitur.*"

Hier wird deutlich, dass sogar Eigentum an einem fremden Grundstück als Mitgift gegeben werden konnte.

D.23.3.7.2 (Ulp. 31 Sab.): „*Si usus fructus in dotem datus sit, videamus, utrum fructus reddendi sunt nec ne. et Celsus libro decimo digestorum ait interesse, quid acti sit, et nisi appareat aliud actum, putare se ius ipsum in dote esse, non etiam fructus qui percipiuntur.*"

D.23.3.78 (Tryph. 11 disp.): „*Cum in fundo mariti habens mulier usum fructum dotis causa eum marito dedit, quamvis ab ea usus fructus decesserit, maritus tamen non usum fructum habet, sed suo fundo quasi dominus utitur, consecutus per dotem plenam fundi proprietatem, non separatam usu fructu, nec est, quod non utendo maritus amittat. divortio autem facto constituet in eodem fundo usum fructum mulieri. quod si in matrimonio decesserit uxor, nihil emolumenti ob dotem habere videtur maritus, quia et si uxorem eam non duxisset, fructuariae morte finitus usus fructus ad proprietatem rediret: ideoque nec in funus confert mulieris.*"

[74] D.24.3.49 (Paul. 7 resp.).

[75] D.23.3.29 (Ulp. 36 Sab.); D.23.3.41.2 (Paul. 35 ed.); D.24.3.49 (Paul. 7 resp.).

[76] D.23.3.12.2 (Ulp. 34 Sab.); D.23.3.77 (Tryph. 10 disp.).

Gemäß dieser Prämisse konnte im römisichen Recht grundsätzlich jeder Gegenstand im Wirtschaftsverkehr als Mitgift dienen, sofern er einen Vermögenswert für den Ehemann darstellte. Die Familie der Braut war demnach verpflichtet, dem Ehemann durch die Bestellung der Mitgift, einen bestimmten Vermögenszuwachs zu verschaffen.[77]

Es wurde nicht vorausgesetzt, dass dieser Vermögenszuwachs einen besonderen Wert aufwies. Gegenstände des Alltags, wie Geschirr, Schuhe, Kleidung, Möbel oder allgemeine Gebrauchsgegenstände, konnten ebenfalls als Mitgift dienen.[78]

Auch „nacktes Eigentum" konnte das Vorliegen der Mitgift konstituieren, ohne dass dieser Mitgiftgegenstand notwendigerweise einen Ertrag bringen oder liefern musste. Ein solcher Gegenstand stellt dennoch einen Vermögenszuwachs dar, was die einzige Voraussetzung für die Auswahl von Gegenständen war, die als Mitgift gegeben werden konnten.[79] Dies veranschaulicht eine der Funktionen der Mitgift im römischen Recht, nämlich die Beteiligung an den Kosten der Ehe (*onera matrimonii*).[80]

---

[77] Dieser Vermögenszuwachs konnte auch in der Zukunft liegen, wie Stagl, 2022, 875 anmerkt, mit Bezug auf D.23.3.5.5 (Ulp. 31 Sab.); siehe dazu auch: D.23.3.6.1 (Pomp. 14 Sab.).

[78] Ein Beispiel für eine solche Art von Gegenständen der Mitgift bietet ein Auszug aus dem *Codex Iustinianus*, in dem auch bewegliche Sachen wie Kleidung, Schmuck oder Silber ausdrücklich berücksichtigt werden:

C.5.12.31.5 (Iust. a.530):

„*Praeterea sancimus, si quis in dotem vel praedia vel certum reditum vel aedes vel panes civiles spopondit vel promisit, si ex tempore matrimonii biennium transactum sit, ilico redituum vel pensionum nec non panis civilis quaestum eum praestare, etiamsi non fuerint adhuc res principales traditae: et si tota dos in auro sit, itidem post biennium usuras usque ad tertiam partem centesimae praestari.*"

C.5.12.31.6 (a.530):

„*Sin autem aliae res praeter immobiles vel aurum fuerint in dote, sive in argento sive in muliebribus ornamentis sive in veste sive in aliis quibuscumque, si quidem aestimatae fuerint, simili modo post biennium et earum usuras ex tertia parte currere: aestimatione earum, quia et hoc apertius declarare oportet, ea intellegenda, quae pro singulis speciebus facta est vel pro unoquoque genere dotalium specierum, id est pro argento vel pro ornamentis vel pro veste aliisque speciebus, et non esse exspectandam post singulas aestimationes unam coadunationem totius calculi, quod satis scrupulosum et per nimiam subtilitatem perniciosum est.*"

[79] Siehe mehr dazu in: D.23.3.4 (Paul. 6 Sab.): „*Si proprietati nudae in dotem datae usus fructus accesserit, incrementum videtur dotis, non alia dos, quemadmodum si quid alluvione accessisset.*"

[80] Zur Funktion der *onera matrimonii*, die entweder implizit oder explizit auszulegen ist, siehe insbesondere folgende Quellen:

Nachdem nun ein Überblick über den Gegenstand der Mitgift im römischen Recht gegeben wurde, ist es an der Zeit, den Fokus auf das juristische Verständnis dieses Instituts im mittelalterlichen Kotor zu richten.

Als zentrale Quellen für diese Untersuchung dienen erneut die statutarischen Bestimmungen des Statuts von Kotor sowie notarielle Dokumente, die eine ergänzende Perspektive bieten. Während das Statut in vielerlei Hinsicht vage und rechtlich unbestimmt bleibt – mit Ausnahme derjenigen Mitgiftgegenstände, die einer Adligen (*citadini*) zwingend mitgegeben werden mussten–,[81] liefern die notariellen Urkunden ein differenzierteres Bild.[82]

Dieses Kapitel ist also in drei Unterkapitel gegliedert:

1. **Das erste Unterkapitel** widmet sich den körperlichen Sachen und wird weiter in zwei Kategorien unterteilt – bewegliche und unbewegliche Sachen.
2. **Das zweite Unterkapitel** behandelt die unkörperlichen Sachen.
3. **Im dritten Unterkapitel** wird eine zusammenfassende Analyse erfolgen. Dabei wird untersucht, inwieweit das römisch-rechtliche Verständnis hinsichtlich des

D.23.3.7 (Ulp. 31 Sab.):

„*Si dotis fructum ad maritum pertinere debere aequitas suggerit: cum enim ipse* ***onera matrimonii*** *subeat, aequum est eum etiam fructus percipere.*"

D.23.3.56.1 (Paul. 6 Plaut.):

„***Ibi dos esse debet, ubi onera matrimonii sunt.***"

D.23.3.76 (Tryph. 9 disp.):

„*Si pater mulieris mortis suae causa dotem promiserit, valet promissio: nam et si in tempus, quo ipse moreretur, promississet, obligaretur. sed si convaluerit, cur ei non remittatur obligatio per condictionem, atque si stipulanti quivis alius promisisset aut dotem alicuius nomine? nam ut corporis vel pecuniae translatae, ita obligationis constitutae mortis causa condictio est. non idem dicendum est in persona mulieris, si mulier mortis suae causa dotem promiserit, quia nisi* ***matrimonii oneribus serviat****, dos nulla est.*"

D.23.4.11 (Ulp. 34 ed.):

„*Cum pater dotem pollicitus fuerit et paciscatur, ne se vivo petatur neve constante matrimonio dos petatur, ita pactum interpretandum divus Severus constituit, quasi adiectum esset se vivo: hoc enim ita accipiendum esse contemplatione paternae pietatis et contrahentium voluntatis, ut posterior quoque pars conventionis ad vitam patris relata videatur, ne diversa sententia fructum dotis* ***ab oneribus matrimonii*** *separet quodque indignissimum est, inducat ut non habuisse dotem existimetur. quo rescripto hoc effectum est, ut, si quidem vivo patre decesserit filia aut sine culpa sua divorterit, omnimodo dos peti non possit, constante autem matrimonio mortuo patre peti possit.*"

[81] Siehe mehr in: *Statuta Civitatis Cathari*, 1616, *cap.* 150.

[82] Als Mitgiftgegenstände erscheinen folgende Kategorien von körperlichen und unkörperlichen Gegenständen (z.B: Mayer, 1951, NA 198; NA 229; NA 266; NA 274; NA 311; NA 312): Immobilien (Häuser, Weinberge, Grundstücke, Baumschulen), Geld (*yperperos*, Groschen), Gold (Asagiji), Kleidung und Textilien (Anzüge, Tuniken, Mäntel), Vieh (Schafe) sowie Sonstiges (Schmuck, Anteile an Fohlen, Rechte).

Gegenstands der Mitgift im mittelalterlichen Kotor konzeptionell und in der Rechtspraxis präsent war.

Zudem wird herausgearbeitet, welche Elemente des römischen Rechts in der mittelalterlichen Rechtsauffassung Kotors fortbestanden, welche Transformationen stattfanden und welche spezifischen Eigenheiten mittelalterliches Recht von Kotor aufwies.

5.5.1 Körperliche Sachen

In die Kategorie der körperlichen Sachen fallen sowohl bewegliche als auch unbewegliche Sachen. Im Folgenden werden diese beiden Kategorien der körperlichen Sachen getrennt analysiert, wobei jede in einem eigenen Unterkapitel behandelt wird.

Einige Mitgiften umfassten aber das gesamte Vermögen, das der Braut im Rahmen der Mitgift bestellt wurde, was stark an das römische Recht erinnert, in dem eine ganze Vermögensmasse – und sogar das ganze Vermögen einer Person – zur Mitgift im Rahmen der Eheschließung bestellt werden konnte.[83] Dies ist eines der Beispiele, in denen der Autor während der Analyse notarieller Urkunden von Kotor auf einen Sachverhalt gestoßen ist, bei dem das gesamte Vermögen als Mitgift übergeben wurde:

---

[83] Hier ist ein Beispiel, bei dem die ganze Erbschaft als Mitgift gegeben wurde:
D.5.3.13.10 (Ulp. 15 ed.):
„*Apud Marcellum libro quarto digestorum relatum est, si mulier hereditatem in dotem dedit, maritum pro dote quidem possidere hereditatem, sed petitione hereditatis utili teneri: sed et ipsam mulierem directa teneri Marcellus scribit, maxime si iam factum divortium est.*"
Siehe noch ein weiteres Beispiel, in dem das ganze Vermögen als die Mitgift gegeben wurde:
D.23.3.72 pr. (Paul. 8 resp.):
„*Mulier* ***bona sua omnia in dotem dedit****: quaero, an maritus quasi heres oneribus respondere cogatur. Paulus respondit eum quidem, qui tota ex repromissione dotis bona mulieris retinuit, a creditoribus conveniri eius non posse, sed non plus esse in promissione bonorum quam quod superest deducto aere alieno.*"
Dies ist eines der Beispiele, in denen der Autor während der Analyse notarieller Urkunden von Kotor auf einen Sachverhalt gestoßen ist, bei dem das gesamte Vermögen als Mitgift übergeben wurde (Mayer, 1981, NA II 1007).

NA II 1180, 4.VIII.1335

„Die III. mensis augusti. Ego Rade, filia condam Balduini Dragonis Balduini de Catharo, canonice contraho matrimonium cum Petro Pangratti de Benescia, dans sibi mecum ***pro dote omnia bona mea condam patris et matris mee, mobilia et stabilia*** *intus et extra ciuitatem, secura et scalumpniata cum omnibus pertinentiis et potestatibus suis,* ***super me et omnia bona mea.*** *Que omnia predicta ego dictus Petrus* ***recipio super me et omnia bona mea.*** *Ad hoc presentibus et consentientibus Marco Dragonis et Dragone Iohannis, propinquioribus eiusdem Rade, sana ratione dicti Marchi carte sue, quam habet sibi Thoma Bugonis. De hoc autem due sunt carte similes. Actum in presentia iurati iudicis Marini Golie et auditoris Theodori Gige. E.“*

5.5.1.1 Bewegliche Sachen

Zunächst wird in diesem Unterkapitel das notarielle Material behandelt, während der statutäre Text später im Verlauf des Textes erörtert wird.

Die notariellen Dokumente enthalten zahlreiche Hinweise auf bewegliches Vermögen. Bewegliche Sachen wurden im mittelalterlichen Kotor häufig als Mitgift gegeben, da sie leicht transportiert und in den neuen Haushalt integriert werden konnten.

Zu den beweglichen Gegenständen gehörten Kleidung, Gold, Silber und andere Edelmetalle, sowie Schmuck, Möbel, Tafelgeschirr, Stoffe und sogar Tiere wie Schafe oder Ochsen. Besonders interessant sind seltene Beispiele wie Bücher oder sakrale Objekte, die bei wohlhabenderen Familien als Teil der Mitgift dokumentiert sind. Dies unterstreicht den hohen symbolischen und wirtschaftlichen Wert dieser Objekte.[84]

Geld spielte auch eine zentrale Rolle bei der Mitgift und wurde häufig in verschiedenen Formen übergeben. Notarielle Akten belegen die Übergabe von Münzen wie *yperperos* (byzantinischen Ursprungs), venezianischen *Grossi* und

[84] Zur Kleidung als Teil der Mitgift dienen folgende Beispiele aus den Notariatsakten: Mayer, 1951, NA 131; NA 142; NA 148; NA 154; NA 166; NA 310; NA 336; NA 436.

Zum Gold siehe folgende Bespiele: Mayer, 1951, NA 131; NA 142; NA 143; NA 148; NA 154; NA 166; NA 310.

Zum Schmuck siehe folgendes Beispiel: Mayer, 1951, NA 336.

Zu Tieren siehe folgende Beispiele: Mayer, 1951, NA 251; NA 336; NA 389.

Zu Immobilien siehe folgende Beispiele: Mayer, 1951, NA 72;; NA 91; NA 114; NA 132; NA 133; NA 141; NA 142; NA 148; NA 154; NA 166; NA 172; NA 198; NA 221; NA 251; NA 300; NA 310; NA 311; NA 381; NA 393; NA 415; NA 436.

denari sowie anderen Formen von Bargeld. Das 13. und 14. Jahrhundert waren den Akten nach besonders ergiebig und reich an Geld und Edelmetallen in diesem adriatischem Gebiet.[85]

Auf der anderen Seite behandelt der statutäre Text die Gegenstände der Mitgift in zwei Bestimmungen, nämlich im *cap.* 149 und *cap.* 150. Diese Bestimmungen sind durchaus von großer Bedeutung für das Verständnis der Mitgiftgegenstände, geben jedoch zugleich Aufschluss über die Funktion und die rechtliche Natur der Mitgift im mittelalterlichen Kotor.

Neben diesen beweglichen Sachen wurden bei den Mitgiften adeliger Frauen fast immer auch Dienerinnen oder Mägde (*ancilla*) sowie Kleidung nach adeligem Brauch (*vestimenta more nobilium mulierum, indumenta more nobilium mulierum*) genannt, was auch durch das Vorliegen einer größeren Anzahl an Notariatsakten bekräftigt werden kann.[86]

An dieser Stelle sei nochmals auf die wissenschaftliche Kontroverse über die Einordnung des Begriffs *ancilla* hingewiesen. Es wird vermutet, dass es sich eher um halbfreie bzw. wirtschaftlich abhängige Personen handelte. Die männliche Form der Dienerschaft wird auch in den Statuten erwähnt, insbesondere im *cap.* 149:

„*…de Sclaua, vel de Sclauo quem, vel quam uxor in domu viri sui duxit…si servus, vel ancilla…*"

Die 150. Bestimmung des Statuts von Kotor befasst sich, wie schon oben erwähnt, mit der Frage der Ausstattung von Bräuten aus den wohlhabenden und adligen Schichten der Bürgerschaft. Diese Bestimmung, die zur gleichen Zeit wie die 149. Bestimmung (im Sommer 1316) erlassen wurde, regelt die Verpflichtung zur Bereitstellung bestimmter Kleidungsstücke bei der Mitgiftbestellung für adelige Frauen.

Die vorliegende 150. statutarische Bestimmung legt auch fest, wie zu verfahren ist, wenn bestimmte Mitgiftgegenstände, die traditionell für adelige Bräute vorgesehen waren, nicht zur Verfügung stehen. Es handelt sich um eine fein nunancierte Aufzählung von Kleidungsstücken:

– **ein mit Seide gefütterter Scharlachmantel (*chenda* genannt),**

---

[85] Zum Geld als Teil der Mitgift siehe einige Beispiele: Mayer, 1951, NA 114; NA 131; NA 143; NA 145; NA 158; NA 161; NA 167; NA 173; NA 175; NA 178. Der Autor unternimmt hier keinen vollständigen Überblick über alle Notariatsakten, in denen Geld erwähnt wird, da dies kaum möglich wäre: In nahezu jedem Mitgiftvertrag der Serie erscheint dieser Posten.

[86] *Statuta Civitatis Cathari*, 1616, *cap.* 150; Mayer, 1951, NA 1144; NA 1150; Mayer, 1981, NA II 271; NA II 281; NA II 839; NA II 912; NA II 1004; NA II 1076; NA II 1420; NA II 1440; NA II 1624; NA II 1657.

- **ein ebenfalls gefütterter grüner Mantel aus dünnem Wollstoff,**
- **ein mit Zobelfell besetztes Oberkleid aus golddurchwirktem Stoff,**
- **ein langer Überrock mit *chenda*-Futter,**
- **ein Kleid und**
- **ein Oberkleid aus einfachem oder golddurchwirktem Stoff sowie eine Dienerin.**

Diese taxative Aufzählung der adligen Brautkleidung weist darauf hin, dass diese Kleidung ein **Statussymbol** war, das sowohl respektiert als auch nach außen sichtbar gemacht werden musste. Das Statut von Kotor legt großen Wert auf luxuriöse Kleidung und definiert sie im Vergleich zu anderen Mitgiftbestimmungen präzise und fein nuanciert.

Falls die genannten Kleidungsstücke nicht in physischer Form bereitgestellt werden können, tritt eine Ersatzpflicht ein, bei der durch eine Schätzung zweier *„ehrenwerten Personen (duo bono viri)* “ der Kommune von Kotor ein Geldbetrag als Kompensation festgelegt wird. Die beiden benannten ehrenamtlichen Personen wurden von den beiden Familien gewählt.[87]

Aufgrund der unklaren juristischen und sprachlichen Formulierung des Gesetzgebers von Kotor bleibt jedoch offen, ob im dritten Fall – wenn weder Kleidung zur Verfügung gestellt noch eine Ersatzpflicht in Form von Geld erfüllt werden kann und eine Bewertung durch die beiden ehrenamtlichen Personen (*per duos bonos viros*) erfolgt – die Verpflichtung zur Zahlung und Bestellung der genannten Kleidung bei den MitgiftbestellerInnen oder ausschließlich beim Ehemann liegt.[88]

Sollte es zu Unstimmigkeiten oder Missverständnissen zwischen den Familien der Braut und des Bräutigams kommen, übernimmt das Gericht die Zuständigkeit. In jedem Fall lässt die Interpretation den Schluss zu, dass das Gericht eine dominierende Rolle bei der Regelung der Frage der Bestellung und der Verpflichtung zur Bereitstellung der Kleidungsstücke einnimmt. Damit nimmt die Obrigkeit erneut (wie bei der *cap.* 149) Einfluss auf die Regelung der Familienverhältnisse im Zusammenhang mit der Mitgift.

Dies geschieht nicht nur wegen des Anspruchs der Frau auf dieses Gut, sondern auch, weil diese Bestimmung die äußere Manifestation der Aufrechterhaltung der Standeszugehörigkeit der Bevölkerung berührt. Darüber hinaus ist der Adel verpflichtet, seine Töchter und Schwestern „angemessen" zu verheiraten.[89]

[87] *Statuta Civitatis Cathari*, 1616, *cap.* 150.

[88] *Statuta Civitatis Cathari*, 1616, *cap.* 150.

[89] *Statuta Civitatis Cathari*, 1616, *cap.* 150.

Neben der Kleidung, die den adeligen Frauen mitgegeben werden soll, wird auch Gold erwähnt. Die MitgiftbestellerInnen sollen so viel Gold bereitstellen, wie sie versprochen haben. Wenn sie physisch kein Gold besitzen/innehaben, müssen sie den entsprechenden Geldwert zur Verfügung stellen. Die Aufgabe der Wertermittlung obliegt hier jedoch nicht den beiden guten Männern (*per duos bonos viros)*, sondern dem Gericht selbst, dessen vermittelnde Rolle auch in diesem Fall zum Ausdruck kommt.[90]

Die Bestimmung des Statuts von Kotor (*cap.* 150) zeichnet sich also durch eine genaue taxative Aufzählung der Gegenstände aus, die adeligen Frauen bei der Eheschließung als Mitgift auszuhändigen waren. Die besagte Vorschrift geht damit explizit auf den Umfang der für den Adel obligatorischen Mitgift ein. Da Statut von Kotor generell sparsam mit konkreten Regelungen zu Umfang und Inhalt der Mitgift umgeht, gibt es dennoch eine klare Hierarchie der Mitgiftgegenstände: die im *cap.* 150 genannten Gegenstände (Kleidung, Gold, DienerInnen) stehen an erster Stelle und waren als wesentlicher Bestandteil der adligen Mitgift zwingend vorgesehen.

Die Kleidung spielte in der mittelalterlichen Gemeinde eine wichtige Rolle und war vor allem im aristokratischen Milieu ein angesehenes **Statussymbol** und gewisses „Statement". Der Gesetzgeber war bei der rechtlichen Regulierung der Mitgiftpflicht des Adels im Vergleich zu seinen sonstigen Ansprüchen an juristischer Genauigkeit und Vollständigkeit bemerkenswert großzügig.

5.5.1.2 Unbewegliche Sachen

Das notarielle Material ist reich an Hinweisen auf unbewegliche Sachen, die im Rahmen der Bestellung der Mitgift übertragen wurden.

Beispiele aus den notariellen Dokumenten zeigen, dass oft ein Haus, ein Teil eines Hauses, Weinberge oder Anteile davon, Grundstücke und andere Liegenschaften als Mitgift bestellt wurden. Auch spezifische Beispiele wie Holzhäuser, Steinhäuser, Anpflanzungen von Reben sowie Landflächen sind dokumentiert. Bei den unbeweglichen Mitgiftgegenständen hingegen wird deutlich, dass es sich vor allem um Gegenstände handelte, die für das wirtschaftliche und existenzielle Überleben einer Familie unerlässlich waren. Dazu gehörten Grundstücke, Häuser, Weinberge, Obstgärten und Felder. Diese Kategorisierung hilft, die Funktion der Mitgift im Hinblick auf die Kosten der Heirat (*onera matrimonii*) zu entschlüsseln.[91]

---

[90] *Statuta Civitatis Cathari*, 1616, *cap.* 150.

[91] Mayer, 1951, NA 72; NA 91; NA 114; NA 133; NA 141; NA 142; NA 148; NA 154; NA 166; NA 172; NA 198; NA 221; NA 251; NA 300; NA 310; NA 311; NA 336; NA 389; NA

In einem Teil der notariellen Urkunden wird deutlich, dass neben dem Land auch Leibeigene (*colones*) Gegenstand der Mitgift waren. Diese waren dauerhaft an das Land gebunden (*villani, homines qui sunt in sella*):

> *„Ego Rade.. canonice contraho matrimonium cum Angelo Sciti, dans sibi filiam meam.. cum qua do sibi pro dote.. villam meam de Lastua cum* ***villanis*** *et terris ibidem..“*[92]
>
> *„Ego Dome.. una cum filiis meis Mathe et Dragone, canonice contraho matrimonium cum Domagna.. ... dans sibi filiam meam.. cum qua do sibi pro dote..* ***homines, qui sunt in dicta sella..*** *“*[93]

Diese Kolonen befanden sich in einer wirtschaftlich abhängigen Position. Sie traten in der Regel freiwillig (*ex bona voluntate*), oft aus Gründen des wirtschaftlichen Überlebens, in den Dienst des Landes und standen in einem dauerhaften, ans Land gebundenem Verhältnis. Eine Änderung dieses Status war nur mit Zustimmung des Patrons möglich. Ihre Dienstpflicht richtete sich nach den Gebräuchen und Gewohnheiten der Stadt (*secundum usum et consuetudinem civitatis*).[94]

Angesichts der wirtschaftlichen Aktivitäten im Mittelalter, des begrenzten Raumes und der Bedeutung der Grundstücke ist das Vorhandensein dieser unbeweglichen Mitgiftgegenstände nicht verwunderlich. Es handelt sich um Gegenstände, die bereits im römischen Recht regelmäßig als Mitgiftbestandteile vorkamen.

393; NA 415; NA 436; NA 478; NA 479; NA 480; NA 488; NA 492; NA 567; NA 658; NA 789; NA 805; NA 925; NA 930; NA 933; NA 946; NA 948; NA 953; NA 956; NA 988; NA 1057; NA 1070; NA 1089; NA 1243; NA 1261; NA 1309; NA 1322; Mayer, 1981, NA II 38; NA II 70; NA II 100; NA II 194; NA II 204; NA II 243; NA II 270; NA II 285; NA II 372; NA II 425; NA II 452; NA II 480; NA II 487; NA II 547; NA II 597; NA II 635; NA II 665; NA II 836; NA II 893; NA II 894; NA II 917; NA II 935; NA II 976; NA II 1002; NA II 1004; NA II 1008; NA II 1076; NA II 1311; NA II 1466; NA II 1496; NA II 1625; NA II 1668; NA II 1669; NA II 1751; NA II 1766.

[92] Mayer, 1981, NA II 719; siehe auch NA II 1516; dazu Nikezić, 1995, 17–18.

[93] Mayer, 1981, NA II 1516.

[94] Nikezić, 1995, 17–18.

5.5.2 Unkörperliche Sachen

Neben körperlichen Sachen konnten auch unkörperliche Sachen als Mitgift gegeben werden. Der Autor hat bereits zu Beginn des Kapitels darauf hingewiesen, dass im römischen Recht jeder Vermögenswert, der sich im *commercium* befand, Gegenstand der Mitgift sein konnte – darunter auch Forderungen, deren Abtretung oder Forderungsverzicht.

Auch im mittelalterlichen Recht von Kotor lassen sich Hinweise auf unkörperliche Sachen als Gegenstand der Mitgift finden, was erneut durch notarielle Dokumente belegt wird, wie zum Beispiel:

> *„Ego quidem Stane.. do et concedo Slauoye... omnem* ***potestatem****, quam habeo de una carta notarii de ducentis perperis super Micho de Cemberoso, quod possit* ***petere dictum debitum****..“*[95]

Neben Dokumenten, in denen unkörperliche Sachen – insbesondere die Abtretung von Forderungen – als ausschließlicher Gegenstand der Mitgift festgehalten sind, zeigen notarielle Quellen auch Fälle, in denen die Mitgift aus einer Hälfte eines bestimmten Vermögens bestand:

> *„Ego quidem Grube Obraciti..... dans sibi sororem meam.. cum qua do sibi pro dote.. et* ***generaliter medietatem totius facti mei****..“*[96]
>
> *„Ego Petrus Radun de Dulaco una cum uxore mea Dobre canonice contraho matrimonium cum Moysa.. dans sibi filiam meam.. cum qua do sibi pro dote* ***medietatem totius facti mei mobilis et stabilis.*** *"*[97]

Ein besonders bemerkenswertes Beispiel ist ein notarielles Dokument, das die vollständige Übertragung des gesamten Vermögens als Mitgift belegt.[98]

---

[95] Mayer, 1951, NA 155. Weitere Beispiele in Mayer, 1951, NA 1070; Mayer, 1981, NA II 465; NA II 1007; dazu Nikezić, 1995, 19.

[96] Mayer, 1951, NA 391.

[97] Mayer, 1951, NA 489.

[98] Mayer, 1981, NA II 1007.

Diese Beispiele stützen die These, dass das mittelalterliche Rechtssystem in Kotor ein durchaus differenziertes Rechtssystem darstellte, das „sogar" unkörperliche Sachen als juristische Objekte anerkannte.

5.5.3 Exkurs: Die Rolle des Gewohnheitsrechts

Inmitten dieser Regelung findet sich ein Verweis, der für diese Untersuchung von signifikanter Relevanz ist, da das alte Gewohnheitsrecht (*consuetudinem antiquam*) als Rechtsquelle am Ende der bereits erwähnten 150. Bestimmung angeführt wird. In Fällen, in denen zwischen einer vor 1316 notariell beurkundeten Urkunde und der Erfüllung der in dieser Bestimmung festgelegten Verpflichtungen Unklarheiten bestehen, wird auf das alte Gewohnheitsrecht zurückgegriffen. In derartigen Fällen hat das alte Gewohnheitsrecht als subsidiäre Rechtsquelle Vorrang, insbesondere wenn die MitgiftbestellerInnen nicht in der Lage sind, die geforderten Güter zu liefern.

Es sei gestattet, die Frage aufzuwerfen, was unter dem Terminus „*consuetudinem antiquam*" zu verstehen ist. Es handelt sich hierbei um einen Begriff, der auf alte Rechtsgewohnheiten verweist, welche offensichtlich von den Bürgern von Kotor anerkannt und als rechtliche Tradition respektiert wurden. Diese wurden über Generationen hinweg tradiert und hatten für die städtische Gemeinschaft erhebliche Bedeutung. Der Autor hat im einleitenden Teil des Textes bereits eine Erläuterung zur Struktur des Statuts gegeben, insbesondere zu jener Passage, in der die Kotoraner bei der „freiwilligen Übergabe" der Stadt an Venedig[99] betonen, dass der bestehende Rechtsrahmen sowie das Gewohnheitsrecht zu achten seien – ein Anliegen, dem auch die venezianische Seite vertraglich und explizit zustimmte.

[99] Monique O'CONNELL, *Voluntary Submission and the Ideology of Venetian Empire* (9–39), beschreibt den Begriff der „*voluntary submission*" mittelmeerischer Städte, die sich scheinbar freiwillig der mächtigen venezianischen Herrschaft unterwarfen. Diese Analyse unterstreicht, dass Knechtschaft nicht nur durch physische Fesseln definiert wird, sondern subtilere Formen der Unterwerfung existieren, die sich nicht zwangsläufig offen in der Außenwelt manifestieren.

Mit diesem Exkurs soll die komplexe, aus Sicht heutiger Forschung zumindest vielschichtige, Rechtswirklichkeit der Bürger von Kotor veranschaulicht werden. Plausibel erscheint, dass mit dem Ausdruck *consuetudinem antiquam* in *cap.* 150 des Statuts von Kotor, datiert auf das Jahr 1316, auf eine vorserbische Rechtsvorstellung Bezug genommen wird – möglicherweise auf byzantinische Traditionen –, in jedem Fall aber auf das Fortbestehen von Rechtsgewohnheiten hingewiesen wird, deren normative Kraft trotz der fortschreitenden Verschriftlichung des Rechts, etwa durch die intensive notarielle Tätigkeit, erhalten blieb. Der Autor versteht *consuetudinem antiquam* hierbei sowohl als eine Art *Auffangklausel* im Sinne einer letzten rechtlichen Instanz bei unklaren oder lückenhaften Regelungen als auch als moralisch-rechtlichen Imperativ zur Achtung der überlieferten Gewohnheiten, die als ungeschriebene Normen in der Praxis weiter galten.

5.5.4 Zwischenfazit

Es lässt sich nachweisen, dass im mittelalterlichen Recht von Kotor als Mitgiftgegenstände sowohl körperliche als auch unkörperliche Sachen existierten.

Was die körperlichen Sachen betrifft, handelt es sich selbstverständlich um bewegliche und unbewegliche Sachen. Diese stellten eine Kategorie von Gegenständen dar, die damals schlichtweg im Verkehr waren – angefangen bei kleineren Möbelstücken, Kleidung und Schuhen bis hin zu unbeweglichen Sachen wie fertigen oder unfertigen Häusern, Weinbergen und Baugrundstücken. Im Wesentlichen handelte es sich um dieselben Gegenstände, die auch im römischen Recht als Mitgift für die Braut gegeben wurden.

Das Statut und das mittelalterliche Recht von Kotor erkennen jedoch auch die Kategorie der unkörperlichen Sachen an. Dabei handelt es sich zunächst um verschiedene Arten von Rechten, wie etwa die Abtretung von Forderungen und den Verzicht auf Forderungen. Dies spricht für die These, dass es sich schlichthin nicht um ein einfaches oder primitives Rechtssystem handelte, denn allein die Erwähnung der unkörperlichen Sachen ist ein durchaus hinreichender Hinweis auf ein relativ entwickeltes Rechtssystem. Das deutet darauf hin, dass diese Regeln römischen oder byzantinischen Ursprungs sind und nicht aus lokalen Traditionen, wo man sich so fortgeschrittene dogmatische Konzepte wie die Mitgift von immateriellen Gütern nur schwer vorstellen kann.

Dieses bedeutende Kapitel zeugt auch davon, dass Menschen aus verschiedenen Rechtskulturen die Funktion der Mitgift erkannt und genutzt haben. Dies betraf sowohl die EinwohnerInnen Kotors selbst als auch die BewohnerInnen anderer benachbarter Städte Dalmatiens – in erster Linie Zadar, Split und Dubrovnik –, aber auch anderer Städte an der Adriaküste und im Landesinneren.

Außerdem wird auf Ausländer hingewiesen, darunter Venezianer, Deutsche und sogar Schweizer. All dies spricht nochmals für die These, dass es sich in einem größeren Kontext um eine einheitliche venezianisch-byzantinische bzw. genauer gesagt (post-)byzantinische Rechtswelt handelte, die die Institution der Mitgift kannte. Denn auch die lokale Gesellschaft war in das *ius commune* eingebettet, das an die Bedürfnisse des lokalen Lebens angepasst wurde.

Aus dem fünften Kapitel lassen sich also zwei wesentliche Erkenntnisse für das Verständnis der Rezeption der Grundbegriffe des römischen Rechts am Beispiel der Mitgift ableiten:

Erstens zeigt sich, dass im mittelalterlichen Kotor – ebenso wie im römischen Recht – grundsätzlich alles als Gegenstand der Mitgift dienen konnte, sofern es sich um Güter handelte, die sich im wirtschaftlichen Verkehr befanden und dem neuen Ehepaar dabei helfen konnten, die mit der Ehe verbundenen Kosten (*onera matrimonii*) zu tragen. Dies bestätigt die wirtschaftliche Funktion der Mitgift als Instrument zur finanziellen Absicherung der Ehe.

Zweitens wird anhand der Betrachtung des Gegenstands der Mitgift eine für das Mittelalter – und insbesondere für Kotor – charakteristische Erscheinung sichtbar, die im nächsten Kapitel über die Funktion der Mitgift vertieft wird: die **sozial-repräsentative Dimension der Mitgift**. Die Mitgift war nicht nur ein wirtschaftliches Instrument, sondern auch ein Träger sozialer Bedeutung. Jeder Mitgiftgegenstand stellte eine bewusste Demonstration des Wohlstands der Familie dar und diente als Statussymbol. Die Mitgift besaß somit eine ausgeprägte protokollarische Funktion, die sich in der materiellen Beschaffenheit der mitgegebenen Güter manifestierte. Die Protokollarität der Mitgift zeigt sich gerade in der Wahl der Mitgiftgegenstände, denn jeder Gegenstand stellte eine bewusste gesellschaftliche Aussage (Statement) dar.

Die Mitgift war somit nicht nur Ausdruck der wirtschaftlichen Absicherung der Ehe, sondern auch ein sichtbares Zeichen des familiären Ansehens (Ausdruck des Wohlstandes der Familie) und diente als **Statussymbol**, das den sozialen Rang der Braut und ihrer Familie in der Gesellschaft verdeutlichte. Deshalb passen sich die alten Regeln des römischen Rechts an die sozialen und wirtschaftlichen Gegebenheiten der Gemeinschaft an, in der sie gelten.

5.6 Mitgiftverzeichnis

5.6.1 Funktion des Mitgiftverzeichnises

In diesem sechsten Kapitel wird das Mitgiftverzeichnis behandelt, während das nächste Kapitel der *aestimatio dotis* (Schätzung der Mitgift) gewidmet ist, einem Konzept, das thematisch eng mit dem Gegenstand des vorliegenden Kapitels verbunden ist.

Aufgrund einer methodologischen Entscheidung des Autors werden diese beiden Aspekte jedoch getrennt behandelt, um in diesem Abschnitt – im Gegensatz zum Text und zur Übersetzung der Kapitel des Statuts von Kotor, welche die Mitgiftregelung betreffen – der dogmatischen Struktur des römisch-rechtlichen Instituts der Mitgift zu folgen.

Wie wurde das Mitgiftverzeichnis im römischen Recht verstanden?

Im klassischen römischen Recht war es üblich, ein solches Verzeichnis (*instrumenta dotalia, instrumenta nuptialia, tabulae dotales*) anzulegen, insbesondere unter dem Gesichtspunkt der Rechtssicherheit. Einerseits erfüllte das Mitgiftverzeichnis eine Beweisfunktion und eine Aufstellungsfunktion, andererseits wurden darin die Nutzung, das Eigentum an den Gegenständen sowie die Modalitäten der Übergabe der Mitgift speziell geregelt. Diese Fragen, die bereits zu Beginn dieses Kapitels angesprochen wurden, werden im folgenden Kapitel, das sich mit der Bewertung der Mitgift befasst, weiter vertieft.[100]

---

[100] Zur Beweisfunktion des *instumentums* siehe D.22.4.4 (Gai. form.hyp.sing.); D.24.3.45 (Paul.5 quaest.); D.24.3.48 (Call. 2 quaest.); zur Verwendung und Funktion des *instrumentums* siehe z. B. D.23.4.29 (Scaev. 2 resp.) oder D.24.3.49 (Paul. 7 resp.).

Da im römischen Recht eine Ehe ohne Mitgift unvorstellbar war, beschränkte sich auch das praktische Nutzen des Mitgiftverzeichnisses auf die Beweisfunktion und Aufstellungsfunktion. Auch im mittelalterlichen Kotor wurde diesen beiden Funktionen große Aufmerksamkeit gewidmet.[101]

Und das alles nicht nur in Bezug auf die Mitgift, sondern auch im Bereich der Schenkungen zwischen den Ehegatten – wo gemäß der *Praesumptio Muciana*,[102] im Zweifelsfall davon ausgegangen wurde, dass sich im Besitz der Eheleute befindliche Gegenstände aus dem Vermögen des Mannes stammten[103] –, war es für die Frau ratsam, ein solches Verzeichnis anzulegen.[104]

---

[101] Das Mitgiftverzeichnis (*instrumenta dotalia* oder *tabulae dotales*) spielte im klassischen römischen Recht nicht nur eine beweisrechtliche Rolle, sondern war häufig auch ausschlaggebend für die Geltendmachung bestimmter Klagen im Zusammenhang mit der Mitgift. Die *tabulae dotales* konnten z. B. bei der ***actio rei uxoriae*** als Beweismittel über Umfang und Modalitäten der *dos* herangezogen werden, was insbesondere dann relevant wurde, wenn die Frau nach Auflösung der Ehe ihre Mitgift zurückforderte (vgl. dazu die Seiten 2517–2528 des *Handbuchs des Römischen Privatrechts*). Ebenso konnte das Verzeichnis bei der Anwendung der ***actio rerum amotarum*** durch den Ehemann eine Rolle spielen – also jener Klage, mit der er sich gegen die (angeblich) unberechtigte Wegnahme von Gegenständen durch die Ehefrau wehrte, die nicht zur Mitgift gehörten (vgl. dazu die Seiten 905 ff. des *Handbuchs des Römischen Privatrechts*; für eine detaillierte Analyse der *actio rerum amotarum* vgl. Wacke, A. (1963), *Actio rerum amotarum*, Stuttgart).

Auch in anderen Rechtskulturen war das Bedürfnis nach einer geordneten und dokumentierten Vermögensübergabe im Ehekontext stark ausgeprägt. Besonders bemerkenswert ist dies im griechisch-ägyptischen Recht, wo zahlreiche Papyri detaillierte Aufstellungen von Ehegütern enthalten. Der älteste bekannte griechische Rechtspapyrus, *P.Eleph. 1* aus dem Jahr 311/310 v. Chr., enthält bereits eine solche ehevertragliche Vermögensaufstellung, was auf die frühe rechtliche und soziale Bedeutung der Ehegüterregelung hinweist.

[102] Die sog. *praesumptio Muciana* bezeichnet im klassischen römischen Recht eine gesetzliche Vermutung, wonach alle Gegenstände, die sich im Besitz der Eheleute befinden, als vom Ehemann stammend gelten – es sei denn, die Frau kann das Gegenteil beweisen. Diese Regel diente der Durchsetzung des Schenkungsverbots zwischen Ehegatten (*donationes inter virum et uxorem*) und führte faktisch zu einer Beweislastumkehr zulasten der Frau. Vgl. die Seiten 421, 900 und 916 des *Handbuchs des Römischen Privatrechts.* Siehe näher dazu: Balis, G. (1939), *Die Praesumptio Muciana und ihre Nützlichkeit*, in: *Mélanges Streit*, 63–69, Athen: Pyrsos; sowie Tenge, H. (1862), „Ueber die Bedeutung der s. g. Praesumptio Muciana", *Archiv für die civilistische Praxis*, Bd. 45, H. 3, 305–315.

[103] D.24.1.51 (Pomp. 5 Q. Muc.); Alex. C.5.16.6.1 (a.229).

[104] Dazu: Stagl, 2022, 879.

5.6.2 Mitgiftverzeichnis in Kotor: Struktur, Funktion und Rechtsnatur

Nachdem die Thematik des Mitgiftverzeichnisses im römischen Recht kurz dargelegt wurde, ist es an der Zeit, eine vergleichende Analyse im mittelalterlichen Recht von Kotor vorzunehmen.

Das Mitgiftverzeichnis nahm im Rechtsleben der Kommune eine sehr bedeutende Rolle ein. Eine Analyse einer Vielzahl von Protokollen ergab, dass die notarielle Urkunde über die Übergabe und den Empfang der Mitgift einem festen Muster folgte. Die Bezeichnung der vorliegenden Schrift variierte in der Forschung häufig, so wurde sie als „*carta dotis*",[105] „*carta perchiui*"[106]

---

[105] Ein Beispiel für die ausdrückliche Nennung der ***carta dotis*** in einem notariellen Akt findet sich etwa in Mayer, 1951, NA 1119: „*Coram nobis iudicibus iuratis predictis con questus est Mathe Triphonis Jacagne aduersus Triphonem Sciti dicens pro parte uxoris dic ti Triphonis Mare: „tu facis ingenium cum creditoribus tuis in preiudicium dotium uxorum tusrum predictorum, volo ergo, quod dictum perchium extimetur, ne possit defraudari, cum omni ratione ipsum saluum esse deberet". Et dictus Triphon non valens dare contrarium, dixit se non facere aliquod ingenium. Propter quod nos dicti iudices videntes per statutum, quod dotes omnimodo salue esse debent, diximus per sententiam, quod dicta perchiua exti mentur per Nutium Gille et Theodorum Gige, quod eis dedimus eximatores, quod extiment* ***dotem*** *dicte Mare recepto sacramento ad dicta Mare, quod omnes dotes secundum* ***cartam*** *suam eidem Triphoni sint solute, de quibus dotibus extimatis creditores eiusdem Sciti acci pere non valeant, Triphon predictus semper tenendo easdem.*"

[106] Ein besonders aufschlussreiches Beispiel für die Persistenz/Widerstand/Akzeptanz älterer juristischer Terminologie in Kotor stellt die sog. ***carta perchiui*** dar. Diese Bezeichnung verweist auf eine spezifische notarielle Urkunde, die trotz der zunehmenden Verbreitung standardisierter notarieller Formulare weiterhin in Gebrauch blieb. Gerade im Kontext der bereits angesprochenen dualen Rechtsterminologie zeigt sich hier der Einfluss unterschiedlicher Rechtskulturen: während die Notare im Laufe des 14. und 15. Jahrhunderts eine zunehmend schriftlich-formalisierte Praxis entwickelten, übernahmen sie in ihre Imbreviaturen dennoch die sprachlich archaische Formel *carta perchiui*, offenbar in Reaktion auf das Festhalten der lokalen Bevölkerung an vertrauten Begriffen. Dieses Phänomen dokumentiert die kulturelle Tiefenwirkung älterer rechtlicher Ausdrucksweisen, die auch unter Bedingungen intensiver schriftlicher Normierung fortbestanden. Siehe ein Bespiel (Mayer, 1981, NA II 1060) dazu: „*Coram nobis iudicibus iuratis predic tis veniens Iunius Gambe cum una* ***carta perchiui*** *filie sue dixit aduersus adream, generum suum: „tu habes perchium filie mee secundum tenorem carte mee, et alienas factum tuum in praeiudicium mei perchiui. Unde presento mee, et alienas factuum tuum preiudicium mei perchiui. Undo presento meecum* ***carta perchiui*** *predicti, quod non possit alienare et disperdere perchium predictum". Qui Andreasdixit: „ Nichil volo alienare de tuo, sed de meo". Quibus sic auditis nos iudices predicti sententialiter diximus, quod perchiuium pre dictum secundum tenorem carte dicti Iunii sit saluum, nec preiudicet sibi alienatio facti An dree memorati secundum formam statuti.*"

oder „*instrumentum dotis*"[107] bezeichnet. Die Analyse ihrer Struktur ergibt zwei Hauptbestandteile:[108]

1. **Erster Teil der notariellen Urkunde – Erklärung der MitgiftbestellerInnen:**
   Die BestellerInnen der Mitgift (Vater, Mutter, Brüder, Verwandte oder die Frau selbst) erklärten, dass bestimmte Gegenstände als Mitgift gegeben/bestellt wurden. Diese wurden im Wortlaut der notariellen Urkunde **detailliert** aufgelistet. Der erste Teil der Urkunde diente der Rechtssicherheit und beseitigte Unsicherheiten hinsichtlich der BestellerInnen der Mitgift sowie der rechtlichen Identität und des Werts der eingebrachten Güter.

   „*Ego, Rade uxor quondam Jacobi Jacagne de Catharo, una cum filio meo Marino canonice contraho matrimonium cum Micho condam junii de Bona de Ragusio, dans sibi filiam meam nominee Belce in suam legitimam uxorem, cum qua do sibi pro dote mille perperos denariorum Venetorum grossorum et indumenta more nobilium mulierum...*"

2. **Zweiter Teil der notariellen Urkunde – Bestätigung des/der Mitgiftempfängers/in:**
   Der Ehemann bestätigte den Empfang der Mitgift und bürgte gleichzeitig mit seinem gesamten Vermögen und seiner Person für sie.

   „*...Que omnia predicta ego dictus Micho* ***recipio super me et omnia bona mea. De hoc autem duo sunt similia instrumenta et publica.*** *Actum in presential iurati iudicis Pascalis Bartholi et auditoris Triphonis Buchie.*"

---

[107] Zum ***instrumentum dotis*** in den Notariatsakten siehe folgendes Beispiel (Mayer, 1981, NA II 635): „*Die predicta. Ego Belloslaua, uxor condam Miloslaui, canonice contraho matrimonium cum Millatico, filio Medossii, dans sibi filiam meam nomine Mare in suam legitimam uxorem, cum qua do sibi* ***pro dote*** *partem meam terrarum de Gherbili in sdrebi Iohannis Basili, quam partem michi dedit filius meus Iacobus in* ***perchiuo****, tunicam unam guaccette, et paria duo cercellorum et bouem unum de arare, tali conditione, quod ego Belloslaua predcita hebeam terciam partem predicti sdrebi in vita mea. Post uero mortem meam, reurtatur ad dictam meam filiam secura et scaluniata cum ómnibus pertinentiis et potestatibus suis super me et omnia bona mea. De hoc autem duo sunt publica et similia* ***instrumenta****. Actum in presentia iurati iudicis Gregorii Guimanoy et auditoris Theodori Gige.*"

[108] Der Autor wird im Folgenden ein Beispiel eines konkreten Notariatsakts anführen, um die Zweiteilung der notariellen Urkunde sowie deren jeweilige Funktion anschaulich darzustellen.

Diese Verpflichtung wurde oft, wie schon erwähnt[109], mit der Formulierung *„recipio super me et omnia bona mea"* ausgedrückt.[110] Dadurch wurde indirekt anerkannt, dass die Mitgift nicht dem Ehemann eigentumsrechtlich zugeordnet wurde und ihm (dem Ehemann) lediglich zur Nutzung (*ususfructus*) überlassen wurde, während das *nudum ius* weiterhin der Frau vorbehalten blieb.

Das vorgegebene Beispiel aus der notariellen Rechtspraxis verdeutlicht die durchaus problematische Eigentumsfrage an der Mitgift:

> *„Ego, Rade uxor quondam Jacobi Jacagne de Catharo, una cum filio meo Marino canonice contraho matrimonium cum Micho condam junii de Bona de Ragusio, dans sibi filiam meam nominee Belce in suam legitimam uxorem, cum qua do sibi pro dote mille perperos denariorum Venetorum grossorum et indumenta more nobilium mulierum. Que omnia predicta ego dictus Micho* ***recipio super me et omnia bona mea****. De hoc autem duo sunt similia instrumenta et publica. Actum in presential iurati iudicis Pascalis Bartholi et auditoris Triphonis Buchie."*[111]

Nach der Ansicht der bereits erwähnten Professorin BOGOJEVIĆ-GLUŠČEVIĆ erfüllte das Mitgiftverzeichnis in der mittelalterlichen Kotorer Kommune die Funktion einer *forma ad solemnitatem.* Der Autor kann sich durchaus dieser Auffassung anschließen, insbesondere nach der Einführung des besagten *cap.* 149 des Statuts von Kotor, die die Verpflichtung zur Erstellung einer notariellen Urkunde vorschreibt. Allerdings lässt sich aus der Formulierung dieser statutarischen Bestimmung nicht eindeutig ableiten, ob die notarielle Urkunde tatsächlich eine *forma ad solemnitatem* oder lediglich eine *forma ad probationem* hatte.[112]

Die Intention des Gesetzgebers von Kotor wird aus der Formulierung der 149. Bestimmung klar ersichtlich: es kam immer wieder zu Verstößen seitens der Ehemänner sowie deren Gläubiger in Bezug auf die Veräußerung oder Schmälerung der Mitgift. Um diesen Missständen entgegenzuwirken, reagierte der Gesetzgeber mit einer neuen rechtlichen Regelung, die die bestehende Beweisschwierigkeiten beseitigen und letztlich die Sicherheit des Frauenvermögens in Bezug auf die Mitgift gewährleisten sollte.

Die Frage nach der genauen Rechtsnatur der notariellen Urkunde lässt der Autor bewusst offen, da die unklare Formulierung der Bestimmung sowie die notarielle Praxis nach 1316 keine eindeutigen Schlussfolgerungen zulassen. Die

[109] Schon besprochen, siehe oben das Abschn. 4.2.

[110] Siehe als Beispiel Mayer, 1951, NA 875.

[111] Mayer, 1951, NA 875.

[112] Bogojević-Gluščević, 1998, 118–126; *Statuta Civitatis Cathari*, 1616, *cap.* 149

meisten Streitfälle, die in den Notariatsakten nach der Einführung dieser Regelung (nach 1316) dokumentiert sind, betreffen in erster Linie die Beweisführung im Zusammenhang mit Mitgiftansprüchen oder deren Verweigerung, nicht jedoch die Konstituierung des Mitgiftrechts als *forma ad solemnitatem.*[113]

Die Anwendung des römischen Rechtsprinzips der *Praesumptio Muciana*, wonach im Zweifelsfall davon auszugehen ist, dass sich die im Besitz der Ehegatten befindlichen Güter von der Seite des Ehemanns herleiten, war auch im mittelalterlichen Kotor implizit durch den Wortlaut der *cap.* 149 des Statuts vorausgesetzt.

Der zentrale Aspekt dieser Bestimmung liegt zweifellos in der Verpflichtung zur Erstellung einer notariellen Urkunde, die dieselbe Funktion erfüllte wie im römischen Recht – primär die Beweisfunktion im Hinblick auf die Beziehungen zwischen den beteiligten Familien, insbesondere zwischen der Eigentümerin der Mitgift (der Frau), dem Nutznießer (Ehemann) und den Gläubigern des Ehemanns.

Die Beweisfunktion des Mitgiftverzeichnisses im mittelalterlichen Kotor wird ersichtlich, wenn man berücksichtigt, dass Frauen im mittelalterlichen Kotor vor Gericht nicht als Zeuginnen auftreten konnten. Diese Tatsache findet Erwähnung im *cap.* 130 des Statuts von Kotor (*cap.* 130 *Quod mulier non possit esse testis*).

Quod mulièr non possit esse testis. Cap. CXXX.

Volumus quod ***nulla mulier testis esse possit*** *in aliquo, nec valeat* ***testimonium*** *eius.*

[113] *Statuta Civitatis Cathari*, 1616, *cap.* 149. Einige rechtliche Streitfälle dazu bei: Mayer, 1951, NA 334; NA 954; NA 980; NA 988; NA 1057; NA 1064; Mayer, 1981, NA II 894; NA II 976; NA II 1098; NA II 1302; NA II 1370; NA II 1449. Die im Jahr 1316 eingeführte Regelung zur verpflichtenden Ausfertigung einer notariellen Urkunde bei Mitgiftverträgen stellt zweifellos einen rechtlich relevanten Einschnitt dar. Wie im Haupttext erwähnt, lässt der Autor bewusst offen, ob es sich hierbei um eine *forma ad solemnitatem* oder nur um eine *forma ad probationem* handelt. Die Quellenlage und die notarielle Praxis lassen keine eindeutige Einordnung zu. Fest steht jedoch, dass auch nach der Einführung dieser Bestimmung wiederholt Fälle von Missbrauch dokumentiert sind, in denen Ehemänner die Mitgift der Frau unrechtmäßig veräußerten. Die Wiederholung der Vorschrift im Jahr 1423 durch den Gesetzgeber von Kotor deutet ebenfalls darauf hin, dass eine effektive rechtliche Absicherung der Frau weiterhin nicht gewährleistet war.

Darüber hinaus erfüllte die notarielle Urkunde im mittelalterlichen Kotor eine weitere, bereits im römischen Recht etablierte Funktion, nämlich die Präzisierung der Mitgiftgüter, also die detaillierte Auflistung jener Vermögenswerte, die die Frau in die Ehe einbrachte.[114] In den Notariatsakten wird häufig auch von einer Stundung oder einer Ratenzahlung der Mitgift gesprochen – all dies war Gegenstand der notariellen Urkunde über die Übergabe der Mitgift.[115]

5.6.3 Zwischenfazit

Dieses Kapitel ist von großer Bedeutung für die vorliegende Dissertation, da die notariellen Akte *per se* eine Ergänzung zum statutarischen Text in Form von Rechtsquellen darstellen und eine erhebliche Menge an Material liefern, das aus dem statutarischen Text allein nicht oder nur unzureichend identifiziert werden könnte.

Das Jahr der Erlassung des *cap.* 149 (1316) sowie die Mehrzahl der vom Autor zitierten notariellen Dokumente stammen aus der ersten Hälfte des 14. Jahrhunderts, einer Zeit, in der Kotor Teil des relativ mächtigen mittelalterlichen serbischen Staates war, mit einem hohen Maß an Autonomie, das nahezu umfassend die rechtliche Regulierung innerhalb der Kommune umfasste, einschließlich der Regelung des Mitgiftrechts. Dieselbe Bestimmung wurde 1423, also 106 Jahre später (*cap.* 1) und drei Jahre nach der Etablierung der venezianischen Herrschaft, in nahezu identischer Form erneut erlassen.

Die bloße zeitliche Abfolge dieser normativen Entscheidungen spricht klar gegen die These, dass die Rezeption des römischen Rechts erst mit der venezianischen Herrschaft begann. Im Gegenteil, der Autor argumentiert, dass das Bewusstsein für das *ius commune* im Rechtsraum Kotors bereits vor der Ankunft venezianischer Behörden und selbst vor dem verstärkten Auftreten italienischer Notare existierte. Vielmehr war dieses Bewusstsein tief in den Schichten byzantinischer Präsenz in der Region verankert.

Dieses Kapitel trägt nochmals zur Erkenntnis bei, dass in Rechtsfällen, in denen eine verfeinerte, fortschrittlichere und präzisere rechtliche Interpretation erforderlich war, es notwendig war, einen professionellen juristischen Apparat, insbesondere Anwälte und Notare, hinzuzuziehen. Diese stammten, wie bereits

[114] *Statuta Civitatis Cathari,* 1616, *cap.* 149, *cap.* 1.

[115] Siehe folgende Beispiele bei: Mayer, 1951, NA 143; NA 167; NA 213; NA 310; NA 332; NA 334; NA 389; NA 390; NA 479; NA 484; NA 1080; NA 1089; NA 1142; NA 1144; Mayer, 1981, NA II 931; NA II 976; NA II 1044; NA II 1103; NA II 1264; NA II 1370.

erwähnt, aus dem Raum der italienischen Halbinsel und verfügten entweder über kaiserliche oder päpstliche Vollmachten, nachdem sie Universitäten in Italien absolviert hatten, und beeinflussten somit die rechtliche Ausgestaltung im weiteren Sinne, insbesondere die Regelungen zur Mitgift und zum Mitgiftverzeichnis, das in diesem Kapitel behandelt wurde.

Der Autor verkennt dabei keineswegs den Einfluss des Notariats und der Juristen – im Gegenteil. Deren Bedeutung war besonders sichtbar und gerechtfertigt in jenen rechtlichen Vorgängen, die spezifisch den notariellen Beruf betrafen. Genau dies ist beim Mitgiftverzeichnis der Fall. Derselbe Zusammenhang wurde bereits im Zwischenfazit des dritten Kapitels festgestellt – insbesondere in Bezug auf die *dotis promissio.* Es handelt sich um jene Rechtsakte und -handlungen, die eine juristische Ausbildung erforderten und eine rechtliche Lösung verlangten, die den Bedürfnissen der Rechtsparteien entsprach. Sie waren aus den praktischen Anforderungen des Alltags heraus schlichtweg notwendig.

Ein zentraler Punkt in der bisherigen Forschungsliteratur ist die Betonung der Bedeutung von Notaren und des gebildeten juristischen Apparats – eine Sichtweise, der sich der Autor grundsätzlich anschließt. Problematisch ist jedoch die daraus häufig implizit gezogene Schlussfolgerung, die dem unbedarften Leser suggerieren könnte, dass der eigentliche materielle Inhalt des römischen Rechts erst durch die Notare in diesen Raum getragen wurde. Eine solche Annahme wäre nach Ansicht des Autors unzutreffend. Die Präsenz des römischen Rechts – insbesondere in der Form, in der es sich seit dem 11. Jahrhundert in Bologna und dann in ganz Europa wiederentfaltete – war in Kotor bereits vor Ankunft dieser Notare vorhanden.[116]

---

[116] Die zahlreichen Studien von N. BOGOJEVIĆ-GLUŠČEVIĆ (BOGOJEVIĆ-GLUŠČEVIĆ, 1977; 1981; 1982; 1989; 1991; 1992a; 1992b; 1992c; 1995; 1996; 1997; 1998a; 1998b; 1999; 2001; 2004; 2005; 2006; 2007) zur Rechtsgeschichte Kotors im 14. Jahrhundert stellen zweifellos eine pionierhafte Grundlage dar, insbesondere im Hinblick auf die Identifikation einzelner Institute und die rechtsvergleichende Einordnung Normen von Kotor in Bezug auf das römische Recht. Gleichwohl ist zu betonen – und dies ist ein zentrales Anliegen des Autors –, dass die bloße Ähnlichkeit juristischer Formulierungen oder Konzepte nicht als Beweis für eine systematische Rezeption des *ius commune* gelten kann. Vielmehr ist die in der vorliegenden Arbeit gewählte vertiefte Untersuchung des Instituts der Mitgift ein Versuch, das Phänomen der Rezeption methodisch differenzierter zu analysieren, als es in der bisherigen Literatur häufig der Fall ist. Wie im Kapitel 10 gezeigt wird, kann gerade das Beispiel der Mitgift als exemplarischer Referenzpunkt dienen, um die komplexen Dynamiken zwischen gelehrtem Recht, schriftlicher Praxis und lokalen Rechtsbedürfnissen in Kotor zu untersuchen. Dabei wird auch der sozialhistorische Kontext berücksichtigt, insbesondere die klassenbedingte Selektivität römischrechtlicher Normen, deren Anwendung tendenziell der herrschenden städtischen Oberschicht zugutekam. Zugleich wird davor gewarnt, in der rechtsvergleichenden Analyse auf Grundlage bloßer struktureller oder terminologischer

Die gesellschaftliche Vorstellung von der Mitgift, die Pflicht zur Mitgiftbestellung und ihre weite Verbreitung in der kotorschen Gesellschaft – sowohl in vertikaler Hinsicht, also über alle sozialen Schichten hinweg, von wohlhabenden bis hin zu ärmeren Familien, als auch in horizontaler Hinsicht, da die Institution der Mitgift nicht nur von KotoranerInnen und BewohnerInnen anderer dalmatinischer Städte genutzt wurde, sondern auch vom Hinterland sowie von AusländerInnen wie Venezianern, Schweizern und Deutschen – spricht vielmehr dafür, dass es sich um eine wohlbekannte Institution handelte oder, genauer gesagt, dass in der Bevölkerung ein tief verankertes Bewusstsein für die moralische Legitimität der Mitgiftgabe bestand. Diese Vorstellung wurde keineswegs erst durch die akademisch gebildete juristische Schicht eingeführt.

Es ist daher nicht verwunderlich, dass eine misstrauische Kommune – und jede mittelalterliche Kommune war *per se* misstrauisch und „eifersüchtig" auf ihre Autonomie – mehrheitlich Fremde als Notare wählte. Neben der offensichtlichen Qualifikation dieser Notare, die an frühitalienischen Universitäten ausgebildet wurden – ein damals seltenes Privileg –, spielte auch der Umstand eine Rolle, dass einem Fremden *per se* größeres Vertrauen in delikaten Rechtsangelegenheiten entgegengebracht wurde. Dies galt insbesondere für Mitgifturkunden, die bewahrt und gesichert werden mussten.

5.7 Schätzung der Mitgift

Im vorherigen Unterkapitel wurde darauf verwiesen, dass die Funktion des Mitgiftverzeichnisses im römischen Recht (*instrumenta dotalia, instrumentalia nuptialia, tabulae dotales*) unter anderem auch die Regulierung besonderer Vertragsklauseln (*pacta dotalia*) umfasste.[117]

Parallelen voreilige Schlüsse zu ziehen. So darf etwa nicht übersehen werden, dass der venezianische Mitgiftmodus – hinsichtlich seiner rechtlichen Ausgestaltung und sozialen Funktion in vielerlei Hinsicht von der kotorschen Praxis abwich und daher nicht unreflektiert als direkte Vergleichsfolie dienen kann. Vgl. die Beiträge von BELLAVITIS, A. (BELLAVITIS, 2011; 2018).

[117] Unter *pacta dotalia* verstand man im römischen Recht vertragliche Nebenabreden im Zusammenhang mit der *dos*, die häufig entweder vor oder nach der Eheschließung zwischen den Ehegatten oder deren Familienmitgliedern getroffen wurden. Solche Vereinbarungen konnten die Modalitäten der Dotation betreffen, insbesondere die Rückgabe der Mitgift im Fall der Scheidung (vgl. D.23.4.1.1; D.23.4.3), Einschränkungen der Rückforderungsansprüche (D.23.4.12.2–4), Bedingungen zugunsten Dritter (D.23.4.28; D.23.4.29.2) oder spezielle Regelungen über die Verwendung von Früchten aus der *dos* (D.23.4.28). Auch in der kaiserlichen Gesetzgebung wurde die Gültigkeit solcher *pacta dotalia* anerkannt, solange sie

Dieses Kapitel wird im einleitenden Teil (7.1) eine Einführung in die Schätzung der Mitgift geben, während im Unterkapitel 7.2 ein Überblick über die *aestimatio dotis*, ihre Funktion sowie eine rechtsvergleichende Analyse mit dem mittelalterlichen Recht von Kotor geboten wird.

Schließlich wird – in Übereinstimmung mit der bisherigen Struktur der Arbeit des Autors – ein Zwischenfazit (7.3) gezogen, in dem dargelegt wird, inwieweit das mittelalterliche Recht von Kotor und seine Regelungen zur Schätzung der Mitgift vom römischen Recht konzeptionell beeinflusst wurden.

5.7.1 Einleitung

Im römischen Recht stand es den Brautleuten bzw. ihren Familien – genauer gesagt den MitgiftbestellerInnen – frei, formlos zu heiraten und eine Mitgift zu bestellen, ohne eine zusätzliche Urkunde über die Mitgiftbestellung errichten zu müssen. In diesem Fall unterlagen sie dem gesetzlichen Mitgiftregime.[118]

Entscheiden sie sich jedoch für die Errichtung eines *pactum dotale*, so werden darin die Pflichten der Beteiligten näher bestimmt. Das *pactum dotale* konnte teilweise auch das gesetzliche Mitgiftregime ändern, nicht aber die Verpflichtung

---

nicht gegen Gesetze oder die guten Sitten verstießen (Cod. Theod. 3.13.2; C.5.13.1.16). In späterer Zeit wurde ihre Gleichstellung mit den *donationes propter nuptias* betont, insbesondere im Sinne der Gleichheit der vertraglichen Verpflichtungen und Vorteile der Ehegatten (Nov. 90.340). Die Bestimmungen zeugen von der zunehmenden juristischen Durchdringung des Ehegüterrechts im spätklassischen und byzantinischen Recht, wobei *pacta dotalia* als rechtsverbindliche Instrumente zur Sicherung familiärer und wirtschaftlicher Interessen dienten.

[118] D.23.4.1 (Iav. 4 Cass.); Gord. C.5.12.7 (a.238);; Stagl, 2022, 897–898. Siehe hierzu auch:

D.23.4.1 (Iav. 4 ex Cass.)

„*Pacisci post nuptias, etiamsi nihil ante* ***convenerit****, licet.*"

D.23.4.1.1 (Iav. 4 ex Cass.)

„***Pacta*** *quae de* ***reddenda*** *dote fiunt, inter omnes fieri oportet, qui* ***repetere dotem*** *et a quibus repeti potest, ne ei, qui non interfuit, apud arbitrum cognoscentem* ***pactum*** *non prosit.*"

C.5.12.7 (Gord.)

„*Cum a socero tuo pro uxore dos tibi daretur, si ea in stipulationem deducta non est sub tempore dationis, sed postea, socer tuus tecum paciscendo, si id non ex voluntate filiae suae fecit, condicionem eius laedere non potuit. Quandoque enim sola de dote experiens id* ***pactum*** *non debere ad sui dispendium operari de iure defenditur.*"

Diese Vorschriften behandeln die rechtlichen Konsequenzen und Voraussetzungen von Vereinbarungen über die Mitgift nach der Eheschließung, insbesondere deren Wirksamkeit, die Zustimmung aller Beteiligten und den Schutz des Mitgiftgebers.

zur Leistung der Mitgift selbst, die als *ius cogens* galt, d. h. als ein Recht, das nicht durch zusätzliche *pacta dotalia* geändert werden konnte.[119]

Der zeitliche Rahmen für solche *pacta dotalia* konnte vor oder nach der Eheschließung liegen; nach der Eheschließung galt das Verschlechterungsverbot, wonach nur solche *pacta dotalia* geschlossen werden durften, die die Lage der Frau verbesserten.[120]

5.7.2 Aestimatio dotis

Welche Funktion hatte die Schätzung der Mitgift im römischen Recht, und warum wurde auf der *aestimatio dotis* bestanden?[121]

---

[119] Zur Regelung und Beispiele der *pacta dotalia* s. z.B:

D.23.4.7 (Pomp. 15 Sab.): „*Cum dos filiae nomine datur, optimum est* ***pactum conventum*** *cum utroque generum facere, quamquam initio dotis dandae legem quam velit etiam citra personam mulieris is qui dat dicere possit. si vero post datam pacisci velit, utriusque persona in paciscendo necessaria est, quoniam iam adquisita mulieri dos tum esset. quo casu si solus pater pactus esset sine filia, sive solus agat sive adiuncta filiae persona, ei soli nocebit et proderit pactum conventum nec, si sola filia aget, neque proderit neque nocebit ei. si vero filia sola* ***pacta*** *fuerit, quo* ***pacto*** *melior condicio patris fiet, proderit et patri, quoniam per filiam patri adquiri potest, per patrem filiae non potest. si vero sic pacta sit filia, ut noceat, ipsi quandoque filiae agenti nocebit pactum, patri vero nullo modo nocebit, nisi adiecta quoque filiae persona experiatur. dicendum est paciscendo filiam patris condicionem deteriorem facere non posse eo casu, quo mortua ea in matrimonio dos ad patrem reversura est.*“

D.23.4.1.1 (Iav. 4 Cass.): „*Pacta quae de reddenda dote fiunt, inter omnes fieri oportet, qui repetere dotem et a quibus repeti potest, ne ei, qui non interfuit, apud arbitrum cognoscentem pactum non prosit.*“

D.23.4.3 (Paul. 3 Sab.): „*Pacta conventa, quae in divortii tempus collocata sunt, non facto divortio locum non habent.*“

[120] Siehe mehr dazu: D.23.3.28 (Paul. 7 Sab.): „***Post*** *nuptias* ***pater*** *non potest deteriorem causam filiae facere, quia nec reddi ei* ***dos*** *invita filia potest.*“

D.23.4.1 (Iav. 4 ex Cass.): „*Pacisci* ***post nuptias****, etiamsi nihil ante* ***convenerit****, licet.*“

D.23.4.1.1 (Iav. 4 ex Cass.): „***Pacta*** *quae de reddenda* ***dote*** *fiunt, inter omnes fieri oportet, qui repetere dotem et a quibus repeti potest, ne ei, qui non interfuit, apud arbitrum cognoscentem* ***pactum*** *non prosit.*“

C.5.12.7 (Gord. A. Marco.): „*Cum a socero tuo* ***pro*** *uxore dos tibi daretur, si ea in* ***stipulationem*** *deducta non est sub tempore dationis, sed postea, socer tuus tecum paciscendo, si id non ex voluntate filiae suae fecit, condicionem eius laedere non potuit. quandoque enim sola de dote experiens id pactum non debere ad sui dispendium operari de iure defenditur.*“

[121] Das vorsichtige, pragmatische und zielorientierte römisch-rechtliche Genie entwickelte unter anderem eine Rechtsdisziplin, die unter dem Oberbegriff **Kautelarjurisprudenz**

Im römischen Recht gab es zwei Möglichkeiten, die Mitgift zu bewerten. Diese beiden Prinzipien der Bewertung der Mitgift folgen unterschiedlichen Interessenspunkten der beteiligten Rechtssubjekte:

1. **Beim ersten Bewertungsprinzip der Mitgift (*taxationis causa*)** steht die *ratio legis* der *aestimatio dotis* im Vordergrund, nämlich das Risiko zu vermeiden, dass der Mitgiftgegenstand verloren geht, gestohlen oder beschädigt wird. Dies bildet den zentralen Kern der Notwendigkeit einer *aestimatio dotis*. In diesem Fall kommt die Schatzsumme erst dann zum Tragen, wenn der Mitgiftgegenstand nicht mehr vorhanden ist. Sollte er (der Mitgiftgegenstand) hingegen noch existieren, so wird er (der Mitgiftgegenstand) zum Zeitpunkt der Restitution zurückgegeben und nicht die geschätzte Schatzsumme. Dies ist, wie erwähnt, das grundlegende Postulat der *aestimatio dotis* und ein Prinzip der Gefahrvorbeugung.[122]
2. **Das zweite Prinzip** hingegen unterscheidet sich in seiner Rechtsnatur fundamental. Hier tritt an die Stelle des eigentlichen Mitgiftgegenstandes die geschätzte Schatzsumme, sodass im Falle einer Rückerstattung der Mitgift nicht der ursprüngliche Mitgiftgegenstand, sondern die geschätzte Summe zurückgegeben wird. Dies hat zur Folge, dass in diesem zweiten Fall die Gefahr für den Untergang oder die Beschädigung des Mitgiftgegenstandes vom Ehemann selbst getragen wird. Auf der anderen Seite bringt diese zweite Art der Schätzung der Mitgift auch Vorteile für den Ehemann, da Akzessionen nicht dotal sind und somit von ihm genutzt werden können. Im römischen

---

bekannt ist. Die Aufgabe der **Kautelarjurisprudenz** bzw. der **Kautelarpraxis** besteht darin, möglichen Problemen bereits im Vorfeld entgegenzuwirken.

Ein solcher Problemtyp, der in den Bereich der **Kautelarjurisprudenz** fällt, ist der Mitgiftgegenstand selbst. Warum? Weil der Mitgiftgegenstand verloren gehen, gestohlen oder beschädigt werden konnte. Die **Kautelarjurisprudenz** hat diesem möglichen Problem vorgebeugt, indem sie die Möglichkeit einer Bewertung/Schätzung der Mitgift schon bei der Bestellung der Mitgift zwischen dem Ehemann und der Ehefrau bereits im Voraus vorgesehen hat (Bechmann, 1863, 218). Siehe mehr zum Begriff und zur Bedeutung der **Kautelarjurisprudenz** bei: Schulz, F. (1946), *History of Roman Legal Science*; Levy, E. (1951), *West Roman Vulgar Law: The Law of Property* (Memoirs of the American Philosophical Society, Bd. 29); Kaser, M. (1971), *Das römische Privatrecht*, Bd. 1 + 2; Tuori, K. (2007), *Ancient Roman Lawyers and Modern Legal Ideals*; Nasti, F. – Schiavone, A. (2021), *Jurists and Legal Science in the History of Roman Law*.

[122] Bechmann, 1867, 225 ff.; Czyhlarz, 1870, 260 ff.

Recht galt im Zweifelsfall, dass von dieser Art der *aestimatio dotis* auszugehen ist.[123]

Ausgehend von diesen römisch-rechtlichen Kriterien ist es nun an der Zeit, die rechtliche Situation in Kotor im Hinblick auf die *aestimatio dotis* erneut in den Blick zu nehmen. Zunächst liegt der Fokus auf dem statutarischen Text, bevor anschließend die Erkenntnisse durch die notarielle Überlieferung ergänzt werden.

Die Schätzung der Mitgift (*aestimatio dotis*) ist Gegenstand der *cap.* 149 des Statuts von Kotor. Die Schätzung der Mitgift im Statut von Kotor umfasst:

1. bewegliches und unbewegliches Vermögen, das in einem Geldbetrag zugeteilt wurde[124]

Bei beweglichen und unbeweglichen Sachen, die in Geld bewertet und zugewendet worden sind, tritt der bewertete Geldbetrag im Zeitpunkt der Rückgabe an die Stelle der beweglichen oder unbeweglichen Sache; das heißt, Gegenstand der

---

[123] Vgl. dazu grundlegend D.23.4.12.3 (Paul. 35 ad ed.): „*Si fundo aestimato in dotem dato pacta sit mulier, ut, quanto pluris venierit, id in dote sit, Mela ait servandum, cum et ex contrario convenire possit, ut, si minoris venierit, ipsa debeat.*" – Dieser Text zeigt, dass die *aestimatio dotis* vertraglich flexibel gestaltet werden konnte. *Mela* betont die Gültigkeit der Vereinbarung, nach welcher ein Mehrerlös aus dem Verkauf des dotal eingebrachten Guts Teil der Mitgift wird; ebenso könne umgekehrt vereinbart werden, dass die Frau einen etwaigen Mindererlös trage. Entscheidend ist hier die dispositive Natur der Schätzung.

Siehe auch C.5.12.5: „*Quotiens res* ***aestimatae in dotem*** *dantur, maritus dominium consecutus summae velut pretii debitor efficitur. si itaque non convenit, ut soluto matrimonio res restituerentur et iure aestimatae sunt, retinebit eas, si pecuniam tibi offerat.*" – Das klassische Prinzip tritt hier deutlich hervor: der mit der *aestimatio* verbundene Eigentumsübergang zugunsten des Ehemannes und dessen Verpflichtung zur Rückzahlung des geschätzten Betrags im Falle der Auflösung der Ehe. Die Sache selbst bleibt beim Mann, sofern die Mitgift zu Recht geschätzt war (*iure aestimatae sunt*).

Schließlich hebt D.23.3.10 (Ulp. 34 ad Sab.) den praktischen Unterschied hervor: „*Plerumque interest viri res non esse aestimatas …*" – Eine *aestimatio* verschiebt die Gefahrtragung auf den Mann. Ohne Schätzung bleiben Risiken und Vorteile bei der Frau (*et meliores et deteriores mulieri fiunt*), was besonders relevant wird bei leicht verderblichen oder abnutzbaren Gegenständen wie Kleidung oder Tieren. Die rechtstechnische Unterscheidung zwischen realer und valorisierter Mitgift hat hier unmittelbare Konsequenzen für die Gefahrtragung und wirtschaftliche Folgen bei Verlust oder Verschleiß.

[124] *Statuta Civitatis Cathari,* 1616, *cap.* 149.

Verpflichtung ist nicht mehr die bewegliche oder unbewegliche Sache selbst, sondern der Geldbetrag, sofern im Mitgiftvertrag nichts anderes vereinbart worden ist.[125]

Es handelt sich hier nicht um eine *taxationis causa*, bei der im Falle des Verlustes oder Untergangs der genannten beweglichen oder unbeweglichen Sache der Geldwert als Sicherheit für den Rückgabewert eintritt. Vielmehr handelt es sich hier um einen Wechsel des Verpflichtungsgegenstandes, bei dem an die Stelle der bestimmten beweglichen oder unbeweglichen Sache der Geldwert tritt, d. h. die Mitgiftverpflichtung bezieht sich nicht primär auf den übergebenen Mitgiftgegenstand.[126]

2. Kleidungsstücke und Stoffe oder Geld, das der Ehemann für die Herstellung dieser Kleidungsstücke und Stoffe erhalten hat[127]

Im zweiten vorgenannten Fall (Kleider und Stoffe bzw. Geld für die Herstellung der Kleider und Stoffe) werden im Falle des Todes der Frau die Kleider und Stoffe zurückgegeben (*taxationis causa*),[128] während im Falle des Geldes, das der Mann für die Herstellung der Kleider erhalten und für die Herstellung der Kleider ausgegeben hat, das erhaltene Geld zurückgegeben wird (das übergebene Geld tritt an die Stelle der Dotalobligation).[129]

3. Diener oder Dienerinnen, die die Ehefrau ins Haus gebracht hat (es handelt sich um Hauspersonal)

Der dritte Fall der Bewertung der Mitgift betrifft eine Dienerin oder einen Diener, die/den die Frau in das Haus des Mannes mitgebracht hat. Insbesondere steht die Verwaltung beiden Ehegatten zu, wobei individuelle Rechtsgeschäfte wie die Veräußerung des Vermögens (des Dieners/der Dienerin) ohne Zustimmung des anderen Ehegatten unwirksam sind. Die Dienerin kann auch nicht vom Gericht oder von Gläubigern wegen einer Schuld oder einer vom Ehemann begangenen Straftat veräußert werden. Das rechtliche Schicksal des Dieners/der Dienerin hängt davon ab, ob er/sie mit oder ohne Erben stirbt. Stirbt die Dienerin ohne Erben, so ist ein fester Betrag von 12 *yperperos* vorgesehen, den der Ehemann

[125] *Statuta Civitatis Cathari*, 1616, *cap.* 149.
[126] *Statuta Civitatis Cathari*, 1616, *cap.* 149.
[127] *Statuta Civitatis Cathari*, 1616, *cap.* 149.
[128] *Statuta Civitatis Cathari*, 1616, *cap.* 149.
[129] *Statuta Civitatis Cathari*, 1616, *cap.* 149

anstelle der Dienerin zu zahlen hat. Hat die Dienerin hingegen Erben, so ist der Ehemann verpflichtet, diese an denjenigen herauszugeben, der die Mitgift ursprünglich bestellt hat (als Sekundärleistung, die im Zeitpunkt des Todes der Dinerin eintritt).[130]

Die 149. Satzungsbestimmung im Statut von Kotor, welche unter anderem die Bewertung des Mitgiftvermögens zum Inhalt hat, hatte auch zum Ziel, die Interessen von Frauen in Fällen zu schützen, in denen das Mitgiftvermögen während der Ehe verloren geht oder entfremdet wird, weil der Ehemann die Verfügungsbefugnis über die Mitgift überschritten hat, obschon seine Verfügungsbefugnis durch die Satzungsbestimmungen eingeschränkt worden war.

Diese Praxis eröffnete Frauen die Möglichkeit, im Falle einer notwendigen Rückerstattung der Mitgift keine Einbußen zu erleiden und statt der ursprünglich vereinbarten Sachwerte eine entsprechende finanzielle Entschädigung zu erhalten. In den Notariatsbüchern finden sich Fälle, in denen der Geldwert des Mitgiftvermögens im Ehevertrag spezifiziert war, ohne dass dabei eine detaillierte Regelung zur Rückgabe der Mitgift getroffen worden wäre.[131]

Die Entscheidung des *cap.* 4 aus dem Jahr 1426 bestimmt, dass von dem Zeitpunkt an sämtliche Stoffe sowie bewegliche und unbewegliche Güter, die als Mitgift in die Ehe eingebracht werden, zwingend bewertet und als solche (*per aestimationem*) in die Mitgifturkunden aufgenommen werden müssen.

Während bereits in der Bestimmung von 1316 (*cap.* 149) eine Regelung zur Bewertung der Mitgift existierte, vollzog sich mit dieser Entscheidung eine Weiterentwicklung hin zu einer obligatorischen *aestimatio dotis*. Der ursprüngliche Anlassfall betraf die Kleidung, doch der Gesetzgeber dehnte die Verpflichtung auf sämtliche beweglichen und unbeweglichen Vermögenswerte aus. Diese Bewertung sollte durch die Prokuratoren der Gemeinde Kotor erfolgen, wobei der ermittelte Geldwert in die Mitgifturkunden einzutragen war, um spätere Unklarheiten oder Streitigkeiten über die Rückgabe der Mitgift nach Auflösung der Ehe zu vermeiden.

Auf der anderen Seite gilt es zu untersuchen, welche Erkenntnisse die notariellen Dokumente in diesem Zusammenhang liefern.

In einer notariellen Urkunde aus dem Jahr 1333 (siebzehn Jahre nach der Verabschiedung des *cap.* 149 Bestimmung des Statuts von Kotor im Jahr 1316) tritt ein gewisser *Mathe Triphonis* als Rechtsvertreter der Frau auf und verklagt *Mare*

[130] *Statuta Civitatis Cathari*, 1616, *cap.* 149

[131] Siehe insbesondere folgende Notariatsakten, in denen der Geldwert des Mitgiftvermögens im Ehevertrag spezifiziert war: Mayer, 1951, NA 142; NA 297a,; NA 434; NA 470; NA 471; NA 708; NA 798.

Sciti wegen betrügerischer Handlungen zusammen mit seinen Gläubigern, die alle zum Nachteil der Mitgift der Frau begangen wurden. Unter anderem beruft sich dieser Rechtsvertreter auf die Bestimmung des Statuts von Kotor (*cap.* 149) und fordert, dass die Mitgift entsprechend bewertet wird. Das Gericht akzeptiert die Klage des Klägers, weil das Statut bestimmt, dass „*quod dotes omnimodo salue esse debent*". Es wurden bestimmte Schätzer benannt sowie ein Zahlungsverbot von Gläubigerforderungen aus dem Mitgiftvermögen wurde verhängt.

„Coram nobis iucibus iuratis predictis conquestus est Mathe Triphonis Jacangne aduersus Triphonem Sciti decens pro parte uxoris parte uxoris dicti Triphonis Mare:

„Tu facis ingenium cum creditoribus tuis in preiudicium dotium uxorum tuorum predictarum, volo ergo, quod dictum perchivium ***extimetur****, ne possit defraudari, cum omni ratione ipsum saluum esse deberet". Et dictum Triphon non valens dare contrarium, dixit se non facere aliquid ingenium... iudices videntes per statutum, quod dotes omnimodo salue esse debent, diximus per sentenciam, quod dicta perchiua* ***extimentur****..de quibus dotibus extimatis creditores eisdem Sciti accipere non valent.."*[132]

5.7.3 Zwischenfazit

Die Schätzung der Mitgift (*aestimatio dotis*) im mittelalterlichen Kotor lässt sich in ihrer Funktion und Struktur durchaus mit dem römischen Recht vergleichen. Wie im römischen Recht, wo die *aestimatio dotis* geschaffen wurde, um mögliche rechtliche Probleme wie Verlust oder Beschädigung des Mitgiftgegenstandes zu verhindern, fand auch in Kotor eine ähnliche Idee Anwendung.

Die erste Regelung zur Bewertung der Mitgift fand bereits 1316 im Statut von Kotor (*cap.* 149) statt und wurde später 1426 (*cap.* 4) unter der venezianischen Herrschaft obligatorisch. Dies zeigt, wie diese ursprüngliche Idee der Schätzung aus dem römischen Recht (insbesondere der Vorsorge durch *aestimatio dotis*) auf die rechtliche Praxis in Kotor überging. Diese Praxis beinhaltete die zwei grundlegende römisch-rechtilche Bewertungsprinzipien der Mitgift, die sowohl die *taxationis causa* als auch die Schätzung des Geldwerts anstelle des Mitgiftgegenstandes umfassten.

[132] Mayer, 1951, NA 1119.

Im ersten Fall, der *taxationis causa*, kam der Geldwert erst dann zum Tragen, wenn der Mitgiftgegenstand verloren ging, gestohlen oder beschädigt wurde. Der Wert diente als Sicherheit und nicht als primäre Verpflichtung.

Das zweite Prinzip, das in Kotor ebenso wie im römischen Recht Anwendung fand, ersetzte den Mitgiftgegenstand durch die geschätzte Summe, die anstelle des ursprünglichen Gegenstandes zurückgegeben wurde. Dieses Prinzip setzte den Fokus auf die finanzielle Bewertung und ermöglichte eine Rückgabe des Wertes der Mitgift anstelle des physischen Gegenstandes. Besonders bemerkenswert ist der Einfluss der Notare und des *ius commune*, das die formalen juristischen Anforderungen und die Erstellung von Verträgen prägte.

Der Einfluss des römischen Rechts ist klar erkennbar, insbesondere in der Formulierung der Mitgiftbewertung und der entsprechenden Verträge. Die Möglichkeit, den Mitgiftgegenstand durch eine Geldsumme zu ersetzen, spiegelt die römische Praxis wider, bei der auch das Prinzip der *aestimatio dotis* eine zentrale Rolle spielte. Dies wurde sowohl im Fall von beweglichem als auch unbeweglichem Vermögen sowie bei der Bewertung von Kleidungsstücken und Geld zur Herstellung von Kleidern angewendet.

Die Weiterentwicklung dieser Praxis in Kotor, wie sie in der Entscheidung von 1426 (*cap.* 4) zum Ausdruck kommt, wo die Bewertung der Mitgift nun obligatorisch war, zeigt den Übergang zu einer stärker formalisierten und systematisierten Praxis. Auch wenn diese Entwicklung strukturelle Parallelen zum römischen Recht aufweist, ist nicht notwendig von einem direkten Einfluss im Sinne einer linearen Rezeption auszugehen. Vielmehr handelt es sich um eine ähnliche Reaktion auf vergleichbare rechtliche Herausforderungen im Zusammenhang mit der Bewertung von Mitgiftgütern. Dennoch erscheint es in diesem konkreten Fall plausibel, von einem Einfluss des *ius commune* zu sprechen, insbesondere weil es sich um einen formalrechtlichen Bereich handelt, in dem die Rolle des Notars zentral war. Die verpflichtende Bewertung der Mitgift stellt eine typisch juristische Lösung dar, wie sie im Rahmen der gelehrten Praxis zur Anwendung kam, um rechtssichere Rückerstattungsansprüche im Fall der Eheauflösung zu ermöglichen.

Diese formalrechtliche Rezeption, die sich durch den Zwang zur Schätzung in den Mitgifturkunden manifestiert, deutet darauf hin, dass die alltägliche Praxis – vermittelt durch juristische Fachleute – gewisse Lösungen des *ius commune* übernommen hat. Gleichzeitig darf nicht ausgeschlossen werden, dass selbst in diesem vorwiegend formalen Bereich auch ein gewisser materieller Einfluss wirksam wurde: die Notwendigkeit der Bewertung und ihre Bindung an die Rückgabe der Mitgift hat das rechtliche Verständnis von Mitgift als rückforderbare, bewertbare Vermögensmasse geschärft. Damit wurde das Konzept des Mitguts auch inhaltlich (wenn auch nur indirekt) geprägt.

Insgesamt lässt sich sagen, dass das mittelalterliche Recht von Kotor in Bezug auf die Schätzung der Mitgift stark vom römischen Recht beeinflusst wurde, insbesondere durch die Anwendung der *aestimatio dotis* als präventive Maßnahme und durch den Einfluss der Notare und des *ius commune* auf die formalen Aspekte der Rechtspraxis.

5.8 Die Mitgift in aufrechter Ehe

Im 8. Kapitel der vorliegenden Dissertation beschäftigt sich der Autor mit der Mitgift in aufrechter Ehe, beziehungsweise mit der Verfügungsbefugnis über den Mitgiftgegenstand. Andere römisch-rechtliche Aspekte der Mitgift, die thematisch mit diesem Kapitel verwandt wären – wie beispielsweise das Verbot, die Mitgift in aufrechter Ehe zu restituieren, die stillschweigende Wiederbestellung der Mitgift (*dos tacite redintegrata*) oder die Zwangsverwaltung der Mitgift zum Unterhalt der Frau –, werden weder in der statutarischen Überlieferung noch in den Notariatsbüchern erwähnt.

Andererseits taucht die Rückforderung der Mitgift wegen Insolvenz des Mannes ansatzweise indirekt in einigen notariellen Dokumenten auf, die der Autor durchsucht hat, jedoch nicht in ausreichendem Maße, um die Einbeziehung dieses Unterkapitels in die Dissertation zu rechtfertigen.

Ebenso weist die schon zittierte Autorin Blehova-Čelebić in der benachbarten Stadt Dubrovnik auf Ehebruch und andere Verbrechen als Delikte hin, die einen Einfluss auf die Konfiskation der Mitgiftgüter hatten – ein Konzept, das mit der römisch-rechtlichen Vorstellung vom Ehebruch und dessen rechtlichen Folgen übereinstimmt.[133] In Kotor jedoch konnte der Autor keine notariellen Dokumente finden, die auf das Vorhandensein dieses Phänomens hinweisen, weshalb er von der Aufnahme dieses Abschnitts absah.

Der Fokus dieses Kapitels wird vor allem auf der Verfügungsbefugnis hinsichtlich des Dotalgegenstandes liegen, insbesondere jener Gegenstände, die im Statut von Kotor und in den Notariatsbüchern erwähnt werden. Anhand dieser Beispiele soll eine vergleichende Analyse zwischen dem mittelalterlichen Recht von Kotor und dem römischen Recht durchgeführt werden, um die Hypothese über

[133] Blehova-Čelebić, 2002, 45, 86.

die Rezeption des römischen Rechts im mittelalterlichen Dalmatien, insbesondere im mittelalterlichen Kotor, zu bestätigen oder zu widerlegen.

5.8.1 Verfügungsbefugnis hinsichtlich des Dotalgegenstandes[134]

Der Ehemann hatte im klassischen römischen Recht relativ weitreichende Befugnisse zur Verfügung über den Mitgiftgegenstand. Grundsätzlich galt, dass der Ehemann das Eigentum am Mitgiftgegenstand auf Dritte übertragen oder ihn mit einem Pfandrecht belasten konnte.[135] Davon unberührt blieb laut STAGL jedoch seine Verpflichtung zur Ersatzleistung gegenüber seiner Ehefrau, falls er ihr den Dotalgegenstand im Rahmen der Dotalklage (*actio rei uxoriae*)

---

[134] Die hier dargestellte Regelung bezieht sich auf die klassische Phase des römischen Rechts. Bereits in der republikanischen Zeit wurde die Rückgabe der *dos* häufig durch eine *stipulatio dotis* gesichert, wobei dem Ehemann bestimmte *retentiones* zustanden. Ab dem 2. Jh. v. Chr. stand der Frau zudem die *actio rei uxoria* zur Verfügung. In der späteren klassischen bzw. spätklassischen Zeit wurde der Ehemann zunehmend nicht mehr als Eigentümer, sondern lediglich als Nutznießer (*usufructuarius*) der *dos* betrachtet (vgl. z. B. C.5.13.1 – Diocl./Max. (a.294).

Methodologisch stellen sowohl dieses Kapitel (Kap. 8) als auch das Kapitel, das sich der Eigentumsfrage widmet (Kap. 10) besondere Herausforderungen dar, da sich jeweils die Grundfrage stellt, mit welcher Entwicklungsphase des römischen Rechts die dalmatinische Regelung zu vergleichen ist. Diese Frage betrifft nicht nur die *Verfügungsbefugnis über den Dotalgegenstand*, sondern insbesondere auch das zentrale Problem des *Eigentums an der Mitgift* und der damit zusammenhörenden Funktion der Mitgift, das in Kapitel 10 behandelt wird. In diesem Abschnitt wird der Vergleich primär auf das klassische römische Recht gestützt. Sollten dennoch Belege aus nicht-klassischen Phasen herangezogen werden, wird der Autor ihre Einbeziehung jeweils begründen, etwa im Sinne einer besseren Kontextualisierung oder Kohärenz der Argumentation innerhalb der Dissertation. Es handelt sich insgesamt um einen langwierigen diachronen Prozess, der nur bei klarer zeitlicher Verortung der Regelungen angemessen dargestellt werden kann.

[135] Söllner, 1969, 36.

Mehr dazu in: D.23.5.13.4 (Ulp. 5 adult.): „*Si uxore herede instituta fundus dotalis fuerit legatus, si quidem deductis legatis mulier quantitatem dotis in hereditatem habitura est, valet legatum, si minus, an non valeat, quaeritur. Scaevola, et si non totus, sed vel aliqua pars ex eo vindicari possit, si modo aliqua pars ad dotem supplendam desit, id dumtaxat ex eo remanere apud mulierem ait, quod quantitati dotis deest.*"

Oder bei D.41.1.62 (Paul. 2 man.): „*Quaedam, quae non possunt sola alienari, per universitatem transeunt, ut fundus dotalis, ad heredem, et res, cuius aliquis commercium non habet: nam etsi legari ei non possit, tamen heres institutus dominus eius efficitur.*"

nicht mehr zurückgeben konnte.[136] Diese Regelung beschreibt den allgemeinen Rechtsgrundsatz.[137]

Auf der anderen Seite gab es jedoch Ausnahmen von dieser Grundregel, wonach der Ehemann weitgehend unbegrenzt und nach eigenem Ermessen über das Mitgiftvermögen verfügen konnte. Dabei handelt es sich um zwei besondere Fälle:[138]

1. **Die erste Ausnahme** von diesem allgemeinen Rechtsgrundsatz der relativ unbegrenzten Verfügungsbefugnis des Ehemannes betrifft seine Verfügungsbefugnis hinsichtlich des (italischen) Grundstücks gemäß der *lex Iulia de fundo dotali*. Nach dieser Regelung war der Ehemann bei der Veräußerung des italischen Grundstücks beschränkt – hierfür benötigte er die Einwilligung seiner Ehefrau. Selbst mit dieser Einwilligung war es ihm jedoch verboten, das Grundstück zu belasten (zB mit einem Pfandrecht).[139]

---

[136] Stagl, 2022, 881.

[137] Dies ergibt sich *e contrario* aus einer nachklassischen Quelle: Diocl./Max. C.5.12.23 (a.294): „*Si praedium uxor tua dotale venumdedit, sponte nec ne contractum habuerit, nihil interest, cum rei tibi quaesitae dominium auferre nolenti minime potuerit.*"

[138] Stagl, 2022, 881–882.

[139] Siehe mehr zur Ausnahme von der Verfügungsbefugnis des Ehemannes in der *lex Iulia de fundo dotali* D.23.5.1 (Paul. 36 ed.):

„*Interdum lex Iulia de fundo dotali cessat: si ob id, quod maritus damni infecti non cavebat, missus sit vicinus in possessionem dotalis praedii, deinde iussus sit possidere: hic enim dominus vicinus fit, quia haec alienatio non est voluntaria.*"

Siehe mehr zur Beschränkung der Verfügungsbefugnis des Ehemannes nach C.13.1.15 (nachklassisch):

„*Et cum lex Iulia fundi dotalis Italici alienationem prohibebat fieri a marito non consentiente muliere, hypothecam autem nec si mulier consentiebat, interrogati sumus, si oportet huiusmodi sanctionem non super Italicis tantummodo fundis, sed pro omnibus locum habere.*" Hier wird klargestellt, dass der Ehemann zwar mit Zustimmung der Ehefrau verkaufen darf, jedoch nicht belasten kann, und es wird die Frage aufgeworfen, ob dieses Verbot nur für italische Grundstücke gilt oder generell anzuwenden ist.

Siehe mehr zur Rechtslage nach *Gai.* 2.63*:*

„*Nam dotale praedium maritus invita muliere per legem Iuliam prohibetur alienare, quamvis ipsius sit, vel mancipatum ei dotis causa vel in iure cessum vel usucaptum. quod quidem ius utrum ad Italica tantum praedia an etiam ad provincialia pertineat, dubitatur.*"

Hier wird bestätigt, dass der Ehemann ohne Zustimmung der Ehefrau das dotale Grundstück nicht veräußern darf, obwohl es rechtlich sein Eigentum ist. Unklar bleibt jedoch, ob dieses Verbot nur für italische Grundstücke oder auch für Provinzialgrundstücke gilt.

Siehe mehr zur Anwendbarkeit der *lex Iulia* im Erbrecht bei D.29.1.16 (Paul. 43 ed.): „*Dotalem fundum si legaverit miles, non erit ratum legatum propter legem Iuliam.*"

2. **Eine zweite Einschränkung** bestand bei der Verfügungsbefugnis hinsichtlich eines Sklaven bzw. einer Sklavin. Allerdings durfte der Ehemann einen Sklaven oder eine Sklavin zwar freilassen, war dann jedoch verpflichtet, seiner Ehefrau den Wert dessen zu ersetzen, was er durch die Freilassung erhalten hatte.[140]

Wie gestaltete sich auf der anderen Seite die Situation im mittelalterlichen Kotor in Bezug auf die Verfügungsbefugnis über den Dotalgegenstand?

Hier zeigt sich, dass selbst ein Legat eines dotalen Grundstücks durch einen Soldaten nach der *lex Iulia* unwirksam ist – ein weiteres Beispiel für die strikte Bindung der Verfügungsmacht durch dieses Gesetz.

[140] Siehe D.24.3.62 (Ulp. 33 ed.):

„*Quod si vir voluntate mulieris servos dotales manumiserit, cum donare ei mulier voluit, nec de libertatis causa impositis ei praestandis tenebitur.*"Hier wird die Zustimmung der Ehefrau zur Freilassung betont: Hat sie eingewilligt, liegt faktisch eine Schenkung an den Sklaven vor, und der Ehemann haftet dann nicht für etwaige daraus entstehende Verpflichtungen – was seine Rechtsposition verbessert.

Siehe auch D.24.3.63 (Paul. 2 l. Iul. Pap.):

„*Et desinit servus in dote esse, quia, cui manumittendi causa donare liceret, ei quodammodo donaret, quod permitteret manumittere.*"Ein dotierter Sklave hört auf, Teil der Mitgift zu sein, wenn die Ehefrau dem Ehemann erlaubt, ihn aus Freigabegründen zu verschenken. Die Genehmigung zur Freilassung wird hier also wie eine Schenkung interpretiert.

Des Weiteren D.40.1.21 (Pap. 13 resp.):

„*Servum dotalem vir qui solvendo est constante matrimonio manumittere potest: si autem solvendo non est, licet alios creditores non habeat, libertas servi impedietur, ut constante matrimonio deberi dos intellegatur.*"

Solange der Ehemann zahlungsfähig ist (*solvendo est*), darf er während der Ehe einen dotierten Sklaven freilassen. Ist er hingegen zahlungsunfähig, ist die Freilassung unwirksam – die dos wird hier also wie eine aktuell bestehende Forderung angesehen.

Ein weiterer relevanter Fall findet sich in D.48.10.14.2 (Paul. 22 quaest.):

„*Maritus servum dotalem manumisit et in testamento eius legatum sibi adscripsit. quaesitum est, quid mulier ex lege Iulia consequi possit…*"

Paulus analysiert hier, ob die Ehefrau Ansprüche aus der *lex Iulia* gegen den Ehemann oder dessen Erben hat, wenn dieser sich ein Legat vom freigelassenen Sklaven zuschreibt. Der entscheidende Punkt: Wenn kein Betrug (*dolus*) zu Lasten der Ehefrau vorliegt, kann sie keine Sanktionen durchsetzen – auch wenn der Fall moralisch zweifelhaft erscheinen mag.

Schließlich Alex. C.5.12.3 (a.222):

„*Etsi dotis exactio defuncta in matrimonio filia potuisset ad patrem pertinere, dotalibus tamen servis maritus testamento directam et fideicommissariam libertatem iure dedit et praestita revocari non debuit…*"

Der Kaiser bestätigt hier, dass ein Ehemann auch testamentarisch über dotierte Sklaven verfügen durfte, indem er ihnen die Freiheit direkt oder im Wege des ideikommisses verlieh. Selbst wenn ein Anspruch des Vaters auf die Mitgift bestanden hätte, war eine solche Freilassung rechtskräftig und unwiderruflich – solange sie während der Ehe geschah.

Die statutarischen Kapitel, die sich direkt oder indirekt mit dieser Thematik befassen, sind *cap.* 149, *cap.* 152, *cap.* 154, *cap.* 158, *cap.* 159 und *cap.* 202.

Das *cap.* 149, das durchaus die wichtigste und gründlichste Bestimmung über die Mitgift darstellt, regelt unter anderem auch die Verfügungsbefugnis über den Dotalgegenstand. Diese bereits mehrfach zitierte und in der vorliegenden Dissertation behandelte Bestimmung des Statuts von Kotor klassifiziert verschiedene Arten von Mitgiftgegenständen. Dabei handelt es sich um drei Typen.

1. **Geld**

Bezüglich des Geldes besagt das Statut von Kotor Folgendes:

> „..*qui maritus si denarius pro parchiuio recepit, potestatem habeat faciendi de eis, quidquid sibi placuerit.*."

womit es für die Rechtsanalyse in diesem Kapitel auf einen wesentlichen Punkt hinweist – dass der Ehemann in Bezug auf die Verwaltung des Geldes ein uneingeschränktes Verfügungsrecht hatte. Hier zeigt sich eine vollständige Übereinstimmung zwischen der römischen Rechtsregelung und der des mittelalterlichen Kotor.[141] Die Analyse eines notariellen Dokuments, in dem die Frau 140 *yperperos* aus ihrer Mitgift als Darlehen gewährt, führt zu dem Schluss, dass auch die Frau selbst über das Geld verfügen konnte.[142]

2. **Kleidung und Stoffe**

Bezüglich der Kleidung äußert sich das Statut relativ vage und juristisch unpräzise, sodass wenig Raum für eine fundierte Rechtsanalyse bleibt[143]:

> „*Vestimenta vero, & panni assignati pro parchiuio, qui superfuerint tempore mortis, restituantur, sicut ea recepit, sed si forte pro faciendis vestimentis uxori suae maritus receperit denarios, & fecerit illa indumenta, pro quibus ipse recepit, teneatur tempore mortis reddere quantum recepit, & non vestimenta...*"

[141] *Statuta Civitatis Cathari,* 1616, *cap.* 149; vgl. dazu Diocl./Max. C.5.12.23 (a.294).

[142] Mayer, 1951, NA 1296: „*Ego Radostus de Dudici apigno Mare, uxori Michalis, domum meam... quam sibi apigno pro perperis CXXXX..Quos denerios consiteor suisse de perchiuo suo.*"

[143] *Statuta Civitatis Cathari,* 1616, *cap.* 149.

Diese stilistische Konstruktion lässt viele Unklarheiten und Interpretationsspielräume zu. Es ist klar, was der Ehemann bei der Restitution der Güter (entweder die Stoffe selbst oder das Geld als deren Ersatz) zu leisten hat. Was jedoch unklar bleibt, ist, was in der Zwischenzeit geschieht: hatte der Ehemann das Recht, über das erhaltene Geld für die Herstellung der Stoffe zu verfügen? Einerseits könnte eine solche Interpretation angesichts der Formulierung der Bestimmung zur Verfügungsbefugnis über das Geld naheliegend erscheinen. Aufgrund der stilistischen Unklarheit dieser gesetzlichen Bestimmung ist es jedoch unmöglich, eine endgültige Bedeutung festzulegen.

Ebenso bleibt offen, ob dem Ehemann im Falle der Erhaltung von Stoffen anstelle von Geld das Recht zustand, diese weiterzuvergeben oder anderweitig darüber zu verfügen. Auf beide Fragen lässt sich weder anhand des Statutentextes noch aufgrund erhaltener notarieller Dokumente eine abschließende Antwort finden.

3. **Sklave/Sklavin (Diener/Dienerin)**

Eine klarere stilistische Bestimmung ergibt sich hingegen aus dem Teil derselben Bestimmung (*cap.* 149), der sich auf einen Sklaven/Diener oder eine Sklavin/Dienerin bezieht:

> „*Hoc idem de Sclaua, vel de Sclauo quem, vel quam uxor in domu viri sui duxit, maritus sine voluntate uxoris, & uxor absque voluntate viri alienare non possit...*“

Weder der Ehemann noch die Ehefrau konnten also einen Sklaven/Diener oder eine Sklavin/Dienerin ohne die Zustimmung des Ehepartners veräußern. Dies entspricht dem römisch-rechtlichen Prinzip der gemeinsamen Verfügungsbefugnis über den Sklaven oder die Sklavin.[144]

Das *cap.* 152 des Statuts von Kotor befasst sich mit den Schenkungen an die Ehefrau über die Mitgift (*donatio super parchivium*). Diese Bestimmung regelt nicht direkt die Frage der Verfügungsbefugnis über den Dotalgegenstand, ist aber entscheidend für die Unterscheidung zwischen dem ausschließlichen Vermögen der Frau, das sich in ihrem eigenen Eigentum befindet, und dem Mitgiftvermögen, das als *funktionsbedingtes*, für die Zwecke der Ehe bestimmtes Vermögen gilt. Aus diesem Grund hat der Autor entschieden, dieses Kapitel sowohl hier als auch im Abschnitt 3.4 der Dissertation zu behandeln.

---

[144] Siehe die vorherige Fußnote mit den Quellen zur Einschränkung der Verfügungsbefugnis hinsichtlich des Sklaven bzw. der Sklavin.

Es wurde bereits erwähnt, wie die Ausgestaltung der Verfügungsbefugnis über den Dotalgegenstand im Falle der Verwaltung von Geld, Kleidung, Stoffen sowie Waren oder Sklavinnen/DienerInnen aussah. Doch wie verhielt es sich mit der Verwaltung von Immobilien im mittelalterlichen Kotor?

Die Antwort darauf findet sich nur indirekt und erneut durch eine vom Gesetzgeber ziemlich unpräzise und allgemein formulierte Bestimmung in *cap.* 154, das besagt, dass der Ehemann, nachdem er von seiner ersten, zweiten oder dritten Ehefrau eine Immobilie – sei es ein Haus oder ein Grundstück – als Mitgift erhalten hatte, daran Arbeiten durchführen konnte. Dies deutet für die Zwecke dieses Kapitels darauf hin, dass er (der Ehemann) befugt war, über das unbewegliche Mitgiftgut zu verfügen, lässt aber offen, ob seine Befugnis in irgendeiner Weise eingeschränkt war oder ob es sich um eine gemeinschaftliche Verwaltung mit seiner Frau handelte.

Das *cap.* 158 und 159 des Statuts von Kotor behandeln die *societas* und erwähnen dabei auch Mitgiften, die Männer in die *societas* einbringen. Dies zeigt, dass die Verfügungsbefugnis des Ehemannes auch im Hinblick auf die Verwaltung und Investition von Mitgiftvermögen in wirtschaftliche Unternehmungen möglich war.

***Cap.* CLVIII**

„*Si fratres patrem, vel matrem, non habentes simul steterint, & aliqui eorum aetatis legitimae fuerint, & unus ex ipsis uxorem cum parchiuio acceperit, & parchiuium ipsum in compagnia aliorum fratrum posuerit per instrumenti tenorem. Volumus quod parchiuium illud sit saluum.*“

***Cap.* CLIX**

„*Si unus, aut plures ex fratribus simul stantibus parchiuium quod ab uxoribus suis receperunt, in communitate aliorum fratrum posuerint, ordinamus quod omnes expensas uxorum suarum, & heredum eorum, necnon & nutricum suorum heredum, faciant de alia communitate; si vero frater uxoratus parchiuium suum in communitate non posuerit.*“

Das Statut stellt hier sicher, dass die Mitgift erhalten/ausgesondert bleibt, was bedeutet, dass sie rechtlich als gesondertes Vermögen anerkannt wird. Der Ehemann verwaltet die Mitgift während der Ehe weitgehend eigenständig (als *usufructuarius*) – zumindest basierend auf dem Wortlaut des Statuts und notariellen Dokumenten, jedoch unter der Einschränkung der *salva rerum substantia*, was bedeutet, dass er die Kernsubstanz des Vermögens nicht beschädigen, mindern oder veräußern darf. Wie jedoch aus einigen notariellen Akten ersichtlich, wurde dies in der Rechtspraxis oft nicht eingehalten[145]. Dies bestätigt erneut die These des Dualismus von geschriebenem Recht und Rechtspraxis.

Das *cap.* 202 befasst sich mit dem Vater, der nicht mit seinen verheirateten Söhnen zusammenleben möchte.

> ***Cap. CCII***
>
> *„Si quis habens filium, vel filios uxoratos, noluerit habitare cum eis, possit eum, vel eos de domo sua expellere cum suis uxoribus, & ipse filius, vel filij exire copellatur de domo, ita tamen, quod si pater recepit parchiuium uxoris, vel uxorum illorum, antequam exeat de domo patris, pater ipse parchiuium illud ipsis restituere teneatur. Quidquid autem filius, vel filij praedicti postquam exiuerint de domo patris, lucrati fuerint cum parchiuio uxoris suae, aut ex industria suae personae, sit suum proprium, & alij fratres nihil petere possint, vel debeant de lucro praedicto, si autem pater parchiuium ipsius filij, vel filiorum expendisset, ad suam voluntatem, & non haberet unde solueret eis, vel eorum parchiuium, & voluerit ipsi filio tantum de suo patrimonio assignare, quantum valuit parchiuium quod receperat, teneantur ipsi filij, vel filius recipere illud, & cum eodem de domo exire.“*

Diese Bestimmung stützt erneut die These von der wirtschaftlichen Nutzung der Mitgift. Der statutarische Text hebt hervor, dass alles, was der Mann mit der Mitgift seiner Frau verdient (*quodcumque autem filius aut filii cum dotibus uxorum suarum vel propria diligentia lucrati fuerint*), allein ihnen gehört und nicht von anderen Familienmitgliedern beansprucht werden kann.

5.8.2 Zwischenfazit

Die Analyse der Verfügungsbefugnis über die Mitgift im mittelalterlichen Kotor zeigt sowohl Parallelen als auch Unterschiede zum römischen Recht. Die Mitgift wird als eine besondere Art von Eigentum klassifiziert – ein *funktionsbedingtes Eigentum*, das von der weiblichen Seite bei der Heirat als eine Art Startkapital bereitgestellt wird und zur Deckung der Kosten der ehelichen Gemeinschaft dient.

[145] Mayer, 1951, NA 114; NA 581; Mayer, 1981, NA II 188.

Der Gesetzgeber im Statut von Kotor unterscheidet verschiedene Arten von Mitgiftgegenständen, wobei eine juristisch präzise und eindeutige Regelung nur für Geld sowie für Sklaven/Diener und Sklavinnen/Dienerinnen existiert. In diesen beiden spezifischen Kategorien zeigt die rechtliche Analyse nahezu identische Regelungen zwischen dem römischen Recht und dem mittelalterlichen Recht von Kotor.

Für andere Kategorien wie Kleidung, Stoffe oder Immobilien fehlt hingegen eine klare juristische Definition. Während das Statut in Bezug auf Geld eine uneingeschränkte Verfügungsmacht des Ehemannes vorsieht – was eine vollständige Übereinstimmung mit der römischen Rechtslage darstellt –, bleiben andere Bereiche, insbesondere die Verfügung über die Kleidung, Stoffen und Immobilien, weniger klar geregelt.

Notarielle Akten stützen die These, dass nicht ausschließlich der Ehemann, sondern auch die Frau über die Mitgift verfügen konnte.

Eine zentrale Bestimmung für die rechtliche Natur der Mitgift findet sich im *cap.* 149 des Statuts von Kotor, in dem festgelegt wird, dass die Verfügung über den Mitgiftgegenstand im Einklang mit dem Prinzip *salva rerum substantia* erfolgen muss. Dies weist darauf hin, dass der Ehemann in der Ehe die Position eines Nutznießers einnahm, der die Mitgift verwaltet, vermehrt, aber nicht vermindert oder sogar enteignet und damit weitgehend die Kosten der Ehegemeinschaft deckt.

Diese Regelung war jedoch nicht ausschließlich an den Ehemann gebunden, wie notarielle Dokumente belegen. Zwar wird der Ehemann in den statutarischen Bestimmungen sowie in notariellen Dokumenten häufiger erwähnt, doch zeigen einzelne Quellen, dass auch die Frau in bestimmten Fällen über ihre Mitgift verfügen konnte.

Besonders auffällig ist die konzeptionelle Ähnlichkeit bei der Verwaltung von Sklaven/Dienern und Sklavinnen/Dienerinnen. Auch wenn bereits zuvor auf die Mehrdeutigkeit dieser Bezeichnung hingewiesen wurde – insbesondere auf die Frage, ob es sich um Sklaven im römisch-rechtlichen Sinne oder um eine Art halbabhängige Dienerschaft handelte –, deutet die rechtliche Regelung zumindest auf den ersten Blick auf eine identische Rechtspraxis mit dem römischen Recht hin. Diese Parallele zeigt sich insbesondere in dem römisch geprägten Konzept der gemeinsamen Verwaltung von Sklaven durch beide Ehepartner.

Ein weiteres bemerkenswertes Merkmal des Statuts von Kotor ist seine stilistische Uneinheitlichkeit. Während einige Bestimmungen eine eindeutige Regelung enthalten, bleiben andere vage und interpretierbar. Dies erschwert eine klare rechtshistorische Einordnung und zeigt, dass die Rezeption des römischen Rechts nicht in allen Aspekten einheitlich erfolgte. Besonders im Bereich der Einbringung von Mitgiftvermögen in wirtschaftliche Unternehmungen (*societas*) wird deutlich, dass der Ehemann auch hier über eine weitreichende Dispositionsfreiheit verfügte.

Die bisherigen Ergebnisse bestätigen daher die Hypothese einer Rezeption römischer Rechtsprinzipien in Kotor, jedoch in einer modifizierten Form, die durch lokale Gegebenheiten und spezifische rechtliche Traditionen beeinflusst wurde.

5.9 Restitution der Mitgift

Die Beendigung der Ehe zog als Rechtsfolge unter anderem die Frage der Restitution des Mitgiftgutes nach sich. Angesichts der äußerst detaillierten Regelungen zur Rückgabe der Mitgift im römischen Recht einerseits und der ausgeprägten Fragmentierung dieses römisch-rechtlichen Vorbilds im mittelalterlichen Recht von Kotor andererseits – in dem die Prinzipien des römischen Rechts nur teilweise und in fragmentarischer Form vertreten sind – hat sich der Autor dazu entschieden, in einigen Unterkapiteln dieses Kapitels methodisch von der üblichen Struktur abzuweichen.

Einige dieser Unterkapitel beginnen nicht mit der Darstellung der römisch-rechtlichen Grundlagen, sondern unmittelbar mit der Analyse des mittelalterlichen Rechts von Kotor. Dieser methodische Zugang soll einer besseren Systematisierung sowie einem vertieften Einstieg in die spezifische Thematik dienen – insbesondere angesichts des Quellenmaterials, das für das mittelalterliche Kotor zur Verfügung stand. Auf diese Weise wird eine präzisere rechtshistorische Untersuchung der einschlägigen Normen des Statuts von Kotor sowie der notariellen Urkunden, die sich mit der Rückgabe der Mitgift befassen, ermöglicht.

5.9.1 Einleitung[146]

Die Frage der Restitution des Mitgiftvermögens im mittelaterlichen Recht von Kotor hing davon ab, ob die Ehe durch den Tod der Frau oder des Mannes endete und ob die Ehegatten gemeinsame Kinder hinterlaßen oder nicht, ein Thema, das von enormer Bedeutung für die Gesellschaft gewesen sein muss und wahrscheinlich auch oft vor Gericht landete, wenn man bedenkt, wie viele Bestimmungen im Statut sich damit beschäftigen.[147]

Im Falle des Todes der Frau hatten ihre Kinder das Recht auf Aussonderung der Mitgift (Ausfluss der Funktion der Mitgift als *onera matrimonii*, die nach dem Tod der Ehefrau auf die Kinder überging). Sie (die Kinder) konnten die Mitgift entweder unmittelbar nach dem Tod der Mutter an sich nehmen, bevor der Vater erneut heiratete, oder nach dem Tod des Vaters. In einem solchen Fall hatten sie Vorrang gegenüber anderen Kindern aus weiteren Ehen, da sie als Erben der Mitgift der verstorbenen Mutter betrachtet wurden.[148]

Hatte die verstorbene Frau keine Kinder mit ihrem zweiten Ehemann, war dieser verpflichtet, die Mitgift innerhalb von sechs Monaten zurückzugeben. Wenn die Frau hingegen mehrere Kinder aus verschiedenen Ehen hinterließ, wurde die Mitgift unter ihnen zu gleichen Teilen aufgeteilt. Falls sie jedoch Söhne aus der letzten Ehe hatte, fiel die Mitgift ausschließlich diesen zu, während das restliche Vermögen *per capita* unter allen Söhnen aus sämtlichen Ehen verteilt wurde. Dadurch blieb das Prinzip der Primogenitur gewahrt, das charakteristisch für das mittelalterliche slawische Recht war. Dieses Prinzip wurde häufig angewandt, um das Vermögen innerhalb der Familie zu sichern.[149]

---

[146] Wie bereits eingangs angedeutet, wird in diesem Abschnitt – im Unterschied zu anderen Teilen der Arbeit – zunächst das mittelalterliche Recht von Kotor behandelt. Diese Entscheidung beruht vor allem auf dem reichen Quellenmaterial, das für diesen Kontext zur Verfügung steht: neben einer Vielzahl von einschlägigen Bestimmungen im Statut von Kotor sind auch zahlreiche notarielle Urkunden erhalten, die sich mit der Rückgabe der Mitgift befassen. Erst im Anschluss daran wird ein Vergleich mit den entsprechenden Regelungen im römischen Recht vorgenommen, sowie mit ausgewählten Elementen aus dem slawischen Rechtskreis. Diese Struktur erlaubt es, das vorhandene lokale Material systematisch aufzuarbeiten und anschließend im Lichte der übergeordneten rechtshistorischen Kontexte zu analysieren.

[147] *Statuta Civitatis Cathari, cap.* 137; *cap.* 147; *cap.* 148; *cap.* 154; *cap.* 155; *cap.* 156; *cap.* 157; *cap.* 158; *cap.* 159; *cap.* 161; *cap.* 163; *cap.* 164; *cap.* 166; *cap.* 170; *cap.* 176; *cap.* 194; *cap.* 197; *cap.* 198; *cap.* 202; *cap.* 203; *cap.* 205.

[148] *Statuta Civitatis Cathari, cap.* 154;; *cap.* 155; *cap.* 156; *cap.* 176.

[149] Siehe mehr zur Bedeutung des oben genannten Prinzips der Primogenitur in: *Statuta Civitatis Cathari, cap.* 154; *cap.* 155; *cap.* 156; *cap.* 164; *cap.* 166.

Die Frage der Aufbewahrung und Sicherung des Vermögens innerhalb der Familie wurde bereits in den vorherigen Kapiteln erörtert und wird erneut behandelt, wenn das 10. Kapitel zur Eigentumsfrage und Funktion der Mitgift besprochen wird. Eine der Funktionen der Mitgift war direkt mit dem Prinzip der Primogenitur verknüpft – die Söhne waren die alleinigen Erben des gesamten Vermögens der Familie, während Frauen als Ausgleich die Mitgift erhielten und am übrigen Erbe keine Ansprüche hatten. Auch im Fall der Mitgift mütterlicherseits hatten männliche Nachkommen Vorrang gegenüber weiblichen Erben.[150]

Falls die verstorbene Frau keine Nachkommen hinterließ, wurde die Mitgift an die Familie, die Verwandtschaft oder jene Personen zurückgegeben, die ursprünglich Eigentümer der Mitgift waren und die Mitgift für die Frau bestellt hatten.[151]

Ein Viertel der Mitgift stand der Frau jedoch frei zur Verfügung – *pro anima sua*. Falls diese ursprünglichen EigentümerInnen/BestellerInnen nicht mehr lebten, ging die Mitgift auf die zwei nächsten Verwandten über (*cap.* 164). War auch diese Linie erloschen, konnte die Frau über die gesamte Mitgift verfügen, was ein deutliches Indiz ist, dass es sich wahrscheinlich um ihr Eigentum handelte und nicht um das des Ehemannes. Dies zeigt, dass die Mitgift, die der Autor an die Anlehnung an STAGLS Idee als *funktionsbedingtes Eigentum* definiert, primär dem Zweck diente, die wirtschaftliche Beteiligung der Frau oder derjenigen Person, die die Mitgift für sie bestellt hatte, am ehelichen Haushalt sicherzustellen. Nach Beendigung der Ehe – sofern diese Personen nicht mehr lebten – oder bei Fehlen zweier nächster Verwandter, fiel die gesamte Mitgift der Frau zu, womit erneut das Prinzip der geteilten Ehegüterordnung unterstrichen wird. Dies bedeutete, dass die Frau letztlich uneingeschränkt über die Mitgift verfügen konnte, was auf eine komplexe dogmatische Struktur dieser Vermögensmasse hinweist. Dennoch spricht dies klar für die These, dass es sich letztlich um das Vermögen der Frau handelte, da der Ehemann in keiner Konstellation als möglicher Erbe dieser Mitgift erscheint.[152]

Die Regelung im mittelalterlichen Recht von Kotor zeigt auch deutliche Parallelen zum römischen Recht, insbesondere hinsichtlich des Prinzips der getrennten Vermögensverhältnisse und der Rückgabe der Mitgift (*restitutio dotis*).[153]

---

[150] *Statuta Civitatis Cathari, cap.* 147.

[151] *Statuta Civitatis Cathari, cap.* 164.

[152] *Statuta Civitatis Cathari, cap.* 164.

[153] Zur Rückgabe der Mitgift (*restitutio dotis*) und zur klassischen *actio rei uxoriae* vgl. grundlegend Bechmann, *Das Römische Dotalrecht* I (1863), 50; *Das Römische Dotalrecht* II, 108 f. (1867); Czyhlarz, *Das römische Dotalrecht* (1870), passim, insbesondere zu *dos*

Im römischen Recht ist es im Laufe der Zeit eine fundamentale Regel geworden, dass das Dotationsgut (die *dos*), das die Frau in die Ehe einbrachte, nach Beendigung der Ehe restituiert wurde. Die *dos* war nicht Teil des allgemeinen ehelichen Vermögens, sondern hatte eine spezifische Zweckbindung – sie diente der finanziellen Absicherung der Ehe und der Frau. Dies spiegelt sich auch in der kotorschen Regelung wider, wo die Mitgift als *funktionsbedingtes Eigentum* betrachtet wurde und letztlich an die Frau oder ihre Nachkommen zurückfiel.[154]

---

profecticia und *lucrum dotis*; Lauria, *Matrimonio-dote in diritto romano* (1952), 65, 68–71, 94–97, 99, 105–108, 121–128, 158–161; Söllner, „Zur Vorgeschichte und Funktion der *actio rei uxoriae*", in: *ZRG RA* 86 (1969), 43 f.; Varvaro, *Studi sulla restituzione della dote I* (2006), ausführlich, 170–177; Stagl, *Favor dotis* (2009), mit Schwerpunkt auf *favor dotis* und *retentiones*, 140–157. Einen systematischen und aktuellen Überblick bietet *Handbuch des Römischen Privatrechts*, § 89, S. 2517–2526. Bei diesen Autoren werden Ursprung und Formulierung der Klage, ihre Einordnung als *bonae fidei iudicium*, die Prinzipien *favor dotis*, *retentio propter liberos* und *propter mores* sowie die justinianischen Reformen umfassend dargestellt. Die Literatur bietet hierzu eine dogmen- und rechtsgeschichtlich fundierte Einordnung: BECHMANN analysiert systematisch das klassische Dotalrecht, CZYHLARZ liefert eine der frühesten deutschsprachigen Monographien zur Rückgabe der Mitgift, LAURIA betont die Verbindung von Ehe und Vermögensordnung, SÖLLNER rekonstruiert die historische Entwicklung der Klageformel, VARVARO behandelt deren technische Struktur, während Stagl die Privilegierung der Mitgift unter dem Aspekt des *favor dotis* untersucht.

Siehe mehr zur Frage der *restitutio dotis* in den folgenden Quellen: D.23.3.13: „*Si mulier post divortium, antequam ex stipulatu de dote agat, ad eundem virum fuerit reversa, constantius dicetur per doli exceptionem inefficacem fieri ex stipulatu actionem, usque quo matrimonium durat.*";

D.23.3.42 (Gai. 11 ed. prov.): „*Res in dotem datae, quae pondere numero mensura constant, mariti periculo sunt, quia in hoc dantur, ut eas maritus ad arbitrium suum distrahat et quandoque soluto matrimonio eiusdem generis et qualitatis alias restituat vel ipse vel heres eius.*";

D.24.3.66.3 (Iav. 6 post. Lab.): „*Mancipia in dotem aestimata accepisti: pactum conventum deinde factum est, ut divortio facto tantidem aestimata redderes nec de partu dotalium ancillarum mentio facta est. manebit, inquit Labeo, partus tuus, quia is pro periculo mancipiorum penes te esse deberet.*";

D.23.3.17.1 (Paul. 7 Sab.): „*Si re aestimata data nuptiae secutae non sint, videndum est, quid repeti debeat, utrum res an aestimatio. sed id agi videtur, ut ita demum aestimatio rata sit, si nuptiae sequantur, quia nec alia causa contrahendi fuerit, res igitur repeti debeat, non pretium.*"

[154] Siehe mehr eine der wichtigsten Stellen zur rechtlichen Natur der Mitgift aber auch zur Hauptfunktion der Mitgift in: D.23.3.56.1 (Paul. 6 Plaut.): „***Ibi dos esse debet, ubi onera matrimonii sunt.***"

Zur Frage der dotatio *mortis causa* vgl. D.23.3.76 (Tryph. 9 disp.): „*Si pater mulieris mortis suae causa dotem promiserit, valet promissio: nam et si in tempus, quo ipse moreretur, promississet, obligaretur. sed si convaluerit, cur ei non remittatur obligatio per condictionem, atque si stipulanti quivis alius promisisset aut dotem alicuius nomine? nam ut corporis*

Im mittelalterlichen Recht von Kotor lässt sich eine stärkere Orientierung an den Prinzipien des slawischen Erbrechts erkennen, insbesondere an der Bevorzugung männlicher Nachkommen.[155]

Es lässt sich konstatieren, dass das mittelalterliche Recht von Kotor in seiner Behandlung der Mitgift auf römisch-rechtlichen Grundlagen aufbaut, jedoch auch durch lokale und slawische erbrechtliche Traditionen modifiziert wurde. Die konzeptionelle Ähnlichkeit zwischen den Systemen zeigt sich besonders im Prinzip der Gütertrennung, wodurch das mittelalterliche kotorsche Recht in einer römisch-rechtlichen Denktradition verankert bleibt, jedoch mit spezifischen Anpassungen an den lokalen Kontext.

Hervorzuheben ist, dass je reicher die Mitgift war, d. h. je mehr bewegliche und unbewegliche Güter (Gold, Weingärten, Häuser) sie enthielt, desto detaillierter wurde sie beschrieben, wobei jeder einzelne Gegenstand namentlich genannt wurde (Prinzip der Gütertrennung), um Probleme bei der Rückgabe und Restitution der Mitgift (Mitgiftgüter) zu vermeiden.[156] Dies entspricht auch einer weiteren allgemeinen Tendenz, dass sich adelige Kreise häufiger dieses Rechtsinstituts bedienten, um familiäre Vermögensverhältnisse, die in einer kleineren Stadt auch politischer Natur waren, zu regeln (diese Tendenz ist im gesamten adriatischen Raum unter venezianischem Einfluss zu sehen).[157]

---

vel pecuniae translatae, ita obligationis constitutae mortis causa condictio est. non idem dicendum est in persona mulieris, si mulier mortis suae causa dotem promiserit, quia nisi matrimonii oneribus serviat, dos nulla est."

Zur Auslegung von Mitgiftvereinbarungen im Hinblick auf die Lebenszeit des Vaters siehe D.23.4.11 (Ulp. 34 ed.): „*Cum pater dotem pollicitus fuerit et paciscatur, ne se vivo petatur neve constante matrimonio dos petatur, ita pactum interpretandum divus Severus constituit, quasi adiectum esset se vivo: hoc enim ita accipiendum esse contemplatione paternae pietatis et contrahentium voluntatis, ut posterior quoque pars conventionis ad vitam patris relata videatur, ne diversa sententia fructum dotis ab oneribus matrimonii separet quodque indignissimum est, inducat ut non habuisse dotem existimetur. quo rescripto hoc effectum est, ut, si quidem vivo patre decesserit filia aut sine culpa sua divorterit, omnimodo dos peti non possit, constante autem matrimonio mortuo patre peti possit.*"

[155] *Statuta Civitatis Cathari, cap.* 164.

[156] Vgl. einige solcher reicheren Mitgifturkunden, in denen bewegliche und unbewegliche Gegenstände, die als Mitgift übergeben werden, namentlich und mit großer Genauigkeit aufgeführt sind: Mayer, 1951, NA 131; NA 148; NA 154; NA 308; NA 310.

[157] Dazu mehr in: Bellavitis, 2018; Bellavitis, 2011, 23–37. In den wohlhabenderen Familien, insbesondere in den politisch einflussreichen, war die Frage der Eheschließung eine vorrangige politische Angelegenheit, die bereits in jungen Jahren (oder sogar in der Kindheit) der Braut mit großer Sorgfalt behandelt wurde. BELLAVITIS, eine der führenden feministischen Historikerinnen, die sich mit der Geschichte und der Stellung der Frau im Mittelalter auseinandergesetzt hat, gelangt in ihren überwiegend historisch ausgerichteten, nicht primär

Eine weitere Parallele zeigt sich in der Restitution der Mitgift nach Beendigung der Ehe. Während im römischen Recht Mechanismen wie die *actio rei uxoriae* existierten, um die Mitgift nach der Ehe an die Frau oder ihre Familie zurückzuführen, ist eine ähnliche Regelung in Kotor zu sehen: die Mitgift fiel nach dem Tod des Ehemanns primär an die Frau und ihre Kinder, andernfalls kehrte sie an die ursprünglichen Besteller zurück. Diese Parallelen deuten darauf hin, dass das mittelalterliche Kotor eine rechtliche Tradition übernahm, die auf römisch-rechtlichen Prinzipien basierte, diese aber an die eigene gesellschaftliche Realität anpasste.[158]

---

rechtshistorischen, sondern vielmehr gendergeschichtlich orientierten Arbeiten zu bemerkenswerten und für den Autor dieser Dissertation besonders interessanten Ergebnissen. Sie zeigt, dass die Mitgift in Venedig nach einem römisch-rechtlichen Muster organisiert war. Da das Thema der Mitgift in Venedig jedoch sowohl politisch als auch wirtschaftlich von höchster Bedeutung war, entfernte sich die Mitgiftregelung im Laufe der Zeit und infolge praktischer gesellschaftlicher Bedürfnisse zunehmend vom römisch-rechtlichen Modell. Es entstand damit eine mehr oder weniger *sui generis* Rechtskategorie, die sich bereits im 15. und 16. Jahrhundert deutlich von der klassischen römischen Form des *dos*-Instituts unterschied.

In Dubrovnik und Kotor hingegen blieben bestimmte Bestimmungen in bemerkenswerter Weise am ursprünglichen römisch-rechtlichen Modell orientiert. Obwohl die gesellschaftliche Entwicklung – insbesondere in Dubrovnik als wohlhabenderem Ort im Vergleich zu Kotor – durchaus vergleichbare rechtliche Anpassungen nahegelegt hätte, kam es dazu nicht im selben Maße. Man kann daher sagen, dass die rechtliche Regelung der Mitgift in diesen Städten in gewisser Weise „treuer" am römischen Rechtsmodell verblieben ist als dies im Fall Venedigs der Fall war.

158 Zur *actio rei uxoriae* siehe folgende Quellen:

I.4.6.29: „*Fuerat antea et rei uxoriae actio ex bonae fidei iudiciis: sed cum pleniorem esse ex stipulatu actionem invenientes omne ius, quod res uxoria ante habebat, cum multis divisionibus in ex stipulatu actionem, quae de dotibus exigendis proponitur, transtulimus, merito rei uxoriae actione sublata ex stipulatu, quae pro ea introducta est, naturam bonae fidei iudicii tantum in exactione dotis meruit, ut bonae fidei sit. sed et tacitam ei dedimus hypothecam: praeferri autem aliis creditoribus in hypothecis tunc censuimus, cum ipsa mulier de dote sua experiatur, cuius solius providentia hoc induximus.*"

C.5.13: „*De rei uxoriae actione in ex stipulatu actionem transfusa et de natura dotibus praestita.*"

C.5.13.1:„*Rem in praesenti non minimam adgredimur, sed in omni paene corpore iuris effusam, tam super rei uxoriae actione quam ex stipulatu, earum communiones et differentias resecantes et in unum tramitem ex stipulatu actionis totum rei uxoriae ius, quod dignum esse valere censemus, concludentes.*"

C.5.13.1.1: „*Rei uxoriae itaque actione sublata sancimus omnes dotes per ex stipulatu actionem exigi, sive scripta fuerit stipulatio sive non, ut intellegatur re ipsa stipulatio esse subsecuta.*"

5.9.2 *Restitutio dotis*: Sach- und Wertersatz in der Mitgiftabwicklung

Im römischen Recht galt als Grundregel, dass das Dotationsgut, das die Frau in die Ehe einbrachte, nach der Beendigung der Ehe restituiert wurde.[159]

Das bedeutete, dass unvertretbare Sachen in *natura* zurückgegeben wurden, während bei vertretbaren Sachen die Restitution der Mitgift nach gleicher Güte und Qualität erfolgte. Unvertretbare Sachen wurden ohne Erträge zurückgegeben, was angesichts einer der Hauptfunktionen der Mitgift (*onera matrimonii*) logisch erscheint – mit der Ausnahme eines Kindes einer Sklavin, das die Frau in die Ehe mitbrachte (allerdings stellt das Kind einer Sklavin rechtlich betrachtet gar keinen *fructus* im rechtlichen Sinne dar, weshalb diese Feststellung ohnehin überflüssig ist).[160]

Falls das Mitgiftvermögen bei oder vor der Eheschließung im Rahmen der *dos aestimata* bewertet wurde, wurde nicht der eigentliche Dotalgegenstand zurückgegeben. Anstelle des Dotalgegenstands trat vielmehr eine formaljuristisch neue Verpflichtung, die nach Beendigung der Ehe restituiert wurde.[161]

C.5.13.1.2: „*Sed etsi non ignoramus ex stipulatu actionem stricto iure esse vallatam et non ex bona fide descendere, tamen, quia novam naturam de dote stipulatio sibi invenit, accommodetur ei a natura rei uxoriae etiam bonae fidei beneficium.*“

C.5.13.1.2a: „*Et omnes quidem eventus, quos dos ex stipulatu habet, maneat pro sui natura exercens: si quid autem optimum ex rei uxoriae actione invenimus, hoc in praesenti specialiter ei addimus, ut sit et nova ista ex stipulatu quam composuimus et non propria tantum, sed etiam veteris actionis pulchritudine decorata.*“

Gai. 4.62: „*Sunt autem bonae fidei iudicia haec: ex empto vendito, locato conducto, negotiorum gestorum, mandati, depositi, fiduciae, pro socio, tutelae, rei uxoriae.*“

[159] Stagl, 2022, 885–886.

[160] Zu vertretbaren Sachen siehe: D.23.3.42 (Gai. 11 ed. prov.): „*Res in dotem datae, quae pondere numero mensura constant, mariti periculo sunt, quia in hoc dantur, ut eas maritus ad arbitrium suum distrahat et quandoque soluto matrimonio eiusdem generis et qualitatis alias restituat vel ipse vel heres eius.*“

Zum *ususfructus* siehe: D.23.3.4 (Paul. 6 Sab.): „*Si proprietati nudae in dotem datae usus fructus accesserit, incrementum videtur dotis, non alia dos, quemadmodum si quid alluvione accessisset.*“

D.23.3.32 (Pomp. 16 Sab.): „*Si ex lapidicinis dotalis fundi lapidem vel arbores, quae fructus non essent, sive superficium aedificii dotalis voluntate mulieris vendiderit, nummi ex ea venditione recepti sunt dotis.*“

Zum Kind der Sklaven siehe folgendes Beispiel: D.23.3.10.2 (Ulp. 34 Sab.): „*Si servi subolem ediderunt, mariti lucrum non est.*“

[161] Zum *dos aestimata* siehe folgende Beispiele: D.23.3.10 (Ulp. 34 ad Sab): „*Plerumque interest viri res non esse aestimatas idcirco, ne periculum rerum ad eum pertineat, maxime si animalia in dotem acceperit vel vestem, qua mulier utitur: eveniet enim, si aestimata sit et*

Eine der durchaus wichtigen Rechtsfragen im römischen Dotalrecht war die Frage der Gefahrtragung für die Verschlechterung der Dotalsache oder sogar für deren Untergang. Im römischen Recht war es bei vertretbaren Sachen völlig klar, dass diese auch bei Untergang oder Verschlechterung durch Gegenstände gleicher Qualität und Menge ersetzt wurden – ebenso wie bei bewerteten Sachen, die den Gegenstand der *dotatio* bildeten und deren Platz aus diesem Grund durch eine neue Sache in Form von Geld eingenommen wurde.[162]

Im 7. Kapitel (Schätzung der Mitgift – *aestimatio dotis*) dieser Dissertation wurde ein Überblick über die Bewertung der Mitgift (*aestimatio dotis*) im römischen und mittelalterlichen Recht von Kotor gegeben. An dieser Stelle soll der

---

eam mulier adtrivit, ut nihilo minus maritus aestimationem eorum praestet. quotiens igitur non aestimatae res in dotem dantur, et meliores et deteriores mulieri fiunt."

D.23.3.10.1 (Ulp. 34 ad Sab.):

„*Si praediis inaestimatis aliquid accessit, hoc ad compendium mulieris pertinet: si aliquid decessit, mulieris damnum est.*"

D.23.3.10.4 (Ulp. 34 ad Sab.): „*Si ante matrimonium aestimatae res dotales sunt, haec aestimatio quasi sub condicione est: namque hanc habet condicionem „si matrimonium fuerit secutum". secutis igitur nuptiis aestimatio rerum perficitur et fit vera venditio.*"

D.23.3.10.6 (Ulp. 34 ad Sab.): „*Si res in dotem datae fuerint quamvis aestimatae, verum convenerit, ut aut aestimatio aut res praestentur, si quidem fuerit adiectum „utrum mulier velit", ipsa eliget, utrum malit petere rem aestimationem: verum si ita fuerit adiectum „utrum maritus velit", ipsius erit electio. aut si nihil de electione adiciatur, electionem habebit maritus, utrum malit res offerre an pretium earum: nam et cum illa aut illa res promittitur, rei electio est, utram praestet. sed si res non exstet, aestimationem omnimodo maritus praestabit.*"

[162] Zur Frage der Gefahrtragung, Verschlechterung oder sogar dem Untergang der Dotalsache siehe folgende Beispiele:

D.23.3.42 (Gai. 11 ed. prov.): „*Res in dotem datae, quae pondere numero mensura constant, mariti periculo sunt, quia in hoc dantur, ut eas maritus ad arbitrium suum distrahat et quandoque soluto matrimonio eiusdem generis et qualitatis alias restituat vel ipse vel heres eius.*"

D.23.3.17 (Paul. 7 Sab.): „*In rebus dotalibus virum praestare oportet tam dolum quam culpam, quia causa sua dotem accipit: sed etiam diligentiam praestabit, quam in suis rebus exhibet.*"

D.24.3.18.1 (Pomp. 16 Sab.): „*Licet in dotalibus rebus non solum dolum, sed et culpam maritus praestet, cum tamen quaeritur in iudicio de dote an facere possit, dolus dumtaxat comprehenditur, quia in rerum ipsius administratione non erat ab eo culpa exigenda. quamquam eum dumtaxat dolum ei nocere putem, si facere non possit, quem propter uxorem adhibuit, ne ei solidum solveret, non propter quemlibet alium. Ofilius autem aiebat, si dolo mariti res dotalis interisset et alioquin solvendo non esset, quamvis nihil dolo fecisset, quo minus solvendo esset, perinde tamen eum damnandum eius rei dotalis nomine in qua dolum fecisset, atque si dolo eius factum esset, quo minus facere possit. ceterum si circa interitum rei dotalis dolus malus et culpa mariti absit, actiones solas, quas eo nomine quasi maritus habet, praestandas mulieri, veluti furti vel damni iniuriae.*"

Autor lediglich auf diese Thematik hinweisen und in kurzen Zügen darlegen, dass zwei Bewertungsprinzipien der Mitgift existieren, die für die kommende Betrachtung der Restitution der Mitgift von entscheidender Bedeutung sind.

Im römischen Recht gab es zwei Möglichkeiten, die Mitgift zu bewerten. Diese beiden Prinzipien der *aestimatio dotis* folgen unterschiedlichen Interessen der beteiligten Rechtssubjekte.[163]

1. Das erste Schätzungsprinzip der Mitgift (*taxationis causa*)

Das Ziel bei dem ersten Bewertungsprinzip der Mitgift ist es insbesondere, das Risiko zu vermeiden, dass der Mitgiftgegenstand verloren geht, gestohlen oder beschädigt wird. Dies bildet den zentralen Kern der Notwendigkeit einer *aestimatio dotis*. Die geschätzte Summe wird nur dann relevant, wenn der Mitgiftgegenstand nicht mehr existiert. Sollte er hingegen noch vorhanden sein, wird er (der Mitgiftgegenstand) bei der Restitution zurückgegeben und nicht die geschätzte Summe. Dieses Prinzip dient primär der Risikoabsicherung.[164]

2. Das zweite Schätzungsprinzip

Dieses unterscheidet sich fundamental in seiner Rechtsnatur von dem ersten Bewertungsprinzip. Hier ersetzt die geschätzte Summe den ursprünglichen Mitgiftgegenstand, sodass im Falle der Rückerstattung nicht die Sache selbst, sondern

---

[163] Stagl, 2022, 897–900.

[164] Zum ersten Schätzungsprinzip siehe folgende Quellen:

D.23.3.69.7 (Pap. 4 resp.): „*Cum res in dotem aestimatas soluto matrimonio reddi placuit, summa declaratur, non venditio contrahitur: ideoque rebus evictis, si mulier bona fide eas dederit, nulla est actio viro: alioquin de dolo tenetur.*"

Diocl./Max. C.5.12.21 (a.294): „*Si inter virum et uxorem pactum sit interpositum, ut, si matrimonium intra quinquennii forte tempora quoquo modo esset dissolutum, species aestimatae doti datae pretiis quibus aestimatae sunt redderentur, manifestum est non pretia specierum dari, sed ipsas species debere restitui, cum in placito specierum reddendarum idcirco pretiorum nomen videatur adnexum, ne, si species aliqua deminuta fuisset aut perdita, alio pretio quam quo taxata fuerat posceretur.*"

Sev./Ant. C.5.18.1 (a.197): „*Dubium non est post aestimationem dotis pactione vel stipulatione interposita, ut ipsae res, si dissoluto matrimonio extarent, uxori reddantur, ancillas cum partu ex stipulatu iudicio restitui oportere.*"

Sev./Ant. C.5.23.1 (a.213): „*Si aestimata praedia data essent in dotem et convenisset, ut electio mulieri servetur, nihilo minus lex Iulia locum habet. est autem alienatio omnis actus, per quem dominium transfertur.*"

D.23.5.11 (Afr. 8 quaest.): „*Quod si fundus in dotem aestimatus datus sit, ut electio esset mulieris, negavit alienari fundum posse: quod si arbitrio mariti sit, contra esse.*"

die festgelegte Summe zurückgegeben wird. Dadurch trägt der Ehemann das Risiko des Untergangs oder der Beschädigung des Mitgiftgegenstandes.

Da sich das vorliegende Kapitel mit der Restitution der Mitgift befasst, die wiederum von der Art der ursprünglichen Schätzung abhängt, erschien es dem Autor sinnvoll, einen kurzen Überblick über diese Thematik zu geben.[165]

Die Restitution der Mitgift im Statut von Kotor (*cap.* 149)

1. Bewegliches und unbewegliches Vermögen, das in Geld bewertet wurde

Wurde eine bewegliche oder unbewegliche Sache in Geld bewertet und zugewendet, so tritt bei der Rückgabe der bewertete Geldbetrag an die Stelle der ursprünglichen Sache. Die Mitgiftverpflichtung bezieht sich in diesem Fall nicht auf die Sache selbst, sondern auf den Geldwert, es sei denn, im Mitgiftvertrag wurde eine andere Regelung getroffen. Dies entspricht nicht einer *taxationis causa*, bei der der Geldbetrag nur als Sicherheitswert dient, sondern vielmehr einem Wechsel des Verpflichtungsgegenstandes.

2. Kleidungsstücke und Stoffe oder Geld für deren Herstellung

[165] Zum zweiten Schätzungsprinzip siehe folgende Quellen:

D.23.4.12.3 (Paul. 35 ed.): „*Si fundo aestimato in dotem dato pacta sit mulier, ut, quanto pluris venierit, id in dote sit, Mela ait servandum, cum et ex contrario convenire possit, ut, si minoris venierit, ipsa debeat.*"

Alex. C.5.12.5 (a.226): „*Quotiens res aestimatae in dotem dantur, maritus dominium consecutus summae velut pretii debitor efficitur. si itaque non convenit, ut soluto matrimonio res restituerentur et iure aestimatae sunt, retinebit eas, si pecuniam tibi offerat.*"

D.23.3.16 (Ulp. 34 ed.): „*Quotiens res aestimata in dotem datur, evicta ea virum ex empto contra uxorem agere et quidquid eo nomine fuerit consecutus, dotis actione soluto matrimonio ei praestare oportet. quare et si duplum forte ad virum pervenerit, id quoque ad mulierem redigetur. quae sententia habet aequitatem, quia non simplex venditio sit, sed dotis causa, nec debeat maritus lucrari ex damno mulieris: sufficit enim maritum indemnem praestari, non etiam lucrum sentire.*"

D.24.3.51 (Her. 2 iur. epit.): „*Aestimatae res usu etiam mulieris periculo mariti deteriores efficiuntur.*"

Diocl./Max. C.5.12.10 (a.286): „*Cum dotem te aestimatam accepisse profitearis, apparet iure communi per pactum quod doti insertum est formato contractu ex empto actionem esse. quis enim dubitet aestimationem a te mulieri deberi, cum periculo tuo res deteriores fiant vel augmenta lucro tuo recipiantur?*"

Falls die Frau stirbt, werden die Kleider und Stoffe zurückgegeben (*taxationis causa*). Hat der Ehemann jedoch Geld zur Herstellung der Kleider erhalten und ausgegeben, so ist dieses Geld zurückzuerstatten, da es den Gegenstand der dotalen Verpflichtung bildet.

3. **Diener oder Dienerin als Mitgiftbestandteil**

In diesem Fall stand die Verwaltung des Hauspersonals beiden Ehegatten zu. Rechtsgeschäfte wie die Veräußerung waren ohne beidseitige Zustimmung unwirksam. Falls die Dienerin ohne Erben starb, musste der Ehemann eine feste Summe (12 *yperperos*) zahlen. Falls sie Erben hatte, waren diese dem ursprünglichen Mitgiftgeber herauszugeben.

Die Analyse der *restitutio dotis* im mittelalterlichen Kotor zeigt eine deutliche Rezeption römischer Rechtsprinzipien, insbesondere in Bezug auf die Unterscheidung zwischen vertretbaren und unvertretbaren Sachen sowie die zwei zentralen Bewertungsprinzipien der *aestimatio dotis*. Die Regelung im Statut von Kotor (*cap.* 149) folgt weitgehend den römischen Vorgaben, indem sie zwischen der *taxationis causa* und der vollständigen Substitution der Mitgiftgegenstände durch einen Geldwert differenziert.

Dabei offenbart sich ein hohes Maß an rechtlicher Ähnlichkeit: Unvertretbare Sachen wurden – ebenso wie im römischen Recht – grundsätzlich in *natura* zurückerstattet, während vertretbare Sachen nach Güte und Qualität ersetzt wurden. Falls die Mitgift bereits bei der Eheschließung geschätzt wurde, trat eine schuldrechtliche Verpflichtung an die Stelle der dinglichen Restitution, was ebenfalls mit römischen Grundsätzen übereinstimmt.

5.9.3 Zurückbehaltungsrecht des Ehemannes/ Abzugsrecht wegen Aufwendungen für den Dotalgegenstand (*retentio propter impensas*)

Der Ehemann hatte im klassischen römischen Recht eigene Rechte, die er im Moment der Restitution der Mitgift geltend machen konnte. Dabei handelt es sich um fünf Kategorien von *retentiones*:

1. ***retentiones propter liberos*** (wegen gemeinsamer Kinder)[166]

---

[166] Zu den *retentiones propter liberos* siehe insbesondere folgende Quellen:

2. ***retentiones propter mores*** (wegen unsittlichen Verfehlungen der Ehefrau)[167]
3. ***retentiones propter res donatas*** (wegen der der Ehefrau geleisteten Geschenke)[168]

Gord. C.5.14.3 (a.239): „*Quamvis pater tuus, cum te nuptui collocaret, pactus sit, ut, si maritus tuus superstitibus filiis communibus in matrimonio decessisset, pars dotis liberorum nomine retineatur, eiusmodi tamen conventio, quominus actionem integrae dotis habeas, proficere non potest.*“

Iust. C.5.13.1.5c (a.530): „*Sileat ob liberos retentio, cum ipse naturalis stimulus parentes ad liberorum suorum educationem hortatur.*“

D.23.4.2 (Ulp. 19 Sab.): „*Si convenerit, ut, quoquo modo dissolutum sit matrimonium, liberis intervenientibus dos apud virum remaneret, Papinianus Iuniano praetori respondit morte mariti finito matrimonio neque convenisse videri dotem remanere, et, si convenisset, non esse servandum pactum contra dotem, cum mariti mortalitas intervenit.*“

D.23.4.24 (Flor. 3 inst.): „*Si inter virum et uxorem pactum est, ut certa pars dotis vel tota ob unum vel plures liberos intervenientes retineatur, etiam eorum liberorum nomine, qui ante nati sunt, quam dos daretur aut amplietur, conventio rata est: nam sufficit eos ex eo matrimonio nasci, in quo dos data est.*“

[167] Zu den *retentiones propter mores* siehe insbesondere folgende Quellen:

D.24.3.39 (Pap. 11 quaest.): „*Viro atque uxore mores invicem accusantibus causam repudii dedisse utrumque pronuntiatum est. id ita accipi debet, ut ea lege quam ambo contempserunt, neuter vindicetur: paria enim delicta mutua pensatione dissolvuntur.*“

D.24.3.47 (Scaev. 19 quaest.): „*Cum mulier viri lenocinio adulterata fuerit, nihil ex dote retinetur: cur enim improbet maritus mores, quos ipse aut ante corrupit aut postea probavit? si tamen ex mente legis sumet quis, ut nec accusare possit, qui lenocinium uxori praebuerit, audiendus est.*“

D.48.5.12.3 (Pap. adult. sing.): „*Socer cum nurum adulterii accusaturum se libellis praesidi datis testatus fuisset, maluit accusatione desistere et lucrum ex dote magis petere. quaeritur, an huiusmodi commentum eius admitti existimes. respondit: turpissimo exemplo is, qui nurum suam accusare instituisset, postea desistere maluit contentus lucrum ex dote retinere tamquam culpa mulieris dirempto matrimonio: quare non inique repelletur, qui commodum dotis vindictae domus suae praeponere non erubuit.*“

D.24.3.39 (Pap. 11 quaest.): „*Viro atque uxore mores invicem accusantibus causam repudii dedisse utrumque pronuntiatum est. id ita accipi debet, ut ea lege quam ambo contempserunt, neuter vindicetur: paria enim delicta mutua pensatione dissolvuntur.*“

D.24.3.47 (Scaev. 19 quaest.): „*Cum mulier viri lenocinio adulterata fuerit, nihil ex dote retinetur: cur enim improbet maritus mores, quos ipse aut ante corrupit aut postea probavit? si tamen ex mente legis sumet quis, ut nec accusare possit, qui lenocinium uxori praebuerit, audiendus est.*“

[168] Zu den *retentiones propter res donatas* siehe: D.24.1.50 (Iav. 13 epist.): „*Si, cum mulier viginti servum emisset, in eam emptionem vir quinque venditori dedit, divortio facto omnimodo vir eam summam exiget neque ad rem pertinet, an is servus deterior factus sit: nam et si mortuus esset, quinque exactio ei competeret. quaeritur enim, an mulier ex viri patrimonio locupletior sit eo tempore, quo de dote agebatur: facta autem intellegitur, quae aere alieno suo interventu viri liberata est, quod potuisset adhuc debere, si vir pecuniam non solvisset:*

4. ***retentiones propter res amotas*** (wegen von der Frau unbefugt entwendeter Dotalsachen)[169]
5. ***retentiones propter impensas*** (wegen Aufwendungen für Dotalsachen).[170]

---

neque enim interest, ex qua causa mulier pecuniam debuit, utrum creditam an eam quam ex emptione praestare debeat."

D.24.3.66.1 (Iav. 6 post. Lab.): „*Servis uxoris vir nummos in vestiarium dederat, quo parato deinde intra annum divortium intercesserat. placuit Labeoni Trebatio, qualia vestimenta post divortium essent, talia viro reddi: idem iuris futurum fuisset, si ipsa vestimenta vir emisset et servis dedisset: quod si vestimenta non redderentur, tum virum pretium in dote compensaturum.*"

[169] Zu den *retentiones propter res amotas* siehe: D.25.1.15: „*Quod dicitur impensas, quae in res dotales necessario factae sunt, dotem deminuere, ita interpretandum est, ut, si quid extra tutelam necessariam in res dotales impensum est, id in ea causa sit: nam tueri res dotales vir suo sumptu debet. alioquin tam cibaria dotalibus mancipiis data et quaevis modica aedificiorum dotalium refectio et agrorum quoque cultura dotem minuent: omnia enim haec in specie necessariarum inpensarum sunt. sed ipsae res ita praestare intelleguntur, ut non tam inpendas in eas, quam deducto eo minus ex his percepisse videaris. quae autem impendia secundum eam distinctionem ex dote deduci debeant, non tam facile in universum definiri, quam per singula ex genere et magnitudine inpendiorum aestimari possunt.*"

D.25.2.11.1 (Ulp. 33 ed.): „*Qui rerum amotarum instituit actionem si velit magis iusiurandum deferre, cogitur adversarius iurare nihil divortii causa amotum esse, dum prius de calumnia iuret qui iusiurandum defert.*"

D.25.2.1 (Paul. 7 Sab.): „*Rerum amotarum iudicium singulare introductum est adversus eam quae uxor fuit, quia non placuit cum ea furti agere posse: quibusdam existimantibus ne quidem furtum eam facere, ut Nerva Cassio, quia societas vitae quodammodo dominam eam faceret: aliis, ut Sabino et Proculo, furto quidem eam facere, sicut filia patri faciat, sed furti non esse actionem constituto iure, in qua sententia et Iulianus rectissime est.*"

Diocl./Max. C.5.21.2 (a.290/293): „*Divortii gratia rebus uxoris amotis a marito vel ab uxore mariti rerum amotarum edicto perpetuo permittitur actio. constante etenim matrimonio neutri eorum neque poenalis neque famosa actio competit, sed de damno in factum datur actio.*"

D.25.2.1 (Paul. 7 Sab.): „*Rerum amotarum iudicium singulare introductum est adversus eam quae uxor fuit, quia non placuit cum ea furti agere posse: quibusdam existimantibus ne quidem furtum eam facere, ut Nerva Cassio, quia societas vitae quodammodo dominam eam faceret: aliis, ut Sabino et Proculo, furto quidem eam facere, sicut filia patri faciat, sed furti non esse actionem constituto iure, in qua sententia et Iulianus rectissime est.*"

[170] Zu den *retentiones propter impensas* siehe: D.50.16.79 (Paul. 6 Plaut.): „*impensae necessariae sunt, quae si factae non sint, res aut peritura aut deterior futura sit.*"

D.50.16.79.1 (Paul. 6 Plaut.): „ *utiles impensas esse Fulcinius ait, quae meliorem dotem faciant, non deteriorem esse non sinant, ex quibus reditus mulieri adquiratur: sicuti arbusti pastinationem ultra quam necesse fuerat, item doctrinam puerorum. quorum nomine onerari mulierem ignorantem vel invitam non oportet, ne cogatur fundo aut mancipiis carere. in his impensis et pistrinum et horreum insulae dotali adiectum plerumque dicemus.*"

D.25.1.14.1: „*Utiles sunt veluti pecora praediis imponere, id est stercorare.*"

STAGL weist auf das hohe Alter der *retentiones* hin und betont ihren Ursprung in der römischen Republik, bevor sie in der Zeit des Augustus eine Fixierung erfuhren.[171]

Im Gegensatz dazu gibt es im mittelalterlichen Recht von Kotor unmissverständliche Hinweise „nur" auf die *retentiones propter impensas*, sowohl in der statutarischen Überlieferung – insbesondere im *cap.* 154 des *Statuta Civitatis Cathari*, das sich ausschließlich mit diesem Thema befasst – als auch in zahlreichen Belegen aus der notariellen Praxis.

Andere Formen der *retentiones*, insbesondere jene, die sich auf moralische Verfehlungen der Ehefrau beziehen und je nach Schwere des Vergehens sogar eine Konfiskation des Vermögens rechtfertigen könnten, lassen sich ansatzweise in notariellen Dokumenten nachweisen. Die Autorin BLEHOVA-ČELEBIC hat nachgewiesen, dass eine solche Praxis im benachbarten Dubrovnik existierte, was die Wahrscheinlichkeit nahelegt, dass sie auch in Kotor Anwendung fand.[172]

Nachdem nun ein Überblick über die Retentionsrechte des Ehemannes im römishcen Recht gegeben wurde und eine erste vergleichende Analyse mit dem mittelalterlichen Recht von Kotor erfolgt ist, ist es an der Zeit, sich genauer mit den *retentiones propter impensas* zu befassen – welche Unterkategorien sie umfassen, unter welchen Bedingungen sie abzugsfähig sind und welche allgemeinen Prinzipien dabei gelten.

Die *retentiones propter impensas* stellen die Abzugsrechte des Ehemannes für Aufwendungen dar, die er während der Ehegemeinschaft vorgenommen hat. Dieses Retentionsrecht des Ehemannes umfasste im römischen Recht drei Kategorien:

1. ***retentio propter impensas utiles*** (nützliche Aufwendungen)

D.25.1.3.1 (Ulp. 36 Sab.): „*Nos generaliter definiemus multum interesse, ad perpetuam utilitatem agri vel ad eam quae non ad praesentis temporis pertineat, an vero ad praesentis anni fructum: si in praesentis, cum fructibus hoc compensandum: si vero non fuit ad praesens tantum apta erogatio, necessariis inpensis computandum.*"

[171] Stagl, 2022, 892–897; Wacke, 1963, 9 f.; Bechmann, 1863, 87; Czyhlarz, Dotalrecht, 1870, 334 f.

[172] Blehova-Čelebić, 2002, 8–42. Dennoch hat sich der Autor aus Gründen der klaren Argumentation und Kohärenz seiner Arbeit entschieden, diese nicht aufzunehmen, da er keine ausreichende Anzahl relevanter Beispiele aus der notariellen Praxis oder der statutarischen Überlieferung gefunden hat.

Die *retentiones propter impensas utiles* umfassen jene Aufwendungen, die der Ehemann unternimmt, um die Ertragsfähigkeit der Sache zu steigern oder zu vermehren, beispielsweise die Instandhaltung von Gebäuden oder die Erneuerung von Weinstöcken. Im römischen Recht waren sie jedoch nur dann abzugsfähig, wenn die ausdrückliche Zustimmung der Ehefrau (Einwilligung der Frau) vorlag.[173]

2. ***retentio propter impensas voluptuariae*** (verschönernde Aufwendungen)

Die *retentiones propter impensas voluptuariae* beziehen sich auf jene Aufwendungen, die lediglich der Verschönerung oder der Bequemlichkeit einer Sache dienen, ohne deren Produktivität zu steigern. Da sie keinen wirtschaftlichen Nutzen haben, sind sie aus diesem Grund nicht abzugsfähig.[174]

---

[173] D.50.16.79.1 (Paul. 6 Plaut.): „*Utiles impensas esse Fulcinius ait, quae meliorem dotem faciant, non deteriorem esse non sinant, ex quibus reditus mulieri adquiratur: sicuti arbusti pastinationem ultra quam necesse fuerat, item doctrinam puerorum. quorum nomine onerari mulierem ignorantem vel invitam non oportet, ne cogatur fundo aut mancipiis carere. in his impensis et pistrinum et horreum insulae dotali adiectum plerumque dicemus.*" Fulcinius beschreibt hier den Begriff der „nützlichen Aufwendungen" (*utiles impensaes*) in Bezug auf die Mitgift (*dos*). Diese Aufwendungen sollen den Wert der Mitgift verbessern und nicht verringern. Entscheidend ist, dass aus diesen Investitionen Erträge für die Frau erwachsen können. Als Beispiele nennt er die Bewirtschaftung eines Weinstocks über das notwendige Maß hinaus und die Ausbildung von Kindern.

D.25.1.14.1: „*Utiles sunt veluti pecora praediis imponere, id est stercorare.*" Hier definiert Ulpian den Begriff der „nützlichen Aufwendungen" (*utiles impensaes*) im Zusammenhang mit Grundstücken (*praedia*). Er führt als Beispiel das Aufbringen von Vieh auf das Land an, genauer gesagt das Düngen (*stercorare*) durch das Ausbringen von Mist.

Diese Handlung verbessert den Wert und die Ertragsfähigkeit des Grundstücks, ohne es zu beschädigen. Dadurch wird klar, dass Aufwendungen, die den Besitz verbessern und erhalten, als „nützlich" anzusehen sind, was eine wichtige Unterscheidung für die Bewertung von Investitionen im Rahmen von Mitgift und Eigentum darstellt.

[174] Zur „Begriffsdefinition" der *retentiones propter impensas voluptuariae* siehe: D.50.16.79.2 (Paul. 6 Plaut.): „*Voluptariae sunt, quae speciem dumtaxat ornant, non etiam fructum augent: ut sint viridia et aquae salientes, incrustationes, loricationes, picturae.*" Dieser Text definiert „*voluptariae*" Ausgaben oder Investitionen als solche, die lediglich der ästhetischen Verschönerung dienen, ohne den wirtschaftlichen Ertrag (*fructus*) zu erhöhen. Beispiele sind Zierpflanzen (*viridia*), Springbrunnen (*aquae salientes*), glasiertes Mauerwerk (*incrustationes*), dekorative Metallverkleidungen (loricationes) und Wandmalereien (*picturae*).

Aus Sicht des römischen Rechts sind diese Ausgaben nicht als „nützliche" Investitionen zu betrachten und somit nicht förderlich für die Wertsteigerung des dotalen Gutes. Solche Kosten fallen in die Kategorie der Luxus- oder Komfortausgaben, die im Rahmen von dotalen Rechtsstreitigkeiten nicht erstattungsfähig sind.

3. ***retentio propter impensas necessariae*** (notwendige Aufwendungen)

Als weitere Unterkategorie der *retentiones propter impensas* gibt es die notwendigen Aufwendungen (*impensae necessariae*), die generell abzugsfähig sind, da sie zur Erhaltung der Sache erforderlich sind – beispielsweise die Rekultivierung eines Weinberges.[175]

Die Bestimmung *cap.* 154 des Statuts von Kotor regelt die Situation eines Ehemannes, der im Rahmen der Mitgift (*parchium*) Immobilien erhalten hat und daran Arbeiten durchgeführt hat.

De viro, qui recepit stabilia pro parchiuio & fecit in eis laborerium. (*cap.* CLIV)

Maritus si cum uxore sua prima, secunda, vel tertia, & ultra, aliquod stabile recepit in parchiuiu, videlicet terras, aut casale, & laborauerit, vel terras plantauerit, volumus quod si postea illud parchiuium reddere oportuerit, habeat medietatem vinae plantatae pro sua plantatione, de ipsis terris, quas plantauerit. Territorium vero infra ciuitatem si fabricauerit, aestimetur murus, & totum aliud opus in eo factum, & si uxor, vel qui pro ea fuerit, voluerit soluere quod aestimatum fuerit murus, vel opus per dictum virum factum, soluat; & si noluerit aestimetur territorium, & ipsa, vel qui pro ea fuerit, teneatur recipere aestimationem sui territorij.

Die zentrale Frage dieser Regelung betrifft das Abzugsrecht (Retentionsrecht) des Ehemannes für Aufwendungen, die er während der Ehegemeinschaft vorgenommen hat.

Die Bestimmung führt zwei zentrale Rechtsfolgen ein:

1. Falls der Ehemann das *parchiuium* zurückgeben muss, erhält er die Hälfte des von ihm angepflanzten Weinbergs (*medietatem vinae plantatae*)

Diese Negativdefinition dient dazu, den Unterschied zwischen notwendigen und bloß schmückenden Aufwendungen klarzustellen, was insbesondere bei der Bewertung von Mitgift relevant ist

[175] Zu den *impensae necessariae* siehe: D.25.1.1.3 (Ulp. 36 Sab.): „*Inter necessarias inpensas esse Labeo ait moles in mare vel flumen proiectas. sed et si pistrinum vel horreum necessario factum sit, in necessariis impensis habendum ait. proinde Fulcinius inquit, si aedificium ruens quod habere mulieri utile erat refecerit, aut si oliveta reiecta restauraverit, vel ex stipulatione damni infecti ne committatur praestiterit.*“

2. Falls der Ehemann im Stadtgebiet gebaut hat (*territorium infra civitatem fabricaverit*), wird die Mauer sowie das gesamte Bauwerk geschätzt. Die Ehefrau oder ihr Rechtsnachfolger (*qui pro ea fuerit*) kann den geschätzten Wert bezahlen oder, falls sie dies nicht möchte, wird das Grundstück insgesamt bewertet und entsprechend verrechnet.

Die Zuordnung dieser Abzugsrechte zu den klassischen Kategorien der *retentiones propter impensas* ist aufgrund der unklaren und vaagen juristischen Terminologie des Statuts nicht eindeutig. Es gibt zwei mögliche Interpretationen:

1. ***retentio propter impensas utiles* (nützliche Aufwendungen)**: Falls die durchgeführten Arbeiten zur Steigerung der Ertragsfähigkeit der Sache (Ertragssteigerung des Weinbergs) dienen, könnte man sie als nützliche Aufwendungen betrachten.
2. ***retentio propter impensas necessariae* (notwendige Aufwendungen)**: Falls die Arbeiten für die grundlegende Erhaltung des Besitzes erforderlich waren (z. B. Bauarbeiten an Stadtgrundstücken), könnte man sie unter die Kategorie der notwendigen Aufwendungen fassen.

Der Autor tendiert zur zweiten Kategorie (*retentio propter impensas necessariae*), lässt aber Raum für eine andere Auslegung, insbesondere in Bezug auf den Weinberg, da dessen Pflanzung in manchen Fällen als nützliche statt als notwendige Investition gewertet werden könnte.

Dieses Beispiel bestätigt die These, dass das römische Recht durch die Arbeit von Notaren und gebildeten Juristen in das mittelalterliche Rechtssystem Kotors eingeflossen ist, insbesondere bei prozessrechtlichen Fragen und der Bestimmung von Rechtsfolgen in klarer, pragmatischer Weise. Es handelt sich nicht um eine bloße Rezeption zweier getrennter Rechtssysteme, sondern um eine gelebte Rechtsanwendung, bei der römische Konzepte in die lokale Rechtswirklichkeit eingepasst wurden.

Die Norm zeigt, dass das *ius commune* nicht als homogener Block übernommen wurde, sondern in Form einer gelehrten Rechtskultur (gelehrtes Recht) durchdrang. Ob man von einem materiell-rechtlichen Kontinuitäts- oder Diskontinuitätsverhältnis der römischen Rechtsidee im adriatischen Raum sprechen kann, bleibt eine offene Frage. Fest steht jedoch, dass das *ius commune* durch seinen prozeduralen Ansatz und seine Methoden eine nachhaltige Wirkung auf die Rechtsanwendung und -gestaltung in Kotor hatte.

5.9.4 Sicherung der Dotalforderung

Im römischen Recht war die Sicherung der Dotalforderung eine relativ häufige Erscheinung. Die Dotalforderung wurde entweder durch die Bürgschaft oder durch die Begrüdung eines Pfandrechts des Ehemannes oder einer anderen Person von der Seite des Ehemannes abgesichert.

Justinian schaffte im *Corpus Iuris Civilis* die Sicherung der Dotalforderung ab, da sie als sittenwidrige Übersicherung galt. Ebenso wurde der Anspruch der Frau auf eine Sicherheitsleistung abgeschafft. Die Gründe für die Abschaffung dieser Sicherheitsleistung liegen auf der Hand. Zum Zeitpunkt der Abfassung des *Corpus Iuris Civilis* hatte sich das Verständnis der Mitgift als Vermögen der Frau bereits weitgehend etabliert, wodurch die Sicherheitsleistung des Ehemannes oder einer anderen männlichen Person als eine Form der sittenwidrigen Übersicherung entfernt wurde.[176]

Im mittelalterlichen Kotor war diese „Selbstverständlichkeit“ (die sich zur Zeit Justinians schon bereits kristalisiert hat, dass die Mitgift eben das Eigentum der Frau ist) jedoch nicht der Fall – aus einem offensichtlichen Grund: wie in den vorhergehenden Kapiteln der Dissertation zu sehen ist, kämpfte der Gesetzgeber, oft zusammen mit der Frau selbst, um die Bewahrung dieses Vermögens als Eigentum der Frau und strebte eine Veränderung des gesellschaftlichen Rechtsverständnisses dieser Institution als Frauenvermögen an. Gleichzeitig gab es zahlreiche Manipulationen in der Praxis des mittelalterlichen Kotor, die diesen Schutz zu untergraben versuchten.[177]

Aus den Notariatsakten des mittelalterlichen Kotor geht hervor, dass als Sicherheitsleistung für die Dotalforderung regelmäßig ein Pfandrecht der Frau an allen Gütern ihres Ehemannes begründet wurde, welches bei der Befriedigung ihrer Ansprüche Vorrang hatte. Dies galt ab dem Zeitpunkt, an dem der Mann die Mitgift erhielt – ein Vorgang, den er in notariellen Urkunden mit der Formulierung ***„recipio super me et omnia bona mea“*** bestätigte, wo der Ehemann erklärte, dass er mit seiner Person und seinem ganzen Vermögen für die Mitgift haftete:

---

[176] C.5.20.1 (a.530): „*Sive ex iure sive ex consuetudine lex proficiscitur, ut vir uxori fideiussorem servandae dotis exhibeat, eam iubemus aboleri.*“

Iust. C.5.20.2 (a.530): „*Generali definitione constitutionem pristinam ampliantes sancimus nullam esse satisdationem vel mandatum pro dote exigendum vel a marito vel a parte eius vel ab omnibus qui dotem suscipiunt. si enim credendam mulier se suamque dotem parti mariti existimavit, quare fideiussor vel alius intercessor exigitur, ut causa perfidiae in conubio eorum generetur?*“

[177] Nikezić, 1995, 21–22.

„Ego, Rade uxor quondam Jacobi Jacagne de Catharo, una cum filio meo Marino canonice contraho matrimonium cum Micho condam junii de Bona de Ragusio, dans sibi filiam meam nominee Belce in suam legitimam uxorem, cum qua do sibi pro dote mille perperos denariorum Venetorum grossorum et indumenta more nobilium mulierum. Que omnia predicta ego dictus Micho ***recipio super me et omnia bona mea.*** *De hoc autem duo sunt similia instrumenta et publica. Actum in presential iurati iudicis Pascalis Bartholi et auditoris Triphonis Buchie."*[178]

5.9.5 Zwischenfazit

Die Untersuchung der Restitution der Mitgift im mittelalterlichen Kotor zeigt sowohl eine starke Anknüpfung an das römische Recht als auch eine Anpassung an die lokalen Gegebenheiten.

Besonders deutlich wird dies durch die Praxis der Trennung von Mitgift und ehelichem Vermögen, ein Prinzip, das sowohl im römischen Recht als auch im Recht von Kotor eine zentrale Rolle spielt. Die rechtliche Struktur der Restitution der Mitgift im Statut von Kotor zeigt eine klare Orientierung an den römischen Normen, insbesondere hinsichtlich der Rückgabe von Mitgiftgütern nach der Beendigung der Ehe und der Anwendung der Bewertungsprinzipien der *aestimatio dotis*. Hier wird der Einfluss des römischen Rechts sichtbar, insbesondere bei der Unterscheidung zwischen vertretbaren und unvertretbaren Sachen sowie bei der Frage der Risikoabsicherung und der Substitution von Dotalgegenständen durch Geldbeträge.

Es fällt jedoch auf, dass im mittelalterlichen Kotor die Praxis der Restitution stärker durch lokale Traditionen des slawischen Erbrechts geprägt wurde. Insbesondere das Prinzip der Primogenitur, das den männlichen Nachkommen Vorrang bei der Erbfolge gibt, ist ein markanter Unterschied zu den römischen Praktiken, in denen eine stärker gleichmäßige Verteilung der Erbschaft vorgesehen war. In diesem Kontext kann man von einer konzeptionellen und praktischen Rezeption des römischen Rechts sprechen, bei der römisch-rechtliche Ideen zur Restitution der Mitgift in den lokalen rechtlichen Rahmen integriert, aber gleichzeitig an die sozialen und kulturellen Strukturen von Kotor angepasst wurden.

---

[178] Mayer, 1951, NA 875. Siehe mehr Beispiele in: Mayer, 1951, NA 91; NA 143; NA 198; NA 478; NA 599; NA 1163.

Die Rolle der Notare bei der Gestaltung und Durchführung der Restitution der Mitgift ist ebenfalls durchaus bemerkenswert. Die Notare fungierten als Vermittler und Dokumentatoren der rechtlichen Transaktionen, was zeigt, wie römische Prinzipien der rechtlichen Dokumentation und Formalisierung in der Praxis des mittelalterlichen Kotor weiterlebt. Durch die detaillierte Erfassung und Bewertung von Mitgiftgütern, die teilweise sogar in *natura* zurückgegeben wurden, ist der Einfluss des römischen Rechts unverkennbar, besonders in der Funktion der Notare, die sicherstellten, dass die Rückgabe der Mitgift nach klaren und dokumentierten Kriterien erfolgte. Eine Konstante bei der Beobachtung des Autors ist die Form und Weise des Eindringens des *ius commune.* Es handelt sich um das Eindringen der (juristischen) Form, der (juristischen) Lösungen, der Detailgenauigkeit und der (juristischen) Raffinesse. Die lokale Bevölkerung benötigte durchaus moderne rechtliche Lösungen, insbesondere im Hinblick auf die immer stärker vorkommende Verschriftlichungskultur, die Hand in Hand mit dem Notarswesen einherging.

Dieser Prozess lässt sich anhand notarieller Dokumente nachvollziehen, die sich mit *retentiones propter impensas* befassen, wobei der vermittelnde Einfluss der notariellen Rolle zwischen dem römischen Recht im Geiste des *ius commune* und den lokalen Gegebenheiten von großer Bedeutung war.

5.10 Die Eigentumsfrage und die Funktion der Mitgift

Die Frage des Eigentums und der Funktion der Mitgift stellen eine der wichtigsten Fragen für das Verständnis der Rechtsnatur der Mitgift dar.

Die Eigentumsproblematik und die Funktion der Mitgift bieten zugleich auch ein durchaus gutes Beispiel für die Entschlüsselung des Einflusses des römischen Rechts auf das mittelalterliche Recht von Kotor, da die rechtliche Genese des Eigentumsverständnises der Mitgift im mittelalterlichen Kotor nahezu identisch mit derjenigen im römischen Recht war.

Die Eigentumsfrage an der Mitgift sowie die damit direkt verbundene Frage nach der Funktion der Mitgift verkörpern in sich eine durchaus komplexe Problematik, die in engem Zusammenhang mit dem sozio-kulturellen Entwicklungsstand der jeweiligen gesellschaftlichen Epoche stand.[179]

---

[179] Lauria, 1952, 65, 68–70, 154–158; Stagl, 2009, 246–248, 251–266; 292–294;

D.23.3.75 (Tryph. 6 disp.): „***Quamvis in bonis mariti dos sit, mulieris tamen est****, et merito placuit, ut, si in dotem fundum inaestimatum dedit, cuius nomine duplae stipulatione cautum habuit, isque marito evictus sit, statim eam ex stipulatione agere posse. porro cuius interest non esse evictum quod in dote fuit quodque ipsa evictionem pati creditur ob id, quod eum*

STAGL sieht in der Einleitung zum Ehegüterrecht im *Handbuch des Römischen Rechts* das Institut der Ehe wie folgt:

> *„Das Institut der Ehe als einer dauerhaften, von Religion und sozialen Rollen getragenen geschlechtlich-patrimonialen Gemeinschaft…"*[180]

Dementsprechend war nach der Feststellung STAGLS auch das Institut der Mitgift im unmittelbaren Zusammenhang mit der gesellschaftlichen Entwicklungsstufe und ihren Veränderungen in verschiedenen historischen Epochen verbunden.[181]

Mit dieser Veränderung ging auch eine veränderte Perspektive auf die Institution selbst einher, insbesondere in Bezug auf die zentrale Frage, wem die Mitgift eigentumsrechtlich gehört und welches rechtliche Regime für die Mitgiftgüter während und insbesondere nach Beendigung der Ehe galt.[182]

Im römischen Recht kann die Perspektive auf das Eigentum am Dotalgegenstand in drei chronologisch definierte Zeiträume unterteilt werden.

1. **Der erste Zeitraum** umfasst die Zeit bis zur Augusteischen Gesetzgebung.[183]
2. **Der zweite Zeitraum** beginnt mit der Augusteischen Gesetzgebung.[184]
3. **Die dritte Periode** stellt die Konsolidierung der Mitgift und ihrer Eigentumsstruktur unter Justinian im *Corpus Iuris Civilis* dar.[185]

---

in dotem habere desiit, huius etiam constante matrimonio, quamvis apud maritum dominium sit, emolumenti potestatem esse creditur, cuius etiam matrimonii onera maritus sustinet."

[180] Stagl, 2022, 870.

[181] Astolfi, 1996, 325–341; Lauria, 1952, 121–128, 158–161; Stagl 2009, 27–63; Bechmann, 1863, 108 f.; Treggiari, 1991, 323; Gai. 1.114, 148; Astolfi, 2018, 367; Karlowa, 1868, 4.

[182] Stagl, 2022, 908–909.

[183] Lauria, 1952, 154–158.

[184] D.23.3.75 (Tryph. 6 disp.); Stagl, 2009, 246–248, 251–266; 292–294.

[185] Iust. C.5.12.30 pr. (a.529): „*In rebus dotalibus sive mobilibus sive immobilibus seu se moventibus, si tamen extant, sive aestimatae sive inaestimatae sint, mulierem in his vindicandis omnem habere post dissolutum matrimonium praerogativam et neminem creditorum mariti, qui anteriores sunt, sibi potiorem causam in his per hypothecam vindicare, cum eaedem res et ab initio uxoris fuerant et naturaliter in eius permanserunt dominio. non enim quod legum subtilitate transitus earum in mariti patrimonium videtur fieri, ideo rei veritas deleta vel confusa est.*"

Diocl./Max. C.5.12.14 (a.293): „*Mater pro filia dotem dare non cogitur nisi ex magna et probabili vel lege specialiter expressa causa: pater autem de bonis uxoris suae invitae nullam dandi habet facultatem.*"

Bis zur Augusteischen Gesetzgebung galt der Ehemann als Volleigentümer der Mitgiftgüter, über die er als Volleigentümer auch frei verfügen konnte (Ausfluss seines Volleigentumsrechts).[186]

Mit Augustus kam es zu einer allgemeinen Verbesserung der Rechtsstellung der Frau, aber auch der Kinder, die zunehmend mehr Rechte erhielten. Eine dieser Veränderungen betraf auch die Eigentumsstruktur der Mitgiftgüter.[187]

Der Ehemann fungierte auch nach der Augusteischen Gesetzgebung weiterhin als Volleigentümer im Außenverhältnis, sodass er die Mitgift verwaltet und über sie verfügt hat – jedoch mit einem Unterschied zum früheren Rechtsstand vor der Gesetzgebungstätigkeit Augustus, der am besten durch die Formulierung *Tryphonis* beschrieben werden kann:

„Quamvis in bonis mariti dos sit, mulieris tamen est.“[188]

Daraus ergibt sich, dass die Mitgift eigentumsrechtlich auch der Frau gehörte, was sich besonders in ihrem Recht zeigte, über italische Grundstücke (*lex Iulia de fundo dotali*) zu verfügen.[189]

Iust. C.5.13.1.15 (a.530): „*Et cum lex Iulia fundi dotalis Italici alienationem prohibebat fieri a marito non consentiente muliere, hypothecam autem nec si mulier consentiebat, interrogati sumus, si oportet huiusmodi sanctionem non super Italicis tantummodo fundis, sed pro omnibus locum habere.*“

[186] Lauria, 1952, 154–158.

[187] Stagl, 2009, 246–248, 251–266; 292–294. Siehe wiederum die bereits angesprochene Quelle zum *lex Iulia* Iust. C.5.13.1.15, 15a (a.530): „*Et cum lex Iulia fundi dotalis Italici alienationem prohibebat fieri a marito non consentiente muliere, hypothecam autem nec si mulier consentiebat, interrogati sumus, si oportet huiusmodi sanctionem non super Italicis tantummodo fundis, sed pro omnibus locum habere.*“ Siehe auch eine der wichtigsten Quellen zur Eigentumsproblematik der Mitgift D.23.3.75 (Tryph. 6 disp.): „***Quamvis in bonis mariti dos sit, mulieris tamen est***, *et merito placuit, ut, si in dotem fundum inaestimatum dedit, cuius nomine duplae stipulatione cautum habuit, isque marito evictus sit, statim eam ex stipulatione agere posse. porro cuius interest non esse evictum quod in dote fuit quodque ipsa evictionem pati creditur ob id, quod eum in dotem habere desiit, huius etiam constante matrimonio, quamvis apud maritum dominium sit, emolumenti potestatem esse creditur, cuius etiam matrimonii onera maritus sustinet.*“

[188] D.23.3.75 (Tryph. 6 disp.).

[189] Stagl, 2009, 251–266.

Die Quellen aus dieser Periode der römischen Rechtsgeschichte „zwangen" in gewisser Weise den/die Rechtshistoriker/in dazu, im Sinne des durchaus modernen Verständnisses (beginnend ab dem 19. Jahrhundert) eine klare dogmatische Struktur des Eigentumsbegriffs der Mitgift während der Ehe auszuformulieren.

STAGL führt im *Handbuch* aus, dass diese Art des konstruierten Bedarfs dazu geführt habe, dass in der Forschung das Eigentum an der Mitgift entweder dem Ehemann oder der Ehefrau zugeschrieben wurde oder – so STAGL – das dogmatische Problem der Eigentumszuordnung auf begrifflicher Ebene zu lösen sei. An dieser Stelle wird sich der Autor STAGL anschließen, indem er (STAGL) feststellt, dass eine solche Zuordnung des Eigentumsbegriffs und die rechtliche Lösung dieses „Problems" auf begrifflicher Ebene nicht gerechtfertigt sei. Die Ursache dieses Problems liege nicht in einem Mangel an dogmatischen Lösungen oder an einem unzureichenden Verständnis des Eigentumsbegriffs in den ersten Jahrhunderten nachrchristlicher Zeitrechnung, sondern vielmehr in den veränderten sozio-kulturellen Verhältnissen und zeitabhängigen Perspektiven.[190]

STAGL beschreibt das sachenrechtliche Verhältnis an der Mitgift als ein *„funktional gespaltenes Solidareigentum"*, bei dem beide Ehegatten gleichermaßen berechtigt sind, über die Mitgiftgegenstände zu verfügen. Diese Rechte wurden jedoch nicht gemeinschaftlich ausgeübt, sondern – wie STAGL es beschreibt – nach einer Art Schlüsselprinzip zwischen den Ehegatten aufgeteilt. Diese gesamte Konstruktion der Eigentumsstruktur der Mitgift lag somit *„außerhalb des herkömmlichen Eigentumsbegriffs"*.[191]

Aus der rechtsgeschichtlichen Perspektive können folgende rechtliche Qualifikationen getroffen werden:

1. In der Frühzeit und während der ersten Periode der römischen Rechtsgeschichte (bis Augustus) war die Mitgift während der Ehe das Eigentum des Ehemannes, das er erhielt, um die Kosten der Ehe (*onera matrimonii*) zu decken, und über das er nach eigenem Ermessen verfügte.[192]

---

[190] Stagl, 2022, 908–909; Stagl, 2009, 246–248, 292–294.

[191] Stagl, 2022, 909; Stagl, 2009, 292–294.

[192] Lauria, 1952, 154–158; Siehe die *onera matrimonii* und die Rechtfertigung der Zuordnung der Früchte an den Ehemann: D.23.3.7 (Ulp. 31 Sab.): „*Dotis fructum ad maritum pertinere debere aequitas suggerit: cum enim ipse onera matrimonii subeat, aequum est eum etiam fructus percipere.*"

Siehe die Zuordnung und Rechtfertigung der Funktion der Mitgift in: D.23.3.56.1 (Paul. 6 Plaut.): „*Ibi dos esse debet, ubi onera matrimonii sunt.*"

2. Mit Augustus und seinen legislativen Reformen begann eine zweite Periode, in der die Mitgift und ihre rechtliche Regulierung während der Ehe Veränderungen zugunsten der Frau erlebten – jedoch ohne eine feste, abschließende Regelung, sondern weiterhin auf „wackeligen Beinen".[193]
3. Die endgültige Rechtslösung und die sachenrechtliche und dogmatische Einordnung der Mitgift in die Kategorie des Eigentums der Frau erfolgte unter Justinian, dem „Weiber-Gesetzgeber" (*legislator uxoribus*), durch das *Corpus Iuris Civilis*.[194]

Da nun die Eigentumsstruktur der Mitgift in der chronologischen Darstellung des römischen Rechts in kurzen Zügen dargelegt wurde, stellt sich eine weitere, schon im Titel des Kapitels geäußerte Frage: welche Funktion hatte die Mitgift im römischen Recht inne?

Die Mitgift (*dos*) war eine zentrale Institution des römischen Eherechts und erfüllte unter anderem eine wirtschaftliche, rechtliche und gesellschaftlich-symbolische Funktion.[195]

1. **Wirtschaftsfunktion der Mitgift**

Die wirtschaftliche Funktion der Mitgift war vielschichtig. Einerseits erleichterte sie dem Ehemann die finanzielle Belastung der Ehe (*onera matrimonii*), andererseits stellte sie eine Art ökonomische Sicherheit für die Frau dar. In Zeiten, in

---

Noche ein weiteres Indiz für die Hauptfunktion der Mitgift als *onera matrimonii*: D.23.3.76 (Tryph. 9 disp.): „*Si pater mulieris mortis suae causa dotem promiserit, valet promissio: nam et si in tempus, quo ipse moreretur, promississet, obligaretur. sed si convaluerit, cur ei non remittatur obligatio per condictionem, atque si stipulanti quivis alius promisisset aut dotem alicuius nomine? nam ut corporis vel pecuniae translatae, ita obligationis constitutae mortis causa condictio est. non idem dicendum est in persona mulieris, si mulier mortis suae causa dotem promiserit,* ***quia nisi matrimonii oneribus serviat, dos nulla est***."

[193] D.23.3.75 (Tryph. 6 disp.): „*Quamvis in bonis mariti dos sit, mulieris tamen est, et merito placuit, ut, si in dotem fundum inaestimatum dedit, cuius nomine duplae stipulatione cautum habuit, isque marito evictus sit, statim eam ex stipulatione agere posse. porro cuius interest non esse evictum quod in dote fuit quodque ipsa evictionem pati creditur ob id, quod eum in dotem habere desiit, huius etiam constante matrimonio, quamvis apud maritum dominium sit, emolumenti potestatem esse creditur, cuius etiam matrimonii onera maritus sustinet.*" Stagl, 2009, 246–248, 251–266; 292–294.

[194] Iust. C.5.12.30 pr. (a.529); Nov. 22.22.1 (a.535); Iust. C.5.11.7.2 (a.531); Nov. 97.5 (a.539); Diocl./Max. C.5.12.14 (a.293); Iust. C.5.13.1.15, 15a (a.530); Grat./Valentin./Theodos. Cod. Theod. 3.8.2 (a.382).

[195] Stagl, 2022, 907–907.

denen Frauen nur begrenzte Möglichkeiten hatten, eigenes Vermögen zu besitzen oder zu verwalten, war die Mitgift oft die einzige wirtschaftliche Absicherung, die die Ehefrau besaß.[196]

Zudem spielte die Mitgift eine bedeutende Rolle in der intergenerationellen Vermögensübertragung (so MITTEIS). Familien nutzten die Institution der Mitgift, um wirtschaftliche Allianzen zu stärken und ihr gesellschaftliches Ansehen zu festigen. Insbesondere in wohlhabenden Schichten wurde die Höhe der Mitgift als Zeichen des Status und der Macht der Familie betrachtet. In manchen Fällen war sie auch ein Instrument der politischen Strategie, um Verbindungen zwischen einflussreichen Familien zu etablieren.[197]

2. **Rechtsfunktion der Mitgift**

Die Mitgift erfüllte nicht nur eine wirtschaftliche, sondern auch eine rechtliche Funktion. Sie diente im Laufe der römisch-rechtlichen Entwicklung als Indikator für den sich wandelnden Rechtsstatus der Frau. In der vorklassischen Periode war die Mitgift uneingeschränktes Eigentum des Ehemannes (*dos profecticia*). Doch mit der fortschreitenden rechtlichen Entwicklung veränderte sich ihre dogmatische Einordnung grundlegend.[198]

Im klassischen römischen Recht setzte sich zunehmend das Bewusstsein durch, dass die Mitgift nicht nur eine finanzielle Übertragung darstellte, sondern auch eine Schutzfunktion für die Frau hatte. So entstand das Rückforderungsrecht im Falle einer Scheidung (*actio rei uxoriae*), das eine strukturelle Verbesserung der Rechtsstellung der Ehefrau bedeutete.[199]

In der nachklassischen und justinianischen Zeit wurde die Mitgift schließlich endgültig als Vermögen der Ehefrau anerkannt. Damit manifestierte sich

---

[196] Bechmann, 1863, 1–32, 38, 106 f.

[197] Mitteis, 1891, 257.

[198] D.37.7.1.7 (Ulp. 40 ed.): „*Si sub condicione pater vel extraneus dotem promiserit, cautione opus erit, ut tunc conferat mulier dotem, cum dotata esse coeperit.*“

Gord. C.6.20.4 (a.239): „*Filiae dotem in medium ita demum conferre coguntur, si vel ab intestato succedant vel contra tabulas petant: nec dubium est profecticiam seu adventiciam dotem a patre datam vel constitutam fratribus qui in potestate fuerunt conferendam esse. his etenim, qui in familia defuncti non sunt, profecticiam tantummodo dotem post varias prudentium opiniones conferri placuit.*“

[199] Iust. C.5.12.30.2 (a.529): „*Omnis autem temporalis exceptio, sive per usucapionem inducta sive per decem sive per viginti annorum curricula seu per triginta vel quadraginta annorum metas sive ex alio quocumque tempore maiore vel minore introducta, ea mulieribus ex eo opponatur, ex quo possint actiones movere, id est opulentis quidem maritis constitutis post dissolutum matrimonium, minus autem idoneis ex quo hoc eis infortunium illatum esse*

eine tiefgreifende Veränderung der Rechtskultur. Die Mitgift, einst ein Instrument männlicher Verfügungsgewalt, entwickelte sich zu einem gesicherten Vermögensbestandteil der Frau und spiegelte somit den Wandel in der rechtlichen und gesellschaftlichen Wahrnehmung ihres Status wider.[200]

3. Gesellschaftsfunktion der Mitgift und ihre symbolische Wirkung

Die Mitgift hatte auch eine tiefgreifende gesellschaftliche und symbolische Bedeutung. Die Mitgift war nicht nur ein finanzielles Instrument, sondern auch ein Mittel zur Stabilisierung der Ehe und zur Wahrung der familiären Ehre. In der römischen Gesellschaft galt die Ehe als eine Verbindung zwischen zwei Familien, nicht nur zwischen zwei Individuen. Die Mitgift symbolisierte die Verpflichtung der Familie der Braut zur Unterstützung der neuen Ehe und unterstrich die Legitimität der neuen Verbindung.[201]

4. **Zusammenfassend** lässt sich konstatieren, dass die Mitgift im römischen Recht weit mehr als eine bloße finanzielle Zuwendung war. Die Mitgift erfüllte essenzielle wirtschaftliche, rechtliche und gesellschaftliche Funktionen. Als Instrument der wirtschaftlichen Absicherung und der rechtlich-gesellschaftlichen Stabilität der Ehe spielte sie eine zentrale Rolle in der römischen Rechtskultur. Ihre Entwicklung spiegelt die allgemeine Rechtsevolution des römischen Rechts wider – von einer anfänglich patriarchalisch

---

claruerit, cum constante etiam matrimonio posse mulieres contra maritorum parum idoneorum bona hypothecas suas exercere iam nostra lege humanitatis intuitu definitum est: ficti divortii falsa simulatione in huiusmodi causa, quam nostra lex amplexa est, stirpitus eruenda.“

D.23.3.56.3 (Paul. 6 Plaut.): „*Quod dicitur necessarias impensas ipso iure dotem minuere, non eo pertinet, ut, si forte fundus in dote sit, desinat aliqua ex parte dotalis esse, sed, nisi impensa reddatur, aut pars fundi aut totus retineatur. sed si tantum in fundum dotalem impensum sit per partes, quanti fundus est, desinere eum dotalem esse Scaevola noster dicebat, nisi mulier sponte marito intra annum impensas obtulerit. si pecunia et fundus in dote sint et necessariae impensae in fundum factae, Nerva ait dotem pecuniariam minui. quid ergo si mulier impensas marito solverit, utrum crescet dos an ex integro data videbitur? cuius rei manifestior iniquitas in fundo est secundum Scaevolae nostri sententiam: nam si desinit dotalis esse, poterit alienari: rursus quemadmodum poterit fieri dotalis data pecunia? an iam pecunia in dote esse videbitur? et magis est, ut ager in causam dotis revertatur, sed interim alienatio fundi inhibeatur.*“ Czyhlarz, 1870, 277–288; 465–469; Bechmann, 1867, 417–419.

[200] Wie schon bereits in den früheren Fußnoten erläutert: D.23.3.75 (Tryph. 6 disp.); Stagl, 2009, 246–248, 251–266; 292–294; Iust. C.5.12.30 pr. (a.529); Novell. Iust. 22.22.1 (a.535); Iust. C.5.11.7.2 (a.531); Nov. 97.5 (a.539); Diocl./Max. C.5.12.14 (a.293); Iust. C.5.13.1.15, 15a (a.530); Grat./Valentin./Theodos. Cod. Theod. 3.8.2 (a.382).

[201] Lauria, 1952, 116; Stagl, 2009, 246–248, 251–266; 292–294.

dominierten Struktur hin zu einem komplexeren, auf Schutzmechanismen basierenden System.[202]

In diesem Abschnitt wurde ein Überblick über die Eigentumsfrage und die Funktionen der Mitgift im römischen Recht dargelegt. In den folgenden Unterkapiteln wird das mittelalterliche Recht von Kotor sowie seine Parallelen zum römischen Recht behandelt.

Der Autor hat sich entschieden, die vorliegende Rechtsanalyse „organisch" zu strukturieren, indem die Eigentumsstruktur des Mitgiftvermögens chronologisch nach drei Phasen unterteilt wird:

1. **vor der Ehe**
2. **während der (aufrechten) Ehe** und
3. **nach der Ehe**.

Ein weiteres eigenes Unterkapitel (10.4) wird der Funktion der Mitgift gewidmet sein, wobei auf Grundlage einer vergleichenden rechtshistorischen Analyse dargelegt wird, inwieweit das mittelalterliche Recht von Kotor den römisch-rechtlichen Vorstellungen ähnelte – sei es konzeptionell oder in der praktischen Anwendung. Ziel ist es, die rechtlichen Gemeinsamkeiten und möglichen Abweichungen zwischen den beiden Rechtssystemen systematisch herauszuarbeiten.

5.10.1 Das Eigentum an der Mitgift vor dem Eingehen der Ehe

Die erste grundsätzliche und logische Frage, die sich an dieser Stelle aufdrängt, ist die, ob vor der Eheschließung von Mitgift und Mitgiftvermögen überhaupt gesprochen werden kann und warum sich der Verfasser dieser Arbeit dazu entschlossen hat, diesen chronologisch etwas aus der Reihe tanzenden Abschnitt doch einzufügen.

Es gibt nach der Meinung des Autors zwei Gründe für die Einbeziehung dieses vorvelagerten Abschnitts.

1. **Der erste Grund** ist durch die Tatsache gerechtfertigt, dass es Situationen gab, in denen die Frau selbst (ihre) Mitgift bestellte, sei es im Fall der ersten Heirat oder im Fall einer Wiederverheiratung (im mittelalterlichen Kotor, angesichts

[202] Bechmann, 1863, 87, 106 f.; Stagl, 2022, 907.

des starken katholischen Präfixes der mittelalterlichen kotorischen Gemeinde, endete die Ehe grundsätzlich nur mit dem Tod des Ehepartners).

2. **Der zweite Grund** ist die konzepzionelle Notwendigkeit einer chronologischen und synthetischen Betrachtung des Schicksals des Mitgiftvermögens in allen drei Phasen, nämlich vor, während und nach dem Ende der Ehe, um einen umfassenden Blick auf die verschiedenen Phasen des rechtlichen Schicksals der Mitgift zu erhalten.

Im dritten Kapitel der Dissertation (3. Bestellung der Mitgift) wurde schon ein Überblick über den Kreis der MitgiftbestellerInnen gegeben. Sowohl im römischen als auch im mittelalterlichen Recht von Kotor war die männliche Figur, insbesondere die des Vaters (*parens*), dominant. Der Vater war der häufigst vorkommende Besteller der Mitgift, gefolgt von den Müttern, Brüdern, Verwandten, Freunden oder dritten Personen, die die Mitgift für die Braut bestellen konnten.[203]

Ein gemeinsames Merkmal dieser beiden Rechtssysteme (des römischen und des mittelalterlichen Rechts von Kotor) ist, dass auch die Frau für sich selbst eine Mitgift bestellen konnte.[204] Es handelte sich um Fälle, in denen eine Frau bereits bei ihrer ersten Eheschließung eine Mitgift für sich bestellte, was eine sehr große Ausnahme darstellte, oder um einen etwas häufiger vorkommenden Fall, bei dem Witwen nach dem Ende ihrer ersten, zweiten oder dritten Ehe eine Mitgift für sich bestellten, wenn sie eine neue Ehe eingingen.[205]

---

[203] Zum Kreis der MitgiftbestellerInnen im römischen Recht siehe: Ulp. *reg.* 6.1–3; Diocl./Max. C.5.12.14 (a.293): „*Mater pro filia dotem dare non cogitur nisi ex magna et probabili vel lege specialiter expressa causa: pater autem de bonis uxoris suae invitae nullam dandi habet facultatem.*"

D.12.4.9 (Paul. 17 ad Plaut.): „*Si donaturus mulieri iussu eius sponso numeravi nec nuptiae secutae sunt, mulier condicet. sed si ego contraxi cum sponso et pecuniam in hoc dedi, ut, si nuptiae secutae essent, mulieri dos adquireretur, si non essent secutae, mihi redderetur, quasi ob rem datur et re non secuta ego a sponso condicam.*"

Zum Kreis der MitgiftbestellerInnen im Statut von Kotor siehe: *Statuta Civitatis Cathari, cap.*; *cap* 147; *cap.* 148; *cap.* 149; *cap.* 150; Dazu auch Nikezić, 1995, 7–15.

Zum bereits nachgewiesenen Kreis der MitgiftbestellerInnen aufgrund der Notariatsakten siehe: Mayer, 1951, NA 142; NA 149;NA 166; NA 172; NA 212; NA 308; NA 374; NA 798; NA 1078; Mayer, 1981, NA II 48; NA II 62; NA II 169; NA II 241; NA II 406; NA II 770.

[204] Vgl. im römischen Recht: Ulp. *reg. 6.1–3*; Im mittelalterlichen Kotor siehe dazu insbesondere diese Bestimmung des Statuts von Kotor: *Statuta Civitatis Cathari, cap.* 149. Auch nachgewiesen in Notariatsakten: Mayer, 1951, NA 532; NA 980.

[205] Zur Witwe als Bestellerin der Mitgift siehe folgende Beispiele aus der Rechtspraxis: Mayer, 1951, NA 143; NA 167; NA 213; NA 310; NA 332; NA 334; NA 389; NA 390; NA 479; NA 484; NA 1080; NA1089; NA 1142; NA 1144; Mayer, 1981, NA II 931; NA II 976; NA II 1044; NA II 1103; NA II 1264; NA II 1370.

Für die Zwecke dieses Subkapitels lässt sich festhalten, dass die vorehelichen Gegenstände, die als Mitgift in weiterer Folge bestellt wurden, in der Regel dem Vater gehörten, dann anderen Familienmitgliedern, Freunden oder Dritten. Es gab jedoch auch Fälle, in denen dieser Teil des Mitgiftvermögens bereits vor der Eheschließung der Frau gehörte.

5.10.2 Das Eigentum an der Mitgift während der aufrechten Ehe

Zur Klärung der Eigentumsverhältnisse an der Mitgift lässt sich kaum eine treffendere juristische Aussage finden als die des spätklassischen Juristen Tryphoninus in seinem *Liber sextus disputationum*:

„***Quamvis in bonis mariti dos si, mulieris tamen est.***“[206]

Die Problematik der Mitgift und ihrer Rechtsnatur erwies sich als ausgesprochen komplex, insbesondere in Bezug auf die Frage, wem das Mitgiftvermögen während der (aufrechten) Ehe eigentumsrechtlich tatsächlich gehörte. Dieses Thema stellt nicht nur eine wichtige Herausforderung für die dogmatische Einordnung dar, sondern hat auch zahlreiche Fragen aufgeworfen, die durch die ungenaue, teils widersprüchliche und auslegungsbedürftige Terminologie im Statut von Kotor noch weiter verkompliziert werden.[207]

Im Rahmen der aufrechten Ehe hatte die Frau in Kotor *quasi* das *ius nudum* über die Mitgift, was bedeutete, dass sie streng formell als Eigentümerin der

[206] D.23.3.75.

[207] Zur Eigentumsproblematik siehe auch folgende Quellen: D.23.3.7 (Ulp. 31 Sab.); D.23.3.56.1 (Paul. 6 Plaut.); D.23.3.76 (Tryph. 9 disp.); D.23.4.11 (Ulp. 34 ed.); D.23.3.75 (Tryph. 6 disp.); Iust. C.5.12.30 pr. (a.529); Nov. 22.22.1 (a.535); Iust. C.5.11.7.2 (a.531); Nov. 97.5 (a.539); Diocl./Max. C.5.12.14 (a.293); Iust. C.5.13.1.15, 15a (a.530); Grat./ Valentin./Theodos. Cod. Theod. 3.8.2 (a.382).

Dazu haben sich auch folgende AutorInnen geäußert: Stagl, 2022, 908–909; Lauria, 1952, 65, 68–70, 154–158; Stagl, 2009, 246–248, 292–294.

Zur Rechtslage im mittelalterlichen Kotor sind folgende Bestimmungen des Statuts von Kotor von Bedeutung: *Statuta Civitatis Cathari, cap.* 149; *cap.* 1; *cap.* 270; *cap.* 394; *cap.* 147.

Mitgift galt, jedoch keine (völlige) Verfügungsmacht über das Mitgiftvermögen hatte.[208]

Es muss aber betont werden, dass dieses Mitgifteigentum während der Ehe nicht vollständig als *ius nudum* zu verstehen ist. Es wird aus den statutarischen Bestimmungen und notariellen Akten deutlich, dass die Frau im mittelalterlichen Kotor auch während der aufrechten Ehe gewissermaßen vermögensfähig war; dies zeigt sich unter anderem in der Zustimmung zur Veräußerung von DienerInnen oder SklavInnen, die im Statut erwähnt werden.[209]

Diese Praxis widerspricht der Vorstellung eines reinen *ius nudum* und zeigt, dass die Ehefrau während der aufrechten Ehe bis zu einem gewissen Grad eine eigenständige und autonome Rolle bei der Verwaltung und Nutzung ihrer Mitgift hatte, was ihre rechtliche und wirtschaftliche Stellung innerhalb der Ehe stärkte.[210]

---

[208] *Statuta Civitatis Cathari, cap.* 149.

[209] *Statuta Civitatis Cathari, cap.* 149; *cap.* 153; *cap.* 156; *cap.* 158; *cap.* 161; *cap.* 194; *cap.* 197; Mayer, 1951, NA 875; NA 1142; NA 1147; Mayer, 1981, NA II 48; NA II 369; NA II 510; NA II 589; NA II 674; NA II 681.

[210] *Statuta Civitatis Cathari, cap.* 153 (*Quod mulier non possit fideiubere super parcium suum*) erinnert stark an die römisch-rechtliche Regulierung des *Senatusconsultum Velleianum*, welches der häufigen Täuschung von Männern gegenüber ihren Ehefrauen entgegenwirken sollte und bestimmt:

„*Atendentes fraudem, qua viri versus uxores multoties faciebant, & volentes huic malitiei contraire*

Statuimus quod nulla mulier super parchiuium suum possit aliquid accipere, nec pro marito fideiubere, nisi de yperperis decem infra, nec per cartam, nec per testes; quod si fecerit, non teneat fideussio illa in aliquo, nisi de yperperis decem infra."

Siehe auch: *cap.* 197 (*De uxore non habente filios, & lectum possidere nolente, sed suum parchiuium extrahere volente*):

„*Si mulier non habens filios, vel filias, mortuo viro lectum ipsius viri possidere noluerit, sed cum suo parchiuio voluerit e domo exire mariti, petere debeat parchiuiu suum ab illis, ad quos pertinent bona mariti, quod si ab ipsis dictum suum parchiuium habere non poterit, vadat ad Curia, & ab ea petat de suo parchiuio ratione, Curia vero statuat illis parentibus ad quos bona defuncti pertinent, ut infra quattuor mensium spacium restituant parchiuium ipsi mulieri, si vero successors viri mortui non sunt presents in ciuitate Cathari Curia ponat terminum sex mensium ad restituendum ipsum parchiuium mulieri praedictae; & si ad praedictos terminos mulier ipsa suum parchiuium habere no poterit, tunc Curia teneatur per sacramentum eligere tres bonos viros, & faciat eos iurare, ut estiment tantum de bonis dicti viri sui defuncti, dum satisfaciant pro ipso parchiuio, & si ipsa mulier noluerit accipere de possessionibus quonda mariti sui, dicti tres boni viri teneantur vendere tantum de bonis defuncti, quod sufficiat pro dicto parchiuio soluendo, & soluant interim vero donec totum parchiuium soluatur, mulier habeat omnia neccessaria de bonis praenominati mariti aestimatio autem, vel pactio, aut venditio, quas praedicti tres boni viri fecerint, sint firmae, & ratae, & irreuocabiles, & Curia teneatur firmare, & ratum facere per carta Notarij.*"

Der Ehemann war in der Praxis der Nutzungsberechtigte, was ihm die Möglichkeit gab, über das Mitgiftvermögen (relativ) frei zu verfügen. Diese (rechtliche) Freiheit wurde jedoch durch bestimmte Einschränkungen begrenzt, wie etwa durch die Befugnis der Frau, über einige Bestandteile der Mitgift, insbesondere SklavInnen und Hausangestellte, zu bestimmen. Dennoch war der Ehemann grundsätzlich befugt, über das Vermögen durch Veräußern oder Verpfänden zu disponieren, was einen weitreichenden Einfluss auf die rechtliche Stellung und Einordung des Mitgiftvermögens hatte.[211]

Wie ofterns in dieser Arbeit schon erwähnt, klärten die Bestimmungen des *cap.* 149des Statuts von Kotor die rechtliche Situation in Bezug auf den Empfang des Mitgifteigentums und führten zu einer gewissen Rechtssicherheit, indem sie die Notwendigkeit eines notariellen Aktes vorschrieben. In diesem Kontext wurde auch festgelegt, dass Forderungen Dritter aus der Mitgift nur dann befriedigt werden konnten, wenn sie durch eine notarielle Urkunde belegt werden konnten. Dies gab dem Mitgiftvermögen eine gewisse Absicherung gegenüber möglichen Ansprüchen Dritter und trug dazu bei, die rechtliche Position der Frau als eigentliche Eigentümerin der Mitgift zu festigen.

Die Mitgift als privat-rechtliches Instrument wurde vom mittelalterlichen Gesetzgeber von Kotor mit einer hohen Priorität behandelt. Durch seine Einbettung in öffentlich-rechtliche Strukturen erlangte die Mitgift auch im kotorischen Recht eine besondere Bedeutung, die über das rein private Verhältnis hinausging und zu einem öffentlich relevanten Recht wurde. Dies ist die Folge des schwachen rechtlichen und faktischen Status der Frau, was keine andere Methode zuließ, als dass der Gesetzgeber aktiv eingriff. Es ist daher zu beobachten, dass der Gesetzgeber versuchte, das Mitgiftvermögen aktiv zu schützen und die Rechte der Frau durch gesetzgeberische Maßnahmen zu stärken, was die hohe Aufmerksamkeit für dieses Rechtsinstitut unterstreicht.[212]

---

[211] *Statuta Civitatis Cathari, cap.* 149; Die weitreichende Verfügungsbefugnise des Ehemannes über den Mitgiftgegenstand sind zu sehen bei folgenden Akten: Mayer, 1951, NA 875; NA 1142; NA 1147; Mayer, 1981, NA II 48; NA II 369; NA II 510; NA II 589; NA II 674; NA II 681.

[212] In den *Statuta Civitatis Cathari*, insbesondere in den Kapiteln *cap.* 149; *cap.* 153; *cap.* 156; *cap.* 158; *cap.* 161; *cap.* 194; *cap.* 197, zeigt sich deutlich das öffentliche Interesse an der Mitgift als Rechtsinstitut. Diese Kapitel verdeutlichen den allmählich entstandenen Bedarf, das ursprünglich privat-rechtliche Institut der Mitgift in öffentlich-rechtliche Strukturen einzubetten und so den besonderen Schutz und die rechtliche Relevanz im öffentlichen Bereich sicherzustellen. Dadurch wird die aktive Rolle des Gesetzgebers sichtbar, der auf den schwachen Status der Frau reagierte und durch diese öffentlich-rechtlichen Regelungen das Mitgiftvermögen zu schützen suchte.

Der Gesetzgeber von Kotor versuchte, die Rechtsposition der Mitgift als Eigentum der Frau zu festigen und durchzusetzen, indem er (der Gesetzgeber) unter anderem die Verpflichtung zu einer notariellen Urkunde einführte, die jedoch nicht immer eine klare Trennung der Eigentumsrechte zwischen den Ehegatten garantieren konnte. Es wurde vielmehr eine Vermischung der Eigentumsverhältnisse angedeutet, bei der der Ehemann in der Position eines Nießbrauchers agierte, jedoch kein volles dingliches Eigentum an der Mitgift hatte.[213]

Die Gesetzgebung von Kotor strebte in gewisser Weise an, eine Art Individualismus des Eigentums in der Ehe sicherzustellen, was sich nicht nur in der Verpflichtung zur notariellen Urkunde, sondern auch in der Tatsache widerspiegelt, dass die Frau unter bestimmten Umständen in der Lage war, über die Mitgift (selbständig) zu verfügen.[214]

Was sagt aber die juristische Terminologie im Statut von Kotor über die sachrechtliche Stellung der Mitgift aus?

Es ist zunächst festzuhalten, dass die sprachliche Formulierung häufig irreführend und juristisch ungenau ist. Das Statut von Kotor verwendet häufig bei der Mitgiftfrage den Begriff „*possidere*“, was bei isolierter Betrachtung der Bestimmungen den Eindruck erwecken würde, dass es sich bei der Mitgift lediglich um Besitz handeln hätte. Bei Berücksichtigung aller relevanten Bestimmungen des Statuts von Kotor, der vulgärlateinischen Sprache, des juristischen Ausdrucksreichtums und unter Einbeziehung erhaltener notarieller Urkunden sowie der systematischen und theologischen Interpretation des Textes des Statuts, lässt sich zweifelsfrei feststellen, dass es sich bei der Mitgift eigentlich um das Eigentum (*dominium*) der Frau handelt. Dem Gesetzgeber von Kotor kann nicht unterstellt werden, dass er juristisch raffiniert war und die Rechtsbegriffe Besitz und Eigentum in ihren materiell-rechtlichen Bedeutungen juristisch-terminologisch unterscheiden hatte.[215]

Es wäre daher falsch, aus der Interpretation des *cap.* 149 des Statuts von Kotor den Schluss zu ziehen, dass *possidere* tatsächlich Besitz bedeutet hat. Andere

---

[213] Dazu mehr bei: Mayer, 1951, NA 875; NA 1142; NA 1147; Mayer, 1981, NA II 48; NA II 369;; NA II 510; NA II 589; NA II 674;; NA II 681.

[214] Siehe die angegegeben Bestimmungen des Statuts von Kotor in der Fußnote 357.

[215] Zum Begriff *possidere* siehe: *Statuta Civitatis Cathari, cap.* 149; Mayer, 1951, NA 143; NA 167; NA 213; NA 310; NA 332; NA 334; NA 389; NA 390; NA 479; NA 484; NA 1080; NA1089; NA 1142; NA 1144; Mayer, 1981, NA II 931; NA II 976; NA II 1044; NA II 1103; NA II 1264; NA II 1370.

Bestimmungen des Statuts von Kotor, die sich mit dem Recht der Mitgift befassen, und vor allem die notarielle Dokumentation sprechen vielmehr dafür, dass *possidere* als Eigentum und nicht als Besitz zu verstehen ist.[216]

Im zweiten Teil der Notariatsurkunde im mittelalterlichen Kotor findet sich eine durchaus interessante juristische Terminologie, die sich in fast allen notariellen Urkunden wiederholt hat. Der Ehemann erklärt, dass er die Mitgift erhalten hat und dass er mit seiner Person und seinem ganzen Vermögen für die Mitgift haftet („*recipio super me et omnia bona mea*").[217]

---

[216] *Statuta Civitatis Cathari, cap.* 149; *cap.* 150; *cap.* 151; *cap.* 38; *cap.* 1; *cap.* 4; *cap.* 153; *cap.* 152; *cap.* 153; *cap.* 154; *cap.* 155; *cap.* 159; *cap.* 203; *cap.* 270; *cap.* 277; *cap.* 287; *cap.* 294; *cap.* 297; *cap.* 300; *cap.* 394; *cap.* 273; *cap.* 274; *cap.* 279; *cap.* 137; *cap.* 147; *cap.* 148; *cap.* 156; *cap.* 157; *cap.* 158; *cap.* 160; *cap.* 161; *cap.* 162; *cap.* 163; *cap.* 164; *cap.* 166; *cap.* 170; *cap.* 176; *cap.* 193; *cap.* 194; *cap.* 195; *cap.* 197; *cap.* 198; *cap.* 202; *cap.* 205; *cap.* 225; *cap.* 100; Mayer, 1951, NA 143; NA 167; NA 213; NA 310; NA 332; NA 334; NA 389; NA 390; NA 479; NA 484; NA 1080; NA1089; NA 1142; NA 1144; Mayer, 1981, NA II 931; NA II 976; NA II 1044; NA II 1103; NA II 1264; NA II 1370. In den genannten Bestimmungen des *Statuta Civitatis Cathari* sowie in den notariellen Urkunden findet sich wiederholt der Begriff *possidere*. Wie bereits mehrfach erläutert wurde, war dem kotorischen Gesetzgeber und auch dem Bürger von Kotor der Unterschied zwischen *proprietas* und *possessio* nicht bekannt. Ein derart differenziertes Verständnis juristischer Begriffe konnte weder erwartet noch objektiv vorausgesetzt werden. Der Autor sieht sich daher verpflichtet, an dieser Stelle eine Auswahl der Quellen zu geben, in denen der Begriff *possidere* vorkommt.

Der Begriff wird hier nicht in seinem ursprünglichen Sinn als *Besitz* verstanden, sondern eher im Sinne von *Eigentum*.

[217] Diese Formulierung findet sich in allen Notariatsakten. Siehe eine vom Autor getroffenene Auswahl in: Mayer, 1951, NA 143; 167; 213; 310; 332; 334; 389; 390; 479; 484; 1080; 1089; 1142; 1144; Mayer, 1981, NA II 931; NA II 976; NA II 1044; NA II 1103; NA II 1264; NA II 1370.

Die im Haupttext dargestellte Interpretation der juristischen Terminologie wie „*recipio super me et omnia bona mea*" und der damit verbundenen Rechtsfolgen beruht auf einer umfassenden Auswertung sowohl notarieller Urkunden als auch der statutarischen Bestimmungen des mittelalterlichen Kotor. Diese Begriffe und die daraus abgeleiteten Eigentums- und Nutzungsrechte finden sich so nicht explizit in den Quellen formuliert, sondern stellen eine autorseitige Interpretation dar, die sich an der Gesamtschau des Materials orientiert.

Es ist jedoch anzumerken, dass diese Interpretation nicht unumstritten ist. So äußerte der Mentor des Autors unter anderem Skepsis, ob der Ehemann tatsächlich nur Nutznießer und nicht auch Eigentümer der Mitgift wurde und ob seine Haftung primär schuldrechtlicher Natur war, also lediglich die Verpflichtung zur Rückzahlung des geschätzten Betrags darstellte. Ebenso wird hinterfragt, ob die Formulierung „*recipio super me et omnia bona mea*" eine feste juristische Terminologie darstellt oder vielmehr eine Redewendung ist.

Nicht zuletzt wird angemerkt, dass möglicherweise eine Analogie zum ***Senatusconsultum Velleianum*** (*SC Velleianum*) besteht, welches ähnliche vermögensrechtliche Schutzmechanismen für die Frau enthält und als historische Vergleichsgröße herangezogen werden könnte.

Dies erleichtert die eigentumsrechtliche Einordnung der Mitgift erheblich, da aus dieser Rechtsterminologie hervorgeht, dass es sich um das Eigentum der/des Ehefrau/ Mitgiftbestellers handeln müsste. Der Ehemann haftet mit seiner Person und seinem gesamten Vermögen, was zeigt, dass es sich nicht um sein Eigentum handeln konnte; wäre es sein Eigentum, wäre eine solche Haftung überflüssig. Der Ehemann hatte während der Ehe lediglich ein Nutzungsrecht an der Mitgift. Gerade wegen dieses Nutzungsrechts ist die Haftung des Ehemannes nicht nur erforderlich, sondern auch gerechtfertigt.

Auf der anderen Seite wurde auch ein stillschweigendes Pfandrecht der Frau an allen Gütern ihres Ehemannes erzeugt, welches bei der Befriedigung ihrer Ansprüche Vorrang hatte, und zwar ab dem Zeitpunkt, zu dem der Mann die Mitgift erhielt, was er in notariellen Urkunden mit der Formulierung „*recipio super me et omnia bona mea*" bestätigte. Dies war in der statutarischen Bestimmung des *cap.* 149 verankert. In diesem Kontext wurde dem Ehemann untersagt, Mitgiftgüter zur Begleichung seiner Schulden oder Forderungen seiner Gläubiger zu verpfänden oder zu veräußern. Ebenso wurde dem Gericht untersagt, Mitgiftgüter zu beschlagnahmen, falls der Ehemann wegen eines Vergehens verurteilt wurde.

Auch Bestimmungen, die es der Frau untersagten, mit ihrer Mitgift zu bürgen, außer bis zu einem Betrag von 10 *yperperos*, sprechen für die These, dass die Mitgift erhalten bleiben musste. Das Verbot, dass die Frau mit der Mitgift haftet (außer bis zu einem Wert von 10 *yperperos*), sollte nicht als Einschränkung ihres dinglichen Vollrechts, sondern vielmehr als Schutzmechanismus verstanden werden, der ähnlich wie im römischen Recht durch das *SC Velleianum* die fragile vermögensrechtliche Stellung der Frau sichern sollte.[218]

Der Autor hat sich aufgrund der Quellenlage entschieden, die im Haupttext vorgestellte Sichtweise als plausible Deutung darzustellen, wobei alternative Interpretationen ebenfalls denkbar bleiben.

[218] Zum Bürgschaftsverbot der Frau im mittelalterlichen Kotor siehe folgende Bestimmung: *Statuta Civitatis Cathari, cap.* 153.

Die rechtliche Bewertung weiblicher Bürgschaften oder Interzessionen wurde im römischen Recht durch das *Senatusconsultum Velleianum* wesentlich geprägt. Dieses Verbot weiblicher Interzession hatte zum Ziel, Frauen vor finanzieller Ausbeutung und juristischer Überforderung zu schützen. In den Quellen – etwa D.16.1 pr.; D.16.1.16 (Iul. 4 ad Urs. Ferocem); C.4.29; C.4.29.24 (Nov. Iust. a. 530) sowie in den Sentenzen Paulus (Paulus, Sent. 2.11) – wird der Schutzmechanismus des Senatsbeschlusses deutlich. Besonders D.16.1.16 zeigt die Grenze dieses Schutzes: Hat die Frau den Betrag bereits erhalten, verliert sie den Schutz, da kein Risiko mehr besteht, den Betrag zu verlieren (*neque enim eam periclitari, cum iam eam habeat*).

Aber auch hier zeigt die notarielle Praxis eine gegensätzliche Entwicklung. So wird in einer Urkunde aus dem Jahr 1336 festgehalten, dass die Frau mit einem Viertel ihrer Mitgift für die Schulden ihres Mannes bürgte. Solche Beispiele verdeutlichen die Dichotomie zwischen dem statutarischen bzw. geschriebenen Recht und dem in der Praxis angewandten oder durch Gewohnheit geprägten Recht, die sich vielfach nachweisen lässt.[219]

Es zeigt sich anhand der Rechtsanalyse der statutarischen Bestimmungen und der ergänzenden notariellen Akten, dass die Mitgift im Mittelalter in Kotor kein klar abgegrenztes und widerspruchsfreies Rechtsinstrument dargestellt hat. Ähnlich wie im klassischen römischen Recht, aber auch in der byzantinischen und postbyzantinischen Rechtstradition, war die dogmatische Konstruktion der Mitgift von Unklarheiten und Widersprüchen geprägt.[220] Die Frage des Mitgifteigentums war nicht nur von einer Vielzahl praktischer Fragen und Unsicherheiten geprägt, sondern auch von einer gewissen Kasuistik in der rechtlichen/richterlichen Auslegung.

Es lässt sich mit gewisser Sicherheit konstatieren, dass es kein einheitliches Rechtsvertändnis von Mitgift gab, sondern dass das Rechtsinstitut eine vielseitige und teils widersprüchliche Anwendung in der Praxis erfuhr und dass die Mitgift im mittelalterlichen Kotor eine komplexe rechtliche Angelegenheit war, die durch eine Mischung aus verschiedenen Rechtskategorien und sozialen Praktiken geprägt war.

5.10.3 Das Eigentum an der Mitgift nach dem Ende der Ehe

Nach dem Ende der Ehe musste die Mitgift in den ursprünglichen Zustand zurückgeführt werden. Dies bedeutete, dass die Mitgift zunächst an die Frau oder

Der Autor versteht die Regelung des *Senatusconsultum Velleianum* daher nicht als Ausdruck einer dogmatisch entwickelten Systematik seitens der mittelalterlichen Notare oder des kotorischen Gesetzgebers, sondern als eine spätere konzeptuelle Vergleichsebene. Die Begriffe und Schutzstrukturen, die im Haupttext analysiert werden, lassen sich in den mittelalterlichen Quellen so nicht explizit nachweisen, sondern ergeben sich aus der hermeneutischen Deutung des überlieferten Notariats- und Statutenmaterials. In diesem Sinne handelt es sich um eine interpretative Annäherung, gestützt auf formelhafte Wendungen wie *recipio super me et omnia bona mea* sowie auf Regelungsinhalte wie in *cap.* 149 *Statuta Civitatis Cathari*, die Schutzmechanismen erkennen lassen, die funktional mit denen des römischen *Senatusconsultum Velleianum* vergleichbar sind.

[219] Mayer, 1981, NA II 1356.

[220] Siehe dazu Saradi, 1998, 72–77.

ihre Kinder zurückgegeben werden musste, sofern diese noch lebten. Andernfalls war sie an diejenigen zurückzugeben, die die Mitgift bestellt hatten, um das Prinzip der Aufteilung des ehelichen Eigentums zu erfüllen.[221]

Das Recht der Frau, über das Mitgiftvermögen *mortis causa* zu verfügen, lässt die bereits getroffene Klassifikation/Kategorisierung des Mitgiftvermögens als Eigentum der Frau als durchaus gerechtfertigt erscheinen. Denn die freie Verfügungsbefugnis über das Eigentum stellt eine der Manifestationen der Eigentumsrechte dar, auch wenn dieses Recht auf ein Viertel des Mitgiftvermögens beschränkt war. Über dieses Viertel des Mitgiftvermögens konnte die Frau völlig frei verfügen, was sich in notariellen Akten in Form von Schenkungen an Kirchen und Klöster in der testamentarischen Form „*pro anima sua*" häufig nachweisen lässt.[222]

---

[221] *Statuta Civitatis Cathari, cap.* 137; *cap.* 147; *cap*; 149; *cap.* 156.

[222] *Statuta Civitatis Cathari, cap.* 164; *cap.* 166; *Zur Redewendung „pro anima sua" siehe zB folgendes Beispiel aus den Notariatsakten Mayer, 1981, NA II 906: „Die quinta mensis iulii. Nos Base de Salue et Triphon Buchie, iurati iudices, testamur aperte, quod Cathena, filia condam Marini Blini, cum sana sua memoria et loquela fecit suum iltimum testamentum in huns modum: In primis quidem voluit, quod tota quarta pars* ***dotium*** *suarum sit ecclesie sancti Triphonis, tali condicione et pacto, quod frater suus, presbyter Vrsaytius teneat ipsam quartam partem in vita sua, quam non possit vendere nec donare aliquo modo aut destruere. Quod si faceret, capitulum dicte ecclesie sancti Triphonis possit ipsam quartam partem accipere et ad suum velle retinere. Quod capitulum dicte ecclesie teneatur pro dicta quarta parte facere vigiliam annuatim in animauersario meo et similiter vigiliam in animauersario patris et matris mee. Et post obitum Orsaycii tota quarta pars predicta sit in potestate dicti capituli. Item voluit, quod perperi C, de quibus dedi sibi potestatem per cartam notarii frater suus Orsayitius,* ***presente et consentiente*** *ad hanc distributionem dicto Ursaytio, fratre suo, de dictis C perperis et aliis C perperis, quod Leune, vir suus, dedit sibi in suo testamento, omnes istos ducentos perperos epitropi sui distribuant hoc modo: In primis voluit, quod darentur domino episcopo perperi II, domino archidiacono, dompno Petro Saranni, perperi X, dicto fratri suo Vrsaytio perperi X, item consobrino suo presbytero Leonardo perperi X, presbytero Iunio Chramoli perperi X, presbytero Triphoni de Gaculana perperi III, presbytero Albanino perperi II, dyacono Domane de de Glauatti perperus I, clerico Petro de Gure perperus I, dyacono Brathe de Stanaa perperii II, item Cibo perperi III, item pro scriptis ecclesiarum de Catharo perperi X, item totit capitulo sancti Trophonis perperi XXX, item voluit, quod darentur perperi dececm* ***pro anima*** *Deie, amite sue, item Milo perperus I, item cuilibet sacerdoti de Catharo perperus I, et cuilibet dyacono denarii III, et quicquid superauerit de istis denariis, scilicet II perperis, epitropi mei totum dent* ***pro anima mea ad celebrandum missas.*** *Item voluit, quod colcheetra sua cum capitali detur Rade de Dausi, quam teneat, donec creuerit spurianus et tunc detur ei. Et copertorium vetus detur Cibo Item voluit, quod copertorium nouum vendatur Marino de Basca pro XVIII denariis minus de eo, quod valet. Item voluit, quod capa sua sit Brathe de Cosomor. Item Radoste belium unum et oakkerua czn dzidecun debaruus, Uten qzid de vubi de Teudo vendatur tantum, quod sufficiat dari Brathe perperi II, et spuriano fiat tunica una de socchena. Item voluit, quod illi decem perperi, quos sibi*

Für die übrigen drei Viertel des Mitgiftvermögens galten die Regeln der gesetzlichen Erbfolge, wobei der verbleibende Teil von ihren Nachkommen (Töchter, Söhne) geerbt wurde. Im Falle der Abwesenheit von Nachkommen ging die Mitgift an die Gruppe von Personen, welche die Mitgift ursprünglich bestellt hatten (Vater, Mutter, Brüder oder unverheiratete Schwestern). Sofern auch diese Personen nicht mehr lebten, konnte die Frau über das gesamte Mitgiftvermögen völlig frei verfügen.[223]

Obwohl die Frau nach Beendigung der Ehe frei „nur" über ein Viertel der Mitgift verfügen kann, steht dies nach Ansicht des Autors nicht im Widerspruch zur Einstufung der Mitgift als das Eigentum der Ehefrau. Die primäre Funktion der Mitgift liegt in der Deckung der *onera matrimonii*, also der ehelichen Lasten. Mit dem Ende der Ehe stellt sich die zentrale Frage: was ist zu tun mit der Mitgift? Da die Kinder als eine der zentralen „Ezeugnisse der Ehe" betrachtet werden können, geht die ursprüngliche Funktion der Mitgift (*onera matrimonii*) natürlicherweise auf sie (die Kinder) über. Dies bedeutet, dass die *onera matrimonii*, die während der Ehe durch die Mitgift getragen wurden, in gewisser Weise fortbestehen – nun jedoch in Form der Versorgung der Nachkommen.[224]

Die Möglichkeit der Frau, über ein Viertel der Mitgift frei zu verfügen, ist dabei als Ausdruck ihres Eigentumsrechts zu verstehen. Gleichzeitig bleibt die Mitgift als Mittel zur Sicherstellung der *onera matrimonii* erhalten, indem sie nach dem Ende der Ehe in den Unterhalt der Kinder übergeht. Dieser fließende

debet dare Ciuitan, dentur ***pro missis pro anima sua****. Voluit insuper, quod totum residuum sit fratris sui Vrsaytii et etiam totum factum de domo. Item carta perperorum centum, in qua habet potestatem extrahendi eos desuper quartam partem sui perchiui, et carta perchiui sui similiter sit aput archidyaconum. Item voluit, quod detur sancto Benedicto capsella, quam dedid sibi Deia et denarii XII cum ae. Et si aliquis dedeirt contrarium huic testamento pro predictis perperis C, de quibus fecit sibi potestatem frater suus Vrxatius extrahendi desuper quarta parte sui perchiui, voluit, quod nichil haberet de tribus partibus sui perchiui, sed sit in plenaria potestate ipsius fratris sui. Preterea constituit epitropos suos archidyaconum Petrum, patrinum suum, Gregorium Guimanoy, presbyterum Leonardum, consobrinum suum, et capitulum sancti Triphonis. Quod testamentum nos iurati iudices supradicti ad maiorem cautele dite (!) tesamenti per sententiam confirmamus iubentes ipsum transcribi et publicari, ut est moris.*"

223 *Statuta Civitatis Cathari, cap.* 164; Mayer, 1951, NA 982; siehe dazu Nikezić, 1995, 34–35.

224 *Statuta Civitatis Cathari, cap.* 164; Dazu auch Nikezić, 1995, 34–35.

Übergang der Mitgiftfunktion zeigt, dass die ursprüngliche Bestimmung der Mitgift nicht abrupt endet, sondern sich organisch in eine neue Form überträgt – eine Fortsetzung der ehelichen Verantwortung in der nächsten Generation.[225]

Im Falle des Todes des Mannes verbleibt die Mitgift bei der Frau oder ihren Kindern, womit ihre ursprüngliche Zweckbestimmung als Trägerin der *onera matrimonii* fortbesteht. Dies stützt die These, dass die Mitgift sowohl im römischen als auch im mittelalterlichen Recht von Kotor eine zentrale vermögens- und eherechtliche Funktion hatte. Stirbt hingegen die Frau, fällt die Mitgift nicht an den Ehemann, sondern an die MitgiftbestellerInnen oder deren nächste Verwandte, was erneut die enge Verbindung zwischen der Mitgift und der familiären Vermögensstruktur verdeutlicht.[226]

---

[225] Vgl. Mitteis, L., *Reichsrecht und Volksrecht in den östlichen Provinzen des römischen Kaiserreichs*, Leipzig 1891, 257 f. MITTEIS interpretiert die Mitgift unter den christlichen Kaisern – insbesondere seit Theodosius d. Gr. – als eine Art „Familienstiftung". Diese Qualifikation ergibt sich aus dem Umstand, dass die Mitgift sowie die *donatio ante nuptias* zunehmend der freien Verfügung des überlebenden Ehegatten entzogen und stattdessen im Interesse der gemeinsamen Kinder geschützt wurden. MITTEIS stützt sich dabei auf die rechtspolitischen Zielsetzungen der augusteischen Ehegesetzgebung, das Schenkungsverbot unter Ehegatten sowie das Prinzip des *pretium iustum* bei der Dotalbewertung. Durch diese Maßnahmen sollte die Mitgift als wirtschaftliche Grundlage der Familie erhalten bleiben, was in der Interpretation von MITTEIS den Charakter einer institutionellen, familienbezogenen Vermögensbindung annimmt. Die Mitgift diente somit nicht nur der Absicherung der Ehefrau, sondern stellte ein über die Ehe hinauswirkendes Konstrukt dar – eine Stiftung zur Wahrung der familiären Kontinuität im Interesse der nächsten Generation.

[226] Die Verbindung zwischen der Mitgift und der familiären Vermögensstruktur ist insbesondere anhand der folgenden Kapitel ersichtlich: *Statuta Civitatis Cathari, cap.* 164; *cap.* 165, *cap.* 166, *cap.* 167. Diese Argumentation lässt sich auch anhand der Notariatsakten belegen: Mayer, 1951, NA 540; NA 982; Mayer, 1981, NA II 906; Mayer, 1951, NA 72; NA 91; NA 114; NA 133; NA 141; NA 142; NA 148; NA 154; NA 166; NA 172; NA 198; NA 221; NA 251; NA 300; NA 310; NA 311; NA 336; NA 389; NA 393; NA 415; NA 436; NA 478; NA 479; NA 480; NA 488; NA 492; NA 567; NA 658; NA 789; NA 805; NA 925; NA 930; NA 933; NA 946; NA 948; NA 953; NA 956; NA 988; NA 1057; NA 1070; NA 1089; NA 1243; NA 1261; NA 1309; NA 1322; Mayer, 1981, NA II 38; NA II 70; NA II 100; NA II 194; NA II 204; NA II 243; NA II 270; NA II 285; NA II 372; NA II 425; NA II 452; NA II 480; NA II 487; NA II 547; NA II 597; NA II 635; NA II 665; NA II 836; NA II 893; NA II 894; NA II 917; NA II 935; NA II 976; NA II 1002; NA II 1004; NA II 1008; NA II 1076; NA II 1311; NA II 1466; NA II 1496; NA II 1625; NA II 1668; NA II 1669; NA II 1751; NA II 1766.

5.10.4 Die Funktion der Mitgift

Der Verfasser „schuldet“ dem Leser eine Erklärung dafür, warum er sich entschlossen hat, zwei zentrale Phänomene der Mitgift – die Eigentumsfrage und die Mitgiftfunktion -, die jeweils ein eigenes Kapitel hätten bilden können, in einem Kapitel zu behandeln.

Der Grund dafür liegt in der unmittelbaren Verflechtung der Eigentumsfrage an der Mitgift und ihrer Funktion sowie in ihrer wechselseitigen Bedingtheit. Hinter jeder gesetzlichen Regelung der Eigentumsfrage durch den Gesetzgeber stand ein Hintergedanke, nämlich die Frage nach der eigentlichen Funktion des Dotationsgutes.

Obwohl, wie bereits erwähnt, die juristische Terminologie der statutarischen Bestimmungen des Statuts von Kotor durchaus unklar bzw. unpräzise war, lässt sich dennoch aus dem Stil des Gesetzgebers – entweder direkt (wie möglicherweise aus dem *cap.* 149 des *Statuta Civitatis Cathari*) oder indirekt – sowohl der Sinn als auch die Absicht des Gesetzgebers erkennen, dem Dotationsgut eine bestimmte Funktion zuzuweisen. Manchmal wird diese Funktion erst im Zusammenspiel der Mitgiftbestimmungen des Statuts von Kotor mit den notariellen Urkunden sichtbar.[227]

Methodisch hätte es nahe gelegen, auch dieses Kapitel umgekehrt aufzubauen, also zunächst die Funktion der Mitgift zu thematisieren, da sie zweck- und funktionsbedingt der Eigentumsfrage vorausgeht. Die Eigentumsfrage an der Mitgift ist eine Ausformulierung der zentralen materiell-rechtlichen Frage nach dem Sinn, Zweck und Funktion der Dotation.

Der Verfasser hat sich jedoch dafür entschieden, diesem rechtsdogmatischen Teil der Arbeit die dogmatische Struktur der Mitgift aus dem *Handbuch* zugrunde zu legen. Er folgt damit dem Grundsatz der Kohärenz der gesamten Arbeit und hat dieses Kapitel mit der Eigentumsfrage begonnen.

---

[227] Zum Zusammenspiel zwischen den Bestimmungen des Statuts von Kotor und notariellen Akten siehe insbesondere die folgende Auswahl an Notariatsakten: *Statuta Civitatis Cathari, cap.* 149; Mayer, 1951, NA 72; NA 91; NA 114; NA 133; NA 141; NA 142; NA 148; NA 154; NA 166; NA 172; NA 198; NA 221; NA 251; NA 300; NA 310; NA 311; NA 336; NA 389; NA 393; NA 415; NA 436; NA 478; NA 479; NA 480; NA 488; NA 492; NA 567; NA 658; NA 789; NA 805; NA 925; NA 930; NA 933; NA 946; NA 948; NA 953; NA 956; NA 988; NA 1057; NA 1070; NA 1089; NA 1243; NA 1261; NA 1309; NA 1322; Mayer, 1981, NA II 38; NA II 70; NA II 100; NA II 194; NA II 204; NA II 243; NA II 270; NA II 285; NA II 372; NA II 425; NA II 452; NA II 480; NA II 487; NA II 547; NA II 597; NA II 635; NA II 665; NA II 836; NA II 893; NA II 894; NA II 917; NA II 935; NA II 976; NA II 1002; NA II 1004; NA II 1008; NA II 1076; NA II 1311; NA II 1466; NA II 1496; NA II 1625; NA II 1668; NA II 1669; NA II 1751; NA II 1766.

5.10.4.1 Die Mitgift als Kompensation für den Ausschluss aus der Erbfolge

Zuerst fungierte die Mitgift im mittelalterlichen Kotor als Kompensation für das Ausschließen von Töchtern aus der Erbfolge.

Die gesetzlichen Bestimmungen reflektieren somit einen sozialen Konsens, der die Mitgift als integralen Bestandteil der Eheschließung und des Nachlassrechts voraussetzte, um die Verteilung der familiären Ressourcen aufzuteilen.[228]

Der patrimoniale Charakter des Familienvermögens sollte erhalten bleiben, sodass nur die Söhne als Erben fungierten, während die Töchter aus ihrer primären Familie ausschieden und in eine sekundäre Familie eintraten.

Die Mitgift diente in diesem Zusammenhang als Ausgleich und Brücke zugleich: sie (die Mitgift) stellte eine finanzielle Entschädigung dar, die die Frau von ihrer Herkunftsfamilie (primären Familie) erhielt, um ihren Ausschluss aus der Erbfolge zu kompensieren. Gleichzeitig diente sie (die Mitgift) der Integration in die neue Familie, indem das Vermögen in den ehelichen Haushalt eingebracht wurde. Auf diese Weise wurde die gesellschaftliche Grundstruktur gefestigt, nach der das Familienvermögen über die männliche Linie erhalten blieb, während die Frauen durch die Mitgift in eine andere Vermögensgemeinschaft überführt wurden.[229]

5.10.4.2 Die Funktion der Mitgift als *onera matrimonii*

Die zweite wichtige Funktion der Mitgift im mittelalterlichen Recht von Kotor lässt sich am besten anhand der erhaltenen Notariatsakten nachvollziehen.[230] Die

---

228 *Statuta Civitatis Cathari, cap.* 147.

229 *Statuta Civitatis Cathari, cap.* 148.

230 Die breite Quellenbasis aus den von MAYER edierten Notariatsakten erlaubt eine detaillierte Analyse der Funktion der Mitgift im Alltag des mittelalterlichen Kotor. Zwar wird man vergeblich nach einer ausdrücklichen Nennung der onera matrimonii suchen, jedoch lässt sich die Idee dieser ehelichen Lasten stilistisch und inhaltlich eindeutig erschließen. In zahlreichen Urkunden formulieren die Brautväter ihre sittliche Verpflichtung, ihre Tochter standesgemäß auszustatten, was sich nicht nur in der Sprache („volo dare pro amore") zeigt, sondern auch im sorgsamen Auswahlprozess der Mitgiftgegenstände. Diese umfassen typischerweise vitale Wirtschaftsgüter wie Weinberge, Obstgärten, Häuser, Landparzellen oder auch mobile Vermögenswerte, die entweder leicht veräußerbar oder unmittelbar nutzbar waren – z. B. Handelstiere, Werkzeuge oder Goldschmuck.

Gerade diese wirtschaftliche Verankerung der Mitgift – als Basis für das Überleben und die Stabilität der entstehenden Sekundärfamilie – dokumentiert, dass sie nicht als symbolisches Geschenk, sondern als funktional-integriertes Rechtsinstitut zu verstehen ist, das über die Ehe hinausweist. Die Notariatsformeln belegen, dass die Mitgift als konkrete Absicherung der ehelichen Lebensführung sowie der künftigen Kinder gedacht war, auch wenn dies nicht in klassisch-römischer Terminologie formuliert wurde. Damit wird die zweite Funktion notariellen Dokumente geben Aufschluss über den Zweck der Mitgift, welcher darin besteht, die Kosten der Ehe für beide Seiten auszugleichen sowie den Vermögensstatus der Frau zu sichern. Im Rahmen der Eheschließung vollzog sich der Übergang der Braut von ihrer ursprünglichen/primären Familie zu ihrer sekundären Familie. Zugleich brachte die Ehefrau ihrem Ehemann einen Teil des Vermögens mit, das dazu genutzt werden konnte, die Lebenshaltungskosten (*onera matrimonii*) zu decken.

5.10.4.3 Die Mitgift als Instrument der gesellschaftlich-politischen Steuerung der Bevölkerung

Letzlich erfüllte die Mitgift im mittelalterlichen Kotor eine gesellschaftliche Funktion, indem sie als Mittel zur sozialen Differenzierung und Identifikation diente.

Die Mitgift fungierte als sozialen Indikator (nach außen hin) für die wirtschaftliche Stärke der Familie und als Zeichen gesellschaftlicher Anerkennung. Gerade hierin liegt eine der Hauptfunktionen der Mitgift im mittelalterlichen Kontext als Rechtsinstitution herausragender Bedeutung, die auch gesellschaftlich-politische Dimension für sich beanspruchen konnte.[231]

Der mittelalterliche Adel nutzte die Mitgift als rechtliches und politisches Werkzeug, um Vermögen innerhalb der Familie(n) zu sichern – eine Tendenz,

---

der Mitgift – die materielle Grundlegung der neuen Familie – evident: Mayer, 1951, NA 72; NA 91; NA 114; NA 133; NA 141; NA 142; NA 148; NA 154; NA 166; NA 172; NA 198; NA 221; NA 251; NA 300; NA 310; NA 311; NA 336; NA 389; NA 393; NA 415; NA 436; NA 478; NA 479; NA 480; NA 488; NA 492; NA 567; NA 658; NA 789; NA 805; NA 925; NA 930; NA 933; NA 946; NA 948; NA 953; NA 956; NA 988; NA 1057; NA 1070; NA 1089; NA 1243; NA 1261; NA 1309; NA 1322; Mayer, 1981, NA II 38; NA II 70; NA II 100; NA II 194; NA II 204; NA II 243; NA II 270; NA II 285; NA II 372; NA II 425; NA II 452; NA II 480; NA II 487; NA II 547; NA II 597; NA II 635; NA II 665; NA II 836; NA II 893; NA II 894; NA II 917; NA II 935; NA II 976; NA II 1002; NA II 1004; NA II 1008; NA II 1076; NA II 1311; NA II 1466; NA II 1496; NA II 1625; NA II 1668; NA II 1669; NA II 1751; NA II 1766.

[231] Die im Haupttext getroffene Aussage zur sozio-politischen Funktion der Mitgift stützt sich nicht auf eine einzelne protokollierte Formulierung, sondern auf eine quellenübergreifende Beobachtung, die aus der systematischen Analyse zahlreicher Notariatsurkunden abgeleitet wurde. In diesen Akten lässt sich anhand der Höhe der Mitgiftbeträge, der Natur der eingebrachten Vermögenswerte sowie der beteiligten Parteien relativ zuverlässig auf die gesellschaftliche Schichtzugehörigkeit der betroffenen Familien schließen.

Die ausgeprägte soziale Schichtung war ein strukturelles Merkmal aller adriatischen Kommunen des Mittelalters. Die Mitgift übernahm in diesem Kontext nicht nur eine private, sondern auch eine gesellschaftlich-symbolische Funktion: Sie diente als sichtbares Zeichen die sich auch im wichtigsten Vorbild jener Zeit, Venedig, sowie in anderen adriatischen Städten, insbesondere Dubrovnik, zeigt.[232]

Im Rahmen der Rezeption des römischen Rechts am Beispiel der Mitgift im mittelalterlichen Dalmatien, insbesondere am Beispiel von Kotor, ist es von

---

familiären Wohlstands und hatte Relevanz im Wettbewerb um gesellschaftliche Anerkennung. Besonders aufschlussreich ist die Präsenz des kotorschen Adels in den Quellen, dessen Angehörige regelmäßig hohe und reich ausgestattete Mitgiften vereinbarten, was ihren politischen und sozialen Status bestätigte.

Dabei ist allerdings Vorsicht geboten: unter den wirtschaftlich bedeutsamsten Mitgiften finden sich nicht nur aristokratische Namen, sondern auch Vertreter des aufstrebenden städtischen Handels- und Seefahrtsbürgertums. Diese wirtschaftlich erfolgreichen Familien nutzten die Mitgift ebenfalls als Instrument der sozialen Positionierung und begannen damit, den traditionellen Einfluss des Adels herauszufordern – ein Prozess, der im 17. und 18. Jahrhundert voll zur Entfaltung kommen sollte.

Gerade in dieser Zeit diente die Mitgift als Brücke, aber auch als Streitpunkt zwischen der erstarrten Aristokratie und der aufstrebenden bürgerlichen Schicht. In einer Reihe von dokumentierten Konflikten zwischen Mitgliedern des alten kotorschen Adels (dessen Zugehörigkeit seit 1361/1412 durch männliche Linie festgelegt war, ähnlich wie zuvor in Dubrovnik und Venedig) und wohlhabenden Kaufleuten und Seeleuten aus dem benachbarten Perast, einem kleinen, aber wirtschaftlich bedeutenden Ort im Distrikt von Kotor, wurde der Mitgiftmechanismus zum Mittel gesellschaftlicher Mobilität.

Durch strategische Eheschließungen und großzügig ausgestattete Mitgiften gelang es den Töchtern wohlhabender Bürger, über Ehen mit männlichen Angehörigen des kotorschen Adelsanspruchs auf aristokratische Zugehörigkeit zu erheben. Infolgedessen kam es im 17. und 18. Jahrhundert – also unmittelbar nach der Drucklegung des Statuts – zu einer Reihe von erbitterten Auseinandersetzungen, in denen der Mitgift als juristischer und symbolischer Kristallisationspunkt sozialer und politischer Spannungen fungierte. Auch darin offenbart sich die gesellschafts- und machtpolitische Dimension dieses Rechtsinstituts.

Mayer, 1951, NA 72; NA 91; NA 114; NA 133; NA 141; NA 142; NA 148; NA 154; NA 166; NA 172; NA 198; NA 221; NA 251; NA 300; NA 310; NA 311; NA 336; NA 389; NA 393; NA 415; NA 436; NA 478; NA 479; NA 480; NA 488; NA 492; NA 567; NA 658; NA 789; NA 805; NA 925; NA 930; NA 933; NA 946; NA 948; NA 953; NA 956; NA 988; NA 1057; NA 1070; NA 1089; NA 1243; NA 1261; NA 1309; NA 1322; Mayer, 1981, NA II 38; NA II 70; NA II 100; NA II 194; NA II 204; NA II 243; NA II 270; NA II 285; NA II 372; NA II 425; NA II 452; NA II 480; NA II 487; NA II 547; NA II 597; NA II 635; NA II 665; NA II 836; NA II 893; NA II 894; NA II 917; NA II 935; NA II 976; NA II 1002; NA II 1004; NA II 1008; NA II 1076; NA II 1311; NA II 1466; NA II 1496; NA II 1625; NA II 1668; NA II 1669; NA II 1751; NA II 1766.

[232] Blehova-Čelebić, 2002, 8–42; Bellavits, 2011, 23–37. Blehova-Čelebić widmet sich auf Grundlage umfangreicher Archivarbeit besonders eingehend der Mitgiftpraxis und deren politischer Bedeutung, insbesondere im Rahmen arrangierter Ehen zwischen Angehörigen des Adels aus Kotor, Dubrovnik und anderen dalmatinischen Städten wie Split und Zadar. Ihre Analyse verdeutlicht, wie die Mitgift nicht nur zur Sicherung von Familienvermögen diente, sondern auch als Mittel der politischen Vernetzung und sozialen Integration innerhalb des adriatischen Raums fungierte.

Bedeutung, dass diese römisch-rechtliche Institution neben ihrer primären Funktion (*onera matrimonii*) in der mittelalterlichen Epoche – im adriatischen und venezianisch-byzantinischen rechtskulturellen Raum – eine spezifische Bedeutung erlangte. Die Mitgift fungierte in diesem Kontext als Instrument der vermögensrechtlichen Gütertrennung, mit dem Ziel, die Vermögenswerte der Familien zu separieren.

Da Venedig einen beträchtlichen rechtlichen und politischen Einfluss auf einen Großteil der östlichen Adriaküste, zu der auch Kotor gehörte, überrascht es nicht, dass sowohl Inhalt als auch Funktion der Mitgiftbestimmungen im Statut von Kotor von diesem Kontext geprägt sind.[233] Daher findet sich ein identisches rechtliches Prinzip auch im Statut von Dubrovnik, wo festgehalten wurde, dass die Mitgift einer Frau in jedem Fall und unter allen Umständen ihr Eigentum ist:

> „*Intentionis enim nostrae est, ut semper et in omni casu dos siue parchivium mulieris sit sacrum.*“[234]

BELLAVITIS hingegen untersucht die Rolle der Mitgift speziell im venezianischen Adel. Ihr Fokus liegt auf den Heiratsstrategien zwischen patrizischen Familien Venedigs, wobei die Mitgift als zentrales Mittel zur Sicherung sozialer Stellung, familiärer Macht und wirtschaftlicher Ressourcen diente. Sie zeigt, wie durch gezielte Mitgifthöhen und Eheverbindungen politische Allianzen geschlossen und bestehende Machtverhältnisse gefestigt wurden.

Ein früher, wenn auch quellenkritisch mit Vorsicht zu behandelnder Hinweis auf die soziale und politische Rolle der Mitgift findet sich auch bei ORBINI, *Il Regno de gli Slavi* (1601), einem Werk, das in der Historiographie als umstritten gilt, für den vorliegenden Zusammenhang jedoch eine aufschlussreiche Beobachtung bietet: ORBINI behauptet, dass fünfzehn patrizische Familien Dubrovniks ursprünglich aus Kotor stammen. Diese Aussage unterstreicht indirekt die Rolle der Mitgift bei der sozialen Mobilität und der Festigung politischer Allianzen im vormodernen Dalmatien.

ORBINI selbst war entweder in Kotor geboren oder zumindest familiär über seinen Vater oder Onkel eng mit der Stadt verbunden, was seiner Darstellung zusätzliche Authentizität verleiht – auch wenn er nicht eindeutig angibt, auf wen sich die familiäre Herkunft genau bezieht. Seine Ausführungen verweisen dennoch auf ein klar erkennbares Muster: die Mitgift diente dem Adel nicht nur zur ökonomischen Absicherung, sondern auch zur gezielten Erweiterung seines politischen Einflusses über Stadtgrenzen hinweg.

[233] Bellavits, 2011, 23–37.

[234] *Stat. Rag. Liber statutorum IV, cap. 1.*

Kotor und Dubrovnik waren in vielfältiger Weise miteinander verflochten, sowohl in geografischer, kultureller, religiöser, wirtschaftlicher als auch familiärer Hinsicht. Diese gegenseitige Verbindung manifestierte sich zudem in einer signifikanten Anzahl an gemeinsamen Eheschließungen sowie der Herkunft der Dubrovniker Patrizierfamilien.[235]

5.10.5 Zwischenfazit

Die Frage des Eigentums an der Mitgift sowie ihre Funktion im mittelalterlichen Recht von Kotor lassen sich nur im Kontext des Einflusses des römischen Rechts verstehen. Die Parallelen zur römischen Rechtsentwicklung sind dabei nicht nur zufälliger Natur, sondern spiegeln eine tiefgehende Rezeption wider, die sowohl auf konzeptioneller als auch auf funktionaler Ebene sichtbar wird.

Besonders auffällig ist die starke Ähnlichkeit in der Eigentumsstruktur der Mitgift. Die Eigentumsproblematik im römischen Recht durchlief verschiedene Phasen, die stets durch die jeweiligen sozio-kulturellen Gegebenheiten bedingt waren – von der vollständigen Verfügungsmacht des Ehemanns in der Frühzeit bis zur zunehmenden Absicherung der Mitgift als weibliches Eigentum unter Justinian. Diese Entwicklungsdynamik zeigt sich auch in Kotor: Die Mitgift war formal das Eigentum der Frau, doch der Ehemann hatte weitgehende Nutzungsrechte, was einer Konstruktion entsprach, die auch im römischen Recht für lange Zeit dominierte.

Gerade diese rechtliche Fragilität der Mitgift, die sich aus den konkurrierenden Ansprüchen des Ehemanns, der Gläubiger und der Frau selbst ergab, erforderte in Kotor gesetzgeberische Eingriffe. Ähnlich wie im römischen Recht, wo die *actio rei uxoriae* und das *Senatus Consultum Velleianum* die Mitgift absichern sollten, zeigt auch das kotorische Statut Schutzmechanismen gegen betrügerische Gläubiger oder eine unrechtmäßige Veruntreuung durch den Ehemann. Die Notwendigkeit, die Mitgift als Eigentum der Frau zu verteidigen, deutet auf eine übergeordnete rechtliche Problematik hin, die in beiden Rechtssystemen präsent war.

Ein weiteres entscheidendes Moment der Rezeption ist die sozialpolitische Funktion der Mitgift. Wie im römischen Recht diente sie nicht nur der Absicherung der Frau, sondern auch der Stabilisierung aristokratischer Netzwerke. In Kotor war der Mitgiftwert häufig nach dem gesellschaftlichen Status der Familie bemessen, was eine Funktion widerspiegelt, die in Venedig, dem dominanten

[235] Sindik, 1950, 34–45.

Rechtsvorbild der Region, besonders ausgeprägt war. Die Mitgift wurde als Mittel der Familienpolitik eingesetzt – ein Konzept, das im römischen Recht bereits in der Spätrepublik und Kaiserzeit deutlich ausgeprägt war.

Eine weitere Parallele zeigt sich in der Restitution der Mitgift nach Beendigung der Ehe. Während im römischen Recht Mechanismen wie die *dos recepticia* oder die *actio rei uxoriae* existierten, um die Mitgift nach der Ehe an die Frau oder ihre Familie zurückzuführen, ist eine eine ähnliche Regelung in Kotor zu sehen: die Mitgift fiel nach dem Tod des Ehemanns primär an die Frau und ihre Kinder, andernfalls kehrte sie an die ursprünglichen Besteller zurück. Diese Parallelen deuten darauf hin, dass das mittelalterliche Kotor eine rechtliche Tradition übernahm, die auf römisch-rechtlichen Prinzipien basierte, diese aber an die eigene gesellschaftliche Realität anpasste.

Die notarielle Praxis diente als eine Art Korrektiv gegenüber der teils unklaren oder unpräzisen Terminologie der Gesetzestexte. Während das Statut von Kotor bei der Eigentumsfrage der Mitgift eine uneindeutige Formulierung verwendete (*possidere* anstelle von *habere* oder *dominium*), zeigen notarielle Akten eine klarere Strukturierung der Mitgiftrechte, die weitgehend mit dem römischen Konzept übereinstimmen.

Schließlich ist hervorzuheben, dass die Mitgift nicht nur eine ökonomische oder juristische Institution war, sondern auch eine diplomatische Funktion besaß. Sie diente in Kotor – wie zuvor im römischen Recht – als Mittel der politischen Allianzbildung zwischen mächtigen Familien. Diese Funktion wurde im mittelalterlichen Kontext sogar noch verstärkt, da Eheschließungen oft strategisch genutzt wurden, um Einfluss und Macht innerhalb der städtischen Oberschicht zu festigen.

Zusammenfassend lässt sich sagen, dass sowohl die Eigentumsstruktur als auch die Funktion der Mitgift in Kotor in starkem Maße vom römischen Recht beeinflusst wurden. Die Parallelen zeigen nicht nur eine formale Rezeption, sondern auch eine inhaltliche Übernahme der zentralen Problemstellungen, die die Mitgift über Jahrhunderte hinweg kennzeichneten – von der Frage der Eigentumssicherung über ihre soziale Funktion bis hin zur politischen Bedeutung dieser Rechtsinstitution.

6 Conclusio

6.1 Darstellung der Ergebnisse dieser Arbeit

Wie sich der Leser erinnert, wurden zu Beginn dieser Untersuchung grundlegende Fragen zur Rezeption des römischen Rechts im mittelalterlichen Kotor formuliert – Fragen, die diese Arbeit auf dem Weg über eine detaillierte Analyse der Mitgiftinstitution begleitet haben. An dieser Stelle werden nun nicht nur die Ergebnisse präsentiert, sondern auch jene übergeordneten Überlegungen, die aus den einzelnen Befunden hervorgegangen sind.

Alle Zwischenergebnisse haben dem Verfasser das notwendige Fundament geliefert, um weiterführende Reflexionen anzustellen – Reflexionen, die vielleicht, wie ein gut gezogener Kreis, eine Annäherung an die eingangs gestellten Fragen ermöglichen.

Diese Struktur erinnert an das literarische Prinzip der **Ringkomposition**, wie es beispielsweise Ovid in seinen ***Metamorphosen*** meisterhaft realisierte: Am Ende des Werkes wird auf den Anfang Bezug genommen – der Kreis schließt sich, und das Ganze erscheint in seiner Vollständigkeit.

Gleichsam soll auch hier – am Ende der Dissertation – der Bogen zurück zum Anfang geschlagen werden: die juristische und gesellschaftliche Analyse der Mitgift im Kontext Kotors brachte nicht nur konkrete rechtsgeschichtliche Erkenntnisse, sondern erlaubte es auch, die Dynamik der Rezeption differenzierter zu erfassen. Der Weg, der mit einer scheinbar einfachen Frage begann („Wie kam das römische Recht nach Kotor – und in welcher Form?"), führt nun zu einer vertieften Einsicht in die Prozesse selektiver Aneignung, funktionaler Transformation und kultureller Vermittlung von Recht.

Die vorliegende Dissertation verfolgte das Ziel, anhand der Rechtsinstitution der Mitgift im mittelalterlichen Kotor die Mechanismen, Tiefen und Grenzen der

J. Paunović, *Die Mitgift im Statut von Kotor*,
https://doi.org/10.1007/978-3-658-51655-0_6

Rezeption des römischen Rechts zu untersuchen. Der Fokus lag dabei auf einem geographisch begrenzten, aber rechtshistorisch besonders interessanten Raum: der adriatischen Stadt Kotor (*Cattaro*), deren Rechtskultur durch eine komplexe Schichtung römischer, byzantinischer und slawischer (lokaler) Elemente geprägt war.

Warum wurde die Mitgift als Untersuchungsgegenstand gewählt?

Zum einen handelt es sich dabei um eine der ältesten zivilrechtlichen Institutionen mit langer Kontinuität von der Antike bis in die frühe Neuzeit. Zum anderen ist die Mitgift nicht nur Ausdruck privatrechtlicher Regelungen im Familien- und Erbrecht, sondern spiegelt auch ökonomische, soziale und politische Verhältnisse wider – und wird damit zu einem besonders geeigneten Untersuchungsobjekt für die Frage nach rechtlicher Rezeption und Transformation.

Zugleich ist sich der Autor bewusst, dass er nicht der erste ist, der sich mit der Rezeption des römischen Rechts in Dalmatien bzw. in Kotor beschäftigt. Frühere wissenschaftliche Beiträge haben diese Fragestellung zwar deutlich angesprochen, blieben jedoch oft auf der Ebene der affirmativen Feststellung eines Rezeptionseinflusses. In der bisherigen Literatur wurde die Rezeption meist als gegebener Prozess postuliert, ohne dabei differenziert zu analysieren, wie und in welcher Tiefe dieser Prozess tatsächlich verlief. Gerade an dieser Stelle setzt die vorliegende Arbeit an – mit dem Ziel, den Begriff der Rezeption des römischen Rechts im spezifischen mittelalterlichen Kontext zu hinterfragen, zu präzisieren und gegebenenfalls zu demystifizieren.

Die zentrale methodologische Idee bestand darin, einen konkreten und zugleich reich dokumentierten Fall – die Mitgift – einer tiefgehenden rechtshistorischen und juristischen Analyse zu unterziehen. Sowohl das Statut von Kotor als auch die umfangreiche notarielle Praxis boten hierfür ein solides Quellenfundament. Die Frage lautete: handelt es sich bei der sog. Rezeption in Kotor um einen bewussten und systematischen Transfer eines fremden Rechts (im Sinne Alan WATSONS), oder vielmehr um eine selektive Aneignung einzelner Rechtslösungen, getrieben von praktischen Bedürfnissen, wirtschaftlichen Realitäten und der formalen Attraktivität der gelehrten juristischen Methodik?

War also das römische Recht für die mittelalterliche Bevölkerung Kotor ein greifbarer Rechtskörper – oder handelte es sich lediglich um die Übernahme einzelner technischer Lösungen durch Notare und Stadträte, vermittelt durch universitäre Juristen? War die Rezeption ein tiefgreifender normativer Wandel, oder eher eine pragmatische Anpassung an gesellschaftliche Veränderungen?

Diese Fragen dienten als Leitfaden für die gesamte Untersuchung – mit dem Ziel, auf Basis eines spezifischen Rechtsinstituts den Charakter, die Reichweite und die Grenzen der Rezeption des römischen Rechts in der südosteuropäischen Peripherie Europas neu zu bewerten.

6.2 Zu den Rechtsschichten: Kotor im Spiegel der Rezeption

Die Untersuchung der Rezeption des römischen Rechts in Kotor beginnt methodologisch mit der Betrachtung der frühen Romanisierung der Adriaküste und der Eingliederung Kotors spätestens während der Illyrischen Kriege. Entscheidend ist auch die erneute Einführung des *Corpus Iuris Civilis* im Jahr 554 sowie die mindestens sieben Jahrhunderte währende Einwirkung byzantinischer Rechtstraditionen auf die Stadt.

In der mittelalterlichen Periode durchlief Kotor mehrere politische und rechtliche Phasen: die serbische Herrschaft, die als indirekter Rezipient durch die Vermittlung des mittelalterlichen serbischen Rechts, das stark vom römisch-byzantinischen Recht beeinflusst war, zu verstehen ist; eine kurzzeitige eigenständige Phase von etwa dreißig Jahren; sowie eine langjährige Integration in den lateinisch-venezianischen Rechtsraum über fast vier Jahrhunderte.

Die Frage des Kontinuitäts- oder Diskontinuitätsprinzips der römischen Rechtsidee bleibt dabei offen. Die vorhandenen Quellen erlauben es aufgrund ihrer Fragmentarität, besonders im Früh- und Hochmittelalter, nicht, diese Frage abschließend zu beantworten.

Ein weiteres bemerkenswertes Phänomen ist die Rechtsterminologie, insbesondere der Begriff *perchivium/parchivium* als ein Erbe der romanisch-byzantinischen Rechtstradition. Diese Terminologie offenbart den Einfluss des Byzantinischen Reiches als Medium der Rechtsübertragung, wobei Latein als dominante Sprache für Recht, Wissenschaft und Kommunikation neben dem Griechischen existierte. Letzteres wirkt als „verborgene“ Schicht, die die Tiefe und Dauer des byzantinischen Einflusses belegt.

Die Terminologie ist nicht nur im Statut von Kotor dokumentiert, sondern wurde auch hartnäckig in den notariellen Akten bewahrt, sodass das kotorsche Volk den Begriff *perchivium/parchivium* über Jahrhunderte hinweg im Alltag nutzte, lange nach dem Ende der byzantinischen Herrschaft. Die quantitative Analyse der notariellen Urkunden zeigt, dass der Begriff *perchivium/parchivium* häufiger erscheint als die lateinischen Entsprechungen wie *dota/dos*. Dies lässt Rückschlüsse auf Resilienz, Akzeptanz oder Ablehnung bestimmter Rechtstraditionen sowie auf die Vielschichtigkeit des rechtlichen Pluralismus zu.

6.3 Zur Rezeption zwischen Norm und Praxis: juristische und soziale Evidenzen

Die Analyse der Rechtsinstitution der Mitgift in Kotor führt zu einer differenzierten Bewertung des Rezeptionsergebnisses. Grundlegend zeigt sich, dass der Prozess der Rezeption des römischen Rechts hier nicht als eine einfache oder vollständige Übernahme eines fremden Rechtskorpus verstanden werden kann, sondern vielmehr als ein vielschichtiges und prozesshaftes Phänomen.

Erstens, auf der *formalen Ebene* ist eindeutig nachweisbar, dass römisch-rechtliche Normen und Terminologien Eingang in das mittelalterliche Rechtssystem von Kotor fanden. Die Anwendung des *Corpus Iuris Civilis* über die *Pragmatische Sanktion* und die notarielle Praxis belegen den Einfluss des *ius commune* als normative Grundlage. Die Verwendung lateinischer und griechischer Begriffe, etwa der Terminus *perchivium/parchivium* für Mitgift, verdeutlicht die duale Rechtstradition und weist auf eine gewisse Rechtskultur hin, die das römische Recht als formales Muster übernahm.

Zweitens, auf der *materiellen Ebene* zeigt sich jedoch, dass die tatsächliche rechtliche Praxis und Wirkung der Mitgift stark von lokalen Gewohnheiten, sozialen Gepflogenheiten und ökonomischen Realitäten geprägt war. Die formale Einbindung des römischen Rechts durch Notare und schriftliche Dokumentation wurde oft durch pragmatische Anpassungen an die bestehende Rechtswirklichkeit modifiziert. Es handelt sich also nicht um eine starre Übernahme, sondern um eine flexible und selektive Integration, die römisch-rechtliche Prinzipien mit autochthonen Rechtsvorstellungen verknüpfte.

Drittens, auf der *gesellschaftlichen Ebene* ist festzustellen, dass die Mitgiftinstitution von verschiedenen sozialen Schichten genutzt wurde, jedoch mit unterschiedlichen Funktionen und Bedeutungen. Während die wohlhabenderen Familien den Mitgiftvertrag als notarielle Vermögensabsicherung nutzten, hatte die Mitgift für ärmere Schichten oft eher eine soziale oder symbolische Bedeutung. Dies unterstreicht die Vielfalt der Rezeptionserfahrung und zeigt, dass das römische Recht nicht in einem homogenisierten, sondern in einem pluralen gesellschaftlichen Umfeld wirkte.

Viertens, die Rolle der Notare und gelehrten Juristen ist als Vermittler des *ius commune* von zentraler Bedeutung. Sie sorgten für die praktische Umsetzung und Adaptation des römischen Rechts, ohne dabei jedoch eine vollständige materielle Übernahme herbeizuführen. Diese Vermittlungsinstanz bewirkte eine doppelte Rezeption: einerseits die Übernahme formaler und methodischer Strukturen, andererseits eine selektive Anpassung an lokale Bedürfnisse.

Zusammenfassend lässt sich festhalten, dass die Rezeption in Kotor eine „doppelte Rezeption" war: eine formale, schriftliche Dimension, die sich stark an römisch-rechtlichen Mustern orientierte, und eine materielle, pragmatische Dimension, die von lokalen Gegebenheiten geprägt wurde. Diese „doppelte Rezeption" manifestiert sich in einer hybriden Rechtsrealität, in der byzantinische, römische und lokale Einflüsse koexistieren – ein Musterbeispiel für kulturell kontextualisierte Rechtsentwicklung. Dieser Befund widerspricht einer simplifizierenden Auffassung von Rezeption als vollständiger und unmittelbarer Rechtsübernahme und verweist stattdessen auf ein dynamisches Wechselspiel zwischen Fremdem und Eigenem.

6.4 Zur neuen Lesart der Rezeption in Kotor: Mitgift als soziales Instrument

Die vorliegende Arbeit trägt maßgeblich dazu bei, die oftmals unreflektierte oder verkürzte Sichtweise auf die Rezeption des römischen Rechts im mittelalterlichen Kotor zu hinterfragen und zu präzisieren.

Erstens stellt die Dissertation klar, dass der Rezeption nicht als ein monolithischer oder linearer Prozess verstanden werden kann. Vielmehr zeigt sich eine *doppelte Rezeption*: Einerseits die Übernahme römisch-rechtlicher Formalien, Terminologien und Notariatspraktiken, die als strukturierende Elemente dienten, andererseits die selektive und pragmatische Anpassung dieser Elemente an die lokalen Rechts- und Sozialverhältnisse. Dieses Zusammenspiel bildet den Kern der eigenen Doktrin des Autors.

Zweitens unterscheidet sich die Analyse von bisherigen Arbeiten dadurch, dass der Fokus gezielt auf eine einzelne Rechtsinstitution – die Mitgift – gelegt wird, die im mittelalterlichen Kotor und der weiteren Adria-Region eine zentrale Rolle spielte. Die Mitgift dient hier als „Fallbeispiel" und ermöglicht eine präzise Betrachtung der Rezeption auf mehreren Ebenen: dogmatisch, terminologisch, sozial und institutionell.

Im Gegensatz zu Autoren, die die Rezeption häufig als eine eher abstrakte Übernahme eines Rechtskorpus verstanden, argumentiert der Autor, dass in Kotor ein komplexer, vielschichtiger Prozess stattfand, in dem die lokalen Bedürfnisse, Gewohnheiten und Machtverhältnisse eine entscheidende Rolle spielten. Die zentrale These lautet: die Mitgift war mehr als ein juristisches Phänomen – sie war ein Vehikel gesellschaftlicher Mobilität.

Während die städtische Elite das Institut der Mitgift zur Absicherung ihrer Position nutze, ermöglichte sie gleichzeitig aufstrebenden Familien sozioökonomischen Aufstieg. Der innovative Beitrag dieser Arbeit liegt in der erstmaligen systematischen Verknüpfung von Statut, notarieller Praxis und sozialer Dynamik – eine materialisierte Perspektive auf Rezeption. Rezeption wird hier nicht als Ausdruck kultureller Ehrfurcht gegenüber Rom verstanden, sondern als funktionale Aneignung – motiviert durch juristische Praktikabilität.

Drittens ist ein zentrales Ergebnis, dass die Rezeption des römischen Rechts nicht direkt „aus Rom" erfolgte, sondern hauptsächlich durch die Vermittlung gelehrter Juristen und Notare, die auf den italienischen Universitäten (Padua, Bologna u. a.) studierten. Diese Juristen adaptierten und transformierten das römische Recht in der Praxis – ein dynamischer Prozess der „modernen Rezeption", der die formale Übernahme und die praktische Anwendung miteinander verband.

Viertens betont der Autor die soziologische Dimension der Mitgift: sie war keine rein juristische Konstruktion, sondern ein soziales Phänomen, das unterschiedliche gesellschaftliche Gruppen auf verschiedene Weise nutzten. Dies unterstreicht, dass die Rezeption des römischen Rechts eine gesellschaftlich geprägte Praxis war und keine rein juristische Abstraktion.

Schließlich plädiert der Autor für eine differenzierte Betrachtung der Rezeption, die zwischen einer *formalen* und einer *materiellen* Ebene unterscheidet:

1. **Die *formale Ebene*** umfasst die schriftliche Fixierung, die Terminologie, notarielle Praxis und die Anlehnung an römisch-byzantinische Rechtsquellen.
2. **Die *materielle Ebene*** hingegen spiegelt die tatsächliche Rechtswirklichkeit wider, die sich oft als hybride Mischung aus fremden Einflüssen und lokalen Traditionen manifestierte.

Diese Erkenntnisse sind nicht nur für das Verständnis der Rechtsgeschichte Kotors, sondern auch für die Untersuchung der Rechtsrezeption im mittelalterlichen Südosteuropa insgesamt von Bedeutung. Die Arbeit zeigt, dass Rezeption als dynamischer und komplexer Prozess verstanden werden muss, der über das einfache Übernehmen von Normen hinausgeht.

6.5 Schlussbetrachtung

Zum Abschluss der Arbeit äußert der Autor eine grundsätzliche Skepsis gegenüber positivistischen Konzepten, die Rezeption des römischen Rechts als einen einfachen, linearen und unproblematischen Vorgang betrachten. Die vorliegenden

Untersuchungen verdeutlichen, dass die „Rezeption“ vielmehr ein vielschichtiger, ambivalenter und dynamischer Prozess ist.

Die oftmals in der Literatur vertretene Position, die Rezeption als „natürliche“ oder „automatische“ Übernahme römischen Rechts in den mittelalterlichen Rechtsordnungen zu sehen, wird durch die Befunde kritisch hinterfragt. Stattdessen plädiert der Autor für eine historische und soziologische Verortung des Phänomens, die sowohl die Rolle der Akteure (Notare, Juristen, städtische Eliten) als auch die Einflusssphären der politischen und gesellschaftlichen Rahmenbedingungen in den Blick nimmt.

Diese Skepsis erweitert den Blick auf das Verständnis von Rechtsrezeption und kann Impulse für die künftige Forschung auf dem Gebiet der mittelalterlichen Rechtsgeschichte, der Rechtssoziologie und der vergleichenden Rechtswissenschaft geben.

Die Institution der Mitgift zeigt, wie flexibel mittelalterliche Gesellschaften fremdes Recht integrierten – nicht mechanisch, sondern selektiv, pragmatisch und sozial eingebettet. Das Beispiel Kotor belegt, dass Rezeption ein Aushandlungsprozess war, bei dem gelehrtes Recht, lokale Bedürfnisse und soziale Strukturen ineinandergriffen. Zukünftige Forschung sollte daher stärker auf die alltägliche Praxis – insbesondere die Notariatspraxis – sowie auf sozioökonomische Rahmenbedingungen achten. Diese Arbeit versteht das römische Recht nicht nur als Normenkatalog, sondern als kulturelle Ressource, die im lokalen Kontext transformiert wurde.

Editionen und Quellenverzeichnis

Editionen der juristischen Quellen

Statut von Kotor

Handschriften

Biblioteca Nazionale Marciana, Venezia, Cl. Lat. V. 32, col. 2636 (=Cod. 215, a. 210, I. 153), *Statuta Civitatis Cathari,* Chart., saec. XV, Cataloghi di codici latini. Catalogo manoscritto.
Museum and Collection Valtazar Bogišić at Cavtat, *O Kotorskom statutu* (Manuskript), BA IV/25, XV/14.
Archiv der HAZU in Zagreb, Sammlung kroatisch-lateinischer Handschriften und Kodizes:
– d 83, *Memorie sulle Bocche di Cattaro Miscellanea* (Fasz. I–XVIII).
– II. b 21, *Catharensium Miscellaneorum Liber continens: Informationes varias Procuratorum generalium Dalmatiae et Albaniae nec non copias, regesta et excerpta antiquissimorum privilegiorum, statutorum, protocollorum etc. communitatis Cathari et ecclesiarum atque monasteriorum Catharensis civitatis ab anno 809 usque ad a. 1715.*
– VIII–131, *Statuta et leges civitatis Cathari.*
Sammlung seltener Werke:
– R 4074, *Statutum civitatis Cathari.*
– RIIF-8°-556 a, b *Statuta civitatis Cathari*, Petris' Sammelbuch.

J. Paunović, *Die Mitgift im Statut von Kotor*,
https://doi.org/10.1007/978-3-658-51655-0

Gedruckte Editionen

1616: *Statuta Civitatis Cathari, apud Rubertum Meiettum,* Venedig.
1715: *Statuta Civitatis Cathari,* Venedig.
2009: DrŽavni arhiv Crne Gore (= Staatsarchiv Montenegro), Antović Jelena (Hrsg.), *Statuta Civitatis Cathari* – Statut grada Kotora, Knjiga I, fototipsko izdanje originala iz 1616. godine, Kotor.
2009: DrŽavni arhiv Crne Gore (= Staatsarchiv Montenegro), Antović Jelena (Hrsg.), *Statuta Civitatis Cathari* – Statut grada Kotora, Knjiga II, prevod originala iz 1616. godine sa naučnim aparatom, Kotor.

Notariatsakten

Mayer, A. (1951), *Monumenta Catarensia I*, Zagreb.
Mayer, A. (1981), *Monumenta Catarensia II*, Zagreb – Podgorica.

Corpus Iuris Civilis

Otto, C. – Schilling, B. – Sintenis, C.F.F (1830), *Das Corpus Juris Civilis ins Deutsche übersetzt von einem Vereine Rechtsgelehrter I*, Leipzig.
Krüger, P. – Mommsen, Th. (1868), *Corpus Iuris Civilis: Digesten*, Berlin.
Krüger, P. – Mommsen, Th. (1922), *Corpus Iuris Civilis*, Berlin.
Behrends, O. – Knütel, R. – Kupisch, B. (1995), *Corpus Iuris Civilis. Text und Übersetzung II: Digesten* 1–10, Heidelberg.
Behrends, O. – Knütel, R. – Kupisch, B. – Seiler, H.H (1999), *Corpus Iuris Civilis. Text und Übersetzung III: Digesten* 11–20, Heidelberg.
Knütel, R. – Kupisch, B. – Seiler, H.H- Behrends, O. (2005), *Corpus Iuris Civilis. Text und Übersetzung IV: Digesten* 21–27.

Gaius Institutiones

Seckel, E. – Kübler, B. (1935), *Gaius: Institutiones*, Leipzig.
Manthe, U. (2010), *Gaius Institutiones. Die Institutionen des Gaius, 2. Auflage,* Darmstadt.

Literaturverzeichnis

ALAČEVIĆ, G. (1879–1883), „Statuti di Spalato", in: *Bullettino di Archeologia e Storia Dalmata* (Spalato), Bd. 2 (1879), S. 1–96; Bd. 3 (1880), S. 97–192; Bd. 4 (1881), S. 201–216, 225–332, 241–288; Bd. 5 (1882), S. 289–296, 305–416; Bd. 6 (1883), S. 417–435, Split.

ALAČEVIĆ, G. (1881–1882), „La vita giuridica nel Comune di Spalato", in: *Bullettino di Archeologia e Storia Dalmata,* Bd. 4 (1881), S. 31–32, 45–48, 62–64, 76–80, 94–96, 109–112, 126–128, 141–144, 158–160, 174–176, 189–191; Bd. 5 (1882), S. 14–16, 30–32, Split.

ALAČEVIĆ, G. (1887), „Statuti di Spalato: prefazione e repertorio generale", in: *Bullettino di Archeologia e Storia Dalmata,* Bd. 10, Split.

ALAČEVIĆ, G. (1902–1903), *Il Libro d'oro della antica comune di Spalato,* Zadar.

ALONSO, J.L. (2013), „The Status of peregrine law in Roman Egypt: 'Customary law' and legal pluralism in the Roman Empire", in: *Journal of Juristic Papyrology,* Bd. 43, S. 351–405, Warschau.

ANČIĆ, M. – SHEPARD, J. – VEDRIŠ, T. (2018), *Imperial Sprheres and the Adriatic: Byzantium, the Carolingians and the Treaty of Aachen (812),* London und New York.

AMORETTI, M.P (1788), *De iure dotium apud Romanos liber singularis,* Mailand, 1788.

ATKINS, A. – HOGGET, B. (1984), *Women and the Law,* London.

BABUSIAUX, U. – BALDUS, C. – ERNST, W. – MEISSEL, F.S. – PLATSCHEK, J. – RÜFNER, T. (2022), *Handbuch des römischen Privatrechts,* Bd. 1+2, Tübingen.

BAKOTIĆ, L. (s. a.), „Bibliografija djela Dra Valtazara Bogišića", in: *Spomenica Dra Valtazara Bogišića, o tridesetogodišnjici njegove smrti,* S. 21–32, Dubrovnik.

BARADA, M. (1949), „Dalmatia superior", in: *Rad Jugoslavenska akademija znanosti i umjetnosti,* Bd. 270, S. 93–113, Zagreb.

BECHMANN, A. (1863–1867), *Das römische Dotalrecht,* Erlangen.

BELLAVITS, A. (2018), *Women's Work and Rights in Early Modern Urban Europe,* Basel.

BELLAVITS, A. (2011), „Die Mitgift in Venedig zwischen Mittelalter und Früher Neuzeit", in: *L' homme : Zeitschrift für feministische Geschichtswissenschaft,* Bd. 1, S. 23–37, Wien.

BENEŠEVIĆ, V. (1926), „Die byzantinischen Ranglisten nach dem Kleterologion Philothei und nach den Jerusalemer Handschriften", in: *Byzantinisch-neugriechische Jahrbücher,* Bd. 5, Athen.

J. Paunović, *Die Mitgift im Statut von Kotor,*
https://doi.org/10.1007/978-3-658-51655-0

Berger, A. (1909), „Über die Quellen des römischen Privatrechts und das Wesen der römischen Rechtsquellen," in: *Anzeiger der Akademie der Wissenschaften*, S. 75–97, Krakau.

Blehova-Čelebić, L. (2002), *Žene srednjovjekovnog Kotora*, Podgorica.

Blehova-Čelebić, L. (2006), *Hrišćanstvo u Boki 1200 – 1500*, Podgorica.

Bogišić, V. (1868), „Glavnije crte obiteljskoga pisanoga prava u starom Dubrovniku", in: *Rad*, Bd. 5, S. 123–149, Zagreb.

Bogišić, V. (1872), *Pisani zakoni na slovenskom jugu. Bibliografski nacrt. I. Zakoni izdani najvišom zakonodavnom vlašću u samostalnim drŽavam*, Zagreb.

Bogišić, V. (1877), „Stanak po dubrovačkome zakoniku od 1272. godine", in: *Glasnik srpskog učenog društva*, Bd. 44, S. 197–231, Belgrad.

Bogišić, V. (1894), *Le Statut de Raguse. Codification inédite du XIIIe siècle*, Paris.

Bogišić, V. (1927), *Pravni članci i rasprave*, Belgrad.

Bogišić, B., Jireček, K. (1904), *Liber statutorum civitatis Ragusii compositus anno 1272*, Zagreb.

Bogišić, V. (1872), *Pisani zakoni na slovenskom jugu*, Zagreb.

Bogišić, V. – Jireček, K. (1904), *Liber statutorum civitatis Ragusii*, Zagreb.

Bogojević-Gluščević, N. (1998), „Statutarni propisi i pravna praksa u Kotoru u XIV vijeku", in: *Anali Pravnog fakulteta u Beogradu*, Bd. 46, S. 429–440, Belgrad.

Bogojević-Gluščević, N. (1977), „Zakonsko nasljedjivanje po kotorskom statutu", in: *Zbornik Pravnog fakulteta u Titogradu*, Bd. 1, S. 137–142, Podgorica.

Bogojević-Gluščević, N. (1981), „Podaci o obligacionom pravu u kotorskim izvorima XIV vijeka", in: *Zbornik Pravnog fakulteta u Titogradu*, Bd. 6–7, S. 95–102, Podgorica.

Bogojević-Gluščević, N. (1982), „Forma zaključenja ugovora o kupoprodaji u kotorskom pravu u XIV. vijeku", in: *Zbornik Pravnog fakulteta u Rijeci*, Bd. 3, S. 149–157, Podgorica.

Bogojević-Gluščević, N. (1989), „Ugovor o kupovini i prodaji pokretnih stvari u gradskom pravu Kotora u XIV vijeku", in: *Istorijski zapisi*, Bd. 62, S. 75–91, Podgorica.

Bogojević-Gluščević, N. (1991), „Zakup zemljišta u kotorskom distriktu u XIV vijeku", in: *Istorijski zapisi*, Bd. 44, S. 95–108, Podgorica.

Bogojević-Gluščević, N. (1992), *Iz pravne prošlosti Kotora*, Podgorica.

Bogojević-Gluščević, N. (1992), *Svojinski odnosi u Kotoru u XIV vijeku*, Nikšić.

Bogojević-Gluščević, N. (1992), *Ugovor o kupoprodaji u Kotoru u XIV vijeku*, Podgorica.

Bogojević-Gluščević, N. (1995), „Oblici svojine u srednjevjekovnim italijanskim i našim primorskim gradovima", in: *Istorijski zapisi*, Bd. 68, S. 1–27, Podgorica.

Bogojević-Gluščević, N. (1996), „Lektum u srednjovjekovnom kotorskom pravu", in: *Pravni zbornik*, Bd. 41, S. 283–296, Podgorica.

Bogojević-Gluščević, N. (1997), „Exeredacija u srednjovjekovnom kotorskom pravu", in: *Istorijski zapisi*, Bd. 70, S. 41–67, Podgorica.

Bogojević-Gluščević, N. (1998), „Negotium i instrumentum u gradovima na jadranskoj obali u XIV vijeku", in: *Istorijski zapisi*, Bd. 71, S. 115–126, Podgorica.

Bogojević-Gluščević, N. (1999), *Iz pravnog Života srednjovjekovnih primorskih gradova*, Podgorica.

Bogojević-Gluščević, N. (2001), „Statutarna pravila o pomorskoj havariji u srednjovjekovnim istočnojadranskim gradovima", in: *Pravni zbornik* (Podgorica), Bd. 1–2, S. 95–102, Podgorica.

Bogojević-Gluščević, N. (2004), „Krivično pravo u srednjovjekovnom kotorskom statutu", in: *Revija za kriminologiju i krivično pravo,* Bd. 42, S. 33–70, Belgrad.

Bogojević-Gluščević, N. (2005), *Pravni članci i građa iz crnogorske istorije,* Podgorica.

Bogojević-Gluščević, N. (2006), „Notari i pravna praksa u istočnojadranskim medievalnim komunama", in: *Zbornik Pravnog Fakulteta u Podgorici,* Bd. 35, S. 65–79, Podgorica.

Bogojević-Gluščević, N. (2007), „Porijeklo i ustanovljenje notarske sluŽbe u srednjovjekovnim istočnojadranskim gradovima", in: *Boka,* Bd. 27, S. 7–15, Herceg Novi.

Bonfante, P. (1925), *Corso di diritto romano, Diritto di familia,* Bd. 1, Rome.

BoŽić, I. (1970), *Istorija Crne Gore,* Bd. II, Podgorica.

Brajković, V. (1933), *Étude historique sur le droit maritime privé du littoral yougoslave,* Marseille.

Brunelli, V. (1879), „Gli Statuti di Spalato", in: *La Palestra,* Bd. 2, S. 1–3, Split.

Brunelli, V. (1905–1906), „Gli "Statuta Iadertina", in: *Programma dell I. R. Ginnasio Superiore di Zara,* S. 3–35, Zadar.

Brunnbauer, U. – Buchenau, K. (2023), *Geschichte Südosteuropas,* Leipzig.

Bubalo, Đ. (2008), „Nicolaus Notarius Parserini, Prilog poznavanju ustanove nomika u srednjovekovnoj Srbiji", in: *Zbornik radova Vizantološkog instituta,* Bd. 45, S. 231–241, Belgrad.

Budak, N. (2018), *Hrvatska povijest od 550. do 1100. Povijest hrvatskih zemalja u srednjem vijeku,* Zagreb.

Bujuklić, Ž. (1982), „Odredbe o porodici i nasleđivanju u srednjovjekovnom budvanskom pravu", in: *Zbornik Pravnog fakulteta u Rijeci,* Bd. 3, S. 159–179, Rijeka.

Bujuklić, Ž. (1988), *Pravno uređenje srednjovjekovne budvanske komune,* Budva – Nikšić.

Bury, J. B. (1911), *The Imperial Administrative System in the Ninth Century,* London.

Bury, J. B. (1912), *History of the Eastern Roman Empire from the Fall of Irene to the Accession of Basile (802–867),* London.

Bury, J. B. (1923), *A History of the Later Roman Epire from the Death of Theodosius I. to the Death of Justinian,* London.

Butorac, P. (1999), *Kotor za samovlade (1355–1420),* Perast.

Calic, M.J (2015), *Südosteuropa: Weltgeschichte einer Region,* München.

Clewing, K. – Grandits, H. (2024), *Handbuch zur Geschichte Südosteuropas. Bd. 3: Staatlichkeit und Politik in Südosteuropa nach 1800,* Berlin-Boston.

Corbett, P.E (1930), *The Roman Law of Marriage,* Oxford.

Cvitanić, A. (1966), „Trogiranin Ivan Lučić kao pravni historičar", in: *Zbornik Pravnog fakulteta u Splitu,* Bd. 4, S. 7–14, Split.

Cvitanić, A. (1968), „Srednjovjekovni statut bračke komune iz godine 1305", in: *Bračk zbornik,* Bd. 7, Brač.

Cvitanić, A. (1969), „Lučićev doprinos poznavanju trogirskog prava u njegovom Memorie istoriche di Tragurio", in: *Zbornik Historijskog instituta JAZU,* Bd. 6, S. 33–44, Zagreb.

Cvitanić, A. (1978), „Krivično pravo srednjovjekovnog Splita", in: *Kulturna baština,* Bd. 8, S. 33–41, Split.

CVITANIĆ, A. (1979), „Naše srednjovjekovno pomorsko pravo“, in: *Zbornik Pravnog fakulteta u Splitu,* Bd. 16, S. 207–229, Split.
CVITANIĆ, A. (1996), „Lastovski statut i njegova pravno-povijesna i civilizacijska vrijednost“, in: *Zbornik Pravnog fakulteta u Splitu,* Bd. 33, S. 317–329, Split.
CVITANIĆ, A. (1996), „Marulićeva oporuka u svjetlu nasljednopravnih odredaba Splitskog statuta“, in: *Zbornik Pravnog fakulteta u Splitu,* Bd. 33, S. 265–278, Split.
CVITANIĆ, A. (1963), „Slavenski pravni elementi u statutarnom uređenju Poljica, Brača i Splita“, in: *Zbornik Pravnog fakulteta u Splitu,* Bd. 1, S. 35–58, Split.
CVITANIĆ, A. (1964), „Neki elementi pravnog poloŽaja Žene u srednjovjekovnom Trogiru“, in: *Zbornik Pravnog fakulteta u Splitu,* Bd. 2, S. 67–80, Split.
CVITANIĆ, A. (1964), *Pravno uređenje splitske komune po statutu iz 1312. Godine (Srednjovjekovno pravo Splita),* Split.
CVITANIĆ, A. (1965), „Represalije u dalmatinskom statutarnom pravu“, in: *Zbornik Pravnog fakulteta u Splitu,* Bd. 3, S. 137–144, Split.
CVITANIĆ, A. (1966), „Agrarnopravni odnosi na otoku Braču u srednjem vijeku“, in: *Zbornik radova iz pravne istorije posvećen Albertu Vajsu,* S. 131–142, Belgrad.
CVITANIĆ, A. (1967), „Proemiji statuta naših primorskih komuna – specifičan koncentriran izraz srednjovjekovnog shvaćanja političke vlasti i prava“, in: *Zbornik Pravnog fakulteta u Zagrebu,* Bd. 26, S. 279–283, Zagreb.
CVITANIĆ, A. (1969), „Prilog proučavanju srednjovjekovnog uređenja Omiša. Fragmenti Omiškog statuta“, in: *Izdanje Historijskog arhiva u Splitu,* Bd. 7, S. 127–141, Split.
CVITANIĆ, A. (1974), „Pomorsko pravo u srednjovjekovnom Hvarskom statutu“, in: *Hvarski* zbornik, Bd. 2, S. 103–118, Hvar.
CVITANIĆ, A. (1975), „Doprinos pravnika iz talijanske regije Marche oblikovanju splitskog statutarnog prava“, in: *Godišnjak Pravnog fakulteta u Splitu,* Bd. 23, S. 11–28, Split.
CVITANIĆ, A. (1975), „Pomorsko pravo srednjovjekovnog Trogira“, in: *Zbornik Pravnog fakulteta u Zagrebu,* Bd. 25, S. 211–224, Zagreb.
CVITANIĆ, A. (1976), „Prilog pitanju o klasnom karakteru srednjovjekovnog društva dalmatinskih komuna“, in: *Zbornik Pravnog fakulteta u Splitu,* Bd. 13, S. 11–19, Split.
CVITANIĆ, A. (1977), „Diskriminacija pučana u Hvarskom statutu“, in: *Radovi Instituta za hrvatsku povijest Filozofskoga fakulteta Sveučilišta u Zagrebu,* Bd. 10, S. 79–91, Zagreb.
CVITANIĆ, A. (1978), „Il contributo dei giuristi marchigiani alla formazione delle leggi statutarie di Split (Spalato)“, in: *Atti e memorie – Deputazione di storia patria per le Marche,* Bd. 82, S. 11–33, Ancona.
CVITANIĆ, A. (1978), „Srednjovjekovno uređenje Trogira (Komentar IX knjige)“, in: Pavao Andreis (Hrsg.), *Povijest grada Trogira,* Bd. 2, S. 129–154, Split.
CVITANIĆ, A. (1980), „Prilog proučavanju specifičnosti dalmatinskog statutarnog prava“, in: *Fiskovićev zbornik,* Bd. 2, S. 41–53, Split.
CVITANIĆ, A. (1983–1984), „Prilog proučavanju problematike organizacije i funkcioniranja vlasti stare hrvatske drŽave“, in: *Zbornik Pravnog fakulteta u Splitu,* Bd. 20–21, S. 39–56, Split.
CVITANIĆ, A. (1985), *Statut grada Splita – Statuta civitatis Spalati. Splitsko srednjovjekovno pravo – Ius spalatense mediiaevi,* Split.
CVITANIĆ, A. (1986), „Pravni poloŽaj stranaca u srednjovjekovnoj korčulanskoj komuni“, in: *Zbornik Pravnog fakulteta u Zagrebu,* Bd. 36, S. 591–605, Zagreb.

CVITANIĆ, A. (1987), „Odredbe splitskog statuta o zaštiti arhivske građe i neka razmišljanja o vaŽnosti arhivskog istraŽivanja za pravnopovijesnu znanost", in: *Anali Pravnog fakulteta u Beogradu*, Bd. 35, S. 118–128, Belgrad.

CVITANIĆ, A. (1987), „Zdravstvo u Trogiru po njegovom srednjovjekovnom statutu", in: *Acta historiae, medicinae, stomatologiae, pharmaciae, medicinae et* veterinae, Bd. 27, S. 23–30, Belgrad.

CVITANIĆ, A. (1988), *Bračko srednjovjekovno pravo*, Brač.

CVITANIĆ, A. (1990), „Zaštita arhivske građe po srednjovjekovnom splitskom statutu i par napomena o vaŽnosti arhivskog istraŽivanja za pravnopovijesnu znanost", in: *Građa i prilozi za povijest Dalmacije*, Bd. 11, S. 181–189, Split.

CVITANIĆ, A. (1991), „Omiško statutarno uređenje", in: *Mosorska vila*, Bd. 1, S. 145–149, Bd. 2, S. 124–128, 159–165, Omiš.

CVITANIĆ, A. (1992), „Usporedba Vinodolskog zakona i dalmatinskih statuta", in: *Zbornik Pravnog fakulteta u Splitu*, Bd. 29, S. 21–33, Split.

CVITANIĆ, A. (1994), „Srednjovjekovni statut grada Splita i zapadnoeuropska pravna kultura", in: *Kulturna baština*, Bd. 24–25, S. 117–138, Split.

CVITANIĆ, A. (1994), „Sredovječni dalmatinski statuti i Europa", in: *Hrvatska obzorja*, Bd. 1, S. 87–94, Split.

CVITANIĆ, A. (1997), „Zlatna knjiga grada Splita kao vrelo splitskoga statutarnog prava", in: *Kulturna baština*, Bd. 28–29, S. 133–146, Split.

CVITANIĆ, A. (1999), „Statut grada Splita i naše vrijeme", in: *Dijalog*, Bd. 1, S. 53–58, Split.

CVITANIĆ, A. (1999), „Susreti pravnih kultura u Korčulanskom statutu i njegova povijesna vrijednost", in: *Korčula*, S. 23–45, Korčula.

CVITANIĆ, A. (2002), *Iz dalmatinske pravne povijesti*, Split.

CVITANIĆ, A. (2002), *Statut grada i otoka Korčule – Statuta et leges civitatis et insulae Curzulae, Korčula*, Korčula.

CZYHLARZ, K. (1870), *Das römische Dotalrecht*, Gießen.

ČREMOŠNIK, G. (1927), „Dubrovačka kancelarija do god. 1300. i nastarije knjige Dubrovačke arkive", in: *Glasnik Zemaljskog muzeja*, Bd. 2, S. 231–254.

ĆORIĆ, N. (1915), *Grad Kotor do godine 1420. s osobitim obzirom na bosansku prevlast (1385–1420)*, Stara Gradiška.

DANILOVIĆ, J. (1961), „O najmanjim odnosima u Dubrovniku u XIII i XIV veku", in: *Anali Pravnog fakulteta u Beogradu*, Bd. 4, S. 724–734, Belgrad.

DANILOVIĆ, J. (1968), „O pravnoj prirodi i razvoju ustanove „aptagi" dubrovačkog prava", in: *Istorijski časopis*, Bd. 12–13, S. 30–90, Belgrad.

DANILOVIĆ, J. (1968), *Popularne tuŽbe od rimskog do savremenih prava*, Belgrad.

DANILOVIĆ, J. (1970), „Sur le contrat de cambium et de la lettre de change a Raguse au XIV sicle", in: *Annales de le Faculte de droit et des sciences economiques de Toulouse*, Toulouse, Bd. 18, S. 383–393, Toulouse.

DANILOVIĆ, J. (1972), „Represija u dubrovačkom pravu XII i XIII veka", in: *Zbornik radova Pravnog fakulteta u Novom Sadu*, Bd. 6, S. 275–295, Novi Sad.

DANILOVIĆ, J. (1975), „Dubrovački statut i „consuetudo", in: *Anali Pravnog fakutleta u Beogradu*, Bd. 1–2, S. 3–13, Belgrad.

DANILOVIĆ, J. (1999), „Miraz u običajnom pravu Paštrovića", in: *Istorijski institut Crne Gore*, S. 351–369, Podgorica.

DŽINO, D. – MILOŠEVIĆ, A. – VEDRIŠ, T. (2018), *Imigration, Integraion and Connectivity on the Southeastern Frontier of the Carolingian Empire*, Leiden und Boston.

DŽINO, D. (2008), „Becoming Slav, Becoming Croat. New approaches in research of identities in post-Roman Illyricum", in: *Hortus Artium Medievalium* Bd. 14, S. 195–206.

DŽINO, D. (2021), *From Justinian to Branimir. Making of the Middle Ages in Dalmatia*, London und New York, 2021.

DŽINO, D. (2023), *Early medieval Hum and Bosnia ca. 450–1200. Beyond myths,* London und New York.

FAYER, C. (2005), *La Familia romana: Aspetti giuridici ed antiquari. Parte III. Concubinato. Divorzio. Adulterio,* Verona.

FEJIĆ, N. (1980), „Kotorska kancelarija u srednjem veku", in: *Istorijski časopis,* Bd. 27, S. 5–62, Belgrad.

FERLUGA, J. – HELLMANN, M. – LUDAT, H. (1984), „Glossar zur frühmittelalterlichen Geschichte im östlichen Europa", in: *Revue des études byzantines*, Bd. 42, S. 319, Paris.

FERLUGA, J. (1957), *Vizantijska uprava u Dalmaciji*, Belgrad.

FERLUGA, J. (1976), *Byzantium on the Balkans, Studies on the Byzantine Administration and the Southern Slavs from the VIIth to the XIIth Centuries*, Amsterdam.

FERLUGA, J. (1988), *Kolonizacijska politika bizantinske oblasti od VII. do XIII. stoletja*, Ljubljana.

FERLUGA, J. (1990), *Bizanc na jadranu: (6. – 13. stoletje)*, Ljubljana.

FERLUGA, J. (1992), *Untersuchungen zur Byzantinischen Provinzverwaltung: VI – XIII Jahrhundert*, Amsterdam.

FLUME, W. (1975), *Gewohnheitsrecht und römisches Recht*, Düsseldorf.

GARDNER, J.F (1995), *Frauen im antiken Rom. Familie, Alltag, Recht*, München.

GELCICH, G. – THALLÓCZYJEM, L. (1887), *Diplomatarium relationum reipublicae Ragusinae cum regno Hungariae,* Budapest.

GELCICH, G. (1880), *Memorie storiche sulle Bocche di Cattaro*, Zadar.

GELCICH, G. (1882), *Delle istituzioni marittime e sanitarie della repubblica Ragusa,* Triest.

GOGIĆ, M. (2018), *Političko i društveno uredjenje Kotora u drugoj polovini XII i XIII vijeku*, Belgrad.

GOGIĆ, M. (2020), „O Kotorskom Statutu tiskanom 1715. godine", in: *Radovi Zavoda za povijesne znanosti HAZU u Zadru*, Bd. 62, S. 139–170, Zadar.

GOGIĆ, M. (2022), „Prilog hronologiji kotorskih notara i kancelara u XIV i početkom XV vijeka", in: *Časopis DHS*, Bd. 4, S. 341–364, Tuzla.

GOGIĆ, M. (2025), „Resolving Issues between Serbian and Venetian Subjects in Zeta. The Treaty of 21 April 1437", in: *Südost-Forschungen*, Bd. 83, 195–219, München.

GORIA, F. (1994), „Azioni reali per la restituzione della dote in età giustinianea", in: *Diritto e processo nella esperienza romana*, Turin.

GRBAVAC, B. (2008), „Notari kao posrednici između Italije i Dalmacije – studije, sluŽbe, seobe između dvije obale Jadrana", in: *Acta Histriae*, Bd. 16, S. 503–526.

GRBAVAC, B. (2010), *Notarijat na istočnojadranskoj obali od druge polovine 12. do kraja 14. stoljeća*, Zagreb.

HANEL, J. (1877), *Statuta et leges civitatis et insulae Curzulae* (1214–1558), Zagreb.

HANEL, J. (1878), *Statuta et leges civitatis Spalati*, Zagreb.

HANEL, J. (1880), „Pravni Život u spljetskoj obćini", in: *Rad*, Bd. 54, S. 178- 212, Zagreb.

Hebib, M. (2022), *Usufruct (ususfructus): Application of Roman Concept in Dubrovnik Law*, Sarajevo.

Hebib, M. (2024), „Lectus u dubrovačkom pravu razvijenog srednjeg vijeka", in: *Anali*, Bd. 62, S. 9–32, Dubrovnik.

Hercigonja, E. – Supičić, I. (2008), *Croatia in the Late Middle Ages and the Renaissance*, London-Zagreb.

Honsell, H. (2016), *Römisches Recht*, Berlin.

Humbert, M. (1972), *Le remariage à Rome: Étude d'histoire juridique et sociale*, Paris.

Inchiostri, U (1893), „Sul diritto statutario di Sebenico sotto la dominazione Veneta", in: *Ateneo Veneto*, Bd. 1, S. 59–75, Venedig.

Inchiostri, U. (1893–1894), „Gli statuti e le riformazioni di Sebenico", in: *Bullettino di archeologia e storia dalmata*, Bd. 16–17, S. 59–75, Split.

Inchiostri, U. (1894), „Gli statuti di Sebenico e le lore varie compilazioni dall'origine al 1608", in: *Il Nuovo Chronista di Sebenico*, Bd. 2, S. 48–53, Triest.

Inchiostri, U. (1928), „Di alcuni aspetti del diritto penale nei documenti e statuti dalmati del Medioevo", in: *La Rivista dalmática*, Bd. 10, S. 19, Zadar.

Inchiostri, U. (1928), „Per il diritto matrimoniale e gli usi nuziali in Dalmazia", in: *Archivio storico per la Dalmazia*, Bd. 5, S. 1–15, Rom.

Inchiostri, U. (1929), „Per la storia degli statuti di Sebenico", in: *Archivio storico per la Dalmazia*, Bd. 6, S. 471–483, Rom.

Inchiostri, U. (1934), „Gli statuti dalmati del Medioevo nei codici, nelle stampe e nelle opere che servano ad illustrarli", in: *Archivio storico per la Dalmazia*, Bd. 17–18., S. 107–127, 233–234, 315–328, 391–408, 509–520, Rom.

Janeković-Römer, Z. (2019), „Komuna grada Kotora u srednjem vijeku – posebnosti institucionalnog i društvenog razvoja", in: *Bokeški ljetopis*, Bd. 4, S. 11–42, Kotor.

Jhering, R. (1852–1865), *Geist des römischen Rechts auf den verschiedenen Stufen seiner Entwicklung*, Bd. 1–3, Leipzig.

Jireček, K. (1904), „Die mittelalterliche Kanzlei der Ragusaner", in: *Archiv für slawishe Philologie*, Bd. 26, S. 161–214.

Jireček, K. (1902), *Die Romanen in den Städten Dalmatiens während des Mittelalters*, Wien.

Jörs, P. – Kunkel, W. – Wenger, L. (1987), *Römisches Recht: Quellen und Grundbegriffe*, Berlin.

Kadlec, K. (1926), *Statutum et reformationes insulae Brachiae*, Zagreb.

Karlowa, O. (1885), *Staatsrecht und Rechtsquellen, Bd. 2,* Leipzig.

Karlowa, O. (1901), *Römische Rechtsgeschichte, Bd. 2: Privatrecht und Civilprozess. Strafrecht, Strafprozess*, Leipzig.

Kaser, M. (1971), *Das römische Privatrecht*, Bd. 1–2, München.

Kaser, M. (1939), „Mores maiorum und Gewohnheitsrecht", in: *Savigny Zeitschrift – Romanistische Abteilung*, Bd. 59, S. 52–102.

Kosanović, O. (2010), „Prilog bibliografiji objavljenih srednjovjekovnih dalmatinskih statuta te pravno-povijesnih studija o njima", in: *Arhivski vjesnik*, Bd. 53, Zagreb.

Koschaker, P. (1966), *Europa und das römische Recht*, München.

Kostrenčić, M. (1914), „Pomorsko pravo u statutima naših primorskih gradova i otoka", in: *Mjesečnik*, Bd. 15, S. 285–296, 336–347 885–892, Zagreb.

Kostrenčić, M. (1923), *Hrvatska pravna povijest*, Zagreb.

Kostrenčić, M. (1930), *Slobode dalmatinskih gradova po tipu trogirskom*, Zagreb, 1930.

Kostrenčić, M. (1935), „Das Gesetz von Vinodol", in: *Bulletin international de l'Académie Yougoslave des Sciences et des Beaux-Arts, Classes d'Histoire et de Philologie, de Philosophie et de Droit, des Beaux-arts et Belles Lettres*, Bd. 2, , S. 59 – 88, Zagreb.

Kostrenčić, M. (1953), *O radnji Prof. Dr. Mihe Barade: hrvatski vlasteoski feudalizam*, Zagreb.

Kostrenčić, M. (1976), *Diplomatički zbornik Kraljevine Hrvatske, Dalmacije i Slavonije, Listine godina 1379 – 1385*, Zagreb.

Krapović, M. – Vuletić, N. (2010), „Refleks grčkoga Y u hrvatskim »dalmatskim grecizmima«", in: *Filologija*, Bd. 55, S. 37–59, Zagreb.

Krekić, B. (1980), *Dubrovnik, Italy and the Balkans in the Late Middle Ages*, London.

Kunkel, W. (1957), „Das Wesen der Rezeption des römischen Rechts", in: *Heidelberger Jahrbücher*, Bd. 1, S. 1–12, Heidelberg.

Kümmeler, F. (2021), *Korčula Ländliche Lebenswelten und Gemeinschaften im venezianischen Dalmatien (1420–1499)*, Berlin-Boston.

Lauria, M. (1938), *La dote romana*, Napoli.

Lauria, M. (1952), *Matrimonio e dote nella legislazione romana*, Palermo.

Linke, B. – Stemmler, M. (2000), *Mos maiorum. Untersuchungen zu den Formen der Identitätsstiftung und Stabilisierung in der römischen Republik*, Stuttgart.

Ljubić, Š. (1868–1891), *Listine o odnošajih Mletačke republike i JuŽnoga Slavenstva u srednjem vijeku*, Zagreb.

Ljubić, Š. (1882–1883), *Statuta et leges civitatis Buduae, civitatis Scardonae et civitatis et insulae Lesinae*, Zagreb.

Maciejowski, W. A (1835–1839), *Historya prawodawstw slowiańskich*, Bd. 1–6, Warschau.

Maciejowski, W. A (1835–1839), *Slavische Rechtgeschichte*, Bd. 1–4, Stuttgart-Leipzig.

Makušev, V. (1867), *Izsledovanije ob istoričeskih pamjatnikov i bytopisateljah Dubrovnika*, Sankt Petersburg.

Margetić, L. (1971), „Funkcija i porijeklo egzaminatora u srednjovjekovnim komunama Hrvatskog primorja i Dalmacije", in: *Starine*, Bd. 55, S. 191–210, Zagreb.

Margetić, L. (1972), „Nasljedno pravo descendenata po srednjovjekovnim statutima Šibenika, Paga, Brača i Hvara", in: *Zbornik Pravnog fakulteta u Zagrebu*, Bd. 3, S. 339–366, Zagreb.

Margetić, L. (1972–73), „O starom hrvatskom nasljednom pravu descendenata", in: *Historijski Zbornik*, Bd. 25–26, S. 273–279, Zagreb.

Margetić, L. (1973), „O javnoj vjeri i dispozitivnosti srednjovjekovnih isprava s osobitim osvrtom na hrvatske primorske krajeve", in: *Radovi Instituta za hrvatsku povijest Filozofskoga fakulteta Sveučilišta u Zagrebu*, Bd. 4, S. 5–79, Zagreb.

Margetić, L. (1973), „Preferiranje djeteta po krčkom, rapskom i drugim primorskim statutima", in: *Vjesnik Historijskih arhiva u Rijeci i Pazinu*, Bd. 18, S. 215–247, Rijeka.

Margetić, L. (1978), „Bizantsko bračno imovinsko pravo u svjetlu Novele XX Lava Mudroga (s osobitim obzirom na razvoj bračnog imovinskog prava u srednjovjekovnim dalmatinskim gradskim općinama)", in: *Zbornik radova Vizantološkog instituta*, Bd. 18, S. 19–50, Belgrad.

MARGETIĆ, L. (1983), „Porijeklo načela paterna paternis u srednjovjekovnim pravnim sustavima na jadranskoj obali", in: *Zbornik Pravnog fakulteta u Zagrebu*, Bd. 33, S. 131–139, Zagreb.

MARGETIĆ, L. (1983), *Srednjevjekovno hrvatsko pravo. Stvarna prava*, Zagreb.

MARGETIĆ, L. (1983–84), „Il diritto medioevale croato – Diritti reali, Parte seconda", in: *Centro di ricerche storiche Rovigno*, Bd. 14, S. 77–151, Rovinj.

MARGETIĆ, L. (1984), „Bizantsko pravo prvokupa i otkupa i njegov utjecaj na hrvatsko pravo", in: *Starine*, Bd. 59, S. 1–41, Zagreb.

MARGETIĆ, L. (1993), „Osnove srednjovjekovnog obveznog prava u Dalmaciji", in: *Rad*, Bd. 465, S. 17–114, Zagreb.

MARGETIĆ, L. (1996), *Hrvatsko srednjevjekovno obiteljsko i nasljedno pravo*, Zagreb.

MARGETIĆ, L. (1997), „O nekim osnovnim značajkama pokretanja kaznenog postupka u srednjovjekovnim dalmatinskim gradskim općinama", in: *Rad* , Bd. 475, S. 5–53, Zagreb.

MARGETIĆ, L. (1997), *Iz ranije hrvatske povijesti*, Split.

MARGETIĆ, L. (1997), *Srednjevjekovno hrvatsko pravo. Obvezno* pravo, Zagreb, Rijeka.

MARGETIĆ, L. (2001), „Perspektive daljnjeg rada na srednjevjekovnim statutima", in: *Rad*, Bd. 482, S. 1–53.

MARGETIĆ, L. (2002), *Prikazi i diskusije*, Split.

MARINOVIĆ, A. (1957), „Razvitak vlasti u srednjovjekovnom Kotoru", in: *Historijski zbornik* Bd. 1–4, S. 83–110, Zagreb.

MARINOVIĆ, A. (1984), „Au sujet du droit maritime dans l'île de Korčula et la ville de Dubrovnik au Moyen âge", in: *Études balcaniques*, Bd. 3, S. 104–113, Sofia.

MARINOVIĆ, A. (1998), *Dubrovačko pomorsko pravo (povijesni pregled). Knjiga 1. Statutarno pomorsko pravo srednjovjekovne dubrovačke komune*, Split.

MARINOVIĆ, A. (1985), „Postanak i prvi spisi kancelarija srednjovjekovnih dalmatinskih gradova, posebno Dubrovnik a i Kotora u 13. i 14. stoljeću", in: *Anali Zavoda za povjesne znanosti u Dubrovniku*, Bd. 22–23, S. 7–23, Dubrovnik.

MARKOVIĆ, S. (2010), „Notarijati medievalnih komuna crnogorskog primorja (odrazi antičkog nasleđa, autonomnosti urbaniteta i humanističkog univerzalizma)", in: *Acta Histriae*, Bd. 18, S. 823–846, Ljubljana.

MATIJEVIĆ SOKOL, M. (1982), „Uspostava mletačke vlasti u Kotoru 1420. godine (Na osnovi kotorskih notarskih isprava)", in: *Zbornik Zavoda za povijesne znanosti*, JAZU, Bd. 12, S. 9–20, Zagreb.

MERI, Z. (2016), „Temporibus domini Iohannis episcopi... – o počecima predromaničke skulpture u Boki Kotorskoj", in: *Ars Adriatica*, Bd. 6, S. 23–40, Zadar.

MAYER, E. (1903), „Die dalmatisch-istrische Munizipalverfassung im Mittelalter und ihre römischen Grundlagen", in: *Zeitschrift der Savigny Stiftung für Rechtsgeshichte*, Bd. 24, 1903.

MIJAN, D. (2004), „Pomorske odredbe splitskog statuta u usporedbi s istim odredbama zadarskog, dubrovačkog i venecijanskog statuta"; in: *Zbornik Pravnog fakulteta u Splitu*, Bd. 41, S. 335–362, Split.

MIJAN, D. (2004a), „Pomorske odredbe Zadarskog statuta u usporedbi s istim odredbama Venecijanskog, Dubrovačkog i Splitskog statuta", in: *Radovi Zavoda za povijesne znanosti HAZU*, Bd. 46, S. 109–168, Zadar.

MIJUŠKOVIĆ, S. (1965), Statuta civitatis Cathari, in: *Godišnjak Pomorskog muzeja u Kotoru*, Bd. 13, S. 7–13, Kotor.

Mijušković, S. (1971), „I testi delle sentenze d'appello dei Collegi di Padova, Vicenza, Verona e Treviso su ricorsi da Cattaro", in: *Atti del II Congresso internazionale della Societa Italiana di Storia del diritto*, S. 529–539, Firenz.

Milošević, M. (1973), „Kotorske ponude Veneciji za preuzimanje vlasti", in: *Glasnik cetinjskih Muzeja* Bd. 6, S. 5–21, Cetinje.

Mitteis, H. (1943), „Die germanischen Grundlagen des französischen Rechtes", in: *Zeitschrift der Savigny-Stiftung für Rechtsgeschichte. Die Germanistische Abteilung*, Bd. 63, S. 136–213, Wien.

Mitthof, F. – Schreiner, P. – Schmitt, O.J (2019), *Handbuch zur Geschichte Südosteuropas,* Bd. 1, Berlin-Boston.

Modrzejewski, J.M (2014), *Loi et coutume dans l'Égypte romaine*, Paris.

Mommsen, T. (1871), *Römisches Staatsrecht*, Bd. 1–3, Leipzig.

Neigebaur, J. F. (1851), *Die Südslawen und deren Länder in Beziehung auf Geschichte, Kultur und Verfassung*, Leipzig.

Nikezić, N. (1995), „*Miraz u kotorskom pravu u prvoj polovini 14. Vijeka*", in: Istorijski zapisi, Bd. 1, S. 1- 47, Cetinje – Podgorica.

Novak, G. (1957), *Povijest Splita. Knjiga 1. (Od prethistorijskog vremena to 1420),* Split.

Novak, G. (1961), *Povijest Splita. Knjiga 2. (Od 1420 do 1797),* Split.

Novak, G. (1965), *Povijest Splita. Knjiga 3. (Od 1797 do 1882),* Split.

Novak, V. (1957), **„**Paleografija i slovensko-latinska simbioza od VII–XV stoleća," in: *Istoriski časopis*, Bd. 7, 1–22.

Novaković, S. (1912), *Zakonski spomenici srpskih drŽava srednjega veka,* Beograd.

Nörr, D. (2003), *Historiae iuris antiqui*, Bd. 1–3, Goldbach.

Olshausen, E. – Szydlak, R. – Wittke, A.M – Pauly, A.F – Cancik, H. – Sauer, V. – Schneider, H. – Landfester, M. – Egger, B. – Derlien, J. – Eder, W. – Renger, J. – Moog-Grünewald, M. – Walde, C., (1996), *Der neue Pauly : Enzyklopädie der Antike*, Stuttgart.

Ostrogorsky, G. (1941), „Die Perioden der byzantinischen Geschichte", in: *Historische Zeitschrift*, Bd. 163, S. 261–270, München- Berlin.

Palazzolo, A. (1968), *Dos praelegata. Contributo alla storia del prelegato romano,* Mailand.

Paunović, J. (2023), „Upotreba mehanizma „checks and balances-a" u kotorskom Statutu (štampan 1616. godine u Veneciji)", in: *Istorijski zapisi*, Bd. 1–2, S. 47–70, Podgorica.

Paunović, J. (2024), „Das Prinzip der Rechtssicherheit im Statut von Kotor (1616, Venedig)", in: *Journal on European History of Law*, Bd. 2, S. 12–26, Brünn-London.

Pellat, F. (1853), *Textes sur la dot traduits et commentés*, Paris.

Petrak, M. (2007), „Recepcija Ulpijanove definicije pravednosti u hrvatskim srednjovjekovnim izvorima", in: *Zbornik Pravnog fakulteta u Zagrebu,* Bd. 57, S. 955–978, Zagreb.

Petranović, B. (1871), „O robstvu. Po srpskim spomenicima i štatutima primorskih dalmatinskih gradova", in: *Rad*, Bd. 16, S. 59–75, Zagreb.

Petranović, B. (1875), „O kmetstvu po srbskom uobičajnom pravu, po ustanovama Dušanova zakonika i po štatutima dalmatinskih gradova", in: *Rad*, Bd. 30, S. 60–74, Zagreb.

Pucić, M. (1852), „Statut oli zakoni od otoka Mljeta", in: *Dubrovnik cviet narodnog knjištva za godinu 1851*, Bd. 3, S. 193–218, Dubrovnik.

Rainer, J.M (2020), *Das römische Recht in Europa*, Mainz – Wien.

Raukar, T. (1977), *Zadar u XV. stoljeću: ekonomski razvoj i društveni odnosi*, Zagreb.

Raukar, T. (1987), *Zadar pod mletačkom upravom: 1409–1797*, Zadar.

Raukar, T. (1997), *Hrvatsko srednjovjekovlje: prostor, ljudi, ideje*, Zagreb.

Rehm, G. (2008), „Rechtstransplantate als Instrumente der Rechtsreform und -transformation", in: *Rabels Zeitschrift für ausländisches und internationales Privatrecht*, Bd. 72, S. 1–42, Tübingen.

Rodríguez Martín, J.-D. (2024), „SINE (VLLA) CONTROVERSIA. Zur Verbreitung von Vertragsklauseln im antiken Mittelmeerraum", in: Foljanty - - Olechowski - - Rodríguez Martín, *Vienna Law Inauguration Lectures – Antrittsvorlesungen an der Rechtswissenschaftlichen Fakultät der Universität Wien*, Bd. 5, Wien, S. 35–62.

Sadovski, L. (2023), *Die gesellschaftlichen Strukturen Splits zwischen venezianischer Herrschaft und osmanischer Bedrohung, 1479–1525*, Wien.

Sander-Faes, S.K. (2013), *Urban Elites of Zadar. Dalmatia and the Venetian Commonwealth (1540–1569)*, Rom.

Sander-Faes, S.K. (2014), „Between Families and Institutions. Zadar's Notaries as Intermediaries between Church and Society in the mid-Sixteenth Century Adriatic", in: *Südost-Forschungen*, Bd. 73, S. 172–190, Leibnitz.

Sander-Faes, S.K. (2015), „Merchants of the Adriatic: Zadar's Trading Community around the Mid-Sixteenth Century" in: *Union in Separation. Diasporic Groups and Identities in the Eastern Mediterranean (1100–1800)*, S. 647–665, Rom.

Santoro, M. (2025), *Governare la frontiera: approcci e pratiche della dominazione veneziana nelle Bocche di Cattaro (1573–1645)*, Vendig-Padua.

Saradi, H. (1998), „The allienation of the dowry in the acts of byzantine notaries", in: *Vizantijski Vremmenik*, Bd. 55, S. 72–77, Moskau.

Savigny, C.F. (1840), *System des heutigen römischen Rechts*, Bd. 1–8, Berlin.

Schlosser, H. (2005), *Grundzüge der Neueren Privatrechtsgeschichte*, Stuttgart.

Schmitt, O.J (2021), *Handbuch zur Geschichte Südosteuropas, Bd. 2: Herrschaft und Politik in Südosteuropa von 1300 bis 1800*, Berlin-Boston.

Schulz, F. (1946), *History of Roman Legal Science*, Oxford.

Sindik, I. (1950), *Komunalno uredjenje Kotora od druge polovine XII do početka XV stoleća*, Belgrad.

Skok, P. (1915), *Pojave vulgarno-latinskoga jezika na natpisima rimske provincije Dalmacije (sa 16 slika)*, Zagreb.

Skok, P. (1950), *Slavenstvo i romanstvo na jadranskim otocima, Toponomastička ispitivanja*, Zagreb.

Skok, P. (1955), „Sur l'élément grec de l'ancien dalmate" in: *Revue de Linguis tique Romane*, Bd. 19, S. 227–230, Lyon-Paris.

Skok, P. (1971–1974), *Etimologijski rječnik hrvatskog ili srpskog jezika*, Zagreb.

Smičiklas, T. – Kostrenčić, M. (1962), *Predavanja odrŽana u Jujgoslavenskoj Akademiji Znanosti i Umjetnosti*, Zagreb.

Smičiklas, T. (1904–1967), *Codex Diplomaticus – Regni Croatiae, Dalmatiae et Slavoniae*, Zagreb.

Solovjev, V.A (1926), *Odabrani spomenici srpskog prava: (od XII do kraja XV veka)*, Belgrad.

Solovjev, V.A (1928), *Zakonodavstvo Stefana Dušana, cara Srba i Grka*, Belgrad.

Solovjev, V.A (1929), *Dušanov zakonig g. 1349. i 1354*, Belgrad.
Solovjev, V.A (1931), *Le patriciat de Raguse au XVe siècle*, Dubrovnik.
Solovjev, V.A (1936), *Fontes rerum Slavorum meridionalium – Monumenta historico-juridica: Leges et ordines Ragusii*, Belgrad.
Solovjev, V.A (1939), *Predavanja iz istorije slovenskih prava*, Belgrad.
Solovjev, V.A (1943), *Pravni poloŽaj srpskog seljaka i zanatlije u Srednjem veku*, Belgrad.
Solovjev, V.A (1959), „Der Einfluß des Byzantinischen Rechts auf die Völker Osteuropas", in: *Savigny Zeitschrift, Romanistische Abteilung*, Bd. 76, S. 432–479, Wien.
Söllner, A. (1969), *Zur Vorgeschichte und Funktion der actio rei uxoriae*, Köln – Wien.
Spevec, S. (1889), „Oporuka po statutu korčulanskom i spljetskom", in: *Mjesečnik*, Bd. 15, S. 297–307, Zagreb.
Stagl, J.F (2009), *Favor dotis: Die Privilegierung der Mitgift im System des römischen Rechts*, Wien.
Stagl, J.F. (2022), „Ehegüterrecht", in: Babusiaux, U. – Baldus, C. – Ernst, W. – Meissel, F.S. – Platschek, J. – Rüfner, T. (2022), *Handbuch des römischen Privatrechts,* Bd. 1, Tübingen, S. 868–915.
Stein, P. (1999), *Roman Law in European History*, Cambridge.
Steindorff, L. (2015), „Recht als Mittel der Schaffung städtischer Identität.", in: *Splitski statut iz 1312. godine. Povijest i pravo. Povodom 700. obljetnice, Zbornik radova sa međunarodnoga znanstvenog skupa Mediterranean Historical Review 235 odrŽanog od 24. do 25. rujna 2012. godine u Splitu*, S. 53–66, 67–68, Split.
Steindorff, L. (2018), „Grad kao solidarna zajednica: što povezuje gradove Lübeck i Dubrovnik", in: *Hrvatski institut za povijest*, S. 3–9, Zagreb.
Steindorff, L. (2020), *Geschichte Kroatiens. Vom Mittelalter bis zur Gegenwart*, Regensburg.
Steindorff, L. (2021), „Handbuch zur Geschichte Südosteuropas. Ein erster fachlicher Überblick", in: *Südost-Forschungen*, Bd. 80, S. 341–351, Leibnitz.
Steindorff, L. (2023a), „Die Einbeziehung des östlichen Europa in die christliche Welt", in: *Globales Christentum. Transformationen, Denkformen, Perspektiven*, S. 99–125, Basel – Stuttgart.
Steindorff, L. (2023b), „Unions as a Structural Element: Preconditions, Intentions and Realisations", in: *Unions and Divisions. New Forms of Rule in Medieval and Renaissance Europe*, S. 33–39, London – New York.
Steindorff, L. (2024), „O početcima ustanove kneštva u dalmatinskim gradovima, in: *Historijski zbornik*, Bd. 77, S. 181–200, Zagreb.
Stjepčević, I. – Kovijanić, R. (1954), „Odluka o štampanju Statuta grada Kotora", in: *Istorijski Zapisi*, Bd. 1, S. 236–237, Podgorica.
Strohal, I. (1911), *Statuti primorskih gradova i općina*, Zagreb.
Strohal, I. (1913), *Pravna povijest dalmatinskih gradova*, Zagreb.
Strohal, I. (1915), *Statutum et reformations civitatis Tragurii*, Zagreb.
Sundhaussen, H. – Clewing, K. (2015), *Lexikon zur Geschichte Südosteuropas*, Wien.
Šarkić, S. (2023), *A History of Serbian Mediaeval Law*, Leiden.
Taranovski, T. (1933), *Uvod u istoriju slovenskih prava*, Belgrad.
Taranovski, T. (2002), *Istorija srpskog prava u Nemanjičkoj drŽavi*, Belgrad.
Thomas, Y. (2011), *Les opérations du droit: Aspects de la pensée juridique romaine*, Paris.

Treggiari, S. (1991), *Roman Marriage: Iusti Coniuges from the Time of Cicero to the Time of Ulpian*, Oxford.

Valentinelli, G. (1842), *Specimen bibliographicum de Dalmatia et Agro Labeatium auctore Josepho Valentinelli pro praefecto bibliothecae S. Marci Venetiarum*, Venedig.

Valentinelli, G. (1845), *Bibliografia dalmata tratta da codici della Marciana di Venezia*, Venedig.

Valentinelli, G. (1862), *Supplementi al Saggio bibliografico della Dalmazia e del Montenegro*, Zagreb.

Valentinelli, G. (1870), *Bibliotheca manuscripta ad S. Marci Venetiarum, Tom. III*, Venedig.

Vasmer, M. (1944), *Die griechischen Lehnwörter im Serbo-Kroatischen*, Berlin.

Vedriš, T. (2021), „Provincia Jadrensis: Heir of Roman Dalmatia or a Stillborn child of Byzantine early medieval Adriatic policy“, in: *The Adriatic Between Venice and Byzantium c. 700–1453*, S. 133–172, Cambridge.

Vucinich, W. S (1951), Rezension von Sindik, I. (1950), *Komunalno uredjenje Kotra od druge polovine XII do početka XV stoleća*, in: *Speculum*, Bd. 26, S. 533–536, Chicago.

Wacke, A. (1983), „Stipulatio und Sponsio. Römische Bürgschaftsformen und ihre Entwicklung“, in: *Zeitschrift der Savigny-Stiftung für Rechtsgeschichte, Romanistische Abteilung*, Bd. 100, S. 462–471, Wien.

Watson, A. (1995), *The Spirit of Roman Law*, Athens – London.

Wesenberg, G. – Wesener, G. (1985), *Neuere deutsche Privatrechtsgeschichte im Rahmen der europäischen Rechtsentwicklung*, Wien-Köln-Graz.

Wieacker, F. (2016), *Privatrechtsgeschichte der Neuzeit unter besonderer Berücksichtigung der deutschen Entwicklung*, Göttingen.

Wieacker, F. (1967), „Zum heutigen Stand der Rezeptionsforschung“, in: *Festschrift für Joseph Klein*, S. 181–202, Göttingen.

Wolff, H.J (1933), *Zur Stellung der Frau im klassischen römischen Recht*, Weimar.

FSC
www.fsc.org
MIX
Papier | Fördert gute Waldnutzung
FSC® C083411

Kolibri 360 GmbH
Ferdinand-Jühlke-Straße 7
99095 Erfurt, Deutschland
produktsicherheit@kolibri360.de